経理・財務担当者のための

「経営資料」作成の全技術

違反例 → 改善例

あずさ監査法人
アカウンティング・アドバイザリー・サービス事業部 [編]

中央経済社

© 2019 KPMG AZSA LLC, a limited liability audit corporation incorporated under the Japanese Certified Public Accountants Law and a member firm of the KPMG network of independent member firms affiliated with KPMG International Cooperative ("KPMG International"), a Swiss entity. All rights reserved.
The KPMG name and logo are registered trademarks or trademarks of KPMG International.

　ここに記載されている情報はあくまで一般的なものであり，特定の個人や組織が置かれている状況に対応するものではありません。私たちは，的確な情報をタイムリーに提供するよう努めておりますが，情報を受け取られた時点及びそれ以降においての正確さは保証の限りではありません。何らかの行動を取られる場合は，ここにある情報のみを根拠とせず，プロフェッショナルが特定の状況を綿密に調査した上で提案する適切なアドバイスをもとにご判断ください。

はじめに

　本書は，経理・財務部門の方々を対象にした資料の作成技術の"指南書"です。ただし，この「資料」というのは，財務諸表のことではありません。経理・財務部門の方々が，経営者に何かを提言したり，財務や経営に関わるさまざまな問題について議論したりするときに使う「資料」です。この資料をわかりやすく作るにはどうしたらよいのか，本書はその技術をまとめたものです。

　経理・財務部門は，企業の中枢にあります。"経営の要"といえるでしょう。あらゆる財務数値を扱い，これらを正確に，そしてスピーディにまとめ，次に何をなすべきかを提言する責任があります。

　ですから，経理・財務部門が作成する資料は，損益計算書や貸借対照表といった財務資料だけではありません。経営者や管理者に対して，経理・財務という観点から経営の問題を整理し，解決の方向性を「資料」で示すのです。そのためには，資料にすばやく，わかりやすく，まとめる技術が必要になります。

　よい資料があれば，活発な議論が期待できます。内容の理解が進みますから，何が問題なのかもすぐにわかります。いろんなアイディアも浮かぶでしょう。スピーディな意思決定，的確な経営判断にもつながります。悪い資料では，それができません。

　本書に掲載した150の事例は，すべて実際のスライドをベースに作成しました。まさに，経理・財務部門の"現場で起きている"違反例と改善例を集めたものです。

　資料の作成技術というものは，自然に身につくものではありません。いろいろなスライドをみて，「どうすれば，もっとわかりやすくなるのか」ということを"考える"。そして，それを"まとめる"という作業が必要になります。本書には，"それ"に必要なことがすべて書かれています。

　本書の違反例をみて，何が問題か考える。また，改善例をみて，またその違

II　はじめに

いを考える。この地道な努力の積み上げが，やがて大きな成果を生みます。

　資料の作成技術をマスターすれば，わかりやすい資料ができます。わかりやすい資料があれば，ムダな会議もなくなるはずです。多くの経理・財務部門の方々が本書を活用し，日本の経理・財務部門が活性化することを期待します。

　2019年6月

有限責任 あずさ監査法人　理事長

酒井弘行

執筆にあたって

　経理・財務部門は，新しい会計基準に対応して管理会計制度を見直し，業務プロセスの改善や会計システムの改修を行うなど，その役割はどんどん広がっています。これに伴って経理・財務部門には，会計知識と経験を活かし，課題を見つけ，解決策を考え，これらを資料にまとめて報告するという機会が増えてきました。

　従来の経理・財務部門が作成する資料のイメージは，エクセルで作った数字がたくさん書いてあるものだったと思います。「大事なことはすべて数字が語ってくれる」という『硬派な資料』です。しかし最近は，経理・財務部門にもパワーポイントなどで視覚的にわかりやすい資料を作成することが求められています。そこで本書では，経理・財務部門のみなさんがパワーポイントを使うことを想定した資料の作成技術を解説します。

　私がコンサルタントになった20数年前，パワーポイントもまだ世に出たばかりということもあって，あまり参考になるテキストがありませんでした。最初は，同僚と互いの資料を比べながら，わかりやすい資料の作り方を考えました。自分がマネージャーになってからは，部下の資料をレビューする機会が増えたので，今度は資料のレビューの仕方に悩みました。他人が作った資料は自分の資料とは勝手が違い，どこをどのように読んだらよいかわからなかったのです。

　こうした経験から，わかりやすい資料を作るためには，資料の作成方法に加えて資料のレビュー方法のマスターが必要だと感じるようになりました。そこで本書は，資料の作成から報告までのステップを5つ（①マインドセット，②基本原則，③スライドの作成，④資料の作成，⑤資料の報告）に分けて，資料を作成する側の視点とレビューする側の視点を踏まえた解説をします。

　はじめて，資料のレビュー方法を教えてくれたのは父でした。父は総務省の元事務次官で，臨時行政改革推進審議会の事務局長のときには，会長の土光敏

II 執筆にあたって

夫さん（元経団連会長，石川島播磨重工業（現・IHI）元社長）とともに，国鉄分割・民営化，電電公社の民営化および財政の歳出削減に取り組みました。父はこれらの経験を通じて，自分の専門分野かどうかにかかわらず，いかなる文書もすばやく的確にレビューする能力を身に着けていたのです。

　資料のレビューでは，表面的な記載にとらわれず，資料の内容はわかりやすいか，言葉の定義は明確か，論理展開は適切かといった当たり前のことを，１つずつ確認することが大切です。自分の資料をレビューしてくれる人がいつもそばにいれば別ですが，そう都合よくはいきません。自分の資料の品質を上げるには，セルフレビューの方法を学ぶ必要があるのです。

　本書をマスターすれば，資料はわかりやすくなるでしょう。いろいろな人とわかりやすい資料を使って深い議論ができれば，きっと的確な判断につながるはずです。本書が，みなさんの今後の業務に役立つことを心から願っています。

　最後に，会計の世界のおもしろさを私に教えてくださった恩師の若杉明先生（横浜国立大学名誉教授）と会計監査の実務を教えてくださった前田勝巳先生（元あずさ監査法人 代表社員），そして本書の内容の基礎となった会計コンサルティングの世界を創ってくださった川野克典先生（日本大学教授）に，心から感謝をいたします。本書の原稿に着手したのは今から10年前です。その間，すべての原稿を丹念に何回もレビューしてくれた伊藤久明（あずさ監査法人ディレクター）の支援は心の支えとなりました。また本書の出版は，中央経済社の坂部秀治氏のご協力によって実現いたしました。この場を借りて，感謝の意を表します。

　2019年6月

有限責任 あずさ監査法人
アカウンティング・アドバイザリー・サービス事業部

山本　浩二

【本書の使い方】

どこからでも読める

本書には，資料の作成や報告，レビューに必要な技術をケース・スタディという形式で150本，掲載しました。それぞれのケース・スタディは独立していますので，どこから読んでいただいても，わかるようになっています。

なお，このような構成をとるため，異なるケース・スタディで "MECE" や "マトリクス" など言葉の定義が必要な場合は，同じ説明を繰り返すことがあります。

自分で考えてみる

ケース・スタディにある「違反例」は，筆者がコンサルティングの現場で実際に遭遇したスライドに基づいています。それぞれのケース・スタディを読むときは，いったん途中でとめて，「違反例」のどこがおかしいのか，どうすればよくなるか，自分なりの答えを考えてみてください。そのうえで「改善例」と比較すると，より実践的なトレーニングができると思います。

もちろん，本書に記載した「改善例」が唯一の正解ではありません。きっと，もっとよい方法もあるでしょう。ただ，大事なことは，自分自身で考えることです。そして，もし自分の考えと「改善例」が違うのなら，それはなぜか，また考えることです。この繰り返しが，資料の作成技術を伸ばすには有効です。

CONTENTS

Section 1 マインドセット

1-1 わかりやすい資料 ………………………………… 2
1-2 わかりにくい資料が生まれる要因 ……………… 5
1-3 セルフレビュー ………………………………… 8

Section 2 基本原則

2-1 スライドの構成 ………………………………… 12
2-2 スライドの作成順序 …………………………… 15
2-3 欲張らない ……………………………………… 18
2-4 等式を意識する ………………………………… 21
2-5 Why？と So What？ ………………………… 24

Section 3 スライドの作成①：整理の技術

スライドタイトル
3-1 スライドタイトルをみる ……………………… 28
3-2 短いタイトル …………………………………… 31
3-3 兄弟タイトル …………………………………… 34

メッセージボックス
3-4 メッセージは90文字以内 …………………… 37
3-5 よいメッセージ ………………………………… 40
3-6 悪いメッセージ ………………………………… 43
3-7 感想メッセージ ………………………………… 46

整理整頓

3-8 配置を揃える ··· 49
3-9 書式を揃える ··· 52
3-10 語尾で整理する ·· 55
3-11 グルーピング ·· 58

MECE

3-12 同じ切り方にする ·· 61
3-13 ザブトンで MECE ·· 64
3-14 フレームワークで考える ······································ 67
3-15 ２つの切り口で分ける ··· 70

分ける

3-16 ケース分けに注目する ·· 73
3-17 原則に注目する ·· 76

対比する

3-18 項目を合わせる ·· 79
3-19 比較のポイントを絞る ·· 82
3-20 変更前も書く ·· 85
3-21 処理を理解する ·· 88
3-22 提案を見直す ·· 91
3-23 違いをアピールする ·· 94

Section 4 スライドの作成②：視覚の技術

視点と視線

4-1 力点を意識する ··· 98
4-2 視線の動き ·· 101
4-3 図表は左側に ·· 104
4-4 動線を分けない ·· 107
4-5 ジグザグにしない ·· 110
4-6 攪乱させない ·· 113
4-7 書き手の思い ·· 116

CONTENTS iii

配色

4-8　色の組み合わせを考える …………………………………… 119

4-9　色の重さ ……………………………………………………… 122

4-10　色の誘目性 ………………………………………………… 125

4-11　強調色は薬味である …………………………………………… 128

強調する

4-12　目立たせる ……………………………………………………… 131

4-13　強調箇所を絞る …………………………………………… 134

4-14　強調のねじれ …………………………………………………… 137

Section **5** スライドの作成③：図解の技術

図表を書く

5-1　白銀比を使う ……………………………………………………… 142

5-2　一覧表の書式 ……………………………………………………… 145

5-3　2つ以上の観点で整理する …………………………………… 148

5-4　まとめて書く ……………………………………………………… 151

5-5　対応しないことを示す …………………………………………… 154

5-6　レベルを合わせる ………………………………………………… 157

図形

5-7　感覚に合わせる …………………………………………………… 160

5-8　重ねて比較しない ………………………………………………… 163

5-9　変化を表す ………………………………………………………… 166

5-10　図形の向きを確認する …………………………………… 169

グラフ

5-11　データからいえること …………………………………… 172

5-12　正しいグラフを選ぶ …………………………………………… 175

フローチャート

5-13　分岐の順番を考える …………………………………………… 178

デザイン

5-14 画像に頼らない ……………………………………… 181
5-15 ムダなピラミッド ……………………………………… 184
5-16 デザインの「罠」 ……………………………………… 187

マトリクス

5-17 きちんと分類する ……………………………………… 190
5-18 軸の言葉を使う ………………………………………… 193
5-19 ムリにマトリクスを使わない ………………………… 196
5-20 マトリクスを作ろう …………………………………… 199
5-21 3つの条件を設定しない ……………………………… 202
5-22 目的を持って分類する ………………………………… 205
5-23 絞り込み条件 …………………………………………… 208
5-24 記載パターンを揃える ………………………………… 211
5-25 条件不足 ………………………………………………… 214
5-26 マトリクスかフローチャートか ……………………… 217

Section 6 スライドの作成④：言語の技術

助詞に注目する

6-1 〈に関して〉を疑う …………………………………… 222
6-2 〈して〉に注目する …………………………………… 225
6-3 〈にあたって〉に注目する …………………………… 228
6-4 〈を通じて〉に注目する ……………………………… 231
6-5 逆接条件の〈が〉 ……………………………………… 234
6-6 補足的な説明の〈が〉 ………………………………… 237
6-7 〈とともに〉に注目する ……………………………… 240
6-8 〈に伴って〉に注目する ……………………………… 243
6-9 〈つつ〉に注目する …………………………………… 246
6-10 〈に向けて〉に注目する ……………………………… 249

用語に注目する

6-11 やさしく書く …………………………………………… 252
6-12 定義に注目する ………………………………………… 255

6-13 パターン ……………………………………………… 258
6-14 「手段」と「手順」の取り違え ……………………… 261
6-15 レベル感が異なる言葉 ………………………………… 264
6-16 全体ロードマップ ……………………………………… 267

感覚に頼る

6-17 時制を考える …………………………………………… 270
6-18 不完全な定義 …………………………………………… 273
6-19 先入観 …………………………………………………… 276
6-20 言葉の響きを疑う ……………………………………… 279
6-21 期待を裏切らない ……………………………………… 282

表記ルール

6-22 簡潔な表記ルール ……………………………………… 285
6-23 カッコに注意する ……………………………………… 288

Section **7** スライドの作成⑤：論理の技術

主張の確認

7-1 勇気を持つ ……………………………………………… 292
7-2 正確に書く ……………………………………………… 295
7-3 内容が整理されていない ……………………………… 298

目的の確認

7-4 他もやっているから ……………………………………… 301
7-5 そこに論拠はあるのか ………………………………… 304
7-6 目的を持って問題をみつける ………………………… 307

事実の確認

7-7 質問票 …………………………………………………… 310
7-8 本当の理由 ……………………………………………… 313
7-9 仮説思考 ………………………………………………… 316
7-10 具体的に聞いて書く …………………………………… 319
7-11 漏れをなくす …………………………………………… 322

vi CONTENTS

7-12 事実と意見を分ける ………………………………… 325

問題の確認
7-13 現状を把握する ………………………………………… 328
7-14 問題の大きさを示す …………………………………… 331
7-15 問題の構造を考える …………………………………… 334
7-16 原因も書く ……………………………………………… 337
7-17 思い込み ………………………………………………… 340
7-18 変化を捉える …………………………………………… 343
7-19 問題と解決策の数 ……………………………………… 346

解決策の確認
7-20 解決策は具体的か ……………………………………… 349
7-21 普遍的なもの …………………………………………… 352
7-22 根拠にダマされない …………………………………… 355
7-23 常識を疑う ……………………………………………… 358
7-24 不完全な解決策 ………………………………………… 361
7-25 新たに生じる問題 ……………………………………… 364
7-26 問題の取り違え ………………………………………… 367

Section 8 資料の作成

作成のヒント
8-1 資料の作成着手タイミング …………………………… 372
8-2 まずは書き出す ………………………………………… 375
8-3 再利用に備える ………………………………………… 378
8-4 使い回さない …………………………………………… 381

構成
8-5 資料の構成 ……………………………………………… 384
8-6 ミッションは文章で …………………………………… 387
8-7 章立てのバランス ……………………………………… 390

CONTENTS vii

つながり

8 - 8　スライド間のつながり ……………………………… 393
8 - 9　スライド同士の関係を示す ……………………… 396
8 -10　因果関係の順接 …………………………………… 399
8 -11　例示だと示す ………………………………………… 402
8 -12　説明する ……………………………………………… 405
8 -13　主張の順接 …………………………………………… 408
8 -14　逆接はむずかしい …………………………………… 411
8 -15　戻さない ……………………………………………… 414

話の流れ

8 -16　３枚におろす ………………………………………… 417
8 -17　布石を打つ …………………………………………… 420
8 -18　やたらと比較しない ………………………………… 423

一体感を出す

8 -19　マップを使う ………………………………………… 426
8 -20　コントロールシートを使う ………………………… 429
8 -21　リファレンスをとる ………………………………… 432
8 -22　コピー＆ペースト …………………………………… 435

Section 9　資料の報告

セルフレビュー

9 - 1　声に出して確認する ………………………………… 440
9 - 2　自分に質問する ……………………………………… 443
9 - 3　スライド番号に注意する …………………………… 446
9 - 4　形式的なチェックをする …………………………… 449
9 - 5　資料の中身をみる …………………………………… 452
9 - 6　レビューを受ける …………………………………… 455

報告の準備

9 - 7　報告方法 ……………………………………………… 458
9 - 8　話し手のポジション ………………………………… 461

viii   CONTENTS

9 - 9   聞き手のタイプ ……………………………………… 464

報告で実施すべきこと
9 -10   時間内で説明する ………………………………… 467
9 -11   聞き手を観察する ………………………………… 470
9 -12   わからない≠恥ずかしい ………………………… 473

Section 1
マインドセット

1-1 わかりやすい資料

書き手が伝えたいことを考え抜いたうえで，資料の作成ルールに従って作成すれば，資料はわかりやすくなるはずです。

資料とスライド

本書は，経理・財務部門の方向けに，資料の作成技術を解説します。経理・財務部門の方向けの資料といっても，財務諸表や会計帳簿のことではありません。それは，パワーポイントで作成するプレゼン資料，企画書，説明書，報告書などのことです。

ここで1つ，言葉の定義をしておきましょう。本書では，パワーポイントで作成した文書一式を「資料」といい，資料を構成する各ページを「スライド」とします（図表1）。ただし，特に両者を分けて説明する必要がない場合は，これらをまとめて"資料"と呼びます。

図表1　資料とスライド

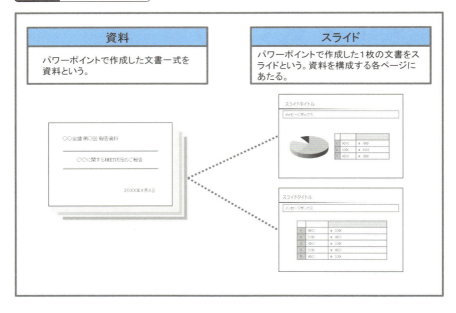

パワーポイントのワナ

　もともとパワーポイントは，プレゼン資料を作成するためのツールです。グラフやチャートなど図表を配置し，説明を加えれば，視覚的にわかりやすい資料を作成できます。このため，現在は企画書や報告書などプレゼン資料以外にもパワーポイントが使われます。

　一方で，パワーポイントで作成した資料には厳しい意見もあります。いろいろな図表を使い，キレイに配色されたパワーポイントの資料は，ワードの資料よりも華やかです。そのためか，パワーポイントで資料を作るとき，つい見た目のほうに気を使ってしまい，肝心の中身の検討がおろそかになりがちです。「きれいなパワーポイントを使った余計な説明はいらない。現実を知りたいんだ」（出所：「新トップ，それぞれの船出——パナソニック，津賀流改造」2012年6月29日付け日経産業新聞）という意見があるのも，こういったことが背景にあるのでしょう。

わかりにくい資料とは

　そもそも，資料の"わかりにくさ"とは，どこから来るのでしょうか。それは，2つあります。1つは，「見た目のわかりにくさ」です。資料を構成する1枚1枚のスライドにいっぱいの情報を詰め込めば，読み手に圧迫感を与えます。凝ったデザインの図表があれば，その構造を理解するのに時間がかかります。いろいろな色であちこちが強調されていると，どこに注目すべきかわかりません。スライドを作成するときは，情報を詰め込まず，余白を十分に残し，シンプルなデザインの図表を使い，強調する箇所を絞ります。これらがすべて"資料の作成ルール"というものです。このルールに違反すると，「見た目のわかりにくい」資料になるのです。

　もう1つあります。それは，「中身のわかりにくさ」です。書き手が，伝えたいことを考え抜いたうえで書かなければ，読み手に伝わるわけがありません。では，それをどうやって判断すればよいでしょうか。残念ながら，しっかり考え抜いているかどうか，書き手の頭の中を覗くことはできません。でも，書き手の考えの浅さは，資料の見た目に現れるのです。この点については，また後で詳しく解説しましょう。

いずれにせよ,「わかりにくい資料」とは,書き手が資料の作成ルールに従っていないか,伝えたいことを考え抜いたうえで作成していないか,その両方です。図表2をご覧ください。マトリクスの右側の2つ（伝えたいことが考え抜かれていないもの）が中身のわかりにくい資料であり,下段の2つ（資料の作成ルールに従っていないもの）が見た目のわかりにくい資料です。

図表2　わかりにくい資料とは

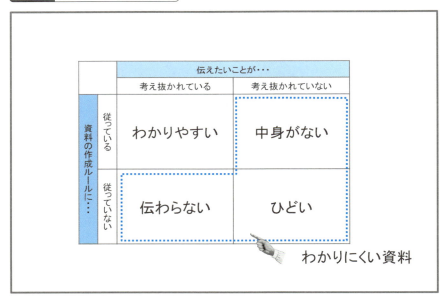

逆にいうと,「わかりやすい資料」を作成したいなら,伝えたいことをしっかり考え抜いたうえで,資料の作成ルールに従って進めることです。パワーポイントで作成するから,わかりにくい資料になるのではありません。「考えが浅いから,資料の作成ルールに違反しているから,わかりにくい資料になる」という意識を持つことが大切なのです。

1-2 わかりにくい資料が生まれる要因

わかりにくい資料が生まれる要因は，"自分の考えの浅さ"を隠したいという本能，"格好よく作成する"必要があるという誤解，"うまく伝わらない"のではないかという不安の3つです。

3つの要因

なぜ，「わかりにくい資料」が作られるのでしょうか。"情報が足りないから"，"資料を作る十分な時間がないから"，"資料の作成スキルが未熟だから"，"伝えたいことがたくさんあって，簡潔にまとめるのが難しかったから"など，理由はいろいろあるでしょう。ただ，これらの理由をもう少し深く掘り下げて考えてみると，そこには3つの要因があります。それは"自分の考えの浅さ"を隠したいという「本能」，パワーポイントのスライドは"格好よく作成する"必要があるという「誤解」，"うまく伝わらない"のではないかという「不安」

図表1　わかりにくい資料が作られる要因

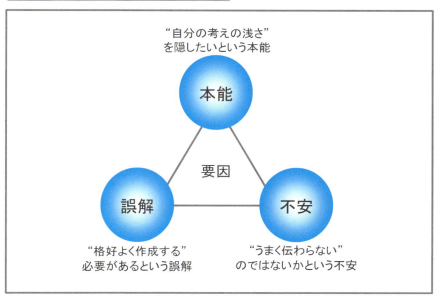

6 Section 1 マインドセット

の3つです（図表1）。

3つの症状

　1つずつ，要因とその症状を見てみましょう（図表2）。最初は「本能」です。書き手が伝えたいことが整理できておらず，自分の考えに自信が持てないとき，そのことを隠したいという心理（本能）が働くものです。もし，もっと十分な時間があれば，書き手は自分の考えを整理できたのでしょうか。残念ながら，多くの場合，これは資料を作成する時間とはあまり関係ありません。ふだんから，しっかり考え抜くクセがついていないから，考えの浅さがそのまま資料に現れるのです。例えば，曖昧な表現や難しい言葉を使って資料を作成してしまうというのは，この防衛本能が働いている可能性があります。

　2つ目の要因は「誤解」です。パワーポイントの資料は，美しく，いや格好よく作成するものだと，考えてしまいがちです。実際，キレイにパワーポイントの資料を作成する技法が雑誌や書籍で紹介されています。もちろん，見た目

図表2　3つの症状

	項目	症状
1	本能	・ 難しい言葉を使って難解にみせる ・ 曖昧な表現でぼかす
2	誤解	・ 複雑で凝った図表を作る ・ いろいろな色を使ってキレイに彩る
3	不安	・ あちこち強調する ・ 必要以上に情報を盛り込む ・ 同じような説明を繰り返し書く

がよいことに越したことはありませんが，必要以上に気を使う必要もありません。問題なのは，シンプルなデザインの図表でも十分に伝わるのに，わざわざ時間をかけて複雑な図表を作成したり，凝った配色をしたりすることです。この努力に読み手が感動してくれるかというと，そうでもありません。資料の作成目的は，メッセージを伝えることだからです。

3つ目は「不安」です。これは，悩ましい問題です。新しいスライドを作るとき，最初は"まっさら"です。「この白いキャンバス（スライド）を，図表と文字で埋めないといけない」。資料の作成技術が未熟だと，どうしても，このような不安に駆られるものです。それだけではありません。スライドがある程度完成しても，これではまだ伝わらないのではないか，と心配してしまうのです。その結果，余計な説明をどんどん書き足したり，いろいろなところに色をつけて強調したりしてしまいます。スライドは情報で溢れ，もはやどこが重要なのか，誰もわからなくなります。

しっかり認識する

それでは，どうしたらいいでしょうか。まず，わかりにくい資料を作ってしまう3つの要因をしっかり認識することです。「本能」，「誤解」，「不安」という3つの要因は，誰もが持っているものです。

問題は，この次です。それを理解したうえで，どう行動するか。それは，資料を作成しながら，いつも自分の心の状態を点検することです。自分の考えの浅さを隠そうとしていないか，資料を格好よく見せようとしていないか，自分が作成した資料に対して不安を感じていないか，考えるのです。もし，1つでも当てはまることがあるなら，わかりにくい資料を作成している可能性があります。

3つの要因を完全になくすことはできません。しかし，資料の作成技術を学び，自分の心の状態を点検すれば，問題に対処できます。3つの要因をしっかり認識することは，わかりやすい資料を作成するうえで大切なのです。

1-3 セルフレビュー

自分の作った資料がわかりやすいか確認するのがセルフレビューです。自分の力で資料の品質を上げることができれば，これに越したことはありません。

資料のレビューポイント

わかりやすい資料は，①資料の作成ルールに従っている，そして②メッセージの内容がよく考え抜かれているという2つの条件が揃っています。自分が作った資料が，この2つの条件を備えているか確認するのがセルフレビューです。

では，どのような手順でセルフレビューを行えばよいでしょうか。それは，「ルール違反をなくす」（レビュー手続き1）と「資料の中身を確認する」（レビュー手続き2）の2つです（図表1）。

「ルール違反をなくす」とは，資料が作成ルールに従っているかを確認する

図表1　2つのレビュー手続き

レビュー手続き1	レビュー手続き2
ルール違反をなくす	資料の中身を確認する

自分の作った資料が，資料の作成ルールに従っていることを確認する。資料の作成ルールに従っていないところを探し出し，なぜこうなるかを考えて，修正する。	資料の中身（とくにメッセージの内容）がよく考え抜かれていることを確認する。根拠を確認し，メッセージと根拠の関係を確かめ，メッセージが読み手にとって有益であることを確認する。

ことです。作成ルールとは，例えば，1ページ1メッセージであったり，情報を詰め込まずに余白を十分に残し，シンプルなデザインの図表を使い，スライドタイトル，メッセージボックス，ボディに記載した内容を一致させたりするといったことです。

"資料の作成ルールに絶対に従わないといけない"，というものではありません。時と場合によっては，ルールとは異なる資料の作成方法を選ぶときもあるでしょう。しかし，ルールから外れるからには，何か理由があるはずです。資料の作成ルールに照らして，自分が作成した資料にルールと異なるところがあれば，それはなぜか，1つひとつ考え，修正すべきところは修正し，残すべきところは残す。これが，「ルール違反をなくす」というセルフレビューなのです。

資料の中身を確認する

次は資料の中身の確認です。残念ながら，しっかり考え抜いているかどうか，書き手の頭の中を覗くことはできません。でも，書き手の考えの浅さは，資料の見た目に現れるのです。

では，どうするか。まずは，メッセージの確認です。メッセージとは，書き手が最も伝えたいことです。スライドの中で，メッセージが書かれている箇所を探すのです。もし，書かれている内容が"ぼんやり"しているなら，書き手の頭の中の状態もそうだといえます。

メッセージには，これを支える根拠があります（図表2）。根拠が書かれているかどうかは，メッセージを読んで「なぜそういえるの？」と自分に質問するといいでしょう。その答えが「根拠（理由づけ）」です。根拠がしっかりとしていると，メッセージは説得力を持ちます。

メッセージ ＋ しっかりとした根拠 ＝ 説得力のあるメッセージ

根拠について，もう少し考えてみましょう。根拠は，「データ」と「論拠」で構成されます。データとは，新聞・雑誌や信頼できる機関が公表した情報，自らの調査で得た客観的な事実です。論拠は，多くの人が支持する一般的な価値観です。データと論拠がしっかりしているかどうかは，それらを読んで「何

が言いたいの？」と自分に質問してみるとわかります。その答えが「メッセージ」に書かれていれば，しっかりとした根拠といえます。

> しっかりとした根拠 ＝ データ（客観的な事実）＋ 論拠（一般的な価値観）

図表2　メッセージの構成

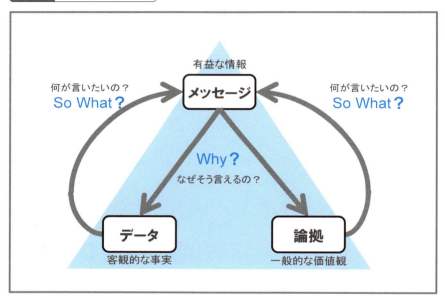

セルフレビューの大切さ

　資料をよいものにするには，客観的な視点で資料を見直すことです。それには，信頼できる上司や友人の助けを借りるのが一番ですが，彼らがいつもそばにいてくれるとは限りません。

　そこで，セルフレビューで，（できる限り）客観的な視点で，自分の資料と対話をするのです。ルール違反を見つけたら，なぜ違反したのかを考える。資料の中身を確認するときも同じです。わかりやすい資料を作成するには，セルフレビューが大切なのです。

Section 2
基本原則

2-1 スライドの構成

> スライドは，スライドタイトル，メッセージボックス，ボディという3つの領域で構成されています。それぞれには役割があり，守るべきルールがあります。

　パワーポイントのスライドの構成は新聞記事と似ています。新聞記事は，見出し，前文（リード），本文という3つの領域で構成されます（図表1）。新聞の見出しには，記事の中で一番伝えたいことがひと言で書かれます。新聞記事の具体的な内容は本文に書かれ，この本文のエッセンスをまとめたものが前文（リード）です。新聞には多くの記事が掲載されています。このため，読者が読みたい記事を簡単にみつけられるように，記事の見出しと前文（リード）だけでニュースの中身がわかるよう工夫しているのです。

　スライドの場合も同じです。**スライドには，スライドタイトル，メッセージ**

図表1　新聞記事の構成

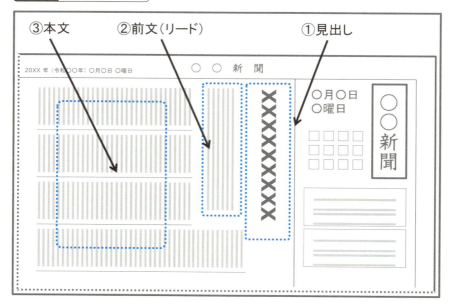

ボックス，ボディという3つの領域があります（図表2）。新聞記事でいえば，スライドタイトルが見出し，メッセージボックスが前文（リード），ボディが本文に当たります。

図表2　スライドの構成

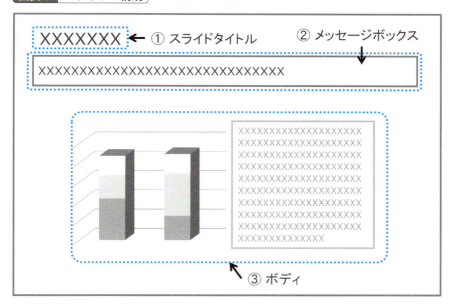

① スライドタイトル

　スライドタイトルは，文字どおりスライドのタイトル（表題）を記載するところです。スライドの内容はそこに書かれるテーマによって変わります。ただし，どのようなテーマであってもメッセージ（書き手が最も伝えたいこと）は1つです。スライドタイトルには，メッセージをひと言で書く必要があります。

　この"ひと言"というのは，実は読み手にとってありがたいものです。読み手は，スライドを読むとき，通常，スライドタイトルから見ます。スライドタイトルだけで，そのスライドを読むかどうか決める人もいるぐらいです。スライドタイトルを読んで内容がわかるなら，読み手は効率的に情報処理を行うことができるでしょう。

②　メッセージボックス

　メッセージボックスには，スライドのメッセージの内容を記載します。多くのスライドでは，ここに文字だけが記載されています（一般にメッセージラインといいます）。メッセージをわざわざ四角いハコ（一般にテキストボックスといいます）の中に書くのは，ボディとの境界線をはっきりさせるためです。

　メッセージはスライドの中で一番重要なことですが，だからといって，ダラダラ書いてはいけません。そこで，ある仕掛けをします。それは，メッセージボックスの大きさと記載する文字のサイズはあらかじめ決めるというものです。文字数が制限されると，人は自然とその中で書こうとします。これによって，メッセージはより洗練されたものになります。

③　ボディ

　ボディには，スライドの内容を具体的に記載します。問題の指摘や解決の方向性の提示など書き手の主張が書かれることもあれば，データや事例など書き手の主張の裏付けとなる情報が書かれることもあります。

　ただし，どんなに情報を盛り込んでも，読み手がボディの記載内容をすみずみまで読むとは限りません。むしろ，きちんと読まれないほうが普通かもしれません。したがってボディを作成するときは，読み手がボディのどの箇所に注目するかを考える必要があります。読み手が注目するところに重要な記載を行い，読み落とされないようにするのです。

　スライドタイトル，メッセージボックス，ボディには，それぞれ役割があって，守るべきルールがあります。わかりやすいスライドを作成するには，これらの役割とルールを正しく理解し，実践することが大切なのです。

2-2 スライドの作成順序

スライドの作成には「順序」というものがあります。この順序をきちんと守ると，ブレないメッセージのスライドが作成できます。

5つのステップがある

スライドの作成のステップは5つです。それは，①スライドタイトルを作成する，②メッセージボックスを作成する，③スライドタイトル＝メッセージボックスの関係を確認する，④ボディを作成する，そして⑤スライドタイトル＝メッセージボックス＝ボディの関係を確認する，というものです。事例で確認してみましょう。

事例は，会計システムの改修に関するスライドです（図表1【修正前】）。スライドを作成するときは，最初にスライドタイトルから書きます。スライドタイトルは，スライドで伝えたいことをひと言で示したものですから，（本来であれば）スライド作成に着手する段階で伝えたいことが整理されている必要があります。といっても，頭の中がいつもクリアに整理されているとは限りません。今回のケースでは，書き手はまだ漠然と「会計システムの改修の概要をスライドにまとめたい」と考えているようです。そこで，とりあえずタイトルを「会計システムの改修」としました。

スライドタイトルの次はメッセージボックスの記載です。会計システムを改修するのは，新会計基準に対応するためです。書き手は，新会計基準が要求する事項についてまとめようと考えました。そこで，メッセージボックスに「新会計基準の要求事項をまとめる」と書きます。

スライドタイトル＝メッセージボックス

ここで，スライドタイトルとメッセージボックスの内容が一致していることを確かめます。スライドを作成しているうちに，書き手の考えが変わる（深まる，またはブレる）ことがあります。そこで，一度，メッセージボックスの記載がタイトルの内容と同じかどうか，確認するのです。

事例の場合，スライドタイトルは「会計システムの改修」で，メッセージボックスの記載が「新会計基準の要求事項をまとめる」です。"会計システム"と"会計基準"では内容が整合しているといえません。そこで伝えたいことを整理して，メッセージボックスの記載を「新会計基準の要求事項に対応するために会計システムを改修する」に変えました（図表1【修正後】）。

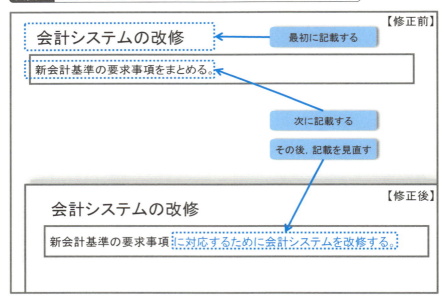

図表1　スライドタイトル＝メッセージボックスの関係を確認する

もう一度ボディチェック

いよいよボディの作成です。ここで書き手は，新会計基準の要求事項に対応するための会計システムの改修ポイントを書きました（図表2【修正前】）。

ボディができたら，もう一度，整合性のチェックを行います。メッセージボックスは「新会計基準の要求事項に対応するために会計システムを改修する」ですが，ボディの内容は会計システムの改修ポイントです。書き手が伝えたいことがボディの記載ならば，メッセージボックスを「新会計基準の要求事項に

2-2 スライドの作成順序　17

図表2　スライドタイトル＝メッセージボックス＝ボディの関係を確認する

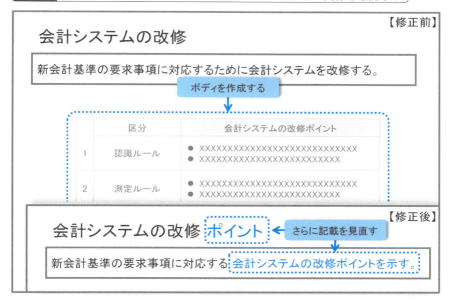

対応する会計システムの改修ポイントを示す」にして，スライドタイトルは「会計システムの改修ポイント」とします（図表2【修正後】）。

　スライドを作成するとき，いきなりボディから書き始める人がいます。「早くスライドを完成させたい」という気持ちがそうさせるのでしょう。しかし，本当に効率的にスライドを作成したいなら，スライドタイトルとメッセージボックスを先にすべきです。

　スライドを作成しているうちにメッセージが変わるのは普通のことです。問題は，書き手の考えの変化に合わせてスライドの記載を見直さないことです。スライドを作成するときは，5つの順序を意識することが大切なのです。

18 Section 2 基本原則

2-3 欲張らない

スライドに情報を詰め込むと，読み手に圧迫感を与えます。そして，情報が詰め込まれたスライドは，中身が整理されていない可能性があるのです。

圧迫感があると読まれない

　スライドに圧迫感があると，読み手はそれ以上読みたくなくなります。1枚のスライドに文章や図表などがびっしり書き込まれたスライドをみかけます。きっと書き手には伝えたいことがたくさんあるのでしょう。しかし，**多くの情報が詰め込まれたスライドは読み手に圧迫感を与えます**。読み手がスライドを読まなければ，何も伝えられません。違反例で確認してみましょう。

　違反例のスライドでは，ボディにたくさんの情報が書き込まれています（図表1）。このようなスライドは読み手に圧迫感を与えます。どうしたらよいの

図表1　圧迫感を与えるボディ

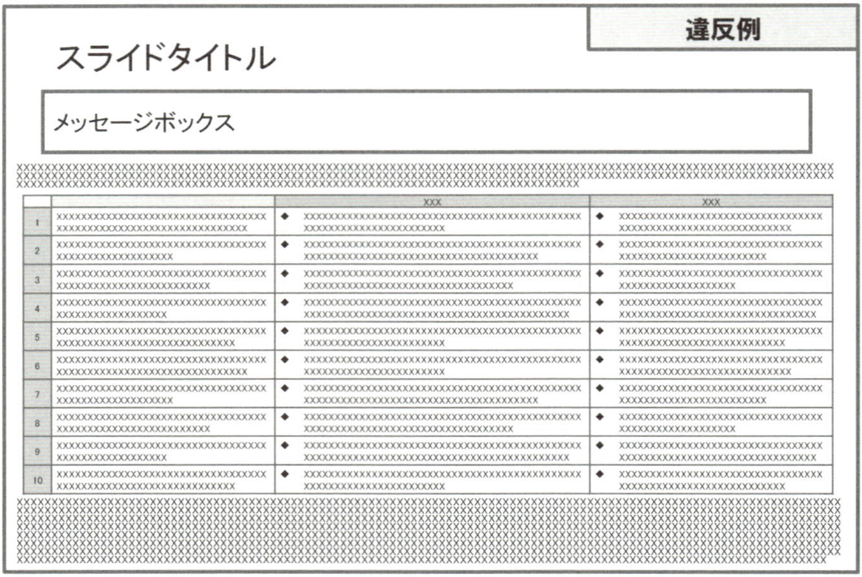

でしょうか。

ボディをダイエットする

　一番簡単な方法は，ボディをダイエットして記載する情報を減らすのです。これは，物の少ない部屋がすっきりみえるのと同じです。そのためには，ボディに記載できる範囲を設定することです。読み手に圧迫感を与えないように，ボディに記載できる範囲（全体の80％ぐらい）を設定します。つまり，ボディ全体の20％を余白にするのです。

　単にボディに余白を残すだけなら，ボディに記載した情報をグループ化（ホーム→配置→オブジェクトのグループ化を選択）して縮小すればよいでしょう。しかし，これはただ文字を小さくしただけで，情報量自体は減ったわけではありません。余白はあっても，文字は小さく，読みにくいでしょう。情報量を減らす必要があるのです。改善例をご覧ください（図表2）。

図表2　ダイエットをした後のボディ

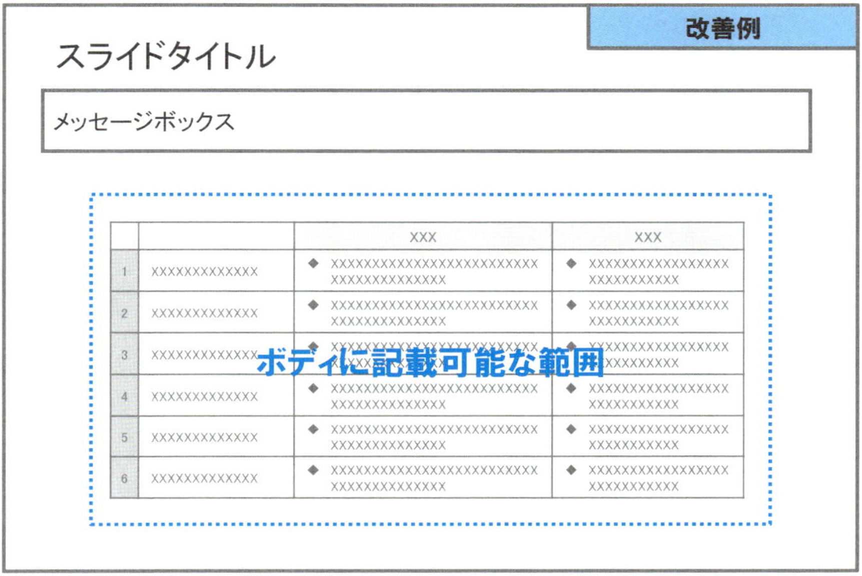

情報量が多い＝整理されていない

　なぜ，情報量が増えるのでしょうか。それは，スライドで記載すべき情報の優先順位を考えていないからです。情報の優先順位は，スライドのメッセージとの関係によって決まります。どの情報が重要で，どの情報が重要でないかは，スライドのメッセージとの関係の強さで判断する必要があるのです。

　（これはニワトリとタマゴのような話ですが）ボディの情報量が増えるときは，スライドのメッセージが整理できていないものです。実際，メッセージの整理は，ボディの情報量を減らす作業と同時並行で行われます。最初はぼんやりと「こういうメッセージにしよう」と考えていても，スライドを作成しているうちに整理され，メッセージが変わることすらあります。

　では，どうすればよいでしょうか。情報量を確実に減らすには，（情報の中身をみる前に）形式的な観点で取捨選択することです。例えば，脚注などの注意書きや図表に吹き出しをつけた説明，小さな文字の文章などは，たいして重要ではありません。6つ以上の箇条書きがあれば，ムダなものが1つや2つ紛れ込んでいるものです。1枚のスライドに2つ以上の図表があると，どちらか1つはなくてもよいでしょう。こうやって，形式的な観点から文章や図表をどんどん削っていくのです。

　情報を減らしたくても，決心がつかないこともあるでしょう。重要性は低くても，情報として残しておきたいケースがそうです。そのときは，参考情報として新しく別のスライドを作成することです。何でもかんでも1枚にまとめようとせず，スライドを分けて主従関係をはっきりさせればよいのです。

　ボディをスリムにすると，スライドで伝えたいことも整理され，情報の優先順位をつけられるようになります。するとおかしなもので，さらに，ボディのムダな記載が浮かび上がってみえてきます。わかりやすいスライドを作成するには，この基本動作を繰り返し行うことが大切なのです。

2-4 等式を意識する

スライド作成の原則はワンページ・ワンメッセージです。この原則を守るためには、ある"等式"が成立していることを確認する必要があります。

ワンページ・ワンメッセージ

スライド作成は"ワンページ・ワンメッセージ"が原則です。これは「1枚のスライドに書くメッセージは1つ」という意味です。実際、1枚のスライドに書くことができる情報量はそれほど多くありません。いくつもメッセージを書けば、どの（メッセージの）説明も中途半端になります。伝えたいことがたくさんあるなら、スライドを分ければよいのです。無理して1枚にまとめる必要はありません。

スライドがワンページ・ワンメッセージであるとき、スライドタイトル、メッセージボックス、ボディの記載は"メッセージ"を中心にまとまっています。どの記載もメッセージに直接関係することですから、"スライドタイトル＝メッセージボックス＝ボディ"の等式が成立します。

メッセージは変化する

ワンページ・ワンメッセージはシンプルな原則ですが、これを守るのは意外とむずかしいものです。スライドを作成するとき、最初からメッセージが整理されているとは限りません。むしろ、時間の経過とともに整理されるほうがふつうでしょう。このため、スライドの作成し始めとその後では記載内容が変わってくるのです。ワンページ・ワンメッセージにするには、スライドタイトル＝メッセージボックス＝ボディの等式を常に確認する必要があります。違反例で確認してみましょう（図表1）。

図表1のスライドタイトルは、「会計システムの改修」です。このタイトルから想定される内容は、会計システムの改修内容（改修箇所・方法・コスト・期間など）や改修が必要な理由といったものです。ところがメッセージボック

22　Section 2　基本原則

| 図表1 | 等式が成立していない |

会計システムの改修　**違反例**

現行の会計システムは新しい会計基準に対応していない。

＜新しい会計基準のポイント＞

	区分	内容
1	認識ルール	● XXXXXXXXXXXXXXXXXXXXXXXXXXXX ● XXXXXXXXXXXXXXXXXXXXXXXX
2	測定ルール	● XXXXXXXXXXXXXXXXXXXXXXXXXXXX ● XXXXXXXXXXXXXXXXXXXXXXXX
3	開示ルール	● XXXXXXXXXXXXXXXXXXXXXXXXXXXX ● XXXXXXXXXXXXXXXXXXXXXXXX

スをみると，「現行の会計システムは新しい会計基準に対応していない」とあり，会計システムの改修には触れていません。

　ボディの一覧表のタイトルは，「新しい会計基準のポイント」です。これは，新しい会計基準が現行の会計システムとどう対応しないかを説明するものではありません。違反例は，タイトル，メッセージボックス，ボディの記載がすべてバラバラなのです。

　どうしてこのようなことが起きたのでしょうか。それは，書き手の考えが変化したからです。最初，書き手は「会計システムの改修」の"必要性"について書くつもりでした。ところがメッセージボックスを作成するとき，書き手の問題意識は「なぜ会計システムを改修しなければいけないのか」という点に移りました。ボディを作成する頃には，「新しい会計基準がわからなければメッセージは伝わらない」と考えるようになり，一覧表に新しい会計基準のポイントをまとめたのです。

変えるなら最初から見直す

スライドの作成途中でメッセージを変えるなら，もう一度，スライドタイトルの記載からスライドを見直す必要があります。途中でメッセージを変えるのは問題ではありません。問題なのは，メッセージが変わっているのにそれに気がつかず（今までの記載を見直すことなく）スライドを作り続けることです。

スライドで伝えたいことが「会計システムの改修の必要性」であれば，そのようにスライドタイトルを書き，メッセージボックスの記載を見直します。ボディの一覧表のタイトルは（会計システムの改修が必要となる）「新しい会計基準の要求事項」として記載も絞って書きます。改善例をご覧ください（図表2）。

図表2　スライドタイトル＝メッセージボックス＝ボディにする

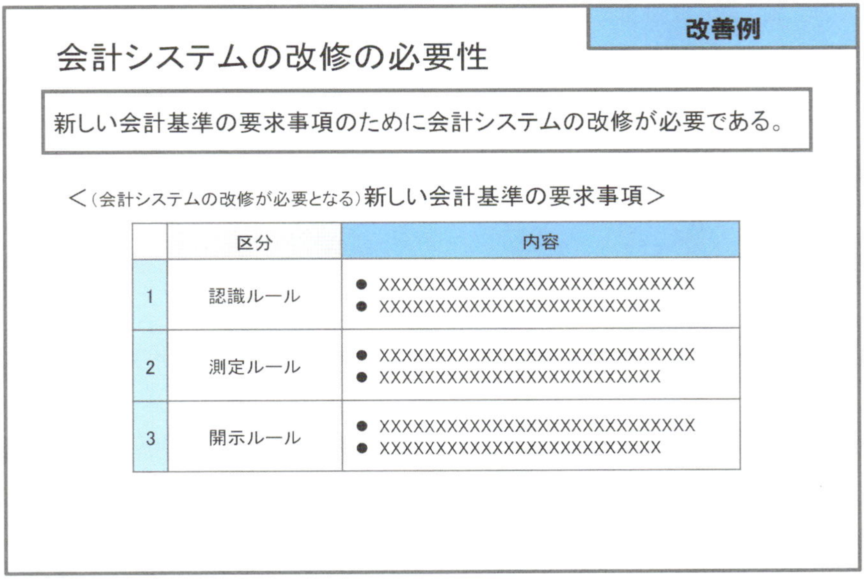

スライドを作っているうちに，伝えたいことが変わるのはふつうのことです。ただし，メッセージを変えるなら，"スライドタイトル＝メッセージボックス＝ボディ"となるようにスライドの記載を見直すことが大切なのです。

24　Section 2　基本原則

2-5 Why？と So What？

> メッセージボックスとボディの記載が妥当かどうかは，2つの質問で
> 確かめられます。メッセージボックスとボディの関係を学びます。

メッセージボックスとボディの関係

　スライドのメッセージはメッセージボックスに書き，その理由づけ（データ
と論拠）はボディに記載します。すると，メッセージボックスとボディの記載
にある関係が生まれます。それは，「なぜそういえるのか？（Why？）」と「そ
れで何をいいたいのか？（So What？）」という関係です。**メッセージボック
スの記載を読んで「なぜそういえるのか？（Why？）」と問えば，その答えは
ボディにあります。逆に，ボディの記載を読んで「それで何をいいたいのか？
（So What？）」と問えば，その答えはメッセージボックスにあるのです。**

おかしな記載がみつかる

　メッセージボックスの記載に対して「なぜそういえるのか？（Why？）」と
問いかけても，その答えがボディになかったら，どうでしょうか。メッセージ
が正しければ，ボディの記載がおかしい可能性があります。ボディの記載をみ
て「それで何をいいたいのか？（So What？）」の問いに対する答えがメッセー
ジボックスにない場合も同様です（もちろん，メッセージが間違っていれば，
両方ともおかしいという可能性は残ります）。Why？ So What？という質問を
すれば，スライドのおかしな記載をみつけられるのです。

　具体例で考えてみましょう。図表1は「会計システムの改修」についてまと
めたスライドです。メッセージボックスには「新しい会計基準に対応するため，
システムの機能を29件改修する必要がある」とあります。なぜそういえるので
しょうか。

　ボディを見てみると，図表があります。その図表には，会計システムの3つ
の機能（入力機能，仕訳機能，出力機能）ごとに，「改修件数」と「改修理由
と内容」が書いてあります。これは，「新しい会計基準に対応するため，シス

テムの機能を29件改修する必要がある」というメッセージの理由づけです。メッセージボックスの記載を読んで「なぜそういえるのか？（Why？）」と問えば，その答えはボディにあるのです。

それでは，逆はどうでしょうか。ボディの図表を見て「それで何をいいたいのか？（So What？）」と問うと，どのような答えが返ってくるでしょうか。それは「新しい会計基準に対応するため，システムの機能を29件改修する必要がある」というメッセージボックスの記載です。メッセージボックスとボディの間には，Why？ So What？の関係が成立する必要があるのです。

図表1　スライドにおけるWhy？　So What？の関係

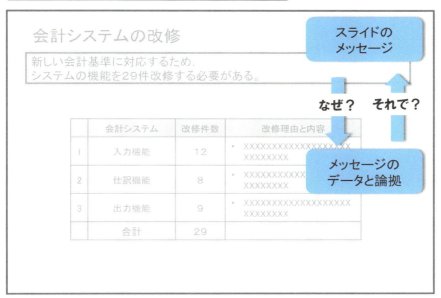

資料の場合も同じ

実は，Why？ So What？の関係は1枚のスライドの中だけで成立するものではありません。複数のスライドで構成される資料の場合でもWhy？ So What？の関係が成立するのです。図表2をご覧ください。

図表2　資料におけるWhy？　So What？の関係

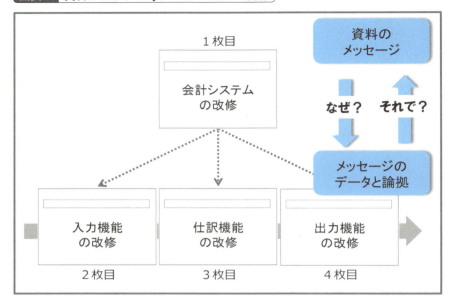

　図表2の資料は，会計システムの改修について4枚のスライドにまとめたものです。1枚目のスライドで「会計システムの改修」のサマリーを示し，2枚目以降のスライドで改修の詳細が記載されています。1枚目のスライドのメッセージ（この資料のメッセージ）が「新しい会計基準に対応するため，システムの機能を29件改修する必要がある」であれば，2枚目以降のスライドにその理由づけが書かれる必要があります。1枚目と2枚目以降のスライドの間には，Why？ So What？という関係が存在する必要があるのです。

　結局のところ，パワーポイントでは，それが1枚のスライドでも，複数のスライドから構成される資料であっても，Why？ So What？という関係が存在します。逆にいうと，Why？ So What？の関係が1枚1枚のスライド，そして資料に存在しなければ，読み手はわかりにくいと感じます。Why？ So What？の関係を意識して作成することが大切なのです。

Section 3

スライドの作成①：
整理の技術

28   Section 3   スライドの作成①：整理の技術

3-1 スライドタイトルをみる

スライドタイトル

スライドタイトルには，スライドのメッセージが何かわかるように記載する必要があります。ところが，そのことにそれほど注意を払っていない書き手も多いようです。

最初にみる

　スライドタイトルは，文字どおりスライドのタイトル（表題）を記載するところです。読み手は，タイトルをみて，スライドの内容を推測します。当然，タイトルは，スライドのメッセージが何かわかるように，的確に書く必要があります。

　ところが，スライドタイトルに対してそれほど注意を払っていない書き手も多いようです。メッセージボックスやボディの作成に時間をかけてしまい，タイトルまで意識が回らないのかもしれません。その結果，タイトルの記載とスライドの内容が一致しないということが起きるのです。このことを違反例で確認してみましょう。

一致しない

　違反例は，会計システムの問題点と解決の方向性についてまとめたスライドです（図表1）。違反例のどこがおかしいでしょうか。

　スライドタイトルをみると「会計システムの問題点」とあります。これだけを読めば，スライドには会計システムの問題点が書かれていると推測するでしょう。ところがです。メッセージボックスをみると，「会計システムには3つ問題点があり，その解決の方向性はXXXである」とあります。会計システムの問題点について触れてはいますが，その内容の中心は「解決の方向性」です。

　ボディをみてみましょう。ボディには，「会計システムの問題点」に加えて，「解決の方向性」が書かれています。ボディでも，主役は「会計システムの問題点」ではなく「解決の方向性」です。つまり，違反例のスライドは，メッセー

図表1　記載の範囲が一致しない

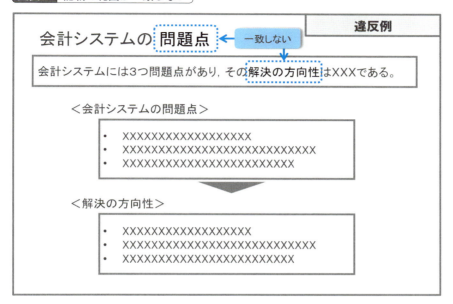

ジボックスとボディで記載する範囲は一致していますが，スライドタイトルで記載する範囲とは一致していないのです。

どちらかに合わせる

　それでは，どうしたらよいでしょうか。それは，記載の範囲を一致させることです。

　もし，書き手が伝えたいことがスライドタイトルに記載した内容なら，メッセージボックスの記載をタイトルに合わせます。具体的にいうと，違反例のメッセージボックスの記載から，解決の方向性について記載している部分を削除します。

　ボディについても，同様です。ボディの記載のうち，「解決の方向性」の部分を削除して，会計システムの問題点について記載します。会計システムには3つの問題点があることですから，この点に絞って書くのです（図表2）。

　もし，書き手が伝えたいことが，メッセージボックスやボディで記載したこ

図表2 スライドタイトルに一致させる

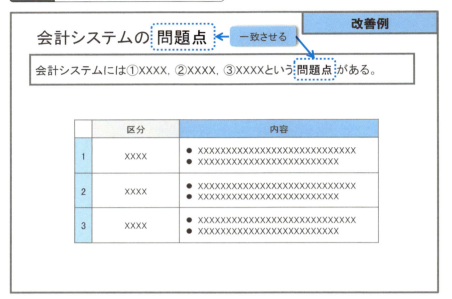

とだったら，どうすればよいでしょうか。この場合，スライドタイトルのほうを見直します。メッセージボックスやボディには，会計システムの問題点だけでなく，解決策まで記載されていますから，例えば「会計システムの問題点と解決の方向性」とします。

　スライドタイトルは，読み手が最初にみるところです。タイトルをみて必要な情報かどうかを判断するのです。タイトルに記載した内容とメッセージボックスやボディに記載した内容が違っていれば，読み手の期待を裏切ることになります。それだけではありません。読み手がスライドの品質に対して疑問を持てば，スライドの内容を信用しないでしょう。

　スライドタイトルは，スライド作成の"要"です。スライドを作成するときは，まずタイトルを作成します。そして，メッセージボックスを書くときも，ボディを作成するときも，その内容がスライドタイトルと一致しているかを常に確認することが大切です。

3-2 スライドタイトル 短いタイトル

> スライドタイトルは短いほうがよいものです。ただし，必要以上にタイトルを短くすると，かえって意味が曖昧になるので注意が必要です。

いろんな意味がある

　格助詞「の」には，いろいろな意味があります。「私の本」というと，「私」は所有主の意味となり，「山の本」と書けば，「山について書かれた本」というように「山」は対象の意味になります。ところが「漱石の本」となると，どうでしょうか。夏目漱石は有名な作家ですから，「漱石が執筆した本」だと連想する人が多いでしょう。しかし，「漱石について書かれた本」とか，「漱石が所有していた本」と解釈することだってできるはずです。

　このように，読み手が「の」の前の名詞をどう考えるかで，格助詞「の」の解釈が変わってくるのです。このことを違反例で確認してみましょう。

誤解させない

　違反例のスライドタイトルは「受注工番の費用処理」です（図表1）。受注工番とは，受注した工事に付与される番号のことです。違反例のどこがおかしいのでしょうか。

　「受注工番」はただの番号ですから，これ自体が何かの"処理の主体"になることはできません。それでは，この受注工番が"処理の対象"になる可能性はあるでしょうか。もちろん，受注工番自体を費用処理することはできません。メッセージボックスを読んでみると，「工事がキャンセルされた場合，受注工番に集計したコストを費用処理する」とあります。メッセージボックスを読んで，読み手はようやく"処理の対象"が「受注番号に集計されたコスト」だと理解できるのです。

　スライドタイトルは短くする必要があります。しかし，タイトルを短くしすぎてわかりにくくなるのも，やはり問題です。もし，このスライドの内容がメッセージボックスの記載のとおりなら，タイトルを「工事キャンセルの場合

図表1　誤解させない

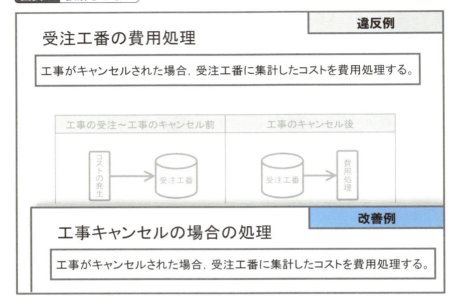

の処理」とすればよいでしょう。改善例をご覧ください（図表1）。

迷わせない

　もう1つ違反例を見てみましょう。違反例のスライドタイトルは「給与システムの業務ルール」というものです（図表2）。違反例のどこが問題でしょうか。
　「給与システム」とは、給与の計算やその支払を管理するためのシステムです。それでは、この「業務ルール」は何を意味するのでしょうか。メッセージボックスには「給与システムの操作にあたって順守すべき業務ルールをまとめた」とあります。これだけでは、スライドの内容はわかりません。
　給与システムという文字を見て「給与システムは複雑だから、操作ミスによって給与計算に間違いがあっては大変だ」と考える人は、この「業務ルール」は給与システムを操作する際の決まりごとだと考えるでしょう。もし、このスライドの目的がそうであれば、スライドタイトルは「給与システムの操作ルール」とします。改善例1をご覧ください（図表2）。

図表2 迷わせない

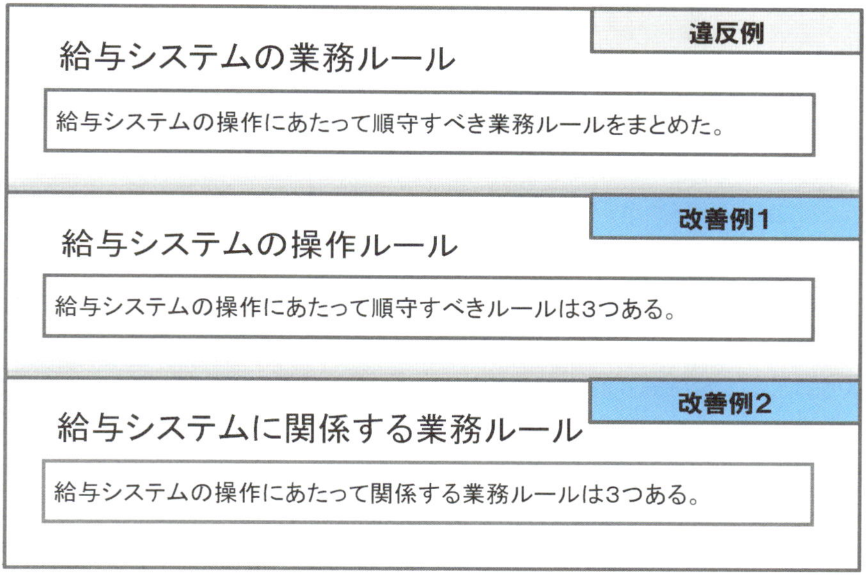

	違反例
給与システムの業務ルール	
給与システムの操作にあたって順守すべき業務ルールをまとめた。	

	改善例1
給与システムの操作ルール	
給与システムの操作にあたって順守すべきルールは3つある。	

	改善例2
給与システムに関係する業務ルール	
給与システムの操作にあたって関係する業務ルールは3つある。	

　一方で，給与システムを操作する際は，給与に関する法律や規則などいろいろなルールを押さえておく必要があります。もし，このルールが違反例のスライドタイトルの「業務ルール」のことであれば，タイトルは「給与システムに関係する業務ルール」とするほうがよいでしょう。改善例2をご覧ください（図表2）。

　「AのB」という形式のスライドタイトルは，Aをどう捉えるかによって，いくつも解釈ができる可能性があります。「AのB」というタイトルを書くときは，読み手がAをみてどういったことを連想するかを考えることが大切です。

34   Section 3   スライドの作成①：整理の技術

3-3 スライドタイトル 兄弟タイトル

同じスライドタイトルに連番をつけるというのは，とても簡単なタイトルの決め方です。そのせいか，この方法で安易にタイトルをつけることがあるようです。

"兄弟関係" を示す

複数のスライドに同じスライドタイトルを使うときは，連番（例えば1/3，2/3，3/3など）を付します。同じ種類の情報を書くなら，わざわざタイトルを変える必要はありません。連番をつけて，スライド同士が"兄弟関係"にあることを示したほうがよいでしょう。

ただし，このようなタイトルには，注意が必要です。スライドで伝えたいことを深く考えずに，同じタイトルで済ましている可能性があるからです。このことを違反例で確認してみましょう。

安易なタイトル

違反例のスライドは，ヘッジ会計を導入するにあたって開示の方針をまとめたものです（図表1）。どこがおかしいでしょうか。

スライドタイトルは1枚目が「ヘッジ会計の開示（1/2）」で，2枚目が「ヘッジ会計の開示（2/2）」です。これだけをみると，2枚のスライドで伝えたいことは同じようです。

メッセージボックスをみてみましょう。1枚目は「ヘッジ会計で求められる開示事項と一般的な開示イメージを示す」，2枚目は「当社のヘッジ会計に係る開示方針を示す」です。1枚目で，ヘッジ会計で求められる一般的なことを書き，2枚目に会社（独自の）開示方針を書いていますから，それぞれのスライドで伝えたいことは異なります。そうであるならば，2枚のスライドには，それぞれ別のタイトルをつけるべきです。

なぜ，こうなったのでしょうか。それは，スライドで伝えたいことを考えずに，タイトルを決めたからです。「ヘッジ会計の開示」というタイトルは，具

3-3 スライドタイトル 兄弟タイトル　35

図表1 **安易なタイトル**

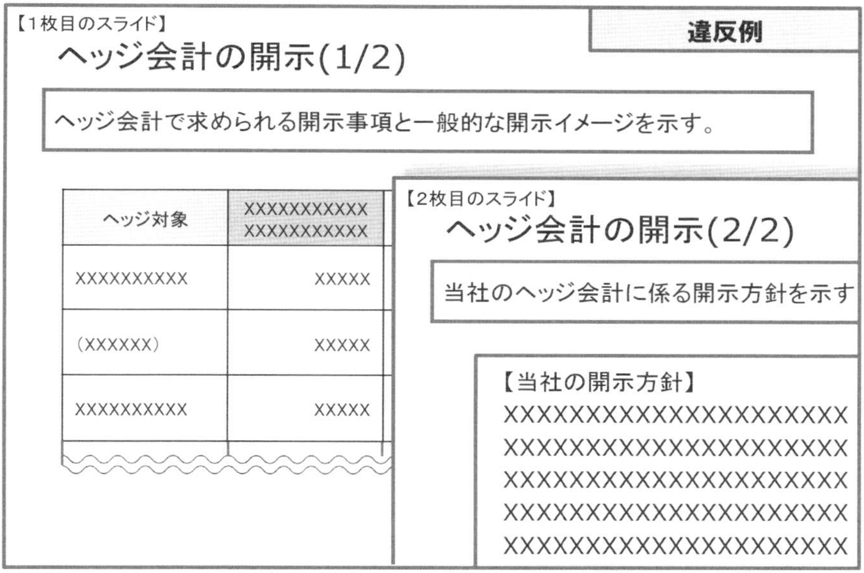

体性に欠けますから，およそヘッジ会計の開示に関係することなら，何を書いても，タイトルとして一応"通用"します。このことが，同じタイトルを使っても問題に気づきにくい原因です。

　どうしたらよいでしょうか。それは，スライドで伝えたいことを考えることです。1枚目のスライドは，ヘッジ会計で求められる開示事項と一般的な開示イメージを示すことですから，例えば「ヘッジ会計の開示イメージ」とします。2枚目のスライドは，会社としての方針が書かれていますから，タイトルを「ヘッジ会計の開示方針」とします（図表2）。

　そもそも，同じスライドタイトルを使うのはどういうケースでしょうか。それは，文字数（行数）が多すぎて1枚のスライドに収まらないとか，情報量が多くて分割しないといけないという場合です。添付資料のように，資料全体からみると重要性が低いスライドにも，同じタイトルで済ませることがあります。

図表2　深く考える

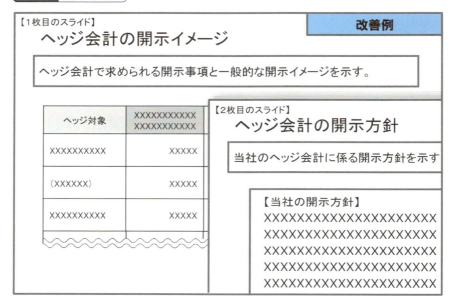

深く考える

　資料を構成するすべてのスライドに，表紙と同じタイトルをつけても，スライドタイトルとして"一応"成立はします。資料を構成する以上，すべてのスライドは，表紙のタイトルに関係する事柄が書かれているからです。

　しかし，それは"スライドタイトル"の役割を放棄したことと同じです。読み手は，タイトルをみても，スライドに何が書かれているのかわかりません。

　スライドタイトルをつけるには，手間がかかります。スライドの内容をきちんと理解し，スライドで何を伝えたいのかを考えなければ，的確なタイトルをつけることができません。その手間を避けて，同じタイトルに連番をつけるということに慣れると，スライドに何を書いたのか，確認もしなくなります。同じタイトルを使うときは，スライドで伝えたいことが何か，しっかり考えることが大切なのです。

3-4 メッセージボックス
メッセージは90文字以内

スライドのメッセージの記載は90文字以内です。そのためには，メッセージボックスと記載する文字のサイズを決めておく必要があります。

多くても90文字まで

メッセージボックスの記載は90文字以内です。「90文字なんて少なすぎる」と思う人がいるかもしれません。しかし，スライドのメッセージ（スライドで一番伝えたいこと）は１つです。そして，読み手が一気に読める文字は多くありません。むしろ**90文字では長すぎるぐらい**で，**できればメッセージはその半分の45文字以内がよい**のです。

メッセージボックスに記載するときは，その前にメッセージボックスと記載する文字のサイズを決めておきます。もともと，メッセージボックスを使う理由の１つは，記載できる文字数を制限するためです。スライドタイトルの下に（枠線をつけずに）そのままメッセージを書いたものを"メッセージライン"と呼びますが，これだと文字数の制限を気にせず（好きなだけ）メッセージが書けます。一方，決められたサイズの枠線（メッセージボックス）の中に書けば，メッセージの文字数は制限されるのです。

文字数に制限を設けるというと，ちょっと息苦しい感じがします。しかし，制限があるからこそ，人はその中でどうにかしようと考え，メッセージは整理されるのです。

同じメッセージボックスを使う

メッセージボックスと記載する文字のサイズを一度決めたら，すべてのスライドで同じメッセージボックスを使います。このことを違反例で確認してみましょう。

違反例１のメッセージは270文字です（図表１）。メッセージボックスのサイズを大きくすると，記載できる文字数は増えます。（これはほとんどの場合でいえることですが）文字数の多いメッセージは，伝えたいことがたくさんある

のではなく，メッセージが整理されていないのです。

図表1　メッセージボックスのサイズを大きくしている

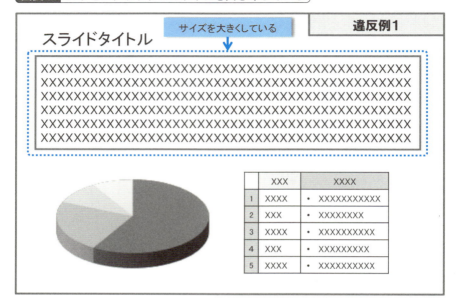

　もちろん，メッセージボックスのサイズは同じでも，文字のサイズを小さくして文字数を増やすのは問題です。メッセージは90文字以内で書くのです。

　もう1つ，違反例をみてみましょう（図表2）。違反例2の「以下のとおりである」という記載はメッセージとはいえません。なぜなら中身がないからです。そもそも，メッセージボックスを小さくするのは，書き手に「ボディに情報を盛り込みたい」という心理が働いているからと考えられます。ボディに記載すべき情報の優先順位がわかっていないのです。

　メッセージボックスと記載する文字のサイズはどれぐらいがよいでしょうか。筆者の場合，メッセージボックスのサイズは（スライドのサイズがＡ4で縦210mm×横297mmのとき）縦180mm×横256mmです。最初の頃，枠線の幅は1ptでしたが，これだとプレゼン用のスライドとして目立たず，またいちいち作り直すのも手間なので，それ以降，枠線の幅は3ptです。ＭＳ Ｐゴシッ

図表2 メッセージボックスのサイズを小さくしている

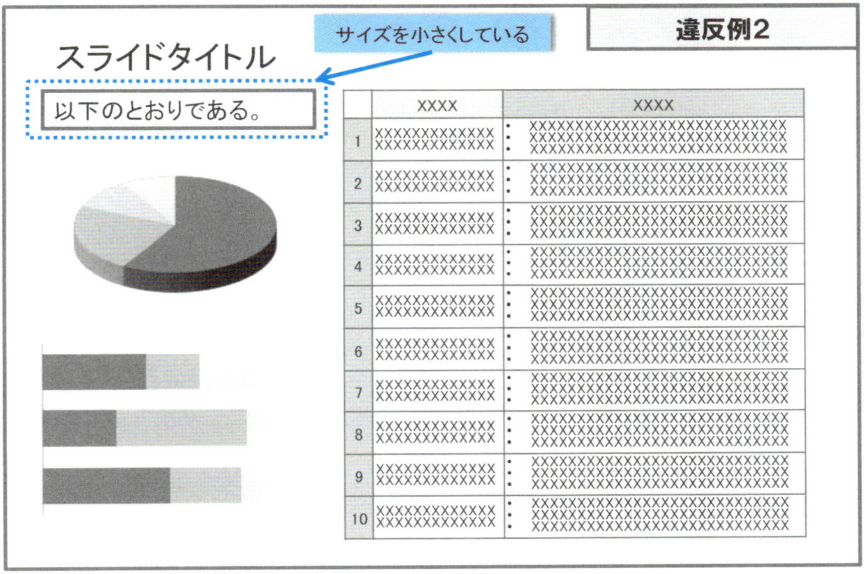

クで文字のサイズが17pt だと，2行で90文字ぐらい書けます。

統一感が生まれる

　同じメッセージボックスを使う理由は，もう1つあります。それは，資料としての統一感です。スライドをめくるたびに，メッセージボックスのサイズが変わったり，その中に記載する文字のサイズが違ったりすると，読みにくいだけでなく，寄せ集めのスライドという印象を受けます。同じメッセージボックスを使えば，まるで"ユニフォーム"のように資料に統一感が生まれるのです。

　逆にいうと，メッセージボックスが同じかどうかをみれば，同僚や部下が作成したスライドの問題点をみつける手掛かりになります。サイズが違っていれば，メッセージが整理されていないとか，ボディに記載すべき情報の優先順位がわかっていないという問題を疑ってみるべきでしょう。スライドを作成するときは，同じメッセージボックスを使うことが大切なのです。

40　Section 3　スライドの作成①：整理の技術

3-5 メッセージボックス よいメッセージ

よいメッセージには，いくつかの記載パターンがあります。それは，要約型，要点型，応答型の３つです。

わかりやすいか

　よいメッセージというものは，スライドの内容や報告する相手によって変わります。しかし，わかりやすいかどうかという観点だけで考えると，よいメッセージにはいくつかの記載パターンがあるようです。それは，**要約型，要点型，応答型の３つです。逆にいうと，この記載パターン以外で書かれたメッセージは，（形式的な観点ではありますが）その内容がおかしいかどうか疑ってみる必要があるのです。**

　まず，要約型をみてみましょう（図表１）。メッセージボックスには，「利益の減少原因は，①原材料の高騰，②製品価格の引下げ，③研究開発費の増加の３つである」と書かれています。

　ボディをみると，３つの利益の減少原因について一覧表に詳しい説明があります。文字数の制約から，１つひとつの項目についてそのエッセンスをメッセージボックスに書くことはできません。しかし，これらを要約すると，「利益の減少原因は，①原材料の高騰，②製品価格の引下げ，③研究開発費の増加の３つ」だということです。このスライドに書かれていることはおおむねこのような内容であるというのが要約型のメッセージです。ボディをみれば詳しい説明がある場合で，それぞれの項目の情報の重要度にあまり違いがないときに，この記載パターンは適しています。

　この要約型の対極にあるのが，要点型です。ボディに記載した内容の要約ではなく，その中で一番重要な項目にフォーカスし，注意を喚起するのです。

　図表１の場合，利益の減少原因は３つありますが，その中で一番のインパクトが，30億円の利益の減少をもたらした原材料の高騰です。この点を強調したいなら，メッセージの記載も変わってくるでしょう。「原材料の高騰で製造コストが増加したことが主な利益の減少原因である」と書けば，これが要点型の

3-5 **メッセージボックス** よいメッセージ 41

| 図表1 | 要約型のメッセージ |

利益の減少原因

利益の減少原因は，
①原材料の高騰，②製品価格の引下げ，③研究開発費の増加の3つである。

	減少原因	内容
1	原材料の高騰	● 急速な円安と新興国の需要の増加により原材料の価格が高騰した。 ● この影響による利益の減少は30億円である。
2	製品価格の引下げ	● 競合他社の低価格攻勢を受け，競争力強化のため価格を引き下げた。 ● この影響による利益の減少は20億円である。
3	研究開発費の増加	● 新製品の研究開発費が当初の予定より大幅に増加した。 ● この影響による利益の減少は10億円である。

メッセージです。要約型に比べて部分的ではありますが，ポイントを押さえた説明になります。ボディに記載した情報の中で，特に強調したい点がはっきりしているとき，この要点型が適しています。

応答型のメッセージ

　要約型や要点型と明らかに異なる形式を取るのが応答型です。スライドタイトルに質問を書き，その答えをメッセージボックスに書くというものです。図表2をご覧ください。スライドタイトルは「利益が減少した原因は？」で，メッセージボックスには「①原材料の高騰，②製品価格の引下げ，③研究開発費の増加の3つである。このうち，原材料の価格の高騰が利益減少の主たる原因である」とあります。タイトルの質問に対する答えがメッセージボックスの記載です。

　応答型はスライドごとに1問1答の形式を取るため，構成は明快です。読み手は知りたい情報をスライドタイトルの質問からみつけることができます。

42　Section 3　スライドの作成①：整理の技術

図表2 応答型のメッセージ

利益が減少した原因は？

①原材料の高騰，②製品価格の引下げ，③研究開発費の増加の3つである。
このうち，原材料の価格の高騰が利益減少の主たる原因である。

	減少原因	内容
1	原材料の高騰	● 急速な円安と新興国の需要の増加により原材料の価格が高騰した。 ● この影響による利益の減少は30億円である。
2	製品価格の引下げ	● 競合他社の低価格攻勢を受け，競争力強化のため価格を引き下げた。 ● この影響による利益の減少は20億円である。
3	研究開発費の増加	● 新製品の研究開発費が当初の予定より大幅に増加した。 ● この影響による利益の減少は10億円である。

チェックの手段に使う

　わかりやすいメッセージを書くというのは大変なことです。記載パターンを守ったからといって，それだけでわかりやすくなるとは限りません。しかし，そうだとしても，よいメッセージの記載パターンを知ることは重要です。メッセージがわかりやすいかどうか形式的にチェックする手段になるからです。自分の書いたメッセージがよいメッセージの記載パターンと違っていたら，「なぜだろう」と考えます。納得できるまで，メッセージを見直すのです。メッセージを書くときは，常によいメッセージの記載パターンを意識することが大切なのです。

3-6 メッセージボックス
悪いメッセージ

メッセージボックス

悪いメッセージには，一定の記載パターンがあります。このパターンを理解すれば，自分のメッセージがわかりやすいかどうかを確認することができます。

メッセージの欠落

わかりづらいメッセージがあります。メッセージをいくら読んでも，何を伝えたいのかわからないのです。このようなメッセージをみると，いくつかの記載パターンがあることに気がつきます。それは，欠落型，脚注型，散漫型の3つです。

図表のスライドは，すべて利益の減少原因について書いたものです。違反例1のメッセージは「利益の減少原因は以下のとおりである」です（図表1）。この記載自体は間違いではありません。伝えたいことはボディに書いてあるの

図表1　欠落型のメッセージ

	減少原因	内容
1	原材料の高騰	● xxxxxxxxxxxxxxxxxxxxxxxxxxxxxxxxx xxxxxxxxxxxxx ● xxxxxxxxxxxxxxxxxxxxxxxxxxxxx
2	製品価格の引下げ	● xxxxxxxxxxxxxxxxxxxxxxxxx ● xxxxxxxxxxxxxxxxxxxxxxxxxxxxxxx xxxxxxxxxxxxxxx
3	新製品の投入遅れ	● xxxxxxxxxxxxxxxxxxxxxxxxxxxx xxxxxxxxxxxxxxxxxxxxx ● xxxxxxxxxxxxxxxxxxxxxxxxxxxxx

違反例1

利益の減少原因

利益の減少原因は以下のとおりである。

44　Section 3　スライドの作成①：整理の技術

でしょう。しかし，これはメッセージとはいえません。読み手に「ボディをみて考えてくれ」といっているのと同じだからです。

　このような記載パターンには，「以下に示す」，「以下に記載する」，「次のとおり」などがあります。これらはみなメッセージが欠落しています。

　なぜ，欠落型のメッセージが書かれるのでしょうか。それは楽だからです。どんなスライドも，「以下のとおり」と書けば済みます。メッセージの中身を考える必要はありません。しかし，こういうクセがつくと，（考えることを忘れますから）スライド作成技術も衰えます。

　欠落型かどうかは，メッセージをみればすぐわかります。自分が作成した資料に欠落型のメッセージがないか確認し，もしみつけたら，（締め切りでよほど時間がないか，あまり重要でないスライドの場合を除いて）メッセージをもう一度考える必要があります。

脚注に書けば済む

　違反例2には「利益の減少原因の分析にあたっては，直近の月別損益計算および原価明細表を詳細に分析し，担当者に対するヒアリングを実施した」とあります（図表2）。どこがおかしいでしょうか。

　この記載は，利益の減少原因ではなく，原因を分析するために行ったことです。本来，脚注に書けば済むことを，メッセージボックスに書いているのです。

　"分析するために行ったこと"は，信頼できる分析かどうかを読み手が判断する材料になります。それ以前に，書き手がどれだけ苦労して分析したかをアピールしたいという場合もあるでしょう。

　しかし，スライドタイトルをみる限り，このスライドのメッセージにふさわしくはありません。削除するか，脚注にすべきでしょう。

散漫型のメッセージ

　違反例3には「原材料の価格の変化，製造コストの増加，競合他社との価格競争の激化，顧客のニーズの変化などが相互に影響して利益の減少につながったと考える」とあります（図表2）。どこがおかしいのでしょうか。

　ボディ（違反例1と同じ）をみると，利益の減少原因は，①原材料の高騰，

3-6 **メッセージボックス** 悪いメッセージ 45

図表2 脚注型と散漫型のメッセージ

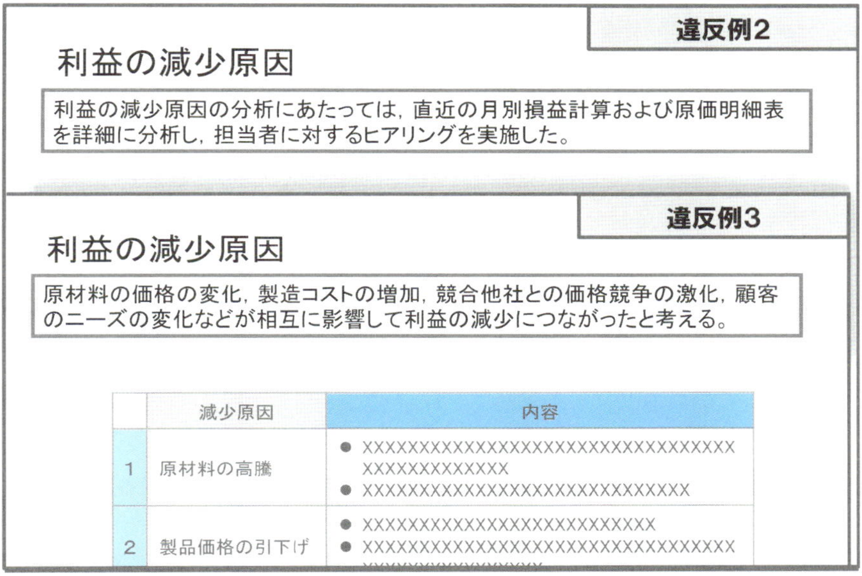

②製品価格の引下げ，③新製品の投入遅れとあります。この３つがメッセージボックスの「原材料の価格の変化，製造コストの増加，競合他社との価格競争の激化，顧客のニーズの変化」とどう対応するのかわかりません。当然，「相互に影響して利益の減少につながった」ということはボディをみても読みとれません。ボディに関係するようで，関係ないことが書いてあるのが散漫型です。

　メッセージボックスに何を書いても，見た目はメッセージになります。しかし，わかりやすいとは限りません。資料のなかに"悪いメッセージ"の記載パターンをみつけたら，もう一度，メッセージを考えることが大切です。

46　Section 3　スライドの作成①：整理の技術

3-7 メッセージボックス 感想メッセージ

書き手の感想だけがメッセージの根拠として書かれていたら，その
メッセージは十分に考え抜かれていない可能性があります。

主張ではない

　「重要である」，「難しい」，「役立つ」，「困難である」というのは，書き手の
感想です。もちろん，感想も，広い意味では書き手の主張かもしれません。し
かし，メッセージの根拠が書き手の"感想"だけだとしたら，スライドとして
問題があります。それは，多くの場合，考えが"浅い"からです。

　書き手の感想だけを根拠にするのではなく，どうしてそう感じるのか，その
理由をもっと考えて書く必要があります。違反例で確認してみましょう。

だからどうした？

　違反例は，のれんの減損についてまとめたスライドです（図表1）。どこが
おかしいでしょうか。

　メッセージボックスには「のれんの減損のルールは難しい。財務担当者はの
れんの減損について深い知識が必要である」とあります。この「のれんの減損
のルールは難しい」という記載は書き手の感想です。書き手は確かにそう感じ
ているのでしょう。では，なぜ"深い知識"が必要なのでしょうか。その理由
は示されていません。

　ところが，書き手はこの"感想"を根拠に「財務担当者はのれんの減損につ
いて深い知識が必要である」と主張しています。しかし，この主張と根拠（感
想）の対応関係には疑問があります。ルールが「難しい」なら，「正しい理解」
とか「多くの勉強」が必要になるといえるかもしれませんが，「深い知識」が
必要になるでしょうか。主張と根拠の対応関係が少しズレているのです。

　また，「深い知識が必要である」と主張するなら，何かアクションが求めら
れるはずです。しかし，"なぜ，深い知識が必要なのか"という点について書
き手が考え抜いていなければ，（この先のスライドで）"財務担当者はどう行動

図表1　感想が書かれている

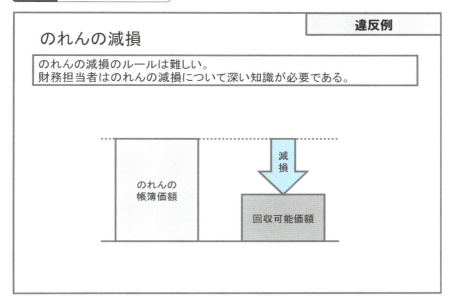

すべきか"という記載も期待できないでしょう。

　ボディにも問題があります。それはボディの内容がメッセージと一致していない点です。違反例のボディは，のれんの減損の説明ですが，メッセージボックスにはその記載がまったくありません。

　実は，感想メッセージはボディの内容と一致しないことが多いのです。それは，"感想"という感覚的な事柄をボディで視覚的に表現することが難しいからでしょう。

しっかり考える

　ではどうしたらよいでしょうか。それは，伝えたいことをしっかり考えることです。書き手がこのスライドで明らかにすべきことは，ほかにあるはずです。のれんの減損とは何か，なぜのれんの減損について深い知識が必要なのか，どのような知識を備えるべきか，どうやって知識を修得すればよいかなど，考えればもっとほかにもあるはずなのに，そのことを書かず，"感想"だけ述べて

済ましていることに問題があるのです。

　例えば，のれんの減損は多額になることが多く，経営に重大な影響を与えることから，経営者に対して適切な助言を行う必要がある，としましょう。もし，これが財務担当者は深い知識を備える根拠だとしたら，それを書けばよいのです。これに合わせて，ボディにも"経営に重大な影響"を与えることがわかるようにします。改善例をご覧ください（図表2）。

図表2　深く考えて書く

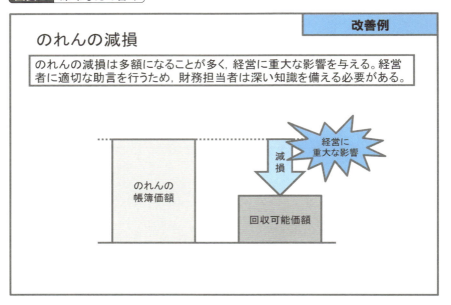

　感想メッセージには，どことなく書き手の無責任さを感じます。それは，書き手が自分の主張を明らかにせず，まるで第三者のような態度で感想を述べている，と感じさせるからでしょう。

　感想メッセージをみつけたら，主張がない（整理されていない）かどうかを疑います。そして，本当に自分が主張したいことは何か，深く考えることが大切です。

3-8 配置を揃える
整理整頓

図形の配置が揃っていないと，読み手にあまりよい印象を与えません。それどころか，伝えたいことがしっかり伝わらない可能性があります。

なぜ，揃えるのか

　図形の配置が乱れているスライドをみかけることがあります。縦や横から直線を引いてみると，直線上にないのです。もしかしたら，このスライドの書き手の頭の中も同じような状態かもしれません。ボディの乱れは，頭の中の乱れを表すからです。**図形を揃えて配置するのは，読み手によい印象を与えるためだけではありません。書き手が頭の中を整理するためにも必要なのです。**このことを違反例（図表1）で確認してみましょう。

図表1　図形の配置が乱れている

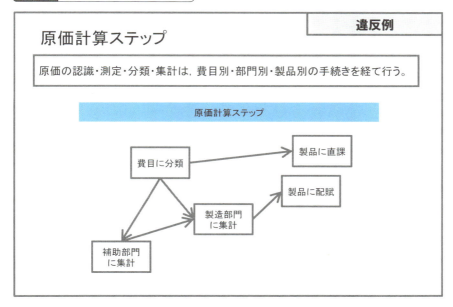

論理的に説明できない

　ボディに書かれた図形は，縦からみても横からみても直線上にありません。矢印をみれば図形同士の関係はわかりますが，1つひとつの図形が全体の中でどのような位置づけなのか，パッとみてわかりません。

　時間の流れや論理の展開は，図形の配置によって示されます。図形を揃えれば，縦と横のラインが何を意味するのか，明らかにする必要が出てきます。きちんと揃えられるということは，どういう観点から物事を捉えているのか，書き手の頭の中が整理されていることを意味するのです。

　違反例は原価計算の手続きですから，時間の経過に合わせて配置する必要があります。時間の経過とともに，左から右に進むように配置するのです。それでは，縦のラインは何を意味するのでしょうか。原価計算の手続きは直接費と間接費で異なりますから，そうわかるように分けます。改善例をご覧ください（図表2）。

図表2　図形の配置を揃える

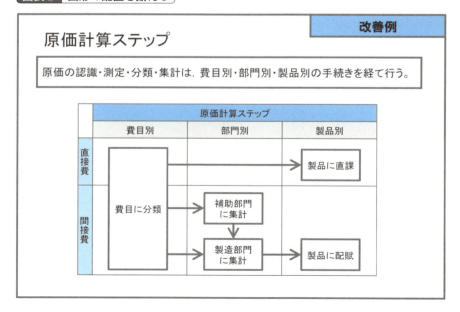

理解せずに整理はできない

　図形の配置を揃えると，書き手の頭の中も整理されます。縦と横のラインに合わせて図形を揃えれば，同じライン上にある図形は，何らかの共通の関係がなければいけませんから，考えることになるのです。改善例の場合，「製品に直課」と「製品に配賦」という図形は「製品別」の原価計算という縦のラインで揃っています。どちらも製品別原価計算というステップで行う処理です。同じように，「補助部門に集計」と「製造部門に集計」の図形は「部門別」という縦のラインと「間接費」という横のラインに属しています。2つの図形の処理は，部門別原価計算であり，間接費であるという点で共通の関係にあるのです。

　図形の配置を揃えるのは面倒だという人もいるでしょう。しかし，実際は，図形を揃えるのにそれほど手間はかかりません。オブジェクトの位置を揃える機能（揃えたい図形を選択した状態で「ホーム」→「図形描画」→「配置」→「オブジェクトの位置」→「配置」で表示）を使えば，簡単に揃えられます。ガイド（右クリック→「グリッドとガイド」を選択→「ガイドを表示」のチェックボックスをクリック）を使えば，縦と横の位置も確認できます。また，スマートガイド（右クリック→「グリッドとガイド」を選択→「図形の整列時にスマートガイドを表示する」のチェックボックスをクリック）を使うと，図形を整列するときにだけガイドが表示されますから便利です。

　図形の配置を揃えるという行為は，みかけを美しくするためだけではありません。スライドの内容をきちんと理解し，それをわかりやすく伝えるにはどうしたらよいのか，書き手自身が確認するためにも必要なことのです。頭の中の状態は，図形の配置となって表れます。図形の配置が乱れているということは，頭の中はまだまだ整理されていないということです。図形の配置を揃える（＝図形の内容をきちんと理解する）ことは，わかりやすいスライドの作成のために大切なのです。

52　Section 3　スライドの作成①：整理の技術

3-9 整理整頓 書式を揃える

テキストボックスの書式を揃えておかないと，スライドは読みづらくなります。あとでスライドを編集する際にも手間がかかるので注意が必要です。

自由な書式で書かない

　スライドに文字（テキスト）を書くときは，テキストボックスを使います。これはちょうど付箋のようなもので，スライドの好きなところに自由な書式（自動調整の有無と方法，上下左右の余白の大きさ，テキストの折り返しの有無）で文章が書けます。実は，この"自由な書式で"というのがくせ者なのです。**テキストボックスの書式がバラバラだと，読みづらいスライドになるからです。**このことを違反例で確認してみましょう。

　違反例は，経理部の本年度の取組みをまとめたスライド（注：この違反例のテキストボックスの枠線は本来，透明でみえないのですが，書式の違いを示すためわざとみえるようにしました）です（図表1）。違反例のどこがおかしいでしょうか。

　ボディの5つのテキストボックスの書式はすべてバラバラです。どうしてこうなってしまったのでしょうか。

　テキストボックスを使うとき，「挿入」タブの「テキストボックス」から「横書きテキストボックス」を選択します（「ホーム」タブの「図表描画」から「テキストボックス」を選択することも可能）。そのままスライドの上でクリックすると，枠線なし，塗りつぶしなしの透明な状態のテキストボックスが挿入されます。このテキストボックスのサイズ（高さと幅）は入力した文字数に応じて自動的に広がります（違反例の1つ目と2つ目のテキストボックスがこの設定です。なお，1つ目のテキストボックスの文章は書き手がEnterキーで折り返したものです）。

　一方，スライド上でドラッグしながらテキストボックスを挿入すると，そのドラッグした範囲で，入力した文章は自動的に折り返します。これは「図形内

図表1　書式がバラバラ

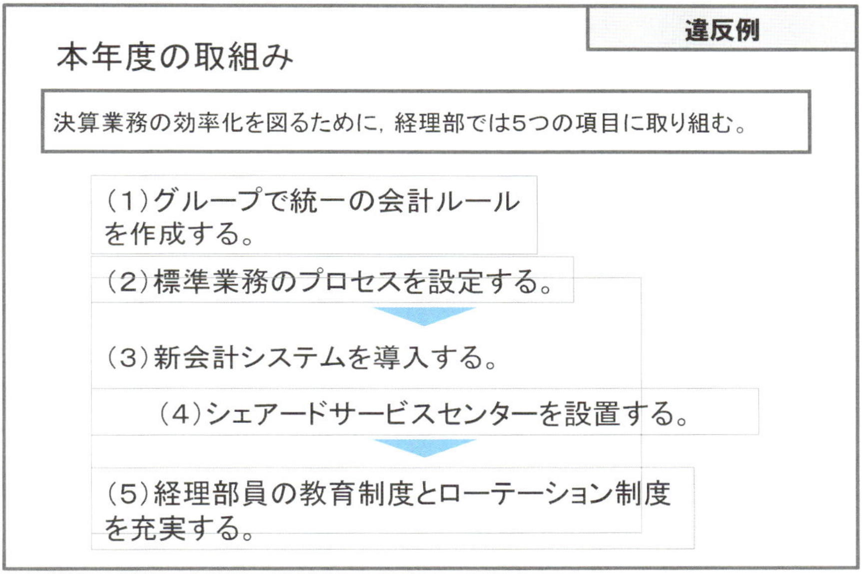

違反例

本年度の取組み

決算業務の効率化を図るために，経理部では5つの項目に取り組む。

(1)グループで統一の会計ルールを作成する。

(2)標準業務のプロセスを設定する。

(3)新会計システムを導入する。

(4)シェアードサービスセンターを設置する。

(5)経理部員の教育制度とローテーション制度を充実する。

でテキストを折り返す」という自動折り返し機能がデフォルトで設定されるからです（違反例の上から3つ目〜5つ目のテキストボックスがこの設定です）。このように，気をつけていないと，書式はバラバラになります。

編集に手間がかかる

　テキストボックスの編集は枠線にカーソルを持ってきてクリックするか，テキストボックスを囲むようにドラッグする必要があります。違反例の上から3つ目のテキストボックスのように，記載した文字よりもテキストボックスのサイズがずっと大きいと，枠線がなかなかみつからず，作業時間のロスにつながります。

　それでは，どうすればよいでしょうか。（これは好みによりますが）筆者は「自動調整なし（＝テキストに合わせて図形のサイズを調整しない）」と「図形内でテキストを折り返す」を選択します。この設定は，文章が長くなってもテキストボックスの（横の）サイズは変わらず，自動的に文章を改行し（折り返

54   Section 3   スライドの作成①：整理の技術

し）ます。最初に基準となるテキストボックスを決めたら，残りのテキスト
ボックスはこの設定をコピーします。こうやって，すべてこの書式を揃えるの
です（図表2）。

図表2   書式を揃える

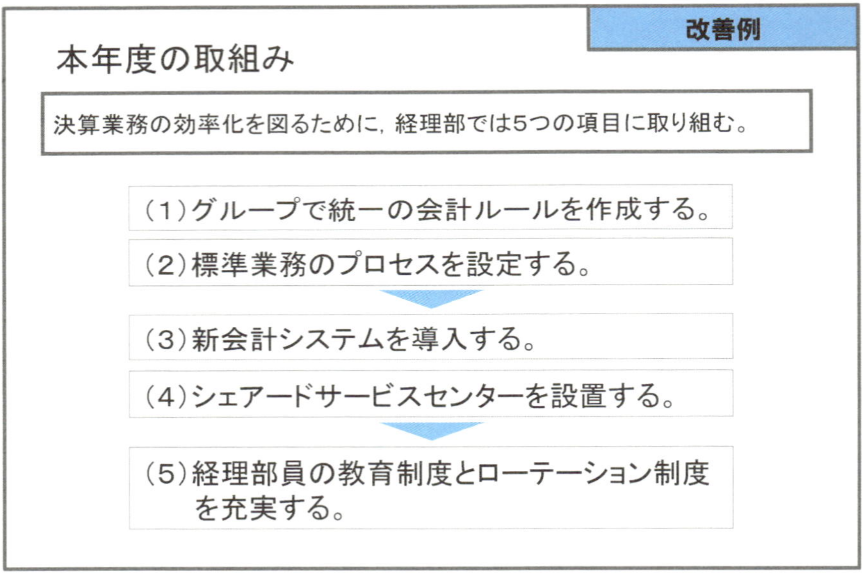

1つにまとめる方法もある

違反例のように箇条書き（に近い）ケースの場合には，1つのテキストボッ
クスにまとめるという方法もあります。同じテキストボックスの中ですから，
左揃えに設定すれば，（インデントを勝手に調整しない限り）記載した項目は
きれいに揃います。

テキストボックスの書式を揃えるのは面倒だと感じる方もいるでしょう。し
かし，この小さな配慮の積み重ねが，わかりやすいスライドにつながるのです。
テキストボックスの書式は，揃えることが大切です。

3-10 整理整頓 語尾で整理する

項目を並べて書くときは，MECE にする必要があります。MECE かどうかチェックする方法の１つに，語尾をみるという方法があります。

MECE とは

項目を並べて書くときは，モレなくダブりなく行う必要があります。これを MECE（ミーシーまたはミッシーと呼ぶ。Mutually Exclusive and Collectively Exhaustive の頭文字から名づけた）といいます。

MECE にするには，切り口を１つにします。切り口とは，対象をどういう視点から分解するかということです。切り口が１つなら，並べて書く項目の語尾を揃えることができます。逆にいうと，語尾が揃っていなければ，MECE でない可能性があるのです。違反例で確認してみましょう。

図表 1　語尾が揃っていない

想定される業務見直し

違反例

以下は想定される見直し項目だが，これに限定はされない。
システムだけに頼らず，すべての業務を抜本的に見直す。

	項目	内容
1	伝票処理工数の極小化	重点チェックの実施，自動仕訳の範囲拡大
2	債権消込ニーズの対応	消込手続きの見直し，自動消込みの開発
3	固定資産の検収	固定資産システムの刷新，検収手続きの効率化
4	資金管理システム導入	運用方針の策定，資金管理システムの導入
5	分析資料の見直し	分析資料の削減
6	分析の高度化	管理項目の検討
7	多角的収益分析	BI（Business Intelligence）の活用

違反例のスライドは，業務の見直しについての提案です（図表１）。この違反例のどこが問題でしょうか。

語尾がバラバラ

違反例のスライドタイトルは「想定される業務見直し」で，メッセージボックスには「以下は想定される見直し項目だが，これに限定はされない。システムだけに頼らず，すべての業務を抜本的に見直す」とあります。

ボディをみてみましょう。ボディには図表があります。メッセージがいう「想定される見直し項目」とは，図表にある「伝票処理工数の極小化」「債権消込ニーズの対応」「固定資産の検収」「資金管理システム導入」「分析資料の見直し」「分析の高度化」，そして「多角的収益分析」の７つです。

まず感じることは，項目の数の多さです。７つもの項目を羅列されると，そのボリュームに読み手は圧倒されるものです（実際，その効果を狙って，中身のチェックが甘くなることを期待するケースもあるようです）。

さて，７つの項目をみると，それぞれの項目の書き方が統一されていないことに気がつきます。１つ目の「伝票処理工数の極小化」は，工数を減らすという目指す姿です。２つ目の「債権消込ニーズの対応」というのは，ニーズに対応すると書いてあるだけですから，実際に何を目指すのかはわかりません。３つ目の「固定資産の検収」は業務そのものです。４つ目の「資金管理システム導入」は実施することです。５つ目以降も，これは同じです。つまり，７つの項目は，業務見直しという対象について，別々の視点（切り口）から書いているのです。このことが，一体感に欠ける図表にみえる理由です。

語尾を考える

どうしたらよいでしょうか。図表の「内容」は業務見直しについてルール・プロセス対応とシステム対応の観点から書かれていますから，これを図表の切り口に加えます。そのうえで７つの項目の語尾を揃えるのです。

７つの項目に共通するのは，見直しの対象となる「業務」の存在です。では，この「業務」とは具体的に何でしょうか。それは「伝票処理業務」，「債権消込業務」，「固定資産業務」，「資金管理業務」といったものです。

なお，違反例の5つ目から7つ目の項目は「分析管理業務」という1つの業務について書かれているようですからまとめました。改善例をご覧ください（図表2）。

図表2　1つの切り口で分ける

改善例

想定される業務見直し

5つの業務について，ルール・プロセスとシステムの観点から見直す。

	対象業務	ルール・プロセス対応	システム対応
1	伝票処理業務	重点チェックの実施	自動仕訳の範囲拡大
2	債権消込業務	消込手続きの見直し	自動消込みの開発
3	固定資産業務	検収手続きの効率化	固定資産システムの刷新
4	資金管理業務	運用方針の策定	資金管理システムの導入
5	分析管理業務	分析資料の削減 管理項目の検討	BI(Business Intelligence)の活用

　語尾を揃えようとすると，その言葉の意味を考えるようになります。今回のケースでいうと，「業務」とは何かということです。1つひとつの項目をみながら，この項目はどの業務に当たるのか，同じ業務が2つ以上の項目にわたって書かれていないか，またその逆はないかを確認するのです。
　語尾を揃えて書くことができるまで，スライドの内容を何度も見直し，考え抜くことが大切です。

58　Section 3　スライドの作成①：整理の技術

3-11 *整理整頓* グルーピング

資料の構成を考えるときは，内容の共通点をみつけてグルーピングを
行い，冗長な記載にならないように工夫する必要があります。

共通点でまとめる

　資料の構成によって，資料のわかりやすさはだいぶ変わります。**資料の全体
像をわかりやすく示すには，グルーピングという方法があります。**内容の共通
点をみつけて，仲間同士で分けるのです。しかし，ただグルーピングするだけ
では，うまくいかないことがあります。違反例で確認してみましょう。

　違反例のボディには，大きく2つの議題（アジェンダ）が書かれています（図
表1）。1つが「ヘッジ会計の会計処理の確認」で，もう1つが「ヘッジ会計
の開示事項の確認」です。これは「会計処理」と「開示事項」という共通点で

図表1　冗長である

違反例

本日のアジェンダ

ヘッジ会計に関する会計処理と開示事項について確認する。

　1. ヘッジ会計の会計処理の確認

　　（1）会計基準の解釈
　　ヘッジ会計に関する会計基準が求めるヘッジの会計処理を確認する。

　　（2）予定仕入
　　A社の予定仕入に係るヘッジ取引の簡便的な会計処理を確認する。

　2. ヘッジ会計の開示事項の確認

　　（1）会計基準の解釈
　　ヘッジ会計に関する会計基準が求めるヘッジの開示事項を確認する。

　　（2）予定仕入
　　A社の予定仕入に係るヘッジ取引の簡便的な開示事項を確認する。

　　（3）予定売上
　　A社の予定売上に係るヘッジ取引の開示の省略について確認する。

まとめています。これらの議題の下にはさらに５つの議題項目があります。

　５つの議題をよく読むと，同じ記載が繰り返されています。例えば，ヘッジ会計の会計処理の確認では「(1)会計基準の解釈」として「ヘッジ会計に関する会計基準が求めるヘッジの会計処理を確認する」とありますが，ヘッジ会計の開示事項の確認にも「(1)会計基準の解釈」としてほぼ同様の記載があります。２つの違いは，会計処理か開示事項かという点だけです。これは「(2)予定仕入」も同じです。

共通点以外にも注意

　実は，ただ共通点をみつけてグルーピングすればよいというわけではないのです。共通点の選び方が悪いと，記載はダブり，冗長になります。構成が冗長であれば，資料の全体像もつかみにくくなるでしょう。

　資料の中身をもう少し詳しくみる必要があります。違反例を別の観点でグルーピングすると，３つ（会計基準の解釈，予定仕入，予定売上）に分かれます。そして，これらはさらに２つに分けることができます。それは，議題の内容が，（どこの会社でも行われるような）一般的な議論か，Ａ社固有の議論かというものです。

　１つ目の「会計基準の解釈」は，ヘッジ会計に関する会計基準の解釈のしかたですから，Ａ社固有のものではありません。一方，「予定仕入」と「予定売上」という議題は，どちらも，（会計基準には直接規定されてはいないが）「Ａ社において簡便的な扱いが認められるのか」というＡ社固有のものです。そして，Ａ社固有の議論のほうが，一般的な議論よりも相対的に重要です。

　こう考えると，この資料の議題は，一般的な議論か，それともＡ社固有の議論かという観点から分けたほうが，議題の性格をより的確に伝えられることがわかります。そこで，まず議題を「１．会計基準の一般的な解釈」と「２．Ａ社固有のヘッジ会計の扱い」に分けて，Ａ社固有のヘッジ会計の扱いについてはさらに「(1)予定仕入」と「(2)予定売上」に分けるのです。改善例をご覧ください（図表２）。

60   Section 3   スライドの作成①：整理の技術

図表2   スッキリとした構成

改善例

本日のアジェンダ

> ヘッジ会計の会計基準の解釈とA社固有のヘッジ会計の扱いを確認する。

　　　1．会計基準の一般的な解釈
　　　　ヘッジ会計の会計基準が求める会計処理と開示事
　　　　項を確認する。

　　　2．A社固有のヘッジ会計の扱い

　　　　（1）予定仕入
　　　　A社の予定仕入に係るヘッジ取引の簡便的な会計
　　　　処理と開示事項を確認する。

　　　　（2）予定売上
　　　　A社の予定売上に係るヘッジ取引の開示の省略に
　　　　ついて確認する。

目次で全体像を示す

　会議で出された資料を理解するというのは，読み手にとってそれなりに負担を感じる作業です。通常，読み手は，資料の中身を読む前に「資料の目次」に目を通します。資料の構成がわかりやすければ，すぐに資料の全体像がつかめるはずです。それだけ早く，資料の内容に集中できるのです。

　資料の構成を決めるときは，まず，資料の内容に共通点をみつけて，いくつかグルーピングをします。そのうえで，冗長な構成かどうか確認します。共通点でグルーピングすれば，それぞれまとまりが生まれ，冗長さをなくせば，スッキリとした構成になります。わかりやすい構成にするには，共通点でまとめて，冗長性をなくすということが大切なのです。

3-12 同じ切り方にする
MECE

項目を並べて書くときは，MECE にする必要があります。そのためには，同じ切り方で項目を分けなければいけません。

MECE とは

項目を並べて書くときは，モレなくダブりなく書く必要があります。これを MECE（ミーシーまたはミッシーと呼ぶ。Mutually Exclusive and Collectively Exhaustive の頭文字から名づけた）といいます。

MECE になるようにするには，切り口と切り方を意識する必要があります。切り口とは，対象を分解する視点のことで，切り方とはその視点で対象を切るときの切れ目の入れ方です。例えば，業務の負荷を分析するとき，時間という点に着目して"午前"と"午後"に分けるという場合，この「時間帯別」は切

図表1　切り方が2つある

外国語が上達するための原則　　違反例

外国語が上達するためには5つの原則を守る必要がある。

	原則	内容
1	講師	外国人と少人数で授業をすること。
2	授業	たくさんの外国語を聞いて話すこと。
3	教材	1人ひとりに合った教材を使うこと。
4	教室	通いやすい場所にあること。
5	完全性	上記の原則がすべて満たされること。

62   Section 3　スライドの作成①：整理の技術

り口で，「午前・午後」という切れ目の入れ方が切り方です。同じ「時間帯別」という切り口でも，「9時・10時…」という具合に1時間単位で切れ目を入れる切り方もあります。

　項目を並べて書くときは，同じ切り方にする必要があります。違う切り方を交ぜて書くと，項目にモレやダブりが生まれ，伝わりにくいのです。このことを違反例で確認してみましょう。

　違反例のスライドは，外国語の上達のための5つの原則をまとめたものです（図表1）。どこが問題でしょうか。

MECE でない

　まず，ボディをみてみましょう。ボディの図表には原則が書いてあります。それは，「外国人と少人数で授業をすること」「たくさんの外国語を聞いて話すこと」「1人ひとりに合った教材を使うこと」「通いやすい場所にあること」，そして「上記の原則がすべて満たされること」の5つです。ここで，ある疑問が生まれます。それは「1つ目から4つ目までの原則と5つ目の原則はダブっているのではないか？」というものです。

　5つの原則はどういう切り口と切り方で分けられているでしょうか。違反例の場合，切り口は「外国語学習を構成する要素」です。そして切り方が，「講師」「授業」「教材」「教室」という切れ目の入れ方です。ところが，原則5（完全性）は1つ目から4つ目までの原則がどういう状態にあるべきかについての原則ですから，異なる切り方です。

　しかも，違反例のメッセージは「外国語が上達するためには5つの原則を守る必要がある」ですが，5つ目の原則は，原則1から原則4までを満たすことですから，メッセージが一貫していません。

切り方を考える

　どうしたらよいでしょうか。項目を並べて書くときは，自分がどういう切り方で分けているのかを考え，同じ切り方で分けることです。違反例のケースでいうと，「外国語学習を構成する要素」という1つの切り口の中で，原則1から原則4までの切り方と原則5の切り方がありました。同じ切り方で分けるに

は，原則 5 を削除する必要があります。

　なお，ただ原則 5 を削除するだけだと原則は 4 つになってしまいます。こういう原則は 3 つか 5 つのほうが覚えやすいものです。違反例の場合，原則 1 にはちょうど 2 つの要素（講師と生徒）が含まれていますから，これを 2 つに分けます。「外国人と授業をすること」と「少人数で授業をすること」とするのです。改善例をご覧ください（図表 2）。

図表 2　1 つの切り方で分ける

項目を並べて書くときは，MECE にする必要があります。そのためには，自分がどのような切り方をしているのかを常に意識をして，同じ切り方で分けることが大切なのです。

3-13 ザブトンで MECE

1つの対象について2つの視点から整理すると,説得力が増します。それは対象を構造的に理解できるからです。

MECE とは

項目を並べて書くときは,モレなくダブりなく書く必要があります。これを MECE（ミーシーまたはミッシーと呼ぶ。Mutually Exclusive and Collectively Exhaustive の頭文字から名づけた）といいます。ふつう,MECE にするときは1つの視点（切り口）から分けますが,図形の表現方法をうまく工夫すれば,2つの切り口から分けることもできます。このことを違反例で確認してみましょう。

違反例のスライドは,不正のトライアングルについてまとめたものです（図表1）。このスライドのどこが問題でしょうか。

図表1　2つの切り口がある

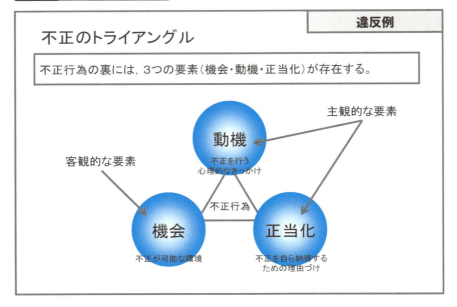

ごちゃごちゃしている

　違反例のスライドタイトルである"不正のトライアングル"とは，米国の犯罪学者である D.R. クレッシーが提唱した理論です。これによると，不正行為の背景には，不正を行う心理的なきっかけ（動機），不正が可能な環境（機会），そして不正を自ら納得するための理由づけ（正当化）の３つが揃っています。

　不正のトライアングルのように理論として定着した枠組みをフレームワークといいます。フレームワークを構成する要素にはムダがなく，モレやダブリもありません。まさに MECE の状態です。

　このため，なにか不正について説明しようとするときは，この３つの視点（動機・機会・正当化）から整理すると，わかりやすいのです。実際，新しい切り口で整理するよりも，フレームワークに沿って整理するほうが早いですし，説得力もあります。

　さて，ボディにはテキストボックスと矢印で「主観的な要素」と「客観的な要素」という説明があります。矢印の先をみると，「主観的な要素」が「動機」と「正当化」に対して伸びていて，「客観的な要素」は「機会」に対して伸びています。

　この主観的・客観的という切り口も MECE です。しかし，１つの対象について２つの切り口から分けようとするときは，工夫をしないと，違反例のようにごちゃごちゃした印象のスライドになります。

切り口を考える

　それでは，１つの対象について２つの切り口から構造的に整理してみせるには，どうすればよいでしょうか。それは，不正のトライアングルの下にザブトンのようにもう１つ図形（以下，この図形をザブトンという）を敷いて，２つの領域（主観的な要素と客観的な要素）に分けることです。

　ここで１点，注意が必要です。違反例の場合，主観的な要素はトライアングルの頂点と右下の２つの要素で，客観的な要素は左下の図形です。これをそのままザブトンを使って分けようとすると，図形は左斜めの平行四辺形になります。これではボディが少し見づらくなってしまいます。

　そこで，不正のトライアングルの３つの要素のうち，「動機」と「機会」の

位置を入れ替えます。こうすれば，主観的な要素と客観的な要素が上下に分かれます。改善例をご覧ください（図表2）。

図表2　ザブトンで分ける

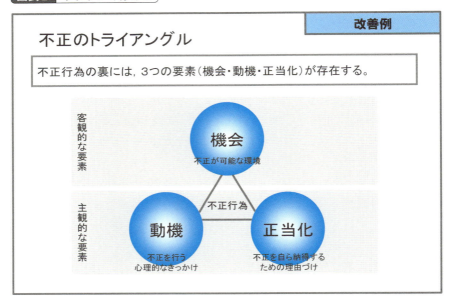

不正のトライアングルの3つの要素の時間的な順序を考えると，不正を行うきっかけ，不正が可能な機会，不正を行うことに対する理由づけという順番です。このほうがすっと頭に入ります。

一方で，改善例のように，不正の3つの要素のほかに，主観的な要素と客観的な要素というもう1つの視点を組み合わせると，（理解しやすい順序ではないですが）説得力は増します。

1つの対象を2つの切り口で分けるときは，"ザブトン"を使い，2つの視点が重ならないようにすることが大切です。

3-14 フレームワークで考える
MECE

項目を並べて書くときは，MECEである必要があります。そのために，フレームワークを使ってチェックするという方法があります。

MECEとフレームワーク

　MECEにすると，わかりやすく伝えることができます。MECEにするには，切り口を1つにします。切り口とは，対象をどういう視点から分けるかということです。

　といっても，最初からうまく切り口をみつけることはできません。こんなときに役に立つのがフレームワークです。フレームワークとは，事象を効率的に分析したり，戦略を策定したりするときに使われるものです。IPO（Input, Process, Output）や事業分析の3C（Customer, Competitor, Company）が

図表1　フレームワークじゃない

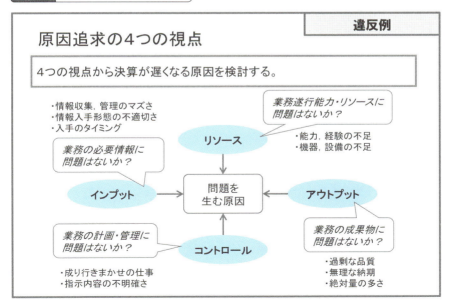

そうです。これらは「フレームワーク」と呼ばれ，切り口のヒントになります。このことを違反例で確認してみましょう。

違反例のスライドの原因追求の視点についてまとめたものです（図表1）。どこが問題でしょうか。

フレームワークと異なる

それでは，詳しくみてみましょう。違反例のスライドタイトルは「原因追求の4つの視点」で，メッセージボックスには「4つの視点から決算が遅くなる原因を検討する」とあります。

ボディをみてみましょう。ボディの図表には視点が書かれています。それは，「インプット」「アウトプット」「リソース」「コントロール」の4つです。ここで，ある疑問が生まれてきます。それは「これらはどういう関係にあるのだろうか？」というものです。

ここでヒントになるのがフレームワークです。フレームワークというものは，古くから先人が考え抜いた分析の観点を示していますから，モレもダブりもありません。優れた切り口なのです。違反例の場合で考えてみましょう。違反例には，インプットとアウトプットという言葉がありますから，想起されるフレームワークはIPO（Input, Process, Output）です。

ところが，です。違反例には，インプットとアウトプットいう言葉はあっても，プロセスという言葉は見当たりません。一方で，リソースとコントロールという言葉があります。このリソースとコントロールは，IPOとどういう関係にあるのでしょうか。

分析対象を考える

そもそも決算が遅くなる原因を探るために，分析対象となるものは何でしょうか（図表2）。1つの可能性は，決算業務です。この場合，違反例は決算業務をIPOという切り口で分けつつ，プロセスの部分についてはリソースとコントロールという切り口で分けたと考えられます。しかし，リソースとコントロールはプロセスに代わる概念ではありませんから，ムリがあります。

もう1つの可能性は，決算業務と決算体制が分析対象というケースです。こ

の場合は，決算業務を IPO（プロセスが抜けていますが）で分けつつ，決算体制をリソースとコントロールで分けるというものです。もともと，このスライドの目的は決算が遅くなる原因を分析することですから，分析対象を決算業務だけでなく，決算体制も含めるというのには合理性があります。しかし，そうであれば，そうわかるように分析対象をスライドに明示すべきでしょう。

図表2　分析対象を考える

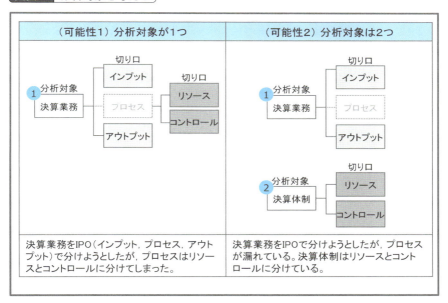

「原因追求の4つの視点」と書くと，なんだか厳かな印象を受けますが，本来，分析対象が何かによって視点というものは変わります。分析対象を曖昧にしたまま，視点だけを示しても，読み手に正しく伝わるはずがありません。

問題を分析するときは，何（分析対象）をどういう切り口（視点）で分析すべきか悩むものです。そんなときに頼りになるのがフレームワークです。フレームワークを意識して，分析対象と分析の視点が明確かチェックすることが大切なのです。

3-15 2つの切り口で分ける
MECE

> 物ごとを2つの切り口から捉えるときは、マトリクスを使い、それぞれの切り口がMECEになるようにする必要があります。

MECEとは

物事を分類したり整理したりするときは、モレなくダブりなく行う必要があります。これをMECE（ミーシーまたはミッシーと呼ぶ。Mutually Exclusive and Collectively Exhaustive の頭文字から名づけた）といいます。

では、MECEにするときは、どういう点に注意すればよいでしょうか。それは、切り口の数です。切り口とは、対象をどういう視点から分解するかというものです。箇条書きなら1つです。切り口が2つになるなら、マトリクスを使って書く必要があります。このことを違反例で確認してみましょう。

図表1　2つの切り口で整理されていない

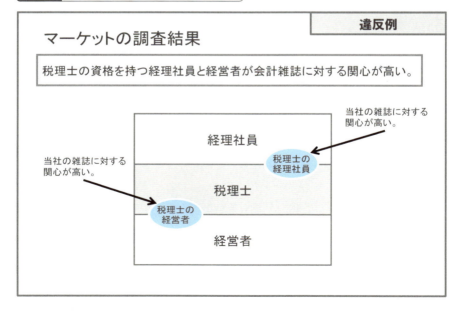

違反例のスライドは，マーケットの調査結果をまとめたものです（図表１）。この違反例のどこが問題でしょうか。

MECE でない

　それでは，詳しくみてみましょう。違反例のスライドタイトルは「マーケットの調査結果」で，メッセージボックスには「税理士の資格を持つ経理社員と経営者が会計雑誌に対する関心が高い」とあります。

　なるほど，ボディをみると，「当社の雑誌に対する関心が高い」と書いてあって，その矢印の先には，「税理士の経理社員」と「税理士の経営者」とあります。メッセージボックスの記載がボディと一致しているという点において，違反例は問題ないようです。

　違う観点から考えてみましょう。なぜ，「税理士の経理社員」と「税理士の経営者」はボディの図表の中間に位置しているのでしょうか。逆にいうと，なぜ「税理士の経理社員」と「税理士の経営者」は図表の欄の中に入らないのでしょうか。

　もちろん，それは「税理士の経理社員」ならば「税理士」と「経理社員」をまたがるし，「税理士の経営者」ならば「税理士」と「経営者」をまたがるからです。このようになってしまった原因は，切り口の数にあります。

　最初，書き手は「経理社員」「税理士」「経営者」という切り口で MECE にしようとしました。ところが，よく考えてみると，経理社員や経営者だって税理士の人はいます。そして，こういう人たちが「当社の雑誌に対する関心が高い」という結果が得られたので，違反例のように図表をまたがる書き方をしたのです。

２つの切り口にする

　どうしたらよいでしょうか。２つの切り口を活かすなら，マトリクスを使うことです。違反例の場合でいうと，（職業としての）「経理社員」「開業税理士」「経営者」という切り口と，（税理士という資格の）有資格者かどうかという切り口の２つがあります。これをマトリクスの横軸と縦軸にして，それぞれのセルに会計雑誌に対する関心の高さを記載します。改善例をご覧ください（図表

72　Section 3　スライドの作成①：整理の技術

2)。

図表2　2つの切り口で整理する

マーケットの調査結果　　改善例

税理士の資格を持つ経理社員と経営者が会計雑誌に対する関心が高い。

		職業		
		経理社員	開業税理士	経営者
税理士の資格	あり	高	中	高
	なし	中		低

（注）当社の雑誌に対する関心の高さを「高」「中」「低」と表す。

　改善例では，税理士という資格を有しているかどうかで，「経理社員」「開業税理士」「経営者」という職業をさらに2つの区分に分けました。

　ここで重要なのは，ただ細かく分ければよいということではないという点です。細かく分けようとすれば，経理社員だって，スタッフ，課長，部長，もしくは経験年数などいろいろあります。経営者も，兼務役員の人もいれば，CFO，会社の社長などさまざまです。

　どこまで細かく分けるかは，目的によって変わります。大ざっぱに分けたほうが全体像をつかみやすいなら，そうすればよいし，細かく分けることでより深い検討ができるならば，そうすればよいのです。

　箇条書きのように1列の図表で整理するときは，切り口は1つです。2つの切り口で物事を整理するなら，2つの切り口がそれぞれMECEになるようにしたうえで，マトリクスを使って書くことが大切なのです。

3-16 ケース分けに注目する
分ける

> 特定のケースについてのみ説明すれば, 読み手は "なぜ, 特定のケースだけ説明するのか" と疑問に感じるものです。

すべて説明する

　ケースによって "取扱い" が分かれるときは, どれを説明すればよいでしょうか。もし, ケースによって, 重要なものが決まっているなら, "それ" に絞って説明するというやり方もあるでしょう。一方で, どの "取扱い" もそれなりに重要なら, すべてのケースの "取扱い" について説明する必要があります。

　それでは, 特定のケースの説明しかないと, 読み手はどう感じるでしょうか。**"なぜ, このケースしか説明しないのか", "残りのケースはどうなっているのか" といった疑問を読み手が持つ可能性があるのです。**このことを違反例で確認してみましょう。

部分的な説明

　違反例のスライドは作業屑の会計処理の説明です (図表1)。違反例のどこがおかしいでしょうか。

　メッセージボックスには, 「作業屑の売却単価が契約で決まっている<u>場合</u>で, 売却金額に重要性がある<u>とき</u>は, 作業屑の発生時に製造原価から貯蔵品に振り替える」とあります。"場合" と "とき" という言葉からわかるように, このメッセージボックスの記載は特定のケースです。それは, 「作業屑の売却単価が契約で決まっている場合で, 売却金額に重要性があるとき」という特定のケースにおける作業屑の会計処理です。

　もし, この特定のケースだけが重要で, このケースだけ知っていれば十分という合意が読み手との間にあるのであれば, 違反例のスライドは問題ありません。読み手が知る必要のない情報までスライドに書く必要はないからです。

　でも, もし, スライドの作成目的が「作業屑の会計処理」を説明することであれば, 特定のケースについての説明しかないと, 読み手は "なぜ, このケー

図表1　部分的な説明

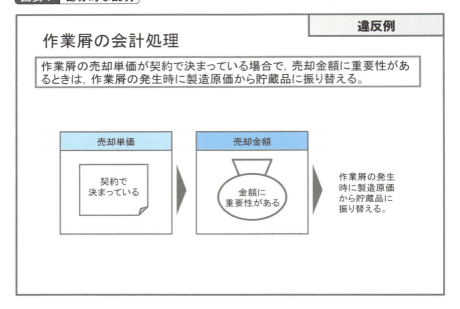

スしか説明しないのか"といった疑問を持ちます。そして，こういう疑問は，スライドの理解を妨げるものです。特定のケースしか説明しない理由があるのなら，その理由を示さなければなりません。もしそのような理由がないのなら，すべてのケースについて説明する必要があります。

目的を考える

どうしたらよいでしょうか。もし，このスライドの作成目的が「作業屑の会計処理」を説明することだとしたら，すべてのケースの作業屑の会計処理について書くべきでしょう。それは，作業屑の売却単価が契約で決まっていないケースや売却金額に重要性がないケースの会計処理です。

こう考えると，作業屑の会計処理は，作業屑の売却単価が契約で決まっているかどうか，金額の重要性があるかどうか，の2つの観点から分けられますから，マトリクスを使って整理してみましょう。この場合，メッセージボックスの記載は「作業屑の売却単価が契約で決まっているか，売却金額に重要性があ

3-16 *分ける* ケース分けに注目する　75

るかによって，作業屑の会計処理は4種類ある」となります（図表2）。

図表2 すべて書く

改善例

作業屑の会計処理

作業屑の売却単価が契約で決まっているか，売却金額に重要性があるか
によって，作業屑の会計処理は4種類ある。

		作業屑の売却単価	
		契約で決まっている	契約で決まっていない
金額の重要性	ある	・契約金額で製造原価から貯蔵品に振り替える。	・見積金額で製造原価から貯蔵品に振り替える。
	ない	・実際の売却金額で製造原価から控除する。	・実際の売却金額で営業外損益に計上する。

　それでは，「作業屑の売却単価が契約で決まっている場合で，売却金額に重
要性があるとき」以外のケースについて説明を省略したい場合は，どうしたら
よいでしょうか。この場合は，「その他のケースについては重要性が低いため
説明を省略する」といった記載をします。その他のケースについて記載しない
"理由"を示すのです。

　特定のケースについてのみ説明するときは，その理由を考える必要がありま
す。理由がないならば，すべてのケースについて説明が必要になるかもしれま
せん。スライドで何を説明すべきかを，いつもスライドの作成目的に立ち戻っ
て考えることが大切です。

76 Section 3 スライドの作成①：整理の技術

3-17 分ける 原則に注目する

> 「原則として」と書くのなら，"例外は何か"，確認しておく必要があります。例外が何かもわからずに「原則として」と書くべきではありません。

例外はあるのか

　「原則として」という文字をみたら"例外は何だろう？"と考えます。ところが，スライドによっては，「原則として」という記載があるからといって，必ずしも例外があるとは限りません。ときには，「原則として」という記載が，書き手の"逃げ表現"として使われることもあるのです。このことを違反例で確認してみましょう。

原則の意味を考える

　図表1の違反例は新会計ルールの導入についてのスライドです。違反例のどこが問題でしょうか。

　メッセージボックスには「新会計ルールを原則として本年度中に導入する予定である」とあります。では，この「原則として」とはどういう意味でしょうか。もちろん，素直に「例外」として，「一部のグループ会社は来年度から適用する」といった可能性はあります。でも，もし例外がないのなら，この「原則として」という記載は不要です。

　ところが，書き手に"迷い"があると，この「原則として」という言葉を使ってしまうことがあります。例えば，"もし，会社の方針が変わったら"とか，"スケジュールに間に合わなかったら"といったことを心配して，「新会計ルールを本年度中に導入する予定である」といい切れなかったのです。

　もし，本年度中に新会計ルールを導入できない可能性があるのなら，その可能性について書くべきです。もし，それが書き手のただの"迷い"なら，覚悟が決まるまでよく考えることです。図表1の改善例をご覧ください。

3-17 *分ける* 原則に注目する 77

図表1 逃げ表現

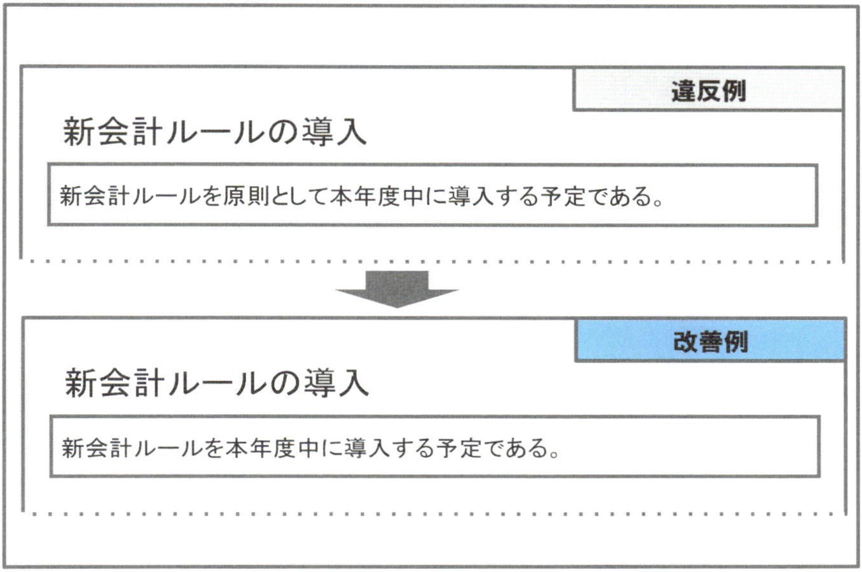

```
                                              違反例

   新会計ルールの導入

   新会計ルールを原則として本年度中に導入する予定である。



                                              改善例

   新会計ルールの導入

   新会計ルールを本年度中に導入する予定である。

```

例外を確認する

　もう1つ，違反例をみてみましょう。図表2の違反例は，棚卸ルールのスライドです。どこがおかしいでしょうか。

　メッセージボックスには「原則として期末に棚卸資産の棚卸を行う」とあります。では，例外はあるのでしょうか。もし，期末に棚卸を行わないという"例外"があるのなら，それを明らかにしないと，棚卸ルールを説明したことになりません。"原則だから例外もある"という感覚でルールを定めてしまうと，ルールはきちんと守られません。

　例えば，もし，消耗品，工具，器具，備品については，期末に棚卸を行わないのなら，この例外について説明する必要があるか，考えるべきでしょう。もし，説明するのなら，メッセージボックスの記載は「原則として期末に棚卸資産の棚卸を行うが，消耗品，工具，器具，備品については棚卸を省略する」となります（図表2の改善例）。

　「原則として」と類似した表現には，「基本的に」「全般的に」「通常は」「普

78　Section 3　スライドの作成①：整理の技術

図表2　例外を明らかにする

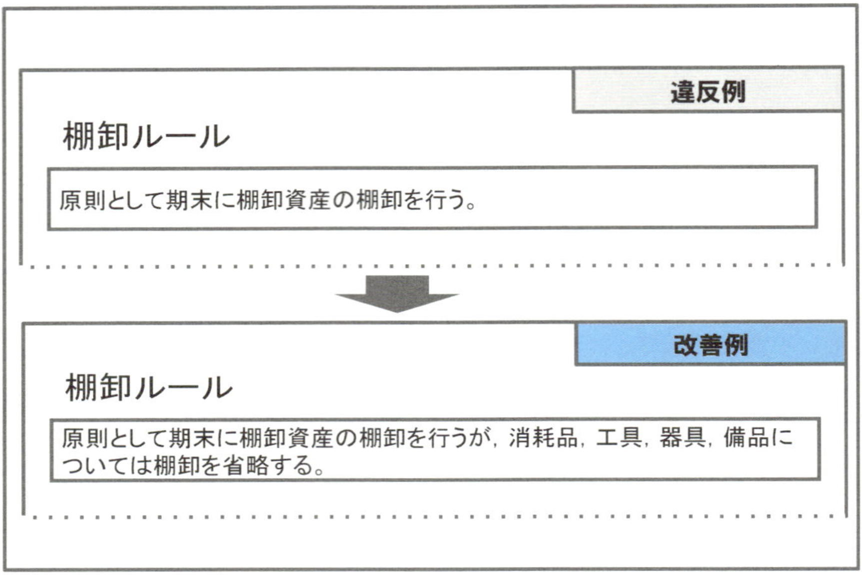

通は」「一般的に」「通例は」「総じて」「概して」「多くは」「大抵は」「大方は」
「多くの場合」「大部分は」「主に」「主として」があります。これらの表現も，「原
則として」と同じように，取扱いには注意が必要です。

　「原則として」という記載をするのなら，例外は何か，考えることです。例
外が存在するのなら，その例外を書かない理由を考えます。例外も書く必要が
あるのなら，省略すべきではありません。もし，例外自体が思い浮かばないの
なら，書き手に"迷い"がないかどうかを疑うことです。「原則として」と書
くことで，メッセージの内容をぼやかそうとしているかもしれません。書き手
に"迷い"があると，それは読み手に伝わるものです。そうなれば，メッセー
ジは迫力を失うでしょう。なぜ，「原則として」と書くのか，よく考えること
が大切なのです。

3-18 項目を合わせる

対比する

図形の下に図表の説明があれば，図形の説明だと思うでしょう。もし
そうであれば，そうはっきりわかるように書く必要があります。

疑問を持たせない

スライドのボディに図形を書いて，その下に図表があって詳しい説明が書か
れていれば，その説明は図形の内容についてだろうと思うものです。ところが，
この図形の項目と図表の項目がきちんと対応していないと，「図表は図形の説
明ではないのかな？」と疑問を持ち始めます。**図形の下に図表を書いて説明を
加えるのなら，図形と図表の項目が対応するように書く必要があるのです。**こ
のことを違反例で確認してみよう。

違反例は研修を行う際に作成されたスライドです（図表1）。違反例のどこ

図表1　項目が合っていない

研修の進め方

違反例

発表を聞いたあと参加者全員で議論し評価する。これを講師が講評する。

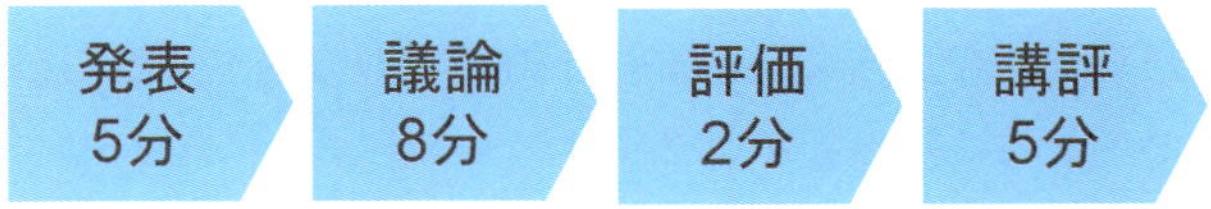

| 発表 5分 | 議論 8分 | 評価 2分 | 講評 5分 |

	担当者	時間	内容
1	プレゼンター	5分	テーマについて説明する。
2	ファシリテーター	8分	参加者から意見を引き出す。
3	講師	5分	評価についてコメントする。

が問題なのでしょうか。

期待の裏切り

　メッセージボックスには「発表を聞いたあと参加者全員で議論し評価する。これを講師が講評する」とあります。ボディをみると，「発表」，「議論」，「評価」，「講評」という４つの図形がこれに対応しています。それでは，ボディの下にある図表をみてください。「担当者」の欄には，プレゼンター，ファシリテーター，講師とあり，その横には「時間」と「内容」が書かれています。

　もう少し詳しく図表をみてみましょう。例えば，プレゼンター（発表者）であれば，「テーマについて発表する」とあります。時間は５分とありますから，「発表」という図形に書かれている"５分"と対応します。きっとこれをみた読み手は，「はは～ん。この図表は図形の内容の説明だな」と思うでしょう。

　ところが，です。図形と図表の項目の数が合っていません。図形は４つであるのに対して，図表に記載されている項目は３つです。これに気がついた瞬間，読み手は迷い始めるでしょう。ボディに書かれている図形と図表の対応関係がわからなくなったからです。読み手は，図表の役割を「図形の内容の説明」だと期待していましたが，それが裏切られました。図表の内容をきちんと読まなければ，図形と図表の関係はわかりません。これは読み手にとってストレスです。

　どうして，このようなことが起きたのでしょうか。書き手は４つの図形の内容を説明しようと思って図表の作成に着手しましたが，図表を作成しているうちに研修のいくつかの場面で登場する「担当者の役割」の説明に意識が移ってしまったのです。この担当者が「プレゼンター」，「ファシリテーター」，「講師」の３人です。この結果，図形は４つ，図表は３つの項目が書かれることになり，対応関係がわかりづらくなってしまったのです。

名称と数を一致させる

　それではどうしたらよいでしょうか。それは項目を合わせることです。違反例の場合，１つひとつの図形について図表で説明するのですから，そのことがわかるように図表にも４つの項目（発表，議論，評価，講評）を書きます。そ

のうえで，これらの項目についてそれぞれ詳しく説明するとよいでしょう。改善例をご覧ください（図表2）。

図表2　項目を合わせる

　図形の下に図表を書いて説明するときは，項目を合わせます。この「合わせる」とは，項目と名称と項目の数を一致させるという意味です。もし項目の数が違っていれば，それだけで「これは図形の説明のために書かれたものではないかもしれない」と読み手は思うかもしれません。

　図形と図表が書いてあれば，読み手はその役割を推測します。2つの関係がわかりづらいと，その関係を理解するために時間を使います。図形と図表を書いたなら，これらがどういう役割を持っているのか正しく伝わるようにすることが大切です。

82　Section 3　スライドの作成①：整理の技術

3-19 *対比する* 比較のポイントを絞る

比較のポイントが多いと，違いがどこかわかりにくくなります。何か
と何かを比較するならば，比較するポイントを1つに絞る必要がある
のです。

絞り込む

　比較するときは，ポイントを絞って行う必要があります。比較のポイントが
いくつもあると，いくら図表を工夫しても，違いは何かがうまく伝わりません。
**比較するときは，どこを比較しているのか，比較のポイントを絞って図表を作
成するのです。**このことを違反例で確認してみましょう。

2つの比較ポイント

　違反例は，新しい会計基準（注：架空のものです）の導入で，リース取引の
範囲がどう変わるかまとめたものです（図表1）。違反例のどこがおかしいで
しょうか。

　メッセージボックスをみると，「新しい会計基準ではリース取引とみなされ
る範囲が広がる。当社では，実務上の負担を考慮し，リース取引を重要な契約
に絞り込むことにする」とあります。

　ボディをみてみましょう。違反例の図表では，"従来の会計基準のリース取
引の範囲"と"新しいリース取引の範囲"が比較されています。では，これで
メッセージボックスの「新しい会計基準ではリース取引とみなされる範囲が広
がる」という事実は，確認できるでしょうか。

　残念ながら，これだけでは，新しい会計基準の導入でリース取引の範囲が増
えたかどうかわかりません。それはなぜでしょうか。

3つの比較である

　実は，違反例のメッセージには，3つの"リース取引の範囲"が登場します。
それは，①従来の会計基準のリース取引の範囲，②新しい会計基準のリース取

3-19 *対比する* 比較のポイントを絞る　83

| 図表1 | 2つの比較ポイント |

リース取引の範囲

違反例

新しい会計基準ではリース取引とみなされる範囲が広がる。当社では，実務上の負担を考慮し，リース取引を重要な契約に絞り込むことにする。

	契約の種類	重要な契約	重要でない契約
1	AA契約		従来の会計基準の リース取引の範囲
2	BB契約		
3	CC契約		
4	DD契約	新しい リース取引の範囲	
5	EE契約		

引の範囲，そして③（新しい会計基準における）当社のリース取引の範囲の3つです（図表2）。

　「新しい会計基準ではリース取引とみなされる範囲が広がる」というのは，①従来の会計基準のリース取引の範囲と，②新しい会計基準のリース取引の範囲を比較しないとわかりません。そして，「当社では，実務上の負担を考慮し，リース取引を重要な契約に絞り込むことにする」というのは，②新しい会計基準のリース取引の範囲と，③（新しい会計基準における）当社のリース取引の範囲を比較しないとわからないのです。

　書き手は「新しい会計基準の導入で，リース取引とみなされる範囲がDD契約やEE契約まで広がるので，重要な契約に絞り込む」と考え，"③（新しい会計基準における）当社のリース取引の範囲"を，"新しいリース取引の範囲"とボディに書いたのです。

　それでは，どうしたらよいでしょうか。それは，比較のポイントを1つに絞ることです。もし，"新しい会計基準ではリース取引の範囲が広がる"という

図表2　ポイントを絞る

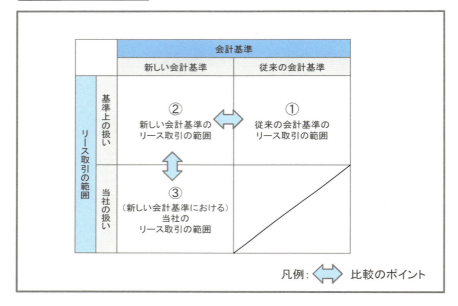

ことを説明するなら，それだけで1枚スライドを作成します。この場合，メッセージボックスは「新しい会計基準ではリース取引とみなされる範囲が広がる」とし，ボディの図表も①従来の会計基準のリース取引の範囲と，②新しい会計基準のリース取引の範囲の2つを比較します。

　もし，「当社では，実務上の負担を考慮し，リース取引を重要な契約に絞り込むことにする」という点を伝えるのなら，これだけで1枚スライドを作成するのです。この場合は，ボディの図表は②新しい会計基準のリース取引の範囲と，③（新しい会計基準における）当社のリース取引の範囲の2つを比較します。

　比較のポイントを1つに絞れば，"違い"もハッキリします。違いがわかれば，読み手の理解は進みます。何かと何かを比較するならば，比較のポイントが1つになるようにスライドを作成することが大切です。

3-20 *対比する* 変更前も書く

変更点や変更後の状況をいくら説明しても，変更前の状況がわからなければ，どんな変更なのかわかりません。変更前の状況がわかるように書く必要があるのです。

変更前がわからない

　何かの変更について説明するときは，変更前の状況がわかるように書く必要があります。変更点や変更後の状況を書いても，変更前のことがわからなければ，何がどう変わったのか，読み手は理解できません。何かの変更を説明するなら，**変更前と変更後の状況を比較できるようにする必要がある**のです。違反例でみてみましょう。

　違反例は，売上の計上タイミングの変更についてまとめたスライドです（図表1）。メッセージボックスには，「従来は売上を日々計上していなかったが，今後は日々計上する」とあります。違反例のどこがおかしいのでしょうか。

　違反例をみれば，「今後は売上を日々計上する」ことはわかります。問題は，従来の状況はどうだったのか，ということです。「従来は売上を日々計上していない」とありますが，説明として十分でしょうか。これは，今後行うことと逆のことを書いているにすぎません。一見，従来の状況の説明のようにみえますが，「従来はどうやっていたのか」という疑問に答えられないのです。

　売上を日々計上していないのなら，従来はどのタイミングで売上を計上したのでしょうか。1週間ごとかもしれませんし，月に1度まとめて売上を計上したのかもしれません。四半期，年次というタイミングも考えられます。場合によっては，売上をまったく計上していなかったのかもしれない，といった可能性も排除できません。従来の状況がわからなければ，どのように変更するのかもわからないのです。

図表1　変更前がわからない

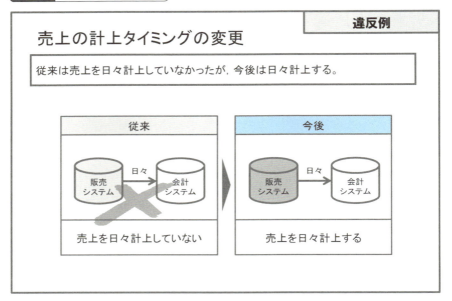

比較できるようにする

　それではどうしたらよいでしょうか。もちろん、それは従来の状況を書くことです。例えば、従来は1か月間の売上を月末にまとめて計上していたというならば、そう書くべきです。この場合、メッセージは「従来は月末に売上をまとめて計上していたが、今後は日々計上する」となります。これに合わせて、ボディの記載も「売上を日々計上していない」から「売上を月末にまとめて計上する」と変更します。こうすれば、変更点がはっきりわかるはずです。改善例をご覧ください（図表2）。

考えるきっかけにする

　変更前について書くのは、わかりやすいからだけではありません。そもそも、変更前の状況が書かれていないようなスライドは、中身もきちんと整理されていない可能性があります。変更前と変更後の両方を書けば、変更点が明確になります。書き手自身が新たな問題に気がつくきっかけになるのです。

図表2　変更前も書く

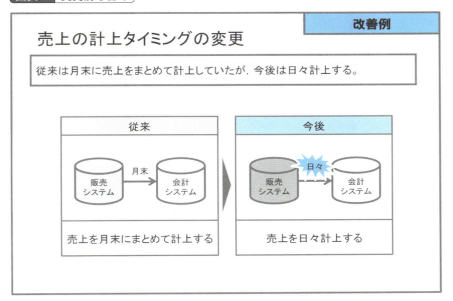

　先ほどの事例で考えてみましょう。例えば，売上計上を月次から日次に変更するには，どういうアクションが必要でしょうか。売上の計上タイミングの変更は，インタフェースのタイミングを変えるだけで済むのか，それとも会計システムの抜本的な改修が必要なのか，そしてそれは本当に必要なのか，考えるきっかけになります。

　別の角度からみれば，もっと疑問がみつかります。売上を日々計上するならば，売上原価のほうはどうなっているのでしょうか。売上原価は従来も日々計上していたのか，それとも今回の変更に合わせて日々計上する方法に変えるか，もしそうならば，棚卸資産の受払いも日々行う必要があるのか，それは棚卸資産の会計処理の変更に影響するのか。これらの疑問を整理し，考える必要があります。

　変更前の状況を知らずに，変更後のことを考えることはできません。変更について説明するときは，変更前についてもしっかり書くことが大切なのです。

3-21 処理を理解する
対比する

> 何かの処理について説明するときは、その処理の内容を具体的に把握しておく必要があります。そうでないと、わかりやすい説明はできません。

具体的に把握する

何かの処理について説明するときは、その前に**処理の内容について具体的に把握しておく必要があります**。処理の内容の理解があやふやであれば、説明もそうなります。わかりやすく説明することはできません。このことを違反例で確認してみましょう。

違反例は、会計システムの機能定義書の一部です（図表1）。会計システムを開発するときは、そのシステムにどのような機能を持たせるのか、定義書にまとめます。違反例のどこが問題なのでしょうか。

図表1　対象が特定できない

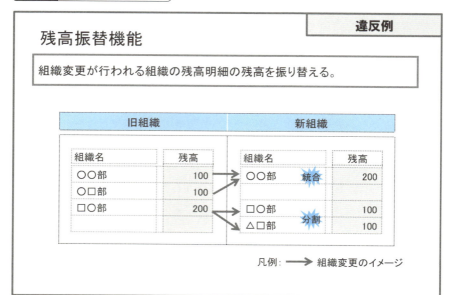

対象がぼやけている

　メッセージボックスをみると，「組織変更が行われる組織の残高明細の残高を振り替える」とあります。「組織変更が行われる組織」とはどういう意味でしょうか。ボディをみると，統合と分割のケースが書かれています。確かにボディの図表をみると，○□部と○○部は統合し，□○部は分割されて□○部と△□部になっています。こう考えると，組織変更が行われる組織とは，○○部，○□部，□○部の３つです。

　それでは，別の見方をすることはできないでしょうか。それは「ある組織を廃止して，その残高を他の組織に振り替える」というものです。この場合，違反例は「○○部は○□部と統合した」のではなく，「○□部という組織を廃止してその残高を○○部が引き継いだ」という理解になります。

　こう考えると，違反例の「組織変更が行われる組織」という説明はとても曖昧なものだとわかります。組織変更が行われる組織は○□部だけで，○○部は○□部から残高を振り替えられただけですから，組織変更の対象ではありません。

処理の内容を考える

　どうして残高を振り替える処理が必要になるのでしょうか。それは，組織変更で組織自体がなくなってしまうなら，残高をそのままにしておけないからです。何らかの方法で残高を処理する必要があります。その１つが残高を他の組織に振り替えるという方法です。

　この"振り替える"という処理は，具体的にはどういうものでしょうか。実はシステム上では，旧組織のすべての残高明細をいったん取り込み，組織変更によってなくなる組織の残高明細を抽出し，新組織に振り替えるデータを作成するという３つのステップがあるのです。

　このうち最初のステップの残高データを取り込むという処理だけに注目すれば，残高振替えの対象は"すべての組織"になりますが，データを抽出する対象という観点でみると，組織変更によって廃止される組織（○□部）と分割される組織（□○部）の２つが残高振替えの対象だとわかります。

　つまり，「組織変更で廃止・分割される組織の残高明細の残高を振り替える」

と書いたほうが，より実態を表すことになるのです。改善例をご覧ください（図表2）。

図表2　対象を特定する

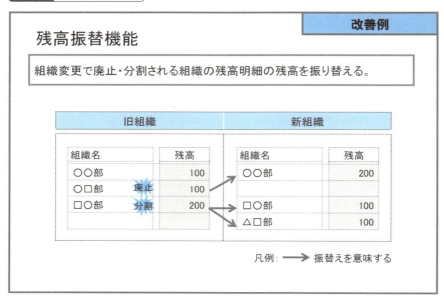

　こういったことは，書き手が残高を振り替えるというプロセスを「処理」という1つの言葉で捉えると気がつきません。「取込み」，「抽出」，「作成」という3つの処理によって残高が振り替えられていることを理解して，はじめて処理の対象をはっきり書くことができるのです。
　何かの処理の説明をするならば，その前に，その処理の内容について具体的に把握しておく必要があります。きちんと理解したうえで，はじめてスライドを作成に着手するのです。処理の内容を具体的に把握せずに，わかりやすく説明することはできないということを認識することが大切です。

3-22 対比する 提案を見直す

再提案をするならば，どこを変更したのか，どうやって変更したのか，なぜ最初から"それ"を提案しなかったのか，を明らかにする必要があります。

変更した内容と理由

再提案するなら，どこを変えたのか，変更した理由は何か，なぜ最初から"それ"を提案しなかったのか，説明する必要があります。相手から指摘を受け，相手の指摘のとおりに見直した場合であっても同じです。このことを違反例で確認してみましょう。

変更の理由がない

違反例のスライドは，システムの導入の取組み計画の再提案です。当初は，5期間かけてシステム導入する提案をしましたが，「5期間は長すぎる」と指摘され，計画を見直すことになりました。違反例のどこがおかしいでしょうか（図表1）。

メッセージボックスには「計画の内容を見直した結果，2期間短縮する」とあります。ボディをみると，見直し前は「子会社対応」が「X5期」までかかっていましたが，見直し後は「X3期」で完了するので，2期間短縮しています。見直し後は指摘のとおりです。

それでは，違反例のスライドで，このシステム導入の取組み計画の見直しが"妥当かどうか"を判断できるでしょうか。実は，「2期間短縮」という事実だけでは，判断できません。"どうやって"2期間も短縮できたのか，わからないからです。

なぜ，"どうやって"を知る必要があるのでしょうか。それは，計画の見直しに伴う"リスク"を確認するためです。

もしかしたら，2期間を短縮するために，簡易的な対応で済ませるかもしれません。期待する要求水準を満たさない可能性があります。短期間で対応する

92　Section 3　スライドの作成①：整理の技術

図表1　システムの導入の取組み計画の再提案

システム導入の取組み計画　　　　　　　　　　　　**違反例**

計画の内容を見直した結果，2期間短縮する。

		取組み内容	X1期	X2期	X3期	X4期	X5期
見直し前	1	親会社対応	調査	開発		導入	
	2	子会社対応			調査	導入	
見直し後	1	親会社対応	調査	開発	導入		
	2	子会社対応		調査	導入		

ために，かえって多くのコストが発生することも考えられます。リスクの内容によっては，「計画を見直すことをあきらめる」という判断も必要になるのです。

　それでは，どうしたらよいでしょうか。一般に，計画を短縮できるのは，当初の目標（水準）を下げるか，目標を変えずに取組み方法を変更する（簡易な方法を選択する，着手時期を早めるなど）か，またはその両方です。

　例えば，メッセージボックスの記載を「パッケージ製品の利用で親会社対応の開発期間を半分にする。子会社の導入対象を減らし，着手時期を早めることで，計画を2期間短縮する」とし，ボディの図表で，どこを変更（短縮）したか，を明示します（図表2）。

なぜ，最初から提案しないのか

　提案の見直しは，"慎重に"進める必要があります。いくら相手の要求に沿った提案をしたとしても，「なぜ，最初から2期間短縮して提案しなかったのか？」と思われる（可能性がある）からです。

3-22 *対比する* 提案を見直す 93

図表2 変更箇所と理由を示す

改善例

システム導入の取組み計画

パッケージ製品の利用で親会社対応の開発期間を半分にする。子会社の
導入対象を減らし，着手時期を早めることで，計画を2期間短縮する。

		取組み内容	X1期	X2期	X3期	X4期	X5期
見直し前	1	親会社対応	調査	開発		導入	
	2	子会社対応			調査	導入	

| 見直し後 | 1 | 親会社対応 | 調査 | 開発 | 導入 | 短縮 | |
| | 2 | 子会社対応 | | | 調査 | 導入 | 短縮 |

　そう思われないようにするには，"最初から提案しなかった（できなかった）
理由"も明らかにする必要があります。それは，例えば，最初の提案時には"わ
からなかったこと"が明らかになったとか，新事実が発生したとか，システム
導入を取り巻く状況や環境が変わった，といったものです。最初の提案時で想
定していたことが"間違い"（"勘違い"）だったということもあるでしょう。
当初は「慎重に進めること」が大事だと思ったが，「スピーディに進めること」
を重視することが求められていることがわかったというケースです。

　何かを提案する以上，それは"ベストな案"のはずです。これを見直すわけ
ですから，説明には"丁寧さ"が求められます。どこを変更したのか，どうやっ
て変更したのか，なぜ最初から提案しなかったのかを示すことが大切なのです。

3-23 違いをアピールする

対比する

> 2つの事柄を比較するなら，その"違い"がハッキリわかるようにする必要があります。違いがわからないと，読み手に伝わることはないでしょう。

違いに気づくか

2つの図表を並べて比較するなら，その"違い"を明確にする必要があります。2つの図表の違いがよくわからないと，読み手はイライラするものです。もしかしたら，途中で読むのをあきらめるかもしれません。たとえ，"違い"に気がついたとしても，その"違い"がわずかなら，「大して重要な"違い"ではないな」と思う可能性もあります。"違い"が伝わらなければ，スライドを作成した意味がありません。このことを違反例で確認してみましょう。

地味な違い

違反例のスライドは，予算編成システムの自動連携についてまとめたものです（図表1）。違反例のどこがおかしいのでしょうか。

メッセージボックスをみてみましょう。そこには，「現在は，受注システムのデータを予算編成システムに手作業で投入している。将来は，受注システムと予算編成システムを自動連携する」とあります。

現在は，"手作業で"受注システムから予算編成システムにデータを投入していますが，これは手間がかかります。そこで，将来的には，この2つのシステムをつないでデータを自動連携しようということでしょう。

ボディをみてみましょう。"違い"はどこにあるでしょうか。2つのフロー図の違いは，受注システムと予算編成システムを結ぶ「矢印の種類」です。現在の姿では，"実線"の矢印を使い，将来の姿は"点線"の矢印を使っています。この矢印の線種の違いで，手作業から自動連携に変わる，ということを示しているのです。

もちろん，この2つのフロー図に記載されていることは事実です。スライド

3-23 *対比する* 違いをアピールする 95

図表1 地味な違い

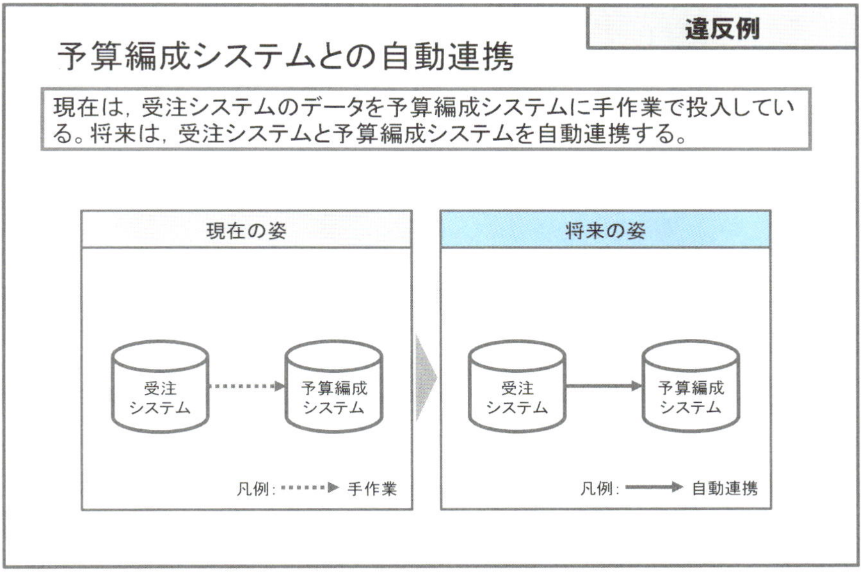

違反例

予算編成システムとの自動連携

現在は，受注システムのデータを予算編成システムに手作業で投入している。将来は，受注システムと予算編成システムを自動連携する。

現在の姿	将来の姿
受注システム ┄┄> 予算編成システム	受注システム ──> 予算編成システム
凡例：┄┄> 手作業	凡例：──> 自動連携

の内容に間違いはありません。しかし，2つのフロー図の違いがわずかだと，（感覚的な話ではありますが）重要な違いだと思えないのです。

　もし，この2つのフロー図の違いが本当に重要な違いでないならば，書き手がこのように受け止めても，問題はありません。しかし，スライドとしては問題が残ります。大して重要でない内容について1枚のスライドを作成したという時間のムダ，そして重要でない情報を提供し，それを読み手に考えさせたムダが生じたからです。

どうすべきか

　どうしたらよいでしょうか。2つのフロー図の違いが重要だとしましょう。その場合，問題は，どうやって2つの"違い"をはっきり示すかです。

　2つの違いは"手作業"と"自動連携"です。手作業とはどういうものでしょうか。それは，受注システムにあるデータをいったんダウンロードし，そのまま予算編成システムに手作業で入れ直すという作業です。そうであれば，この

作業が生産的なものではないことを明示するために,「転記」という言葉を使います。こうすれば,「自動連携」によって将来はずっと楽になる感じがします。

矢印も工夫してみましょう。現在は,手作業で入れ直すという作業に手間がかかることを示すために,(直線の矢印ではなく)カーブをつけた矢印にします。カーブがついている分,直線の矢印よりも長くなるため,時間がかかっている(回り道している)イメージを与えるでしょう(図表2)。

図表2　違いを目立たせる

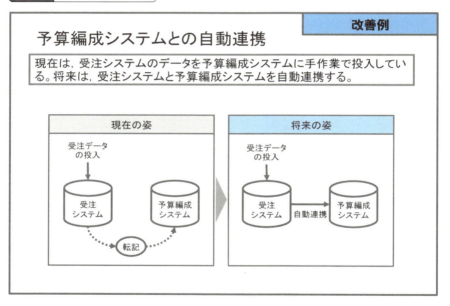

2つの事柄の"違い"が重要なら,見た目でもその違いがハッキリわかるようにする必要があります。そのためには,"違い"の内容に注目して,違いが生まれるポイントを(事実を変えない範囲で)少々大げさに書くのです。見た目の違いが,読み手の理解の違いにつながると意識することが大切です。

Section 4

スライドの作成②：
視覚の技術

98　Section 4　スライドの作成②：視覚の技術

4-1 力点を意識する
視点と視線

図形の配置のしかたによって，スライドのメッセージの伝わり方は大きく変わります。ここでは効果的な図形の配置のしかたについて学びます。

配置にはルールがある

　図形をボディのどこに配置するかは書き手の自由です。しかし，いくら自由だからといって，どこでも好き勝手に配置できるわけではありません。配置によっては，バランスの悪いスライドになるからです。**図形を配置するときは，バランスを意識する必要があるのです。**

　図表1の浮世絵をご覧ください。これは，葛飾北斎の富嶽三十六景の「神奈川沖浪裏（かながわおきなみうら）」です。この作品のサイズは，縦25.7cmで横が37.9cm（縦横比率は1.47≒白銀比）の大判横絵です。

図表1　葛飾北斎　富嶽三十六景「神奈川沖浪裏」

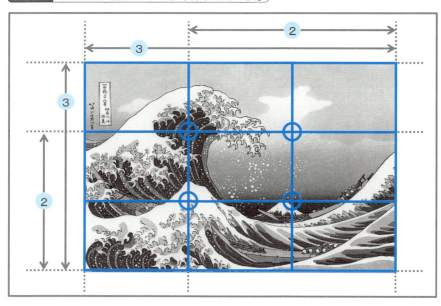

4-1 *視点と視線* **力点を意識する** 99

　この浮世絵の主題は，波と富士山です。この中でもまず目を引くのが浮世絵の左上にある大波です。大きくうねり，弧を描きながら，波しぶきをあげています。次に目を引くのが浮世絵の右下に小さく描かれた富士山です。大波が富士山に襲いかかるように描かれています。浮世絵の左下にも，もう1つ大きな波があります。この波はどこか富士山と形が似ています。

　浮世絵を縦方向と横方向からそれぞれ均等に3分割した線を引いてみましょう。すると，4つの交点ができます。この交点を力点と呼びます。浮世絵の主題である波と富士山は力点に配置されています。この2：3という比率は，日本人が直観的に美しいと感じる白銀比（正確には，$1 : \sqrt{2} \fallingdotseq 1 : 1.414$）に近いものです。

　力点は英語で「パワーポイント」といいます。これはマイクロソフト社のパワーポイントと同じ名称です[注]。そして，このソフトウェアの目的も，プレゼンテーションで相手に強い印象を与えること（理解を深めてもらうこと）ですから，パワーポイントでスライドを作成するときに力点（パワーポイント）を意識するというのは，ある意味，当然かもしれません。

（注）　もともとはアメリカのForethought社が「プレゼンター」という名称で開発したソフトウェアです。1987年に製品名を「パワーポイント」に変更した後，マイクロソフト社に会社ごと買収されました。

スライドにおける力点

　スライドを作成するとき，どのように力点を意識すればよいでしょうか。違反例のスライドをご覧ください（図表2）。ボディでいちばん伝えたいこと（浮世絵の場合の主題に相当するもの）は何でしょう。それは「結論」と書かれたテキストボックスです。そして，この「結論」のテキストボックスはボディの右下にあって，力点からは大きく外れています。この位置に「結論」を配置すると，なんだかボディが右下のほうに引っ張られている感じがします。安定性に欠けていて，バランスの悪いスライドになっています。

　このスライドの力点はどこでしょうか。A4サイズ（縦と横の比率は白銀比）のスライドであっても，スライドタイトルとメッセージボックス，それから余白のスペースを確保すると，ボディに残された部分は少し横長の長方形になり

図表2　力点から外れている

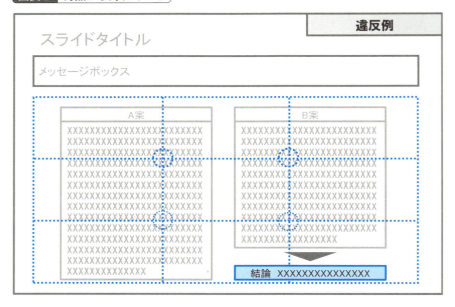

ます。これを縦方向と横方向からそれぞれ均等に3つに分割すると、その交点が力点です。ところが違反例のスライドは、いちばん重要な「結論」が力点から大きく外れているのです。

力点を使って考える

　デザインによっては、力点に配置するのが難しい場合もあるでしょう。しかしその場合でも、ボディでいちばん伝えたいことが力点になかったら、それはなぜかを考える必要があります。力点に配置しない（できない）理由がみつからないなら、次に力点に配置する方法を考えることです。情報量を減らしたり、図形を変えたり、いろいろあるはずです。力点に配置するというのは、単なる構図のテクニックではありません。力点を使って、わかりやすい表現方法を考えることが大切なのです。

4-2 視点と視線
視線の動き

スライドをみるとき，人は視線を左上から右下に自然と動かします。この視線の動きを意識すると，効果的なスライドが作成できます。

左上から右下

　視線を自然に動かしたその先に必要な情報があれば，読み手はストレスをあまり感じません。スライドの理解はぐっと進むはずです。

　それでは，読み手はどういう順番でスライドをみるのでしょうか。そのヒントを浮世絵から探ってみましょう（図表1）。この浮世絵は，葛飾北斎の富嶽三十六景の「神奈川沖浪裏（かながわおきなみうら）」です。

　まず目を引くのが，浮世絵の左上にある大きな波です。この大波に沿って視線を動かしていくと，波頭の先に波しぶきがみえます。さらに進むと，その先

図表1　葛飾北斎　富嶽三十六景「神奈川沖浪裏」

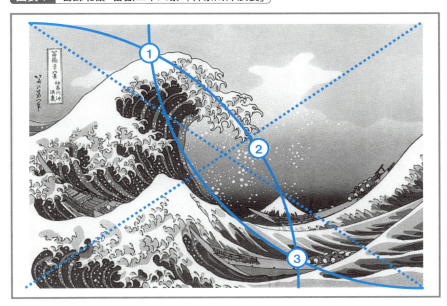

102　Section 4　スライドの作成②：視覚の技術

には富士山，そして船があります。やがて視線は，浮世絵の左下にある（富士山に似せてある？）もう１つの大きな波に沿ってせり上がり，再び最初の大波のところに戻ってきます。

　視線の動きをもう少し詳しくみるために，浮世絵の左下と右上のコーナーを中心に縦軸の長さを半径にした円（図表１の実線）と対角線（図表１の破線）を書いてみましょう。すると，視線の動きは，浮世絵の左上から右下にきれいに円（弧）を描いているのがわかります。いったん右下まで落ちた視線は，再び反対の円（右上のコーナーを中心に描いた円の弧）に沿って戻ります。そしてこの浮世絵の主題である波頭と富士山は，円と２つの対角線が交わるところにあります。重要なものが自然に目に入ってくるように計算されているのです。

スライドも同じ

　スライドをみるときも，読み手は左上から右下に向かって視線を動かします。

　なお，視線の基本的な動きは左上から右下ですが，実際にスライドをみるときは，スライドの記載によって誘導（補正）されます。スライドタイトルを読んでから，メッセージボックスを読み，そしてボディを読むという具合です。実際の視線の動きは，左上から右下にまっすぐに一直線で進むわけではありません。

　スライドの配置で，視線の動きを特に意識するのがボディです。スライドタイトルやメッセージボックスには文字しか記載されませんが，ボディには図形も使われるからです。違反例で確認してみましょう。

　図表２のスライドは，現在の姿と将来の姿が書かれています（注：スライド内の矢印は筆者が視線の動きを説明するために加えたものであり，スライドの内容を構成しません）。さて，視線はどのように動くでしょうか。

　このように２つの図形が横に並んでいると，一般的に読み手は視線を左から右に動かそうとします。ところが，２つの図形の間にある三角の図形の向きは右から左です。読み手は，自分の思った方向と書き手が意図する順番（破線の矢印の方向）が逆なので，戸惑うはずです。

図表2　書き手が意図する順番（右から左）

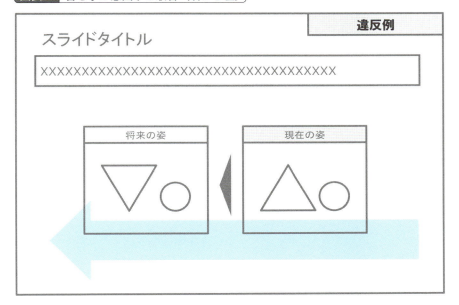

視線の動きに逆らわない

　ボディに図形を配置するときは，自然な視線の動きに逆らわないようにします。違反例の場合でいえば，左に"現在の姿"，右に"将来の姿"を配置すべきです。これは，現在の姿と将来の姿の図形を縦方向に並べる場合も同じです。上が"現在の姿"，下が"将来の姿"となるようにします。

　スライドを作成するときは，視線の動きを意識します。スライドタイトルとメッセージボックスの位置（様式）をすでに決めているならば，問題となるのはボディの図表の配置です。そして図形を配置するときは，視線の動きに合わせて必要な情報が伝わるように注意します。こうすることで，読み手の負担を減らすことが大切なのです。

104　Section 4　スライドの作成②：視覚の技術

4-3 《視点と視線》 図表は左側に

　　　　　　　図表を使うときは，ボディの左側に配置します。右側に配置すると，
　　　　　　　視線の自然な動きを乱すからです。

一定の法則

　スライドをみるとき，視線は一定の法則に従って動きます。それは，①最初にスライドの左上の部分をみること，②上から下に向かって動くこと，③左から右に動くことの３つです。もちろん，これはボディの記載によって変わります。しかし，どのような記載であっても，**読み手の自然な視線の動きを乱さないようにする必要があるのです。**違反例で確認してみましょう。

　違反例のスライド（注：右から左に向かう矢印は視線の動き（動線）を示します。筆者が説明のために加えたものでスライドの内容を構成しません）は経

図表1 **図表が右側にある**

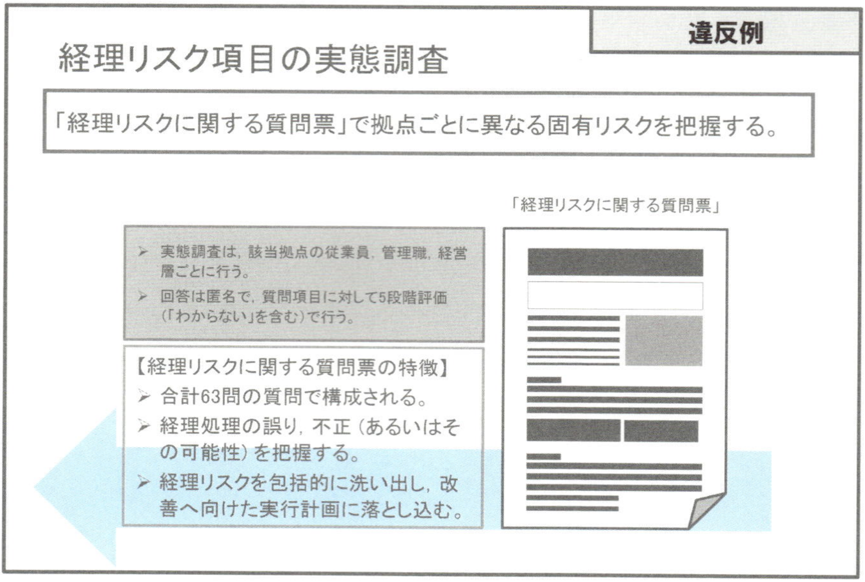

理リスク項目の実態調査の提案です（図表1）。このスライドのどこがおかしいでしょうか。

自然な動きとは逆

　ボディの右側に「経理リスクに関する質問票」（図表），左側にはその説明があります。この図表は，質問票のイメージとして貼り付けたものです。ボディに図表があれば，（ふつう）読み手は最初に図表を見ます。視線は図表から説明文に，つまりボディの右から左に向かって進みます。これは自然な視線の動き（左から右）とは逆の方向です。

　それでは，ボディの左側はどうでしょうか。こちらには2つのテキストボックスがあります。上のテキストボックスはグレーで配色してあり，中身を読むと，質問票の説明が書いてあります。

　下側のテキストボックスはどうでしょうか。最初に「経理リスクに関する質問票の特徴」と書いてありますから，やはり質問票についての説明だとわかります。そして，こちらに記載されている文字のフォント・サイズは少し大きめです。

　この場合，視線はどう動くでしょうか。正直なところ，それはわかりません。グレーの配色で強調されていれば，読み手はそこに注目します。一方で，大きめのフォント・サイズで書かれたものがあれば，やはりそこにも注目するでしょう。ボディの左側をどの順番でみるかは，読み手任せになっているのです。

動線の起点を意識する

　どうしてこのようなことが起きたのでしょうか。それは，スライドをみるとき，読み手がどのように視線を動かすのかという点について，書き手の意識が欠けているからです。この結果，質問票をボディの右側に配置し，その説明を（何ら意図もなく）2つのテキストボックスに分けて書き，両者の注目度のバランスが合うように配色で調整したのでしょう。

　どうしたらよいでしょうか。それは，自然の視線の動線を意識して図表を配置することです。具体的には，図表と説明文を入れ替えて，ボディの左側に図表を配置します。また，説明文についても1つのテキストボックスにまとめま

す。こうすることで，上から記載された順番で説明文が読まれるでしょう。改善例をご覧ください（図表2）。

図表2 図表は左側に置く

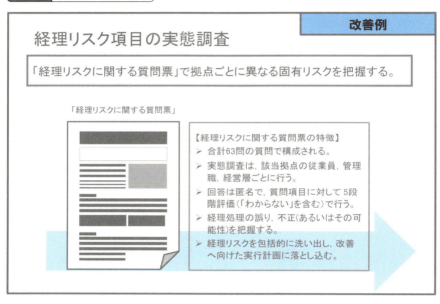

　実は，視線の動きが一定の法則に従って動くのは，そこに記載されている情報が均質（例えば，同じフォント・サイズ・色の文字情報）だからです。図表のような目立つものをボディの右側に配置すれば，そこに視線は集まります。そしてそこが動線の起点となります。これでは，視線は右から左に向かって動くことになるでしょう。

　スライドを作成するときは，視線の動きがどうなるかを考えます。視線の動きを決めるのは，最初に読み手が注目するところです。図表を使うときは，図表をどこに置くかによって動線が大きく変わるということを意識することが大切です。

4-4 *視点と視線*
動線を分けない

見た目には問題がなくても，図表の中身を理解しようとすると時間がかかることがあります。その原因の1つは，図表のデザインにあるのです。

自然な視線の動き

スライドをみるとき，読み手は視線をスライドの左上から右下に向けて無意識に動かします。そしてこの視線の動きは，スライドに記載されている内容によって誘導（補正）されます。例えば，2つの図表が横に並んでいれば，視線は左から右に向かって動きますし，縦に並べてあれば，上から下に向かって動くという具合です。

ところが，図表のデザインによっては，自然な視線の動きに合っていても，読みにくいと感じることがあるのです。それはなぜでしょうか。このことを違反例で確認してみましょう。

2つの動線

図表1のスライド（注：縦と横の矢印は筆者が視線の動きを説明するために加えたものであり，スライドの内容を構成しません）は，決算業務の見直しについてまとめたものです。メッセージボックスには「従来，決算2日目に行っていた作業Bを決算1日目に前倒しして行う」とあります。さて，違反例のどこがおかしいのでしょうか。

ボディの図表をみてみましょう。この図表は，決算業務（決算1日目と決算2日目）について業務改善の前後でどう変わったかを示しています。この図表には，2つの流れ（縦と横の矢印。以下，"動線"といいます）があることがわかります。1つは決算1日目と決算2日目という左から右に向かう動線と，もう1つは決算業務の改善前と改善後という上から下に向かう動線です。

実は，これが読み手を戸惑わせる原因になっているのです。ボディに2つの動線があれば，読み手はどちらの動線に沿って読むべきか，一瞬迷うでしょう。

図表1　動線が2つある

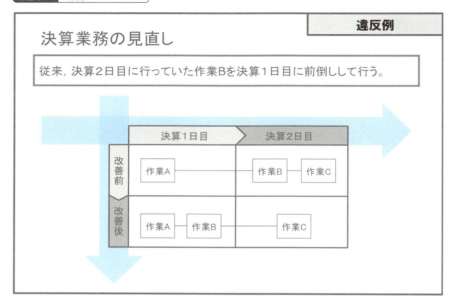

とりあえず、どちらか一方の動線を選んで、その内容を理解してから、もう一方の動線をみることになります。それから、2つの動線に沿って図表の中身を確認して、ようやくこの図表の構成が理解できるのです。

中身を読まないと「図表の構成」が理解できないというのは問題です。本来、「図表の構成」は、中身について読み手の理解が進むようにすぐにわかる必要があるからです。

1つに絞る

それではどうしたらよいでしょうか。それは、2つ以上の動線をスライドに作らないことです。違反例の場合でいうと、どちらか一方の動線に絞るのです。違反例のスライドは、決算業務の見直しについて何がどう変わったかを示すことが目的です。そうであれば、決算業務の「改善前」と「改善後」の動線を中心に図表を書きます。改善例をご覧ください（図表2）。

図表2のボディを見て、まず目に入ってくるのは、「改善前」と「改善後」

という左から右に向かう動線です。動線を1つに絞ることで、ボディの構成をわかりやすく示すことができます。図表の構成がわかれば、その図表の中に書かれていることも推定できます。

図表2　動線を1つに絞る

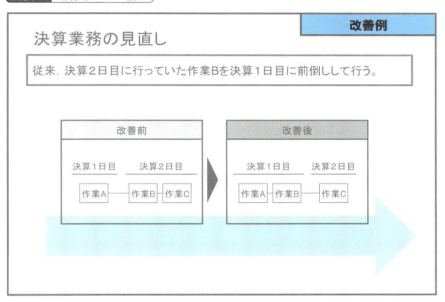

　もちろん、改善例にも欠点はあります。ボディの内容を理解するためには、「改善前」と「改善後」の内容を比較します。その際、視線は右に行ったり左に行ったりするでしょう。しかし、そのことを差し引いても、書き手に情報が伝わる早さという点で、改善例のほうが違反例よりもだいぶよいのです。

　ボディに図表があれば、読み手は図表の動線を頼りに、その構成を確認します。図表の動線が人の視線の動きに近ければ、視線はスムーズに動きます。しかし、そのような動線が2つ以上あれば、視線の動きは乱れます。図表を見ただけで、中身を確認しなくても図表の構成がわかるようにすることが大切なのです。

110　Section 4　スライドの作成②：視覚の技術

4-5 *視点と視線* ジグザグにしない

> 視線の動きは，図形の配置とその記載によって大きな影響を受けます。
> ここでは，どのような配置を行うと，視線の動きが鈍るかを学びます。

視線を誘導する

　スライドをみるとき，私たちの視線はスライドの左上の部分から右下に向かって動きます。そして視線のこの動きは，スライドに記載されている内容によって誘導（補正）されます。

　それは，図形が2つ横に並んでいれば左から右に，図形が縦に2つ並んでいると上から下に向かって動くというものです。逆にいうと，このほかの視線の動き方は読み手にとって心地よいものではありません。図形を配置するときは，上から下，または左から右のどちらかに視線を誘導するようにします。図形の配置によって視線の道すじ（以下，動線といいます）を作るのです。

　それでは，図形をただ縦か横に並べれば，よい動線ができるのでしょうか。実は，そうとも限りません。**図形の配置とその記載によっては，視線の動きが鈍るからです。**このことを違反例で確認してみましょう。

　図表1（注：ジグザグの矢印は筆者が説明のために加えたものでスライドの内容を構成しません）は，新しい会計基準への対応方針です。メッセージボックスには「親会社と子会社の状況を踏まえて20XX年に新しい会計基準を導入する」とあります。この違反例のどこがおかしいのでしょうか。

　違反例のボディをみると，親会社と子会社の状況について，「現在の問題点」や「必要な経理要員」が書かれています。▼（三角の図形）の方向に沿って，上から下に順番に図形を見て欲しいというのが書き手の意図でしょう。

　しかし，実際の視線の動きはどうでしょうか。図表1のボディをみて，まず目に飛び込んでくるのが「親会社の状況」と「子会社の状況」の図形です。2つの状況の比較だと読み手が気づけば，親会社の状況の下にある「現在の問題点」の図形を読んだあと，すぐに右側にある子会社の現在の問題点の内容を確認するでしょう。つまり，書き手の意図とは異なり，実際の動線（筆者が説明

図表1　視線がジグザグに動く

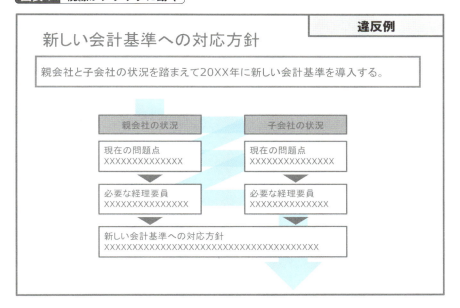

のために違反例に加えた矢印）はジグザグの経路をたどるのです。

対象範囲が不明確

　視線がジグザグに動くもう1つの理由は，図形の中の記載にあります。ちょっとみただけでは，「親会社の状況」と「子会社の状況」という記載（タイトル）がどの図形を対象としているのかわかりません。図形の中の記載をすべて読んで，はじめて対象が「現在の問題点」と「必要な経理要員」（「新しい会計基準への対応方針」は対象に含まれない）だと気がつきます。それまでの間，視線はジグザグに動くのです。

　それではどうしたらよいでしょうか。図形の対象範囲を明確になるようにしながら，動線をシンプルにすることです。違反例の場合，親会社の状況と子会社の状況という2つの動線がありますから，これを1つにまとめます。「現在の問題点」と「必要な経理要員」をひとまとめにして「現在の状況」と記載します。そして，その下に「新しい会計基準への対応方針」を書くのです。改善

例をご覧ください（図表2）。

図表2 シンプルな動線にする

動線はシンプルに

　違反例のように，書き手は2つのまっすぐの動線を引いたつもりでも，図形の中の記載によって読み手が内容を比較しながら読めば，実際の動線はジグザグになります。

　動線はシンプルにする必要があります。できれば，まっすぐ1本の動線がよいのです。これなら読み手が迷うことはありません。図形の配置と記載に注意して，読み手がスライドの中身に集中できるように動線を作ることが大切なのです。

4-6 攪乱させない
視点と視線

> 視線の動きが乱れるのは図形の配置や記載方法が悪いためですが，原因をさらに探ってみると，メッセージの焦点が絞られていないことが多いのです。

目が疲れる

　私たちの視線は，スライドに記載された図形などによって誘導（補正）されます。例えば，ボディに矢印を書けば，その矢印が指す方向に視線は誘導されます。しかし，いくら視線を誘導できるからといって，矢印をどの方向に向けてもよいというわけではありません。**矢印を左に向けたり，2つに分けたりすれば，（一応，視線は矢印の指す方向に向って進みますが）視線の自然な動きと異なるため，目が疲れるのです。**このことを違反例で確認しましょう。

　違反例は業績評価制度の見直しについてのスライドです（図表1）。どこが

図表1　視線が乱される

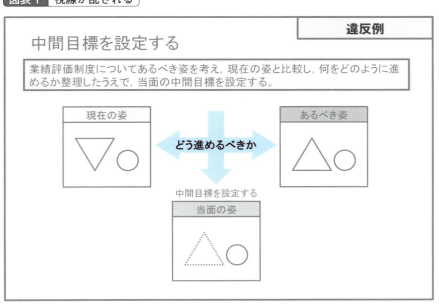

おかしいのでしょうか。

　違反例のボディには，３つの図形（現在の姿，当面の姿，あるべき姿）があります。中央には３方向へ伸びる矢印があります。

　スライドを作成するときは，一定の方向に視線を誘導するようにします。図形の配置によって一定の道すじ（以下，動線といいます）を作るのです。違反例の場合，ボディの上中央から矢印が下に向かって伸びてきて，左右と下の３方向に分かれています。矢印の向きに従って３つの動線があるのです。動線が途中で左右に分岐すれば，まっすぐ進むべきか，それとも左右のどちらかに向かって進めばよいか，一瞬，読み手は迷うでしょう。

原因はほかにある

　どうしてこのようなスライドになったのでしょうか。そのヒントはメッセージにあります。メッセージボックスには「業績評価制度についてあるべき姿を考え，現在の姿と比較し，何をどのように進めるか整理（する）」とあります。書き手は，現在の姿とあるべき姿を比較するイメージを図表で表現しようとしました。実は，左右に向かって伸びる矢印は対比の構図を表したものだったのです。

　一方で，メッセージボックスには「当面の中間目標を設定する」ともあります。これをボディに表現しようとすると，（現在の姿とあるべき姿の比較のイメージ図をみている）読み手の視線を中間目標の図表に誘導する必要があります。この結果，（対比の構図を表す）横の矢印と縦の矢印が重なり，矢印が分岐してみえるのです。

　違反例が問題なのは，メッセージボックスの記載をそのまま図表に表し，（２つの文章を接続詞でつなげるような感覚で）２つを縦の矢印で結びつけたことにあります。

メッセージの整理から始める

　どうすればよいでしょうか。それは，どちらのテーマを中心に書くかを決めることです。「業績評価制度についてあるべき姿を考え，現在の姿と比較し，何をどのように進めるか整理（する）」と「当面の中間目標を設定する」のど

ちらか一方にフォーカスするのです。中間目標の設定（後者）に焦点を絞るならば，前者の内容についてはボディに書かないか，書いたとしても注記程度で済ませます。改善例をご覧ください（図表2）。

図表2　視線がスムーズに動く

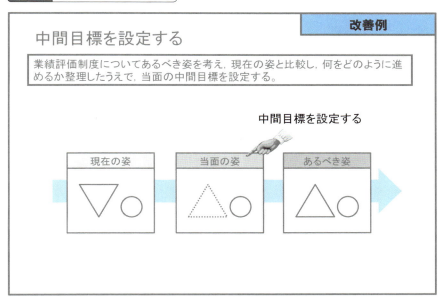

スライドを作成するときは，動線をシンプルにします。これは"シンプルに書く"というより，（結果として）"シンプルになる"というニュアンスのほうが近いでしょう。メッセージボックスの記載をそのまま図表に表してボディに押し込めば，当然，ごちゃごちゃしたスライドになります。矢印が増えれば，動線は複雑になります。メッセージのどの部分に焦点を当てて書くかを決めて，動線が"シンプルになる"ようにすることが大切です。

4-7 視点と視線 書き手の思い

> ボディの配置は，書き手の思いを伝える手段です。読み手が何をどういう順番で読むかは，ボディの配置によってだいたい決まるからです。

ストーリーの展開

スライドを作成する以上，スライドのどの部分をどういう順番で読んでもらいたいか，書き手の思いというものがあるはずです。どうやってその思いを伝えればよいでしょうか。

スライドをみるとき，読み手の視線は一定の法則（①最初にスライドの左上の部分を見る，②上から下に向かって動く，③左から右に動く）に従って動きます。**この視線の動きに沿ってストーリーが展開するようにスライドを配置するのです。**このことを違反例で確認してみましょう。

図表1　書き手の思いが伝わらない

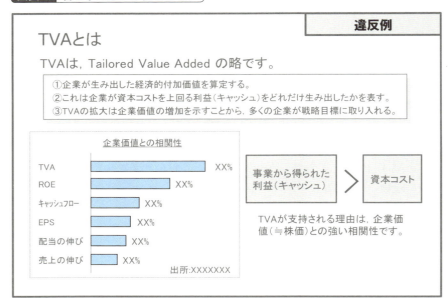

違反例のスライドは TVA という架空の経営指標の説明です（図表１）。このスライドのどこがおかしいでしょうか。

書き散らかしている

違反例を見ると，スライドタイトルには「TVA とは」とあります。メッセージラインには，「TVA は，Tailored Value Added の略です」とありますが，TVA が何かを理解するには，別の箇所を読む必要があります。

その下の図形には，箇条書きで３つ（①企業が生み出した経済的付加価値を算定する。②これは企業が資本コストを上回る利益（キャッシュ）をどれだけ生み出したかを表す。③TVA の拡大は株主価値の増加を示すことから，多くの企業が戦略目標に取り入れる。）記載があります。まだ，話のつながりがわかりません。

ボディ左側には「企業価値との相関性」のグラフ，ボディの右側には算式（事業から得られた利益（キャッシュ）＞資本コスト）があり，その下には「TVA が支持される理由は，左図が示すように，企業価値（≒株価）との強い相関性です」とあります。これらの情報はどういう関係にあるのでしょうか。

このようなことが起きるのは，「このスライドはこういう順番で読んでもらいたい」という意識が書き手に欠けているからです。自分が伝えたいことを，ストーリーの展開も考えずにただ書いているのです。この結果，１つひとつの情報が孤立してしまって，話はつながらないのです。

ストーリーを考える

どうしたらよいでしょうか。それはストーリーを考えることです。もともと，「TVA とは」のようなタイトルのスライドでは，TVA について何を書いても（だいたい）スライドタイトルと一致します。だからこそ，ストーリー展開を考える必要があるのです。

多くの企業が戦略目標に TVA を取り入れるのはなぜでしょうか。それは TVA の拡大が企業価値の増加を示すからです。なぜ，そういえるのか。それは，TVA が経済的付加価値を算定したものであること，そして企業価値との相関性が高いことを示すデータがあるからです。であるならば，スライドタイトル

は「戦略目標にTVAを使う理由」，メッセージは「戦略目標にTVAを使うのは，その拡大が企業価値の増加を示すからです」とし，ボディの左側にグラフを配置し，右側にTVAの算式の説明や多くの企業が戦略目標に取り入れている事実を書けばよいでしょう。

　改善例（注：上から下，左から右に向かう矢印は筆者が視線の動きを説明するために加えたものです。スライドの内容を構成しません）をご覧ください（図表2）。

図表2　書き手の思いを伝える

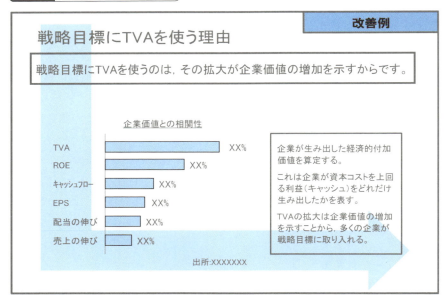

　（その情報が本当に必要なら）どのような配置をしても，読み手は読んでくれます。しかし，スライドをどういう順番で読むかによって，読み手の理解の進み具合は変わるものです。スライドを作成するときは，書き手が意図する順番で読み手に読んでもらえるように配置することが大切なのです。

4-8 色の組み合わせを考える
配色

> 色をたくさん使うと、スライドはギラつきます。このようなスライドはとても読みにくく、メッセージはきちんと伝わりません。

ギラつくと読まれない

　パワーポイントでは、赤、黄、緑、青などいろいろな色が用意されています。ただし、いくら色の種類があるからといって、どれでも好き勝手に使えるというわけではありません。色の組み合わせによっては、スライドがギラつくからです。このようなスライドはとても読みにくいものです。スライドが読まれなければ、メッセージは伝わりません。**色の組み合わせには注意が必要なのです。**このことを違反例で確認してみましょう（図表1）。

　違反例のスライドをみると、ギラついた印象を受けます。どこから読み進め

図表1　ギラついたスライド

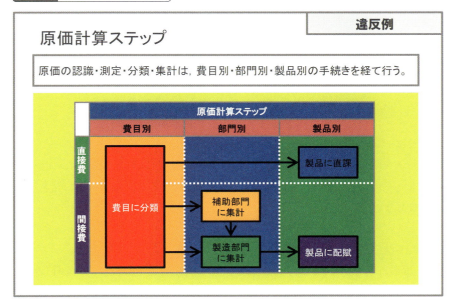

たらよいのかわかりません。スライドがギラつく原因の1つが純色（各色相の中で最も彩度の高い鮮やかな色）です。純色は彩度が高いので，たくさん使うとスライドは派手になります。また，色の組み合わせには相性があります。色彩理論によると，色相環（赤・橙・黄・緑・青・紫というように色相を環状に配置したもの）上で向かい合う2色，または等間隔に三角形を形成する3色などを使うと，調和のとれた色の組み合わせになります。逆に，これを無視して配色すれば，落ち着かない印象を読み手に与えるのです。

ベースカラーは白

それでは，どうしたらよいでしょうか。一番簡単な方法は，使う色の数を絞ることです。例えば，有彩色を1色選び，その色を中心にまとめるのです。色には明色（明度の高い色：純色に白色を加えたもの）と暗色（明度の低い色：純色に黒色を加えたもの），そして濁色（純色に灰色を加えたもの）があります。そこで，1つの色をもとにして，明色と暗色，濁色のバリエーションで構成するのです。もし全体的にやわらかい印象にするならば，明色を増やします。これを有彩色モノトーンといいます。この方法であれば，色の組み合わせを気にすることなく，しかも一体感が出てきます。

なお，全体を1色のモノトーンでまとめると単調になりがちです。そのような場合は，無彩色（白色や灰色）と組み合わせると，コントラストがつきます。そもそも，パワーポイントのスライドを会議の資料として使用する場合，通常は白いA4の紙に印刷されます。スライドのベースカラー（全体の雰囲気を決める色）は白色です。白色は目を休める効果がありますから，余白の割合を増やせば，よりみやすいスライドになります。

改善例をご覧ください（図表2）。改善例の従属色は青色です。この色を中心にトーン（彩度と明度）を変えるのです。こうすると，スライドに落ち着きが生まれます。

状況に応じて使い分ける

概念図やイメージ図のように図表のデザインを重視したスライドを作成する場合，複数の色を組み合わせて配色するほうが映えるものです。ところが，複

図表2 落ち着いたスライド

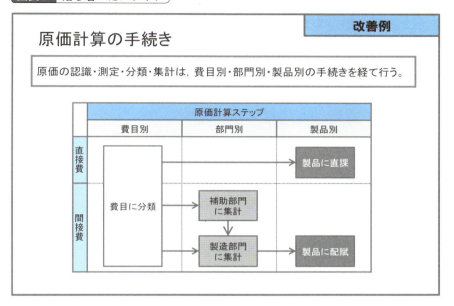

数の色を組み合わせるとなると、これは配色の知識だけでなく、書き手のセンスも問われてきます。こういうときは、プロのデザイナーが勧める配色パターンを参考にするという手があります。例えばCOLOURloversというサイトでは、ユーザーが作成した配色パターンを閲覧できます。配色パターンをクリックするとカラーコードが確認できます[注]。これなら、自分のニーズに合った配色を採り込むことができるでしょう。

（注） http://www.colourlovers.com/palettes/most-views/all-time/meta

　色の組み合わせによって、スライドは読みやすくなったり、逆に読みにくいものになったりします。色の組み合わせを考えるというのは、伝えたいことをきちんと伝えるために大切なことなのです。

122　Section 4　スライドの作成②：視覚の技術

4-9 *配色* 色の重さ

色には重さというものがあります。この性格を利用して配色するかどうかで，相手に与える印象は180度変わってしまうことがあるのです。

自然界と同じ

　色には"重さ"があります。といっても，これは物理的な重さのことではありません。色に対して私たちが感じる"心理的な重さ"です。

　あるデータによると，黒色は白色よりも1.8倍ぐらい重いと感じるとあります。これは，どうも私たちの知識や経験が影響しているようです。自然界では，輝く太陽，澄み切った空など明るい色（明度が高い色）のモノは上のほうに存在する傾向にあります。一方で，青い海，そして暗い深海など暗い色（明度が低い色）のモノは下のほうに存在する場合が多いのです。このため，**無意識のうちに色と重力というものを関連づけて，明るい色のモノを見ると軽く感じ，暗い色のモノを見ると重く感じる**のかもしれません。

安定感をもたらす

　色の重さというものは，スライドを作成するときにも意識する必要があります。例えば，階層グラフや棒グラフのケースで考えてみましょう。グラフの上のほうを明るい色で配色し，下のほうの部分は暗い色にすると，どうなるでしょうか。グラフ全体に安定感が生まれます。ピラミッド型の図形を書く場合でも同じです。ピラミッドの上の階層を明るい色で配色し，下の階層を暗い色にすると，どっしりとした安定感のあるピラミッドになります。それでは，このことを具体的なケースで見てみましょう。

　図表1はハインリッヒの法則の説明です。これは，1件の重大な事故・災害の裏側に29件の軽微な事故・災害，そして事故に至らなかったが300件のヒヤリ，ハッとした事例があるという労災事故の法則です。

　ボディにあるピラミッド型の図形を見てみましょう。図形は，3つの階層に分かれています。一番上の階層は重大な事故・災害（1件），次は軽微な事故・

図表1　安定感のあるピラミッド

災害（29件），そしてヒヤリ，ハッとした事例（300件）です。図形の配色はどうでしょうか。上の階層は明るい色で，下の階層はそれよりも暗い色になっています。

　このように，図形の配色を，上に行くほど明るい色，下に行くほど暗い色にすると，図形に安定感というものが生じます。このことは，図形の内容とはまったく関係ありません。私たちが図形をみたときに自然に感じることなのです。逆にいうと，どっしりとした安定感のある図形にみせたいときは，自然界の法則に合わせて上のほうを明るい色で，下のほうを暗い色で配色すればよいのです。

内容の重要度を示す

　それでは，図形の内容に着目して配色する場合はどうなるでしょうか。重大な事故・災害はたった1件ですが，ヒヤリ，ハッとした300件の事例よりもずっと重要です。このことを強調したいのであれば，（重力の法則には反していま

すが）重要な上のほうを暗い色で，そうでない下のほうを明るい色で配色します。暗い色を見ると，重さのほかに，高級感，格式，重要性といったものを感じることがあります。図形の安定感よりも，図形の内容の重要度のほうが大事であれば，このように配色すればよいのです（図表2）。

図表2　内容の重要性に着目する

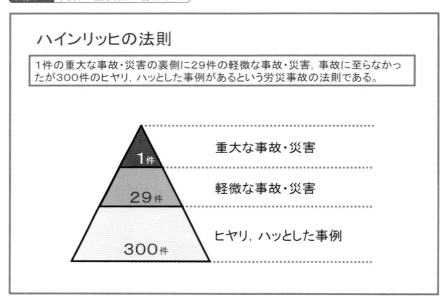

　図形に配色をするときは，色の役割を考える必要があります。例えば，図形の安定感を考えるなら，上のほうを明るい色で配色し，下のほうを暗い色で配色します。図形の内容の重要性の違いを示すなら，重要なところを暗い色で配色します。何を表現したいのかを考えたうえで，図形に配色することが大切なのです。

4-10 色の誘目性
配色

> 視線の動きは，図表の配置によって変わります。そして，この視線の動きをよりスムーズにさせてくれるものが図表の配色なのです。

視線の動き

スライドを見るとき，スライドの左上の部分から右下に向って視線が動きます。この視線の動きは，図表の配置によって少し補正されます。図表が横に2つ並んでいれば，左から右に，図表が縦に2つ並んでいれば，上から下という具合です。そして，この視線の動きは，図表の配色によってより促進されるのです。視線の向かうその先を"より注目されやすい色"で配色すると，視線はよりスムーズに目的地に向かって動きます。このことを違反例で確認してみましょう。

図表1　左のほうに注目が集まる

126　Section 4　スライドの作成②：視覚の技術

　違反例のスライドのボディには，投資管理の改善の方向性についてのスライドです（図表1）。違反例のどこがおかしいでしょうか。

何が悪いのか

　図表の形だけで比較すると，現在の姿と将来の姿の両者に大きな違いはありません。ですから，ふつうは，2つの図表が横に2つ並べてあれば，視線は左から右に自然に動きます。

　ところが，違反例のように左のほうの図表を注目されやすい色で配色すると，視線の動きはとたんに鈍くなります。違反例の場合でいうと，「現在の姿」の図表は，鮮やかな青色で配色されています。これでは視線はボディの（右の図表ではなく）左の図表のほうに誘導されてしまいます。本当は，なんとか視線を左から右に誘導したいのです。しかしこのような配色をすると，視線は左の図表をみたまま，そこからなかなか離れません。

　これは色の誘目性というものです。視線はより目立つ色のほうに誘導されるという性質があります。例えば，真っ白なスライドに青色（寒色：寒さを感じる色）の図形を配置すると，視線はそこに集まります。しかし，そこに赤色（暖色：暖かさを感じる色）の図形を加えると，今度は青色の図形よりも赤色の図形のほうが注目されます。同じ色でも，彩度の違いによって視線の動き方は変わります。例えば，同じ青色でも鮮やかな青色とくすんだ青色であれば，鮮やかな青色のほうに注意が向きます。視線は，より目立つ色のほうに向かって動くのです。

誘導したいほうを目立たせる

　それではどうしたらよいでしょうか。同じような図表を並べるときは，色の誘目性を意識します。視線を誘導したいほうの図表（将来の姿）を注目されやすい色で配色するのです。ただし，将来の姿を目立つ色で配色するだけだと，最初から右のほうに視線がいってしまって，左から右に流れる動線が作りにくくなることがあります。そこで，似たような図表を並べるときは，三角や矢印の図形で動線の方向を示すのです。改善例をご覧ください（図表2）。

　色が目立つかどうかは，比較する色によって変わります。色の誘目性を最大

図表2 右のほうに視線が誘導される

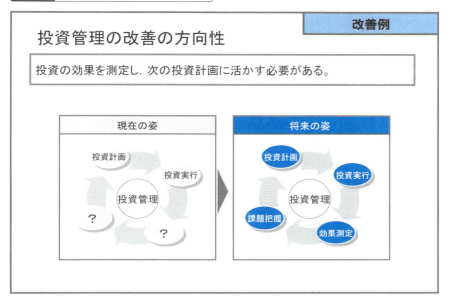

限に生かすなら，白色（無彩色）を増やし，必要に応じて青色（寒色）を使い，赤色（暖色）などの強調色はできる限り使用しないようにします。色の種類が少なければ，目にもやさしくなります。

　視線の動きは，図表の配色によってより促進されます。2つの図表を横に並べるなら，右の図表を配色によって目立たせます。同様に，図表を縦に並べる場合は，下の図表を配色で目立たせるのです。2つの図表の注目度に違いはありませんから，視線を誘導する必要があります。それは，三角や矢印などの図形で動線の方向を示したうえで，視線の動く先により目立つ色を配色するというものです。読み手に負担を感じさせず，できるだけ自然に視線を誘導することが大切なのです。

128　Section 4　スライドの作成②：視覚の技術

4-11 *配色* 強調色は薬味である

いろいろな色で派手に強調されたスライドは読みづらく，どこが重要なのかわかりません。色で強調するなら，絞って使う必要があるのです。

強調色の依存症

　強調色（赤色や黄色など目立つ色のこと）は，人の目をひきつけます。強調するために図形のサイズを大きくしたり，文字や線を太くしたりすれば，記載のバランスを考える必要が生じますが，配色による強調はただ色をつけるだけですから，比較的簡単です（もちろん，色の相性を気にする必要はありますが）。強調色をうまく使えば，その効果を発揮します。

　一方で，強調色を使いすぎると，スライドはギラついて読みにくくなります。

図表 1　派手なスライド

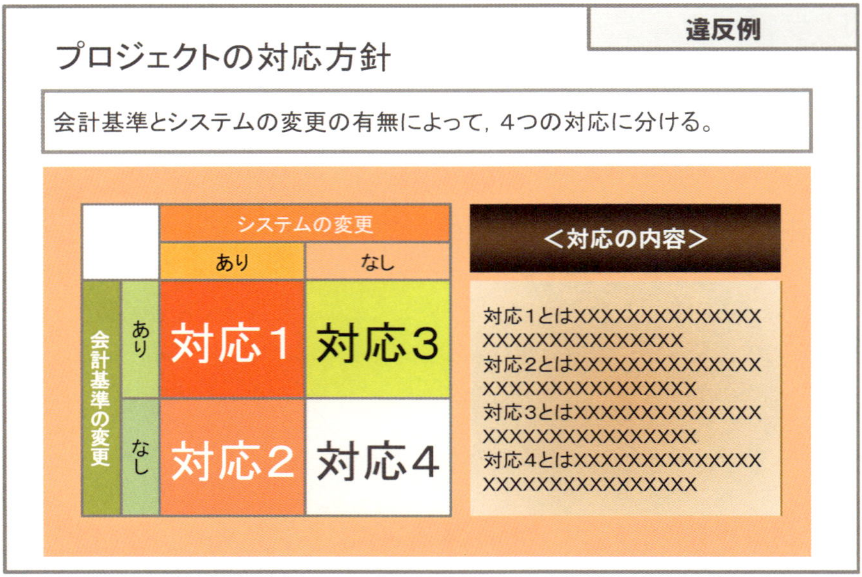

しかも，一度にたくさんの強調色を使うと，互いに主張し合い，強調の効果は打ち消されます。こうなると，スライドのどこに注目すべきかわからなくなります。

　もともと強調色というものは，注意していないと使いすぎるものなのです。これは一種の中毒です。ある箇所に強調色を使えば，その他の部分は相対的に目立たなくなります。バランスをとろうとしてそこにも強調色を使えば，少しずつスライドは派手になります。すると，だんだん書き手の感覚もマヒしてきます。強調色を使うことに抵抗を覚えなくなって（いやむしろ，強調色を使わないといられなくなって），"強調色の依存症"になるのです。このことを違反例で確認してみましょう。

　違反例は，システムと会計基準の変更の有無の組み合わせによって，その対応方法を4つに分けています（図表1）。違反例のどこが問題なのでしょうか。

　違反例のボディをご覧ください。マトリクス図には，赤色や黄色など強調色がたくさん使われています。マトリクス図の横には，それぞれの対応の内容が記載されていますが，この図形の色はグラデーション効果を使って目立たせてあります。そして，ボディ全体には薄ピンク色の長方形の図形（ザブトン）があります。このザブトンは，みた目をよくするために使ったものですが，（マトリクス図と図形の強調の効果を打ち消すという意味で）逆効果です。

強調色を断ってみる

　それでは，どうしたらよいでしょうか。いちばん確実な方法は，すべての強調色をいったん取り除くことです（「塗りつぶしなし」を選択する）。そのうえで，ボディでいちばん目立たせたい所はどこかを考えて，その箇所だけを強調するのです。違反例の場合であれば，マトリクス図の対応1〜4の記載の重要度に違いはありませんから，ここでは色で差をつけません。それよりも，対応方法を4つに分ける観点のほうが重要ですから，マトリクス図の表側と表頭に色をつけるのです。改善例をご覧ください（図表2）。

資料を作成する場合も同じ

　強調色をできる限り使わないという原則は，複数のスライドで構成する資料

図表2　ノーマルなスライド

改善例

プロジェクトの対応方針

会計基準とシステムの変更の有無によって，4つの対応に分ける。

		システムの変更	
		あり	なし
会計基準の変更	あり	対応1	対応3
	なし	対応2	対応4

＜対応の内容＞

対応1とはXXXXXXXXXXXXXXX
XXXXXXXXXXXXXX

対応2とはXXXXXXXXXXXXXXX
XXXXXXXXXXXXXX

対応3とはXXXXXXXXXXXXXXX
XXXXXXXXXXXXXX

対応4とはXXXXXXXXXXXXXXX
XXXXXXXXXXXXXX

でも同じです。資料の中でいちばん重要なスライドを"キラーページ"といいます。このスライドには，読み手の琴線に触れるような重要なことが書かれています。他のページのスライドに紛れて，読み落とされないように注意しなければなりません。そのためには，キラーページに強調色を使うということだけでなく，その前のページのスライドを地味にする（強調色を使わない）必要があります。こうすれば，ページをめくってキラーページが現れたときに，強調色がスライドをぐっと引き立ててくれるはずです。

　強調色は，料理でいえば「薬味」と同じです。うまく使えば料理の味を引き立てますが，ムリに使わなくても料理をおいしくいただくことはできます。むしろ，薬味の使いすぎは，料理本来の味を台なしにするでしょう。これはスライドを作るときも同じです。強調色をムリに使う必要はありません。強調色は，ここぞというときに限って使うことが大切なのです。

4-12 _強調する_ 目立たせる

図形や文字を目立たせるには2つの方法があります。それは，目立たせたいところを強調するという方法，もう1つはその他の箇所をぼかすという方法です。

方法は2つある

　図形や文字を目立たせるには2つの方法があります。1つの方法は，目立たせたい図形を大きくする，枠線を太くする，そして赤色や黄色など目立つ色を使うというものです。文字を目立たせたい場合も同じです。大きなサイズの文字，目立つフォント，太字（ボールド），目立つ色に変えて強調するのです。

　図形や文字を目立たせるにはもう1つ方法があります。それは，目立たせたいところ以外をぼかすというものです。まわりが目立たなくなれば，残された部分は相対的に目立ちます。目立たせたくないところに，小さな図形，細い枠線，小さな文字，グレーなど薄い色の配色，図形や文字の色の透過（［図形の書式設定］→［図形のオプション］または［文字のオプション］→［塗りつぶし］または［文字の塗りつぶし］→塗りつぶし（単色）を選択し，透明度を45～55％に設定）といった表現方法を使って目立たなくするのです。

　目立つかどうかは，表現方法の相対的な力関係で決まります。目立たせたいところに強調表現を使ったり，その他のところをぼかしたりすれば，目立たせたいところに視線は集まります。このことを事例で確認してみましょう。

　図表1は，会計システムの改修箇所について書いたスライドです。メッセージボックスには「会計システムの改修箇所は，工程管理，材料管理，原価計算の3つである」とあります。そこで，3つの図形（工程管理，材料管理，原価計算）を少し大きく，枠線を太く，配色を変えます。このように強調表現を使うと，目立たせたいところが目立つのです。

ぼかし表現で目立たせる

　もう1つの方法を確認してみましょう。今度は，ぼかし表現を使います。図

図表1　強調表現を使う

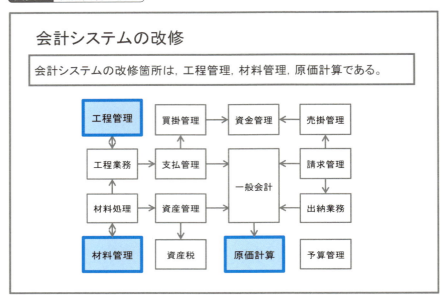

　表2をご覧ください。これも会計システムの改修箇所についてまとめたスライドです。強調すべきところは図表1と同じです。ボディをみると，工程管理，材料管理，原価計算以外の図形は薄いグレーで配色され，文字は小さく，図形の枠線は細くなっています。このように目立たせたいところ以外はぼかすと，目立たせたいところが強調されていなくても，相対的に目立つのです。

2つの方法を使い分ける

　2つの方法は，何かを目立たせるという点で同じ効果がありますが，状況によってうまく使い分けると，より効果を発揮します。それでは，どのように使い分けるとよいでしょうか。

　図表1と図表2を比較してみましょう。図表1では，目立たせたいところ以外もはっきり読めます。会計システムの構成をみながら，改修箇所（工程管理，材料管理，原価計算）の位置づけを確認することができます。例えば，読み手が会計システムの全体像をよく知らない場合，この方法が適しています。目立

図表2 ぼかし表現を使う

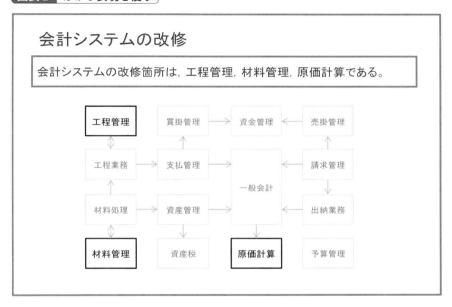

たせたいところ以外も情報としてそれなりに重要な場合，強調表現を使うのです。

　逆に，会計システムの全体像についての説明はもう十分わかっているという場合（例えば，図表2のスライドの前のスライドで会計システムの全体像を示しているなど）や，複雑な会計システムの全体像については興味がない（むしろ，説明することでかえって混乱させる）ときには，改修箇所以外の情報は重要ではありません。このような場合，読み手にその他の記載を意識させないように，ぼかし表現を使うのです。

　目立たせる目的は，「ここに注目して欲しい」という書き手の意図を読み手に伝えることにあります。一方で，強調表現やぼかし表現をむやみやたらと使えば，読み手は混乱するでしょう。これらの表現を使うときは，読み手に注目して欲しいところを整理しておくことが大切なのです。

134　Section 4　スライドの作成②：視覚の技術

4-13 強調する
強調箇所を絞る

> スライドで強調すべき箇所は1つです。強調箇所がたくさんあると，スライドのどこに注目したらよいか，読み手がわからなくなるからです。

強調箇所は1つ

　スライドで強調する箇所（太い文字，大きな文字，アンダーライン，派手な色，矢印，吹き出しなどを使う箇所）は1つです。その理由は，スライドのメッセージと関係します。1枚のスライドのメッセージは1つです（これをワンページ・ワンメッセージといいます）。メッセージは1つですから，当然，ボディで強調される箇所も1つなのです。

　もし，ボディに2つ以上の強調箇所があったら，読み手はどう感じるでしょうか。ボディのどこに注目したらよいか，きっと迷うはずです。ボディで強調

図表1　強調箇所がたくさんある

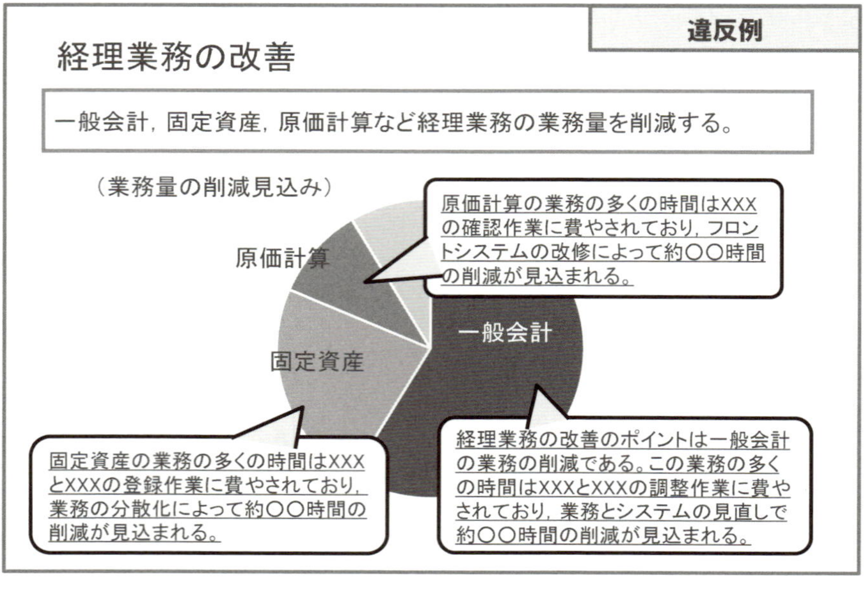

する箇所は1つに絞る必要があるのです。このことを違反例で考えてみましょう。

　違反例は，業務削減の目標とその内容をまとめたスライドです（図表1）。違反例のどこがおかしいのでしょうか。

　違反例のスライドには，3つの強調箇所（吹き出し）があります。強調されていれば，「何が書かれているのだろう」と読み手は一応確認するでしょう。そうやって読んでいくうちに，このスライドでいいたいことが何か，わからなくなるのです。

強調箇所を絞り込む

　どうしたらよいでしょうか。強調箇所が2つ以上あったら，スライドをチェックする必要があります。図表1のメッセージボックスには「一般会計，固定資産，原価計算など経理業務の業務量を削減する」とあります。これは要約型のメッセージ（スライドのおおむねの内容を示すメッセージ）です。強調箇所が3つあるのはメッセージの記載が原因です。本来，要約型のメッセージであれば，特定の箇所を強調する必要はないはずです。

　どうやってスライドを整理すればよいでしょうか。もちろん，それは「自分がいちばん伝えたいことは何か」考えることです。しかし，ごちゃごちゃしたスライドをいくらみても，考えはなかなかまとまらないでしょう。

　そこで行うのが，ボディにある強調表現をいったんすべて取り除くという方法です。まったく強調表現がない状態，いわゆる"すっぴん"の状態にボディを戻すのです。そして，もう一度，ボディの記載を読み返します。その中で，「どうしても強調したい」という箇所がみつかれば，そこを強調します。その箇所にスライドでいちばん伝えたいことが書いてあるからです。

　ボディの記載をみてみましょう。一般会計の吹き出しに「経理業務の改善のポイントは一般会計の業務の削減である」とあります。もし，これだけは強調したいと思うなら，そうするのです。この場合，メッセージボックスの記載を要点型のメッセージ（ボディで一番重要な項目にフォーカスしたメッセージ）に変えて，「一般会計を中心に経理業務の業務量を削減する」とします。改善例をご覧ください（図表2）。

図表2　強調箇所を絞る

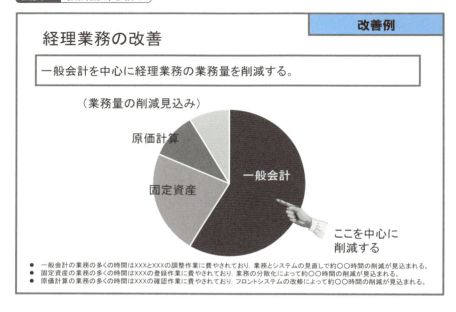

ムリに強調しなくてもいい

"すっぴん"にした後に、どこも強調しなくて平気なら、ムリに強調する必要はありません。ただし、どうして平気でいられるのか、理由を考える必要があります。もしかしたら、ボディに伝えたいことが書いていないか、書き手が伝えたいことを整理できていない（どこを強調したらよいのかわからない）可能性があるからです。

ボディで強調すべき箇所は1つです。スライドが完成したと思っても、そこで終わらせず、強調箇所の数を数えることです。強調箇所の数は、書き手の頭の中の整理の度合いを示すという意識を持つことが大切なのです。

4-14 強調のねじれ

強調する

書き手が強調した箇所が，読み手の感覚とズレていると，スライドの理解の妨げになります。この原因を探ってみましょう。

理解を妨げるもの

スライドのどの箇所を強調するかは，書き手の自由です。スライドのどこを強調しても，読み手のほうは，「（書き手が強調しているのだから）きっと重要なのだろう」と思って，疑うことなく読み進めるでしょう。

問題は，その次です。「（書き手は強調していないが）ここも強調したほうがよいのでは」，と読み手が感じる箇所があった場合です。このようなとき，「なぜ書き手は強調しないのか」，「自分の理解が間違っているのか」，疑問がわいてきます。こういった疑問は，読み手のスライドの理解を妨げるのです。**書き手が重要だと示した箇所と読み手が重要かもしれないと感じる箇所がズレると，メッセージが伝わりにくくなります。**

感覚のズレをなくす

違反例のスライドタイトルは「減損の調査結果」です（図表１）。これだけでは，書き手がどこを強調したいのか特定できません。

メッセージボックスをみると，「事業用資産に減損はない」とあります。この記載をみる限り，書き手が強調したい箇所はボディの事業用資産ＡとＢだと思われます。どちらの事業用資産にも減損は発生していませんから，メッセージと一致します。

ボディで強調されている箇所はどこでしょうか。それは（指の形をした）クリップアートが指している事業用資産Ｂです。確かに，メッセージボックスを見直してみると，「なお，事業用資産Ｂについては，今後，減損を認識する可能性がある」と書いてあります。しかし，この記載は"なお書き"ですから，形式的にみれば「事業用資産に減損はない」のほうが重要です。

感覚のズレが生じる箇所はほかにもあります。事業用資産Ｂと遊休資産Ｃ

138   Section 4　スライドの作成②：視覚の技術

| 図表1 | 強調箇所について読み手と書き手に感覚のズレがある |

減損の調査結果　　　　　　　　　　　　　　　　　　　　　　　**違反例**

事業用資産に減損はない。
なお，事業用資産Bについては，今後，減損を認識する可能性がある。

	対象	減損の有無	内容
1	事業用資産A	なし	
2	事業用資産B	なし*	今後の決算によっては減損を認識する可能性がある。引き続き，モニタリングを行う。
3	遊休資産C	あり*	重要な減損ではない。

＊引き続きフォローが必要である。

には「＊」がついています。その内容は「引き続きフォローが必要である」というものです。しかも，遊休資産Cは減損が発生していますから，本来，強調すべき箇所は事業用資産Bと遊休資産Cではないかという疑問も生まれます。

　1枚のスライドで強調すべきは1箇所です。しかし，このようにいくつも感覚のズレがあると，読み手は「書き手が本当に強調したいことが何か」わからなくなり，混乱します。

李下に冠を正さず

　どうしたらよいでしょうか。「李下に冠を正さず」という諺があります。これは，「誤解を招くような行動はしないようにする」という意味ですが，これはスライドの作成でもいえることです。書き手は事業用資産Bを強調しているつもりでも，読み手がほかにも強調したほうがよいと感じるものがあれば，何が重要なのかわからなくなります。感覚のズレをもたらす原因をすべて取り除く必要があるのです。

具体的にいうと，メッセージボックスの「事業用資産に減損はない」という記載を削除して，指のクリップアートが強調している記載と整合するように「事業用資産Bについては，今後，減損を認識する可能性がある」とします。

また，「引き続きフォローが必要である」という「＊」の記載は，具体的に何をどうすることを指しているのかメッセージ性が低いため，思い切って削除します。改善例をご覧ください（図表2）。

図表2　感覚のズレをなくす

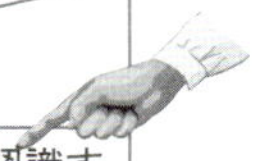

スライドを作成するときは，読み手の立場になってスライドを眺めます。自分が作成したスライドは読み手の目にどう映るか，確認するのです。書き手が重要だと考えていることが，読み手にもそう伝わるようにすることが大切なのです。

Section 5

スライドの作成③：
図解の技術

5-1 図表を書く　白銀比を使う

白銀比は日本人が好む比率です。この比率を意識すると，安定感のある図表になるだけでなく，スライドのおかしなところも整理されるのです。

日本人が好む白銀比

　黄金比（1：$(1+\sqrt{5})\div 2$ ≒ 5：8）は古くから美しい比率とされ，建築や絵画，彫刻などいろいろな分野で活用されてきました。ミロのヴィーナス，パリの凱旋門などには，この黄金比が使われています。

　一方で，日本人は少し異なる比率も好むようです。この比率を白銀比と呼びます。白銀比は，約2：3（正確には，1：$\sqrt{2}$ ≒ 1：1.414）です。これは黄金比と比べると，少しずんぐりしたイメージです。白銀比は日本の建築や絵画，彫刻などに使われてきました。図表1の浮世絵は菱川師宣の「見返り美人図」

図表1　菱川師宣「見返り美人図」

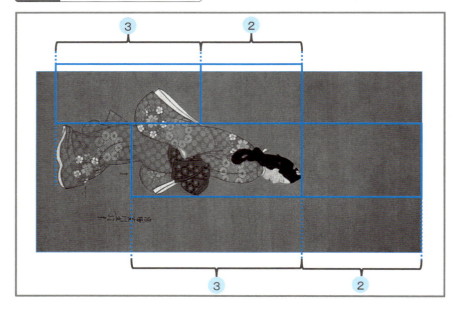

です。この浮世絵には白銀比が使われています。

白銀比でなくなる理由

　パワーポイントのスライドでも，白銀比を意識すると，図表（グラフ・チャート）やオブジェクトを使うときに，安定感が生まれます。

　ところが，白銀比を使って図表を書くというのは簡単ではないようです。例えば，1枚のスライドに2つのグラフを挿入して，その説明を書けば，ボディは情報でいっぱいです。残されたスペースが小さければ，そこにグラフを押し込むほかありません。スペースに合わせてグラフの形をムリに変えれば，白銀比になりません。

　白銀比にするには，まず情報量を減らします。1枚のスライドに2つもグラフは必要ありません。1つに絞ると，スペースが生まれます。そこで，グラフの縦と横の比率を白銀比にします。

　いちいち白銀比にするのは面倒だと考える人もいるでしょう。実は，パワーポイントのグラフの挿入機能を使うと，グラフの縦と横の比率は（初期設定で）白銀比になっています。そのまま使えば，美しい比率が保てます。

　スライドには3つの領域（スライドタイトル，メッセージボックス，ボディ）があります。どの領域にどう割り当てるかは人によって異なりますが，一般に，スライドタイトルとメッセージボックスはスライド全体の25％ぐらいを占めます。このため，ボディとして残されたスペースは少し横長の長方形になります。

　ボディには，与えられたスペースの2割から3割程度の余白が必要です。このとき，メッセージボックスとグラフの間が広いと少し間延びした感じになります。逆に，この間隔が狭いと息が詰まります。ボディの上下の余白は均等ぐらいにします。この点は，左右の余白も同じです。ただし，ボディのスペースは少し横長ですから，白銀比を意識してグラフの位置を決め，それから左右に同じ程度の余白が残るようにします。図表2をご覧ください。

図表2　白銀比を意識した図表

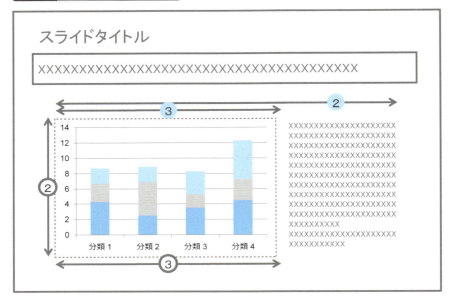

主役は図表

　実は，説明文を考えるよりも，グラフのサイズと位置を決めるほうが先なのです。まず白銀比のグラフを作成し，そのグラフを配置したあとで，残ったスペースを使ってどのように説明するかを考えます。長い説明が必要か，文字のサイズを小さくするか，行間を詰めるか，もっと短い表現方法はないか，（説明を書かずに）メッセージボックスの記載だけで済ませるか。考え抜けばきっとよいアイデアが生まれるはずです。図表が白銀比でないのは，スライドのどこかに改善余地があると疑ってみるのです。

　ボディに図表があれば，主役は図表です。図表がしっかりしていると，視覚の効果によって，スライドの内容に対する信頼感は高まります。図表の形は残されたスペースで決めるものではありません。図表を使うときは，白銀比を意識することが大切なのです。

5-2 一覧表の書式

図表を書く

一覧表を使うなら，書式を揃える必要があります。書式がバラバラだとせっかくの一覧表の効果が半減するからです。

読みづらくなる

書式がバラバラの一覧表は読みづらいものです。一覧表とは，図形（ホーム→図形描画）や表（挿入→表）で作った表形式の図表です。一覧表を使うと，同一項目で比較できるので，（本当に中身が整理されたかどうかは別ですが）整理してみせられます。ただし，**一覧表の書式（①文字列のレイアウト，②余白と行間，③線のスタイル）がバラバラだと，読みづらくなるので注意が必要です。**

3つを揃える

① 文字列のレイアウト

文字列のレイアウトとは，文字列の置き方です。具体的には，文字列の方向（横書き・縦書き），垂直方向の配置（上・下・上下中央）および文字列の配置（左揃え・中央揃え・右揃え）があります。例えば，文字の垂直方向の配置を上下中央にしたら，一覧表の同じ項目は，すべて同じように上下中央に配置する必要があります。

② 余白と行間

余白とは，記入した文字列とその文字列を囲む枠線との間隔のことです。また，行間とは（文字列が2行以上になった場合の）文字列同士の間隔です。余白や行間が狭いと，窮屈です。逆に広すぎると，間延びしてだらしない印象を受けます。余白と行間は，記載する文字数に合わせて調整するものではありません。読みやすさを考えて決めるものです。読まれなければ，意味がありません。やはり，余白と行間も揃える必要があります。

③ 線のスタイル

線のスタイルとは，一覧表の枠線の種類（一重線・多重線・実線・点線）や枠線の太さ（幅）のことです。枠線の種類を実線にして線の幅を太くすれば，

その部分は強調されます。逆に，枠線の種類を点線にして線の幅を細くすれば，その部分は目立たなくなります。線のスタイルは記載された情報の重要度によって変わりますが，同じ重要度であれば線のスタイルは揃える必要があります。

書式を意識する

違反例は業務の改善ポイントについてまとめたスライドです（図表1）。ボディの一覧表には，3つのポイント（役割を決める，ルールを定める，研修を行う）とその内容が記載されています。

図表1　書式がバラバラ

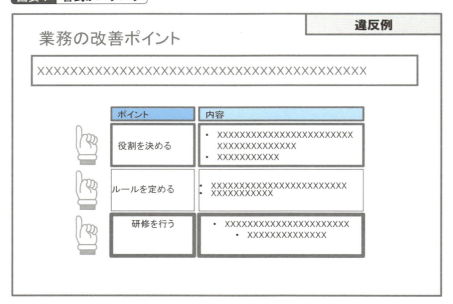

一覧表の文字列の配置をみると，「役割を決める」と「ルールを定める」の行の記載はすべて「左揃え」ですが，「研修を行う」の行の記載は「中央揃え」です。

垂直方向の配置はどうでしょうか。「役割を決める」と「ルールを定める」の行の記載はすべて「上下中央」に配置されていますが，「研修を行う」の行

の記載は「上」に配置されています。

　一覧表の余白と行間をみてみましょう。「役割を決める」のほうは左に少し余白があるのに対して，「ルールを定める」にはあまり余白がありません。しかも，その行間は明らかに他の行間よりも詰まっています。

　書式は，わずかであっても揃っていないと，それが違和感となって読み手に伝わります。一覧表を使うなら，書式を完全に揃える必要があるのです。改善例をご覧ください（図表2）。

図表2　書式を揃える

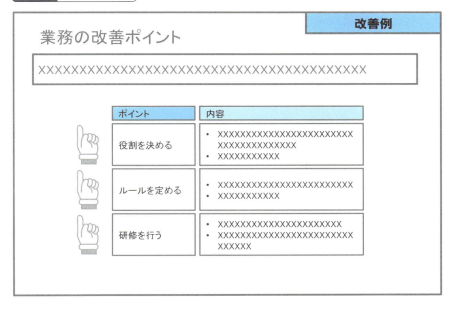

　書式を揃えるというのは形式的な作業であって，スライドの中身（品質）とは直接関係ありません。しかしこの基本を押さえていないと，みた目の悪い，読みづらいスライドになってしまいます。みた目が悪ければ，スライドの中身が疑われますし，読みづらければ，スライドをみようとも思わないでしょう。書式を揃えるというのは大切なことなのです。

5-3 図表を書く 2つ以上の観点で整理する

2つ以上の観点から表形式の図表をまとめようとすれば，その過程で，
書き手の頭のなかを整理することにもつながります。

2つ以上の観点

表形式の図表でまとめるときは，2つ以上の観点から分類・整理できるなら，
そうする必要があります。では，1つの観点だけで分類すると，何が問題で
しょうか。それは，読み手が内容を理解するのに時間がかかるという点です。
図表の内容を知るには，記載をすべて読まなければなりません。これでは，"箇
条書き"と同じです。わざわざ表形式の図表にまとめた意味がありません。

もう1つ問題があります。2つ以上の**観点から分類・整理されていない図表**
は，内容にも問題があることが多いのです。違反例で確認してみましょう。

理解に時間がかかる

違反例のスライドは，受注工事の会計処理についてまとめたものです（図表
1）。

ボディの表形式の図表を読むと，販売時に棚卸資産から売上原価に振替えを
行い，完成時に製造原価から棚卸資産に振り替えて，製造時には受注工番に製
造原価を計上し，受注時は受注工番を採番するとあります。さて，このスライ
ドのどこが問題でしょうか。

それは，図表が1つの観点（会計処理の内容）から分類されていることです。
受注工事の会計処理の全体像を知るには，まずこの図表の「会計処理の内容」
に書かれていることをすべて読まなければなりません。それだけではありませ
ん。図表の4つの記載がどういう観点から分けられているのか，どういう順番
で並んでいるのか，すべて理解したうえで読み手が自分で考えるほかありませ
ん。

一般に，私たちは，何かを理解しようとするとき，まず全体像を把握してか
ら，個々の項目を確認します。複数の"観点"は，全体像を把握するための"手

図表1 1つの観点から分類されている

受注工事の会計処理

違反例

受注工事に関する会計処理を示す。

	会計処理の内容
1	・ 販売時に棚卸資産から売上原価に振り替える。
2	・ 完成時に製造原価から棚卸資産に振り替える。
3	・ 製造時に受注工番に製造原価を計上する。
4	・ 受注時に受注工番を採番する。

がかり"です。逆にいうと，1つの観点からの分類では，読み手に内容を理解するための負担がかかるのです。

おかしなことに気がつく

では，この図表の2つ目の観点を，どのように考えればよいでしょうか。もう一度，図表をみてください。それぞれの項目には，"タイミング"（販売時・完成時・製造時・受注時）について記載があります。これをもう1つの観点として加えるのです。

さて，"タイミング"という観点から整理・分類すると，おかしなことに気がつきます。それは，図表の記載されている項目の順番（販売時→完成時→製造時→受注時）が，"時の流れ"とまったく逆である点です。

私たちは，物ごとを理解するとき，その内容が"時の流れ"と一致していると"わかりやすい"と感じます。これは，表形式の図表でも同じです。項目の記載の順番は，"時の流れ"に合わせる必要があるのです。違反例の場合で考

150　Section 5　スライドの作成③：図解の技術

えると，受注時→製造時→完成時→販売時という順番が"時の流れ"と一致した順番です。

　このように整理すると，もう1つ，おかしなことがみつかります。それは，受注時の記載です。ふつう，受注時には会計処理がありません。ところが，図表の記載を見ると，「受注工番を採番する」とあります。これは会計処理ではありません。スライドタイトルは「受注工事の会計処理」ですから，会計処理がないならば，受注時について言及する必要はありません。図表として記載すべき項目は，製造時・完成時・販売時の3つです。改善例をご覧ください（図表2）。

図表2　2つの観点から分類する

受注工事の会計処理

	タイミング	会計処理の内容
1	製造時	・ 受注工番に製造原価を計上する。
2	完成時	・ 製造原価から棚卸資産に振り替える。
3	販売時	・ 棚卸資産から売上原価に振り替える。

　2つ以上の観点から整理・分類すると，読み手は図表の内容をサッと把握できます。そして，書き手にもメリットがあります。記載した項目に問題ないか，項目の順番は適切か，書き手が確認できるからです。図表を書くときは，2つ以上の観点で整理・分類することが大切です。

5-4 まとめて書く
図表を書く

ほとんど同じことが書かれた図表が並んでいると，どうしても冗長になります。1つにまとめて書けるなら，そのほうがわかりやすいのです。

スライドが冗長になる

同じようなことが書いてある文章を読むと，冗長だと感じるでしょう。これはスライドも同じです。同じような図表がいくつも並んでいると，冗長なスライドだと感じます。では，どうしたらよいでしょうか。この解決策に，1つにまとめて書くという方法があります。まとめて書くと，情報が減りますから，ボディはスッキリします。すると，全体の流れもつかみやすくなるのです。このことを違反例で確認してみましょう。

図表1 同じパターンが並ぶ

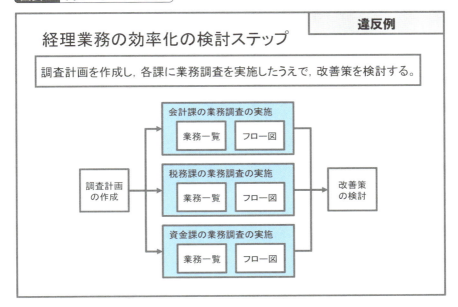

152　　Section 5　スライドの作成③：図解の技術

　違反例のスライドは，経理業務の効率化の検討ステップの概要です（図表１）。このスライドによると，検討ステップは調査計画を作成，各課の業務調査を実施し，これらの調査結果に基づいて改善策を検討することだとわかります。さて，違反例のスライドのどこが問題でしょうか。

　ボディをみると，中央に「○○課の業務調査の実施」という図表が３つあります。この３つの課（会計課，税務課，資金課）の業務調査の方法は同じですから，図表のパターンも同じになるのです。記載が正確かどうかという点でいうと，違反例は問題とはいえません。記載に間違いはないからです。

　では，わかりやすさという点からみると，どうでしょうか。同じパターンの記載は，追加的な情報を提供していないにもかかわらず，大きなスペースを占めています。スペースをとる割に得られる情報量が少ないと，読み手は「冗長だ」と感じるものです。

情報量の多さ＝読み手の負担

　冗長なスライドでも，丁寧に読めば，内容は理解できるでしょう。しかし，これでは時間がかかります。記載にはムダが多いですから，読む時間にたいして得られる情報はわずかです。

　しかも，読み手は業務調査の方法が同じだと最初から知っているわけではありません。「同じようなことが書かれているな」と感じても，本当に同じようなことが書かれているかどうかは，実際に読んでみないとわかりません。読み手はすべての記載を注意して読まなければならなくなるのです。

　そもそも，このスライドで伝えたいことは何でしょうか。それは効率化のステップをそのまま書き表すことではなく，検討の概要を示すことです。この検討は，調査計画の作成，業務調査の実施，改善策の検討，という３つのステップで行うこと，そして調査対象が会計課・税務課・資金課の３つの課だと伝わればよいのです。

まとめて書く

　それではどうすればよいでしょうか。まず，同じような図表はまとめて書きます。業務一覧とフロー図を作成するという点は同じですから，あとはその対

象が会計課・税務課・資金課の3つの課であることを示すのです。そして、そのうえで、全体像がわかるようにします。この検討は3つのステップで行われますから、そのことがわかるようにステップ1～3という記載を追加しました。改善例をご覧ください（図表2）。

図表2　まとめて書く

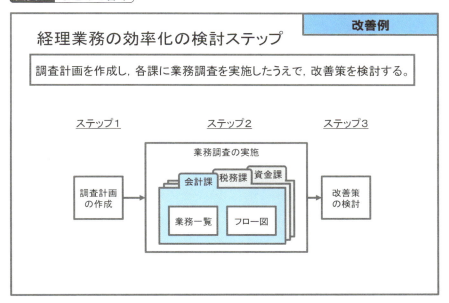

ありのままに書けば、わかりやすくなるとは限りません。同じようなことが書いてある図表がいくつも並んでいれば、冗長でわかりにくくなることがあるからです。このような図表をみつけたら、まとめて書くことができるか考えます。もちろん、（フォーマルな資料など）ケースによっては、まとめて書くことが許されないこともあるでしょう。しかし、そうでないならば、読み手にとってわかりやすいかどうかを第一優先に考えることが大切です。

5-5 図表を書く 対応しないことを示す

図形の下に詳しい説明があったら，図形の説明だと思うでしょう。もしそうでないのなら，そのことがわかるように書く必要があります。

ちょっとした思い込み

ボディに図形を書いて，その下に詳しい説明を記載するというのは，パワーポイントのスライドでよくあるパターンです。それだけに，やっかいな問題も生まれます。それは，図形の下に書いたものが図形の説明ではないという場合です。図形の下に記載があれば，読み手は「これは図形の説明だろう」と思い込みをもって読むものです。もし，図形の内容について説明をしていないのであれば，そうわかるように示す必要があります。このことを違反例で確認してみましょう。

図表1　図形の説明だと思う

違反例

研修の進め方

発表を聞いたあと参加者全員で議論し評価する。これを講師が講評する。

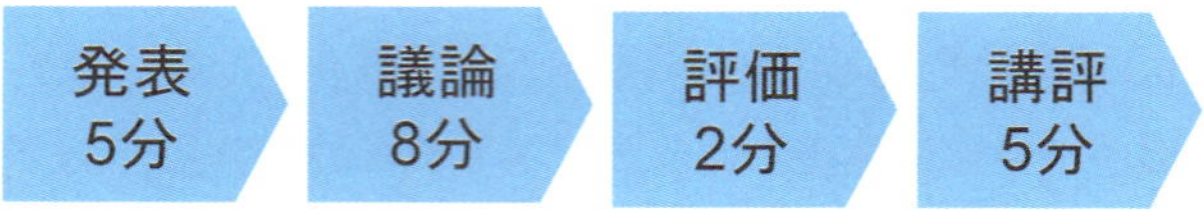

	担当者	時間	内容
1	プレゼンター	5分	テーマについて説明する。
2	ファシリテーター	8分	参加者の意見を引き出す。
		2分	結論をまとめる。
3	講師	5分	評価結果についてコメントする。

5-5 *図表を書く* 対応しないことを示す 155

違反例は研修を行う際に作成されたスライドです（図表1）。違反例のどこが問題なのでしょうか。

項目数が合っていない

メッセージボックスには「発表を聞いたあと参加者全員で議論し評価する。これを講師が講評する」とあります。ボディをみると，「発表」，「議論」，「評価」，「講評」という4つの図形がこれに対応しています。それでは，ボディの下にある図表をみてください。「担当者」の欄には，プレゼンター，ファシリテーター，講師とあり，その横には「時間」と「内容」が書かれています。

もう少し詳しく図表をみてみましょう。例えば，プレゼンター（発表者）であれば，「テーマについて説明する」とあります。時間は5分とありますから，「発表」という図形に書かれている"5分"と対応します。これだけをみれば，読み手は「この図表は図形の内容の説明だろう」と思うでしょう。

ところが，です。図形と図表の項目の数が合っていません。図形は4つであるのに対して，図表に記載されている項目は3つです。この瞬間，4つの図形と図表の対応関係がわからなくなるのです。

これは，読み手の心理にも影響します。読み手は，図表の役割を「図形の内容の説明」だと期待していました。その期待が裏切られたのです。図表をよく読まなければ，この図表の役割はわかりません。これは読み手にストレスを与えます。

どうして，このようなことが起きたのでしょうか。そもそも書き手は，4つの図形の内容を説明しようと思って図表を作成したわけではなかったのです。研修のいくつかの場面で，重要な役割を果たす「担当者の役割」について説明しようとしてこの図表を作成したのです。その際，4つの図形と図表を関連づけたほうがわかりやすいと考えたのでしょう。図表に「時間」という欄を加えました。このことが，かえって読み手に図表は「図形の内容の説明」だと誤解をさせる結果になったのです。

迷わせない

どうしたらよいでしょうか。それは，読み手を迷わせないことです。違反例

の場合，図形の解説でないならば，そうわかるように「担当者と役割」という
タイトルを図表につけます。また，違反例のように「時間」の列で図形と関連
づけを行ってしまうと，図形1つひとつの内容についての説明が図表に書かれ
ているのと誤解させる可能性があります。明らかな関連づけを避けて，担当者
の役割の説明の中で「発表」，「議論」，「講評」というキーワードを使うとよい
でしょう。改善例をご覧ください（図表2）。

| 図表2 | 図形と図表の対応関係を明らかにする |

　図形の下に図表があれば，読み手はこの2つの関係はどういうものだろうと
推測するでしょう。この考える時間がなるべく少なくなるようにしなければな
りません。図形と図表を書いたら，これらがどういう関係なのかすぐにわかる
ように工夫することが大切なのです。

5-6 図表を書く レベルを合わせる

何かの問題について原因を書くときも，MECE にする必要があります。
このとき，記載レベルが合っていないとおかしなことになります。

MECE とは

　項目を並べて書くときは，モレなくダブりなく書く必要があります。これを
MECE（ミーシーまたはミッシーと呼ぶ。Mutually Exclusive and Collectively
Exhaustive の頭文字から名づけた）といいます。

　何かの問題についてその原因を書くときも，MECE になるようにします。
このとき，注意すべき点が記載のレベルを合わせることです。問題には発生原
因があります。そしてこの原因にもさらに原因があるものです。記載のレベル
が合っていないと，とても違和感を覚えるのです。このことを違反例で確認し

図表1　レベルが合っていない

自動消込みの問題点　　　　　　　　　　　違反例

自動消込みの機能には3つの問題点がある。

	項目	内容
1	入金過不足	手数料を負担しなかったり，複数をまとめて振り込んだりすると，自動消込みできない。
2	消込み条件	自動消込みの条件だけでは適切に消し込むことができない入金がある。
3	時間のムダ	上記の問題の結果，手作業で消込みを行う必要があるため，時間がムダになる。

てみましょう。

違反例のスライドは，自動消込みの問題点をまとめたものです（図表１）。この違反例のどこがおかしいでしょうか。

レベルが合っていない

詳しくみてみましょう。違反例のスライドタイトルは「自動消込みの問題点」で，メッセージボックスには「自動消込みの機能には３つの問題点がある」とあります。

ボディをみてみましょう。ボディの図表には３つの問題点が書いてあります。１つ目は，入金過不足です。得意先が手数料を負担しなかったり，複数の取引をまとめて振り込んできたりすると，自動消込みができないというものです。２つ目は，消込み条件です。自動消込みを行うためには，あらかじめ一定の条件を設定します。例えば，入金予定日，入金予定額，得意先（コード）がこれに当たりますが，自動消込みの条件に一致しても自動消込みをすべきではないケースがあるようです。３つ目は，時間のムダというものです。入金過不足や消込み条件の問題によって，担当者は手作業で消込みを行う必要があります。この時間がムダだという主張です。

ここで，ある疑問が生じます。それは「３つ目は問題点だろうか？」というものです。

確かに，自動消込みができないことによって，手作業の消込みが必要になったら，これは時間のムダといえるかもしれません。しかし，どうして時間のムダが発生したのでしょうか。それは，入金過不足や消込み条件の問題があるからです。この２つの問題が原因となって，時間のムダという結果が生じたのです。原因と結果を同じように（箇条書きにして）扱うべきではありません。

切り口を考える

どうしたらよいでしょうか。それは，レベルを合わせることです。今回のケースでいうと，「時間のムダ」は結果ですから削除します。「入金過不足」と「消込み条件」だけを自動消込みの問題点としてもよいですが，一応，問題の拾いモレがないか確認してみましょう。

5-6 *図表を書く* レベルを合わせる 159

　自動消込みというプロセスを構成する要素を考えると，人（得意先，担当者），金（入金額），システム（消込み条件，変換テーブル，プログラム），業務（ルール，手続き）などがあります。

　この中で問題となるものがあれば，それについて整理するのです。例えば，「新規取引先の場合，変換テーブルの作成が間に合わず，自動消込みできない」という問題があったら，このことを書きます。改善例をご覧ください（図表2）。

図表2　レベルが合っている

		改善例

自動消込みの問題点

自動消込みの機能には3つの問題点がある。

	項目	内容
1	入金過不足	手数料を負担しなかったり，複数をまとめて振り込んだりすると，自動消込みできない。
2	消込み条件	自動消込みの条件だけでは適切に消し込むことができない入金がある。
3	新規取引先	新規取引先の場合，変換テーブルの作成が間に合わず，自動消込みできない。

　問題の原因を探しているのですから，人，金，システム，業務のすべてにその原因があるとは限りません。どれか一部だけが原因であることも考えられます。

　MECEにするというのは，わかりやすく伝えるためだけではありません。物事を構造的に捉えて，見落としがないか，考え違いをしていないかチェックするためにも行うのです。MECEにすることを通して，より深く考えることが大切です。

160 Section 5 スライドの作成③：図解の技術

5-7 図形 感覚に合わせる

図表の面積の大きさをみて，読み手はその"ボリューム"を想像するものです。面積が小さいのに，ボリュームが大きいとはふつうは考えないものです。

"大きさ"の意味

　スライドの図表の面積の"大きさ"で，読み手はあるイメージを持ちます。それは，図表の中で大きな面積を占める箇所が，人数，数量，金額，時間などのボリュームが大きいというものです。**図表の面積の大きさが読み手の感覚と合わないと，頭の中にスッと入ってきません。**このことを違反例で確認してみましょう。

"感覚"の不一致

　違反例のスライドは，業務改革の対象についてまとめたものです（図表1）。どこがおかしいのでしょうか。

　メッセージボックスには「効率性の評価が低く，規模が大きい組織を業務改革の対象にする。業務改革の対象組織は多いが，これを進める必要がある」とあります。ボディのマトリクス図をみると，効率性の評価と組織の規模の観点から業務改革の対象を特定しているようです。確かに，マトリクス図の「効率性の評価」が低いほうと「組織の規模」の大きいほうが交差する箇所が「業務改革の対象」となっていて，これはメッセージボックスの記載と一致します。この点だけみれば，違反例に問題はなさそうです。

　では，「業務改革の対象」の"ボリューム"という観点で考えると，どうでしょうか。違反例のスライドをみて読み手が想像するのは，"業務改革の対象はそれほど多くない"ということです。

　なぜでしょうか。マトリクス図の中で「業務改革の対象」が占める面積は4分の1です。「業務改革の対象外」と比べると3分の1しかありません。この2つの面積の違いが，業務改革の対象数が少ないことを連想させるのです。

5-7 *図形* 感覚に合わせる　161

図表1 "感覚"の不一致

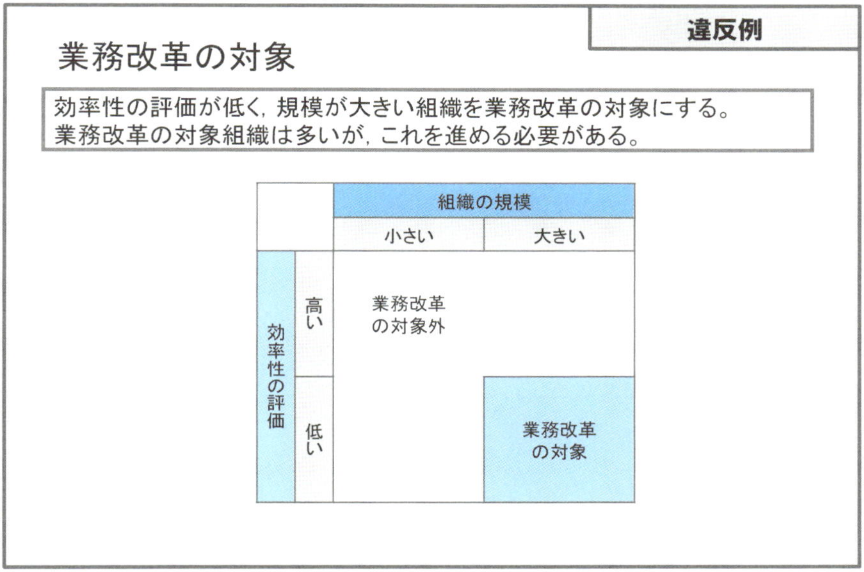

業務改革の対象　　　　　　　　　　　　　　　　違反例

効率性の評価が低く，規模が大きい組織を業務改革の対象にする。
業務改革の対象組織は多いが，これを進める必要がある。

		組織の規模	
		小さい	大きい
効率性の評価	高い	業務改革の対象外	
	低い		業務改革の対象

　では，もし本当に"業務改革の対象となる組織の数が少ない"ならどうでしょうか。マトリクス図の中で「業務改革の対象」が占める面積の割合が，業務改革となる対象となる組織の数と感覚的に一致する場合です。

　それでも問題が残ります。それは，メッセージ性が失われるという問題です。

メッセージに合わせる

　そもそも，なぜ，このスライドを作成したのでしょうか。それは，業務改革の対象となる組織とはどういうものか（どうやって決めるのか）だけではありません。業務改革の対象となる組織はこんなにある，改革には困難が伴う，でもこれを進める必要がある，といった，書き手の考えを伝えることにあります。

　であるならば，業務改革の対象となる数が少ないという印象を読み手に与えるのは，適切ではありません。読み手が"業務改革はそれほど難しくないな"とか，"短時間でできるだろう"，といった認識を持つと，どうなるでしょうか。例えば，このあとのスライドで，業務改革に必要なコストやスケジュールを説

明しても,「なぜ,こんなにかかるのか」という具合に,読み手の納得が得られないおそれが出てきます。これでは,資料の作成目的が達成できません。

それでは,どうすればよいでしょうか。それは,マトリクス図の代わりに図形を使って,「業務改革の対象」の面積を「業務改革の対象外」よりも大きくみせることです（図表2）。

図表2　図形を使って表現する

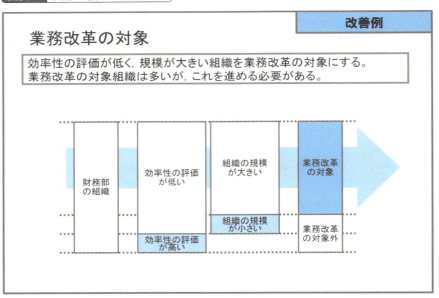

マトリクス図を使えば,業務改革の対象をクリアに示すことができます。一方で,その面積の大きさが,読み手に与える"感覚"にも注意する必要があります。

スライドの目的が,単に,業務改革の対象となる"条件"を説明することではなく,この説明を通じて,この取組みについて読み手に納得してもらうことも含まれるのなら,書き手の考えを"ボリューム"で表現することが大切です。

5-8 重ねて比較しない
図形

> 図形を使って何かの増減や変化を表現するなら，図形を重ねないようにします。こうすることで，視覚的によりわかりやすくなるからです。

図形を使って比較する

　2つの図形（オブジェクト）を並べると，"増減や変化"を表現することができます。これはシンプルな方法ですが，視覚的にわかりやすいものです。ところが，情報をいろいろ盛り込もうとして図形を重ねると，かえってわかりにくくなることがあるのです。このことを違反例で確認してみましょう。

比較対象が2つある

　違反例のスライドは，財務部と支店の業務の見直しについてまとめたもので

図表1　図形を重ねている

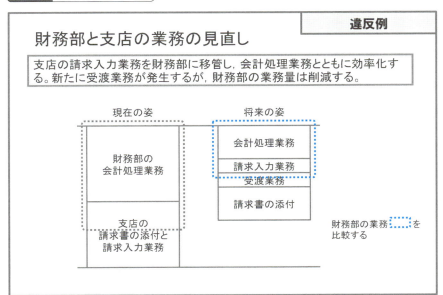

す（図表1）。違反例のどこがおかしいのでしょうか。

　メッセージボックスには「支店の請求入力業務を財務部に移管し，会計処理業務とともに効率化する。新たに受渡業務が発生するが，財務部の業務量は削減する」とあります。

　ボディの図表をみてみましょう。まず，目に入るのは，"現在の姿"と"将来の姿"です。それぞれの図形（オブジェクト）の中をみると，「○○業務」とありますから，現在と比べて将来は業務量が"減少する"ことを示しているのでしょう。この内容は，メッセージボックスの「支店の請求入力業務を財務部に移管し，会計処理業務とともに効率化する」という記載と合っています。

　では，実線の図形の上に重ねている点線の枠（オブジェクト）は何を意味するのでしょうか。凡例によると，これは財務部の業務の範囲を示しています。どうやら，2つの点線の枠を比較して，財務部の業務量が将来"減少する"ことを示そうとしているようです。

財務部の業務がクリアでない

　財務部の業務に注目してみましょう。財務部の業務はクリアでしょうか。実線の図形をみると，"現在の姿"は「会計処理業務」だけですが，"将来の姿"では「会計処理業務」と「請求入力業務」の2つです。この点だけみるとクリアです。

　では，"現在の姿"の実線の図形は何でしょうか。凡例によれば，これも"財務部の業務"です。"現在の姿"には2つの異なる範囲の"財務部の業務"が書かれているのです。

　なぜ，このようなことが起きたのでしょうか。書き手には，表現したい2つの比較対象がありました。1つは，財務部と支店の業務全体の変化，もう1つは，将来，財務部の所管となる業務（「会計処理業務」と「請求入力業務」）の変化です。

　違反例の場合，財務部と支店の業務の見直しで，支店の業務の一部（請求入力業務）を財務部に移管します。これにより，財務部の業務の範囲も変わります。"将来の姿"の財務部の業務範囲を基準にして，"現在の姿"と比較するには，現在は財務部の業務でない「請求入力業務」も比較の対象に含める必要があります。そこで，実線の図形の上に点線の枠を重ねたのです。

どうしたらよいでしょうか。それは，図形（オブジェクト）を重ねないように，"財務部と支店の業務範囲"と"業務内容"を示す図形を分けることです。加えて，"現在の姿"から"将来の姿"に変化する中で，どの業務が移管され，どの業務を効率化し，どの業務が新規に追加になったか，わかるようにします。

また，今回の業務の見直しは「財務部の業務量は削減する」に限定されないので，違反例のメッセージボックスの記載を「全体として業務量を削減する」に変更します（図表2）。

図表2　図形を重ねない

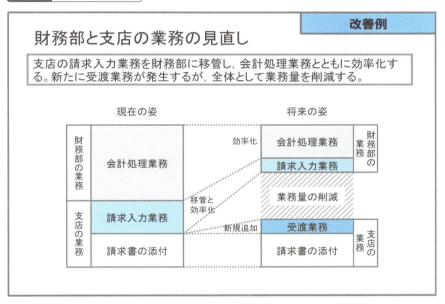

2つ以上の図形（オブジェクト）を並べて増減や変化を表現するなら，図形が重ならないようにします。図形を使うときは，シンプルな方法だからこそ，視覚的にわかりやすいかどうか意識することが大切です。

166   Section 5   スライドの作成③：図解の技術

5-9 *図形* 変化を表す

何かの変化を示すなら，その変化を象徴するような事象に注目し，その内容を表現するようにすると，"わかりやすさ"がぐっとアップします。

図形の数が多い＝わかりにくい

何かの変化を示すとき，正方形や長方形の図形を並べて矢印で結ぶと簡単です。しかし，図形の数が増えてくると，"わかりやすさ"という点で問題が生じます。ごちゃごちゃして，変化の全体像が捉えにくくなる，ことがあるからです。このことを違反例で確認してみましょう。

図形を結んで示す

違反例は，財務部の組織見直しの方向性についてまとめたスライドです（図表1）。違反例のどこがおかしいのでしょうか。

メッセージボックスには，「グループ財務部を設立し，親会社財務部に残された業務を外部委託する。その後，子会社財務部の一部の業務も外部委託に加える」とあります。

ボディをみると，確かに，20X1年に「親会社財務部」から「グループ財務部」（グループ全体に係わる業務を行う部署）を設立します。親会社財務部に残された業務（親会社だけに関係する業務）については，1年後の20X2年に外部委託しています。さらに1年後の20X3年に，子会社財務部も業務の一部を外部委託することがわかります。どのタイミングで組織が変わるかを示すという点だけだと，違反例のスライドでも問題ありません。

ただ，"わかりやすさ"という点では，どうでしょうか。ボディの図表をちょっとみただけでは，組織の見直しの方向性がどういうものかわかりません。「組織名称」の変化しかわからないからです。

どうしたら，よいでしょうか。それは"業務量"に注目することです[注]。違反例では，組織の見直しで業務の一部が移管されたという事実（業務量の変

図表1 図形を結んで示す

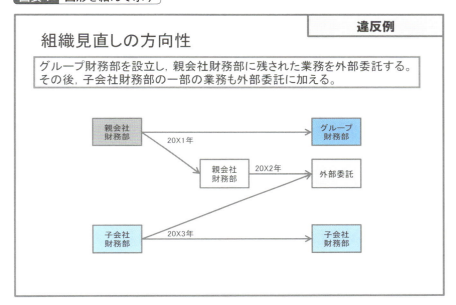

化)が示されていません。組織の見直しの方向性の"雰囲気"を伝えるには、組織名称の変化に加えて、業務量の変化も示す必要があるのです。

(注) 実際は、業務内容も変わるため、これによって業務量が変化します(可能性があります)。すべての業務内容の変化を1枚のスライドにまとめると図表が複雑になるため、ここでは業務の一部が移管されたという事実のみを業務量の変化として扱います。

違反例には、もう1つ問題があります。それは、時の経過に関する記載です。通常、スライドでは、時の経過を左から右に向かって進むように表します。ところが、違反例はどうでしょうか。グループ財務部を切り出した「20X1年」とグループ会社の業務の一部を外部委託した「20X3年」の記載は、(縦方向から見れば)同じ線上にあります。これだと、(年次表記をみなければ)2つの変化は同じタイミングで生じているようにみえます。

また、親会社財務部が外部委託を行った20X2年は、グループ会社財務部が外部委託した20X3年よりも右側に書かれています。実際の外部委託のタイミ

168　Section 5　スライドの作成③：図解の技術

ングと図形の記載の順番が逆ですから，読み手は違和感を覚えます。時の経過に関する記載は，左から右に向かって時間が進むように（20X1年・20X2年・20X3年の順番で）行う必要があるのです。

　それでは，どうすればよいでしょうか。まず，図形を使って組織名称の変化だけでなく業務量の変化も表現します。それから，左から右に向かって時が経過するように図形を配置し，それぞれの年次でイベント名（例えば，20X1年は「グループ財務部の設置」）を追加します（図表2）。

図表2　"時の経過" に合わせて "業務量" の変化を示す

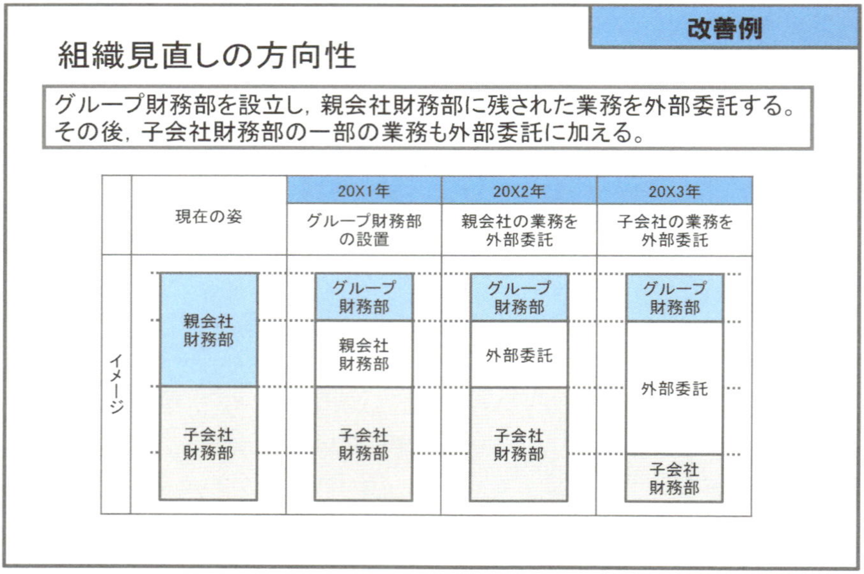

　何かの変化を示すときは，その変化の内容がイメージできるようにする必要があります。違反例の場合であれば，組織名称の変化は表面的なものです。実際は，組織の見直しに伴って業務量や業務内容が変わっているはずです。これを単純化して図表に表し，時間の流れに合わせて何がどのように変化したのかを視覚的に示すことが大切なのです。

5-10 *図形* 図形の向きを確認する

三角形や矢印の図形を使うと，簡単に"変化"や"作用"の状況を示すことができます。ただし，図形の"向き"を間違えると，メッセージはうまく伝わりません。

"向き"が影響する

何かの"変化"や"作用"を視覚的に示すとき，三角形や矢印の図形（オブジェクト）を使います。それぞれの図形の"向き"には意味があります。これらの図形がどちらの方向に向いているかで，"変化"や"作用"がどちらの方向に起きているかがわかるからです。逆にいうと，**三角形や矢印の図形の"向き"がおかしければ，どんなにみた目をよくしても，わかりにくいスライドになるのです。**このことを違反例で確認してみましょう。

"向き"がおかしい

違反例のスライドは，新会計ルールの適用によって何が変わるのかを示したものです（図表1）。違反例のどこがおかしいでしょうか。

スライドタイトルは「変更点とは」です。何の変更点でしょうか。メッセージボックスをみると，「新会計ルールの適用による変更点は財務数値と経営指標の2つである」とあります。どうやら，変更点とは，"財務数値"と"経営指標"の2つのようです。

ボディをみてみましょう。"旧会計ルール"と"新会計ルール"と書かれた2つの図形があります。その中にはそれぞれ2つの図形（財務数値と経営指標）があり，2本の矢印で結ばれています。そして，矢印の真ん中には，"変更点"と書かれた楕円の図形があります。旧会計ルールから新会計ルールに変わると，財務数値と経営指標が変わることを示しているようです。

ボディの上段部分にある大きな三角形の意味は何でしょうか。三角形の上には「新会計ルールの適用」と書いてありますから，新会計ルールの適用が及ぼす"影響"をしているのかもしれません。そこで，三角形の"向き"をみると，

図表1 "向き"がおかしい

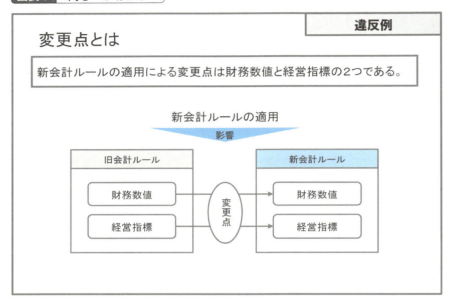

その先には楕円の図形「変更点」があります。

　これは，少し奇妙です。新会計ルールの適用で影響を受けるのは「変更点」ではありません。変更点は影響の"結果"です。

　どうしてこのようなことが起きたのでしょうか。それは，書き手がデザインばかりを優先したからです。実際，このスライドを作成するときも，まず，旧会計ルールと新会計ルール，財務数値と経営指標，そして変更点の図形を書いて，2本の矢印で結びました。そのあとに，この変更点が生じた原因は新会計ルールの適用にあると考え，この表現のために三角形の図形をつけ加えたのです。ですから，ボディに記載した図形の"向き"がもたらす効果など考えもしませんでした。なんとなく書きたい図形をボディに"かっこよく"配置しても，メッセージが正しく伝わりません。

"向き"を直す

　どうすればよいでしょうか。それは，ボディに書こうとしたことは何かを考

図表2 "向き"を直す

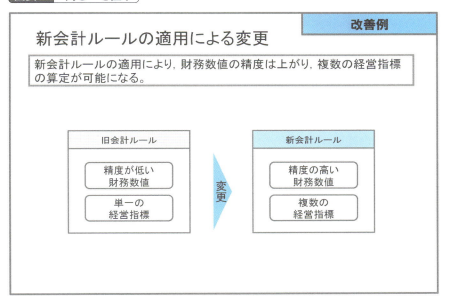

　えることです。それは、新会計ルールの適用で、何がどう変化するのか、その内容です。例えば、「新会計ルールの適用により、財務数値の精度は上がり、複数の経営指標の算定が可能になる」としましょう。もし、そうであれば、ボディには財務数値の精度がどう変わるか（精度が高くなる），また経営指標がどう変わるか（経営指標が複数になる），を書けばよいのです（図表2）。

　三角形や矢印の図形を使うと、変化や作用の状況を視覚的に表現することができます。だからこそ、図形の"向き"に気を配らないと、わかりにくいスライドになってしまうのです。三角形や矢印の図形を使うときは、その図形の"向き"が何を表すのか、確認することが大切です。

172 Section 5 スライドの作成③：図解の技術

5-11 データからいえること
グラフ

> グラフなどのデータからは読み取れないような内容をメッセージに書いてしまうことがあります。これでは読み手に正しく伝わることはありません。

想像を膨らませる

　データを分析した結果をメッセージにするなら，そのメッセージはデータからいえることに限られます。データをみてわからないことは，メッセージにできません。ところが，実際は，**書き手が勝手に想像を膨らませてメッセージを書いてしまうことがあるのです。**このことを違反例で確認してみましょう。

そこまでいえない

　違反例のスライドは，不適切な会計処理の統計データをまとめたものです（図表1）。スライドタイトルには「なくならない不適切な会計処理」とあり，メッセージボックスをみると「20X1年の制度の厳格化後も不適切な会計処理の数は増え続けている」とあります。この違反例のどこがおかしいでしょうか。

　ボディをみてみましょう。グラフによると，不適切な会計処理の数は20X1年から20X2年にかけていったん減少しますが，その後，20X3年に増加，20X4年に減るという具合に，増加と減少を繰り返しています。

　もう一度，スライドタイトルをみてみましょう。「なくならない不適切な会計処理」とはどういう意味でしょうか。この場合の「なくならない」とは，不適切な会計処理のように好ましくない（許されない）行為が根絶できない状況を指していると考えられます。しかし，ボディのグラフはどうでしょうか。根絶できるかどうか以前に，"ゆるやかな"増加傾向にあります。「なくならない不適切な会計処理」というタイトルでは，"ゆるやかな"増加傾向にあろうとなかろうと，不適切な会計処理がゼロでない限り，タイトルとして使えます。ですが，このタイトルでは，グラフの内容をズバリ表現していません。

　"かっこいい"タイトルをつけたいと思うことがあります。このような場合，

5-11 グラフ データからいえること 173

図表1 そこまでいえない

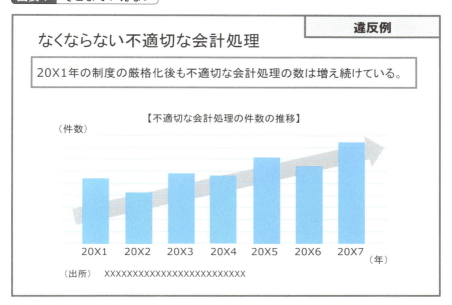

グラフの内容をよく考えず、イメージだけでタイトルを決めてしまうのでしょう。その結果、グラフの内容を的確に示さないタイトルがつけられるのです。

それでは、メッセージボックスの記載をみてみましょう。メッセージボックスには「20X1年の制度の厳格化後も不適切な会計処理の数は増え続けている」とありますが、本当でしょうか。グラフをみる限り、不適切な会計処理の件数が2年連続で増えているケースは一度もありません。増えたり、減ったりしているのです。しかも「増え続ける」と書く以上、毎年、継続して増える必要があるはずです。前年よりも減少することがあるならば、「不適切な会計処理の数は増え続けている」と書くことはできません。

いえることを書く

どうしたらよいでしょうか。違反例のグラフでは不適切な会計処理の件数が続けて増えるとまでいえませんが、増加の傾向にはあります。そこで、メッセージボックスは「20X1年の制度の厳格化後も不適切な会計処理の数は増加

傾向にある」とします。これに合わせれば「増加傾向にある不適切な会計処理」ですが、少し長いので「増加する不適切な会計処理」とします（図表2）。

図表2 いえることを書く

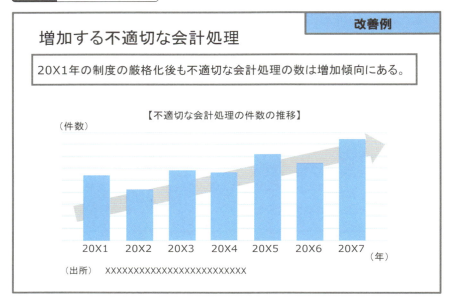

　グラフなどのデータに基づいてメッセージを考えるなら、グラフから何を主張できるのか、よく考える必要があります。グラフから読み取れないことに基づいて考えても、正しいメッセージにはなりません。こういうタイトルをつけたいからとか、こういったメッセージを書きたいからといった考えでスライドを作成すると、薄っぺらな内容になります。データを正確に分析して、データから読み取れることに基づいてメッセージを考えることが大切です。

5-12 正しいグラフ^{グラフ}を選ぶ

メッセージの理由づけとしてグラフを使うのなら，そのグラフからいえることは何か，よく考えたうえで使う必要があります。

"理由づけ"といえるか

グラフに記載されている事実がメッセージの根拠（理由づけ）になれば，メッセージは説得力を増します。グラフはメッセージを支える重要な記載です。ところが，スライドによっては，グラフの内容がメッセージの理由づけとはいえないものがあります。（本当はそのようなことがいえないにもかかわらず）書き手がグラフからいろいろ想像を膨らませてしまうと，このようなミスを犯すのです。このことを違反例で確認してみましょう。

"理由づけ"にならない

違反例のスライドは，データ分析ツールの活用状況をまとめたものです（図表1）。このスライドのどこがおかしいでしょうか。

メッセージボックスをみると，「IT技術の発展により，データ分析ツールを活用する領域が拡大している」とあります。ボディをみてみましょう。ボディには，横向きの棒グラフが記載されています。グラフのタイトルは「データ分析ツールの活用領域の調査」です。データ分析ツールの活用領域として，不正管理，モニタリング，リスク分析の3つが書かれています。凡例をみると，青色で塗りつぶされている棒グラフ（左側）が，データ分析ツールの現在の活用状況を示していて，斜線の棒グラフ（右側）がデータ分析ツールの活用を検討していると回答した件数を指しています。

それでは，この棒グラフの内容はメッセージボックスの記載の理由づけになっているでしょうか。残念ながら，理由づけとはいえません。メッセージボックスには「データ分析ツールを活用する領域が拡大している」とありますが，拡大しているかどうか，このグラフの内容からはわからないからです。何かが拡大しているというならば，過去のデータが必要です。過去のデータを示

図表1　理由づけにならない

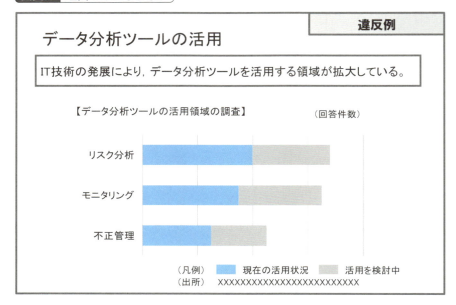

さずに拡大しているとはいえないのです。

　そもそも、このグラフが示していることは何でしょうか。それは、今後、データ分析ツールの活用件数の増加が期待できるというものです。現在、データ分析ツールの活用を検討していると回答した人が実際に活用を開始すれば、活用件数は増えるでしょう。もしそうならば、メッセージボックスの記載を「IT技術の発展するなか、データ分析ツールを活用するケースが増えると見込まれる」と変えるべきでしょう。

　ここで1つ、注意しなければならない点があります。似たようなニュアンスではありますが、「データ分析ツールの活用領域の拡大が期待できる」ともいえないということです。棒グラフに記載されている活用領域は3つだけです。この3つの領域以外の活動領域が拡大するとは、このグラフをみる限り想定することはできません。

グラフを見直す

それでは、もしメッセージボックスの記載を変えたくない場合は、どうしたらよいでしょうか。このときは、メッセージボックスの記載を支える事実（データ）を集め、それに基づいて、グラフを作成する必要があります。従来の領域（例えば、リスク分析、モニタリング、不正管理の3つ）と新しい領域の活用状況を比較して、その変化の大きさを示すのです（図表2）。

図表2　グラフを見直す

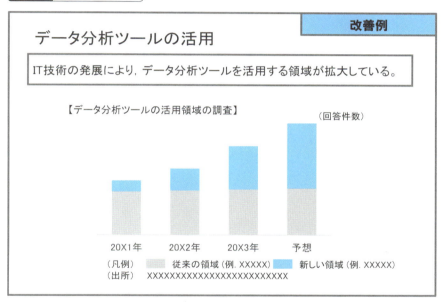

グラフをみて、勝手に想像を膨らませてしまうと、本当は理由づけとして使えないのに、誤ったグラフを選んでしまう可能性があります。メッセージの理由づけとしてグラフを挿入する以上、グラフからいえることをよく考え、メッセージにふさわしいグラフを選ぶことが大切です。

178 Section 5 スライドの作成③：図解の技術

5-13 フローチャート
分岐の順番を考える

> フローチャートを使うなら，その対象となる処理や対応の目的や原則となる考え方を整理し，条件の分岐の順番と整合させる必要があります。

図形を使って比較する

　処理や対応のステップを明確にするために，"フローチャート"を使うことがあります。"処理や対応"を長方形の図形（オブジェクト）で，条件によって流れが枝分かれする箇所をひし形の図形（オブジェクト）で描き，視覚的に示すのです。

　フローチャートを使うときは，その対象となる処理や対応の目的を確認し，条件の分岐の順番と整合させます。順番を間違えると，異なるメッセージを発信するおそれがあるからです。このことを違反例で確認してみましょう。

原則に反している

　違反例のスライドは，事業撤退ルールをまとめたものです（図表1）。この違反例のどこがおかしいのでしょうか[注]。

　(注)　本項は事業撤退ルールのあり方についての問題提起ではありません。書き手が想定する事業撤退ルールが，スライドに適切に記載されているかを問うものです。

　事業撤退ルールの"原則となる考え方"は何でしょうか。メッセージボックスによると「事業の将来性を評価し，将来性が見込めない事業から撤退する」とあります。対象となる事業をふるいに掛けて，"将来性が見込めない事業"をみつけ，"事業撤退"すべきものを明らかにすることです。

　ボディのフローチャートをみてみましょう。これによると，まず「売上成長率」が5％以上かどうかで"事業継続"かどうかを判断し，5％未満の事業については「事業の実態」から"事業の将来性"をみて，もう一度，"事業継続"すべきかどうかを判断します。

図表1　メッセージに反する

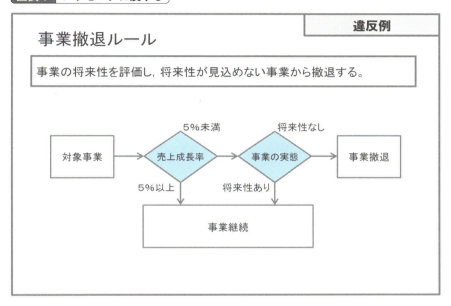

　さて，この「売上成長率」というのは形式的な判断基準であって，"事業の将来性"そのものを直接みているわけではありません。このため，「事業の実態」をみれば"将来性がない"と判断されるような事業でも，売上成長率が5％以上あれば"事業継続"が認められるという可能性があります。これは「事業の将来性を評価し，将来性が見込めない事業から撤退する」というメッセージに反します。

分岐の順番を考える

　それではどうしたらよいのでしょうか。もし，「売上成長率が5％以上あれば，"将来性がない"と判断されるような事業でも"事業継続"が認められてしまう」という心配が本当にあるのなら，分岐の順番を"逆"にすることです。

　この際，1つ注意が必要です。事業の実態をみて「将来性がない」と判断したものを，売上成長率でもう一度，評価するのはおかしな話だからです。そこで，メッセージボックスに「なお，事業の実態をみても将来性が判断できない

とき，売上成長率で判断する」という文言を加えます。図表2の改善例をご覧ください。

図表2　分岐の順番を考える

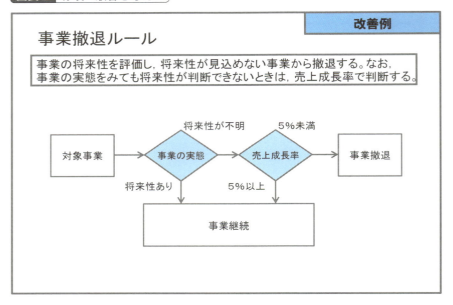

違反例のフローチャートのままでも，メッセージによっては違和感がなくなる場合があります。例えば，「"事業撤退"の対象を効率的に選定するために，まず「売上高成長率」で形式評価を行い，次に「事業の実態」をみて実質評価をする」とか，「売上成長率が5％未満かつ事業の実態から将来性がないと判断する事業から撤退する」というケースです。ただメッセージによっては，事業撤退ルールの"原則となる考え方"の見直しも必要になる可能性があります。

フローチャートを利用する人は，その処理や対応の目的，原則的な考え方といったところまで意識するとは限りません。スライドにフローチャートを使うときは，その対象となる処理や対応の目的や原則的な考え方を整理しておくことが大切なのです。

5-14 画像に頼らない
デザイン

クリップアートや写真を使ったスライドは，みた目は華やかですが，中身の検討が甘くなりがちです。その理由を一緒に考えてみましょう。

頼りすぎるのは危険

視覚的な効果を高めるためにクリップアートや写真（以下，「画像」といいます）を使うことがあります。画像の使い方はいろいろです。挿絵として使う場合もあれば，説明対象になっている事柄の具体的なイメージとして使うこともあります。

一方で，画像に頼りすぎるというのも危険です。画像を使うと，みた目は華やかなスライドになりますが，伝えたいことが明確になるとは限りません。**伝えたいことが明確なら，（画像を使うかどうかにかかわらず）言葉で表現する必要があるのです。**このことを違反例で確認してみましょう。

思考が止まる

違反例のスライドは，業績評価制度の見直しについてまとめたものです（図表1）。メッセージボックスを見ると「グローバル，フェア，オープンという観点から現行の業績評価制度を見直す」とあります。このスライドのどこがおかしいのでしょうか。

ボディには2つの建物の画像が使われています。書き手は，業績評価制度がよくなることを画像のイメージ（一戸建ての家から高層ビルにレベルアップする??）で示したかったのでしょう。しかし，それ以上深くは考えていません。その証拠に，ボディの空いているスペースに「あるべき制度はどのようなものか」，「何を考慮すべきか」，「工程表の作成」など，通りいっぺんのことを書いています。このような一般的なことは，およそ「○○の見直し」というタイトルがつくスライドであれば，すべてに当てはまります。きっと書き手は，（まともな議論を避け）自分の考えの甘さを隠そうとしているのでしょう。

図表1　考えが甘い

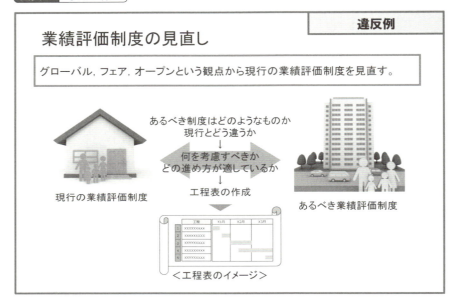

よく考えて文字にする

　それではどうすればよいでしょうか。それにはもっと深く考えるほかに方法はありません。まず，現行はどのような業績評価制度で，何が問題となっているのかを整理します。そのうえで，あるべき業績評価制度とはどういうものか，その実現のためにどのような見直しが必要かを考えるのです。

　例えば，現行の業績評価制度では，本社が国内事業を中心に評価を行っていて，海外事業は評価対象に含まれておらず，グローバルの視点が欠けているとしましょう。事業ごとに異なる評価尺度で，定性的な評価を中心に行っていたら，評価の公平性や客観性は十分とはいえません。評価の過程と評価結果が公開されていないのなら，他の事業の問題点もわかりません。

　このような場合，あるべき業績評価制度は，例えば，すべての事業に共通する評価尺度を導入し，評価の透明性を高めて，評価の過程と評価結果を公開するというものになります。評価の対象は，海外事業を含むすべての事業です。改善例をご覧ください（図表2）。

5-14 *デザイン* 画像に頼らない 183

図表2 よく考える

| | | 改善例 |

業績評価制度の見直し

グローバル，フェア，オープンという観点から現行の業績評価制度を見直す。

	項目	見直しの内容
1	グローバル	● 現在は国内事業を中心に業績評価を行っている。 ● グローバル企業を目指すため，日本中心の考え方を改めて，海外を含むすべての事業を評価する。
2	フェア	● 現在は事業ごとに異なる評価尺度で，定性的な評価を中心に行っている。 ● すべての事業に共通の評価尺度を導入し，定量的な評価を増やす。
3	オープン	● 現在は評価の過程と評価結果を公開していない。 ● 評価の過程と評価結果を公開し，事業の問題点を共有できるようにする。

　ボディの一覧表は，グローバル，フェア，オープンという観点から現行の業績評価制度をどのように見直すべきかを整理しています。すべての事業を評価対象にする（グローバル），共通の尺度で評価する（フェア），評価の透明性を高める（オープン）ということです。改善例に画像は使われていません。そもそも画像を使わなくても済むなら，使わずに済ませてもよいのです。

　画像を使うとそれだけで，「素晴らしいスライドができた」という気になってしまうものです。しかしどんなに華やかであっても，考えが浅ければ，スライドの中身はからっぽです。ボディに画像を貼れば，どうしても画像のみせ方に意識が集中します。画像を使う前に，スライドで伝えたいことをよく考えることが大切です。

5-15 デザイン ムダなピラミッド

イメージ図はわかりやすく伝えるための手段です。ところが，みた目ばかりを意識してイメージ図を使うと，かえってわかりにくいスライドになるのです。

本当に必要なの？

イメージ図を使わないと気が済まない人がいるようです。もちろん，本当に必要であれば（スライドの理解の助けになるならば），問題ありません。問題なのは，**大して必要もないのに，みた目ばかりを意識してイメージ図が使うときです**。このような場合，イメージ図は役に立たないばかりか，理解を妨げる原因にもなります。違反例で確認してみましょう。

違反例のスライドは，コンプライアンス研修の説明です（図表１）。どこがおかしいでしょうか。

図表1　必要のないイメージ図

違反例

コンプライアンス研修

経営者，管理職，従業員に対してコンプライアンス研修を行う。

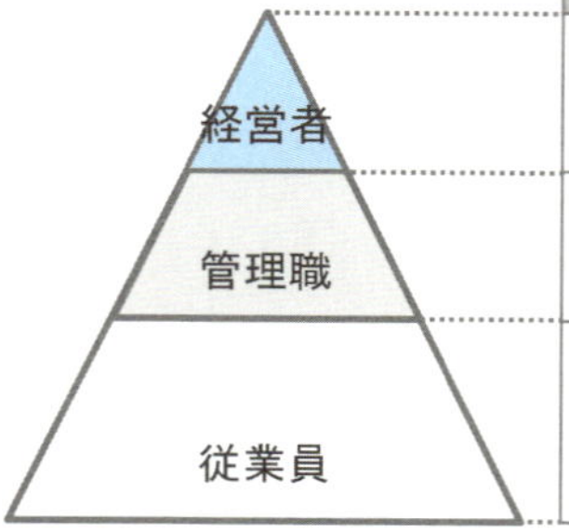

区分	研修内容
経営者向け研修	XXXXXXXXXXXXXXXXX XXXXXXXXXXXX XXXXXXXXXXXXXXXXXX
管理職向け研修	XXXXXXXXXXXXXXXXX XXXXXXXXXXXX XXXXXXXXXXXXXXXXXX
従業員向け研修	XXXXXXXXXXXXXXXXX XXXXXXXXXXXX XXXXXXXXXXXXXXXXXX XXXXXXXXXXXXXXX

メッセージボックスには「経営者，管理職，従業員に対してコンプライアンス研修を行う」とあります。ボディをみると，左側にピラミッド型の図形がイメージ図として使われていて，その右には研修内容が一覧表で書かれています。スライドの内容は，一覧表の記載を読めば十分です。

ここで1つの疑問がわいてきます。ピラミッド型のイメージ図は何のためにあるのでしょうか。

もし，ピラミッド型のイメージ図の目的がその階層に属する人数の多さを示すことだったらどうでしょう。ただ，この場合，それぞれの階層で何人が受講するのかわかりません。そもそも，経営者，管理職，従業員の順番で人数が増えることを示すだけなら，イメージ図は必要でしょうか。このピラミッド型のイメージ図は，スライドの理解の助けにならず，情報としても価値がないのです。

依存する理由

なぜピラミッド型のイメージ図が使われるのでしょうか。1つは書き手のクセです。文字ばかりのスライドでは"何かつまらない"，"寂しい"と感じるのかもしれません。そういう書き手は，何か視覚的にインパクトのある図表をボディに書きたいと考えるものです。この場合，イメージ図はスライドの内容に関係ありません。イメージ図を使うことが目的になってしまうのです。数あるイメージ図の中でも，（上下関係や数の大小が関係する内容であれば，これにこじつけて使える）ピラミッド型のイメージ図は便利です。

もう1つは，書き手の自信が足りないケースです。書き手の頭の中が整理されておらず，スライドの記載に自信が持てないと，スライドの見栄えのほうに意識が向いてしまうものです。このようなとき，ピラミッド型のイメージ図が使われるのです。

伝えたいことを考える

それではどうしたらよいでしょうか。イメージ図は使うことが目的ではありません。スライドで伝えたいことをわかりやすく伝える手段として，イメージ図を使うのです。違反例の場合でいうと，スライドの目的は，経営者，管理職，

186 Section 5 スライドの作成③：図解の技術

従業員ごとにコンプライアンス研修の内容を説明することです。文字だけで説明できるならイメージ図は必要ありません。

　イメージ図を使わないで済むのなら，ムリして使わなければよいのです。それよりも，伝えたいことをよく考えます。例えば，研修内容のほかにも研修時間や受講者数といった情報を伝えたいのなら，それを書くのです。改善例をご覧ください（図表2）。

図表2　必要な情報を書く

| | | | 改善例 |

コンプライアンス研修

経営者，管理職，従業員に対してコンプライアンス研修を行う。

	区分	研修内容	研修時間	受講者数
1	経営者向け研修	XXXXXXXXXXXXXXXXXXX XXXXXXXXXXXXXXXX XXXXXXXXXXXXXXXXXXX	XXXX	XXXX
2	管理職向け研修	XXXXXXXXXXXXXXXXXXX XXXXXXXXXXXXXXXX XXXXXXXXXXXXXXXXXXX	XXXX	XXXX
3	従業員向け研修	XXXXXXXXXXXXXXXXXXX XXXXXXXXXXXXXXXX XXXXXXXXXXXXXXXXXXX	XXXX	XXXX

　イメージ図を使用するならば，それを使う目的が必要です。文字だけではうまく説明できないとか，イメージがつかみやすくなるという理由でイメージ図を使うのです。ただの飾りなら，イメージ図は必要ありません。スライドを作成するときは，イメージ図を使わないことを前提とするぐらいで臨むことが大切なのです。

5-16 デザインの「罠」

> 項目を並べて書くときは，MECE にする必要があります。ところが，デザインばかりを気にしていると，このことを忘れてしまうようです。

MECE とは

　項目を並べて書くときは，モレなくダブりなく書く必要があります。これを MECE（ミーシー。Mutually Exclusive and Collectively Exhaustive の頭文字から名づけられました）といいます。項目にモレやダブりがあると，伝わりにくいのです。情報をわかりやすく伝えるには，MECE を意識する必要があります。

　ところが，デザイン性の高い図形を作成していると，この大事な原則を忘れることがあるようです。MECE を意識するのは，項目を箇条書きにするときだけではありません。デザイン性の高い図形であっても，いくつかの項目があれば，これらが MECE になるようにする必要があります。このことを違反例で確認してみましょう。

MECE でない

　違反例のスライドタイトルは「業績評価基準」で，メッセージボックスには「業績評価基準の設定によって，業績が飛躍的に向上する」とあります（図表1）。

　ボディをみてみましょう。ボディには三角形の図形が5つあって，それぞれ「価値」，「サービス」，「コスト」，「品質」，「時間」とあります。これらは「業績評価基準」と表記されていますが，脚注をみると「業績評価基準には，売上高コスト比率，エラー発生率，業務処理時間数などがある」とありますから，5つの図形は，業績評価基準そのものというよりは，業績評価基準を設定するときの視点のようです。

　ピラミッドの頂点には，「業績」という円形の図形があって，横には「飛躍的向上」とあります。なるほど，メッセージボックスの記載のとおり，5つの

図表1　MECE を意識していない

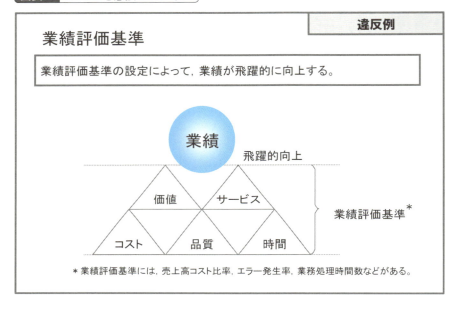

視点から業績評価基準を設定することで，業績が飛躍的に向上するということを表現しているようです。

では，5つの項目はどういう関係にあるでしょうか。「コスト」，「品質」，「時間」というのは，製品やサービスの内容を分析するときによく使われる視点です。TQC（Time, Quality, Cost）といういわゆるフレームワークの1つであり，MECE の関係にあります。

一方で，「価値」と「サービス」はそれぞれ異なる切り口（対象を分ける視点のこと。ただし，「価値」と「サービス」は細かく分かれていない）であって，MECE の関係にありません。つまり，違反例には，「価値」，「サービス」，「TQC」という3つの切り口が存在するのです。

しかも，違反例のメッセージによると，「業績評価基準の設定」と「業績が飛躍的に向上する」ことに因果関係があるように読めますが，そういえるでしょうか。業績評価基準を設定しなくても，優れた製品やサービスと商機があったら，業績は向上するでしょう。業績評価基準は，業績を正しく把握する

ための手段にすぎません。

切り口を考える

それでは，どうしたらよいでしょうか。MECE で分けるときは，切り口は1つです。2つ以上の切り口を書くなら，階層をつけて別個のものとして示す必要があります。また，「業績評価基準の設定」と「サービスの価値の把握」は手段と目的の関係ですから，メッセージを「業績評価基準の設定によって，サービスの価値を適切に把握する」とします。改善例をご覧ください（図表2）。

図表2　MECE を意識する

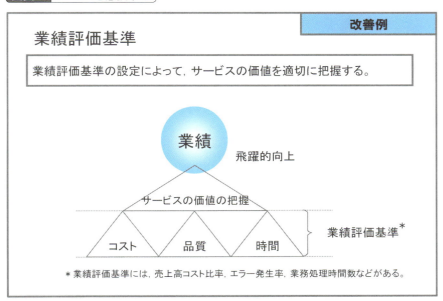

いくつかの項目を並べるときは，1つの切り口からこれらが MECE になるように分けます。これはデザイン性の高い図形の場合も同じです。デザインを優先することで，かえって情報が伝わりにくくなるということに注意することが大切です。

5-17 きちんと分類する
マトリクス

> マトリクスを使うときは、縦軸と横軸に設定する条件の内容がダブらないようにします。そうしないと、きちんと分類できないからです。

縦軸と横軸の関係

　情報を分類して示すとき、縦軸と横軸を交差させた4象限（2×2）のマトリクスを使います。マトリクスとは「行列」のことです。縦軸と横軸にそれぞれ情報を分類するための条件を設定すると、複雑な事柄も単純化して示すことができます。

　ところが、実際のマトリクスをみてみると、この分類のための条件がきちんと設定されていないケースがあるようです。マトリクスは、どんな条件を設定しても、みた目は大して変わりません。しかし、縦軸と横軸の条件の内容がダ

図表1　縦軸と横軸の条件がダブっている

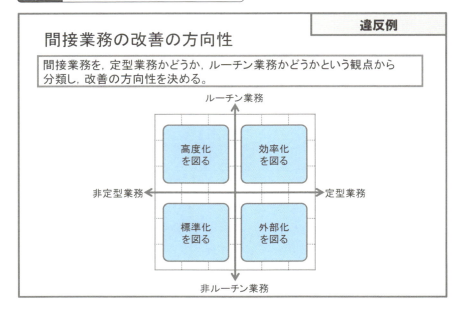

ブっていると，マトリクスとして意味をなさなくなります。このことを違反例で確認してみましょう。

違反例は，間接業務の改善の方向性を整理したスライドです（図表１）。違反例のどこがおかしいでしょうか。

ダブっている

メッセージボックスには「間接業務を，定型業務かどうか，ルーチン業務かどうかという観点から分類し，改善の方向性を決める」と書かれています。ボディをみると，縦軸はルーチン業務と非ルーチン業務，横軸は定型業務と非定型業務の軸によって区切られた４象限のマトリクスがあります。そして，それぞれの象限には，「効率化を図る」「高度化を図る」「標準化を図る」「外部化を図る」という４つの改善の方向性が示されています。みたところ，すっきりと整理されており，問題はないように感じます。

マトリクスの中身をみてみましょう。マトリクスの縦軸の「ルーチン業務」とは何を意味するのでしょうか。ルーチン（routine）とは，決まりきった手続きや日課のことです。ルーチン業務は，決まりきった日常の仕事，日常業務を意味します。

それでは，横軸に書かれている「定型業務」はどうでしょうか。定型業務とは，マニュアルに従って処理できる業務で，特に難しい判断を必要としない，データ入力・伝票整理・記帳などの日常的な業務です。一方，非定型業務とは，定型化されておらず，判断力や思考力が求められる業務で，企画・対外的な折衝・新規事業の開発などがこれに当たります。意味を考えると，ルーチン業務と定型業務はそれほど大きく違いません。

さて，困ったことになりました。これでは，４象限のマトリクスを使っているのに２つにしか分類できません。４象限のマトリクスの目的は，複雑な情報を２つの条件で単純化して示すことです。２つに分類するだけなら，わざわざ４象限のマトリクスを使う必要はないでしょう。

ダブリをなくす

どうすればよいでしょうか。４象限のマトリクスを使うときは，縦軸と横軸

に同じ（ような）条件を設定しないようにします。違反例の場合，ルーチン・非ルーチン業務と定型・非定型業務はほぼ同じ条件です。そこで，どちらか1つ残し，新たに条件を加えます。例えば，ルーチン・非ルーチン業務の代りに，コア・ノンコア業務という条件を設定するのです。改善例をご覧ください（図表2）。

図表2　縦軸と横軸の条件のダブりをなくす

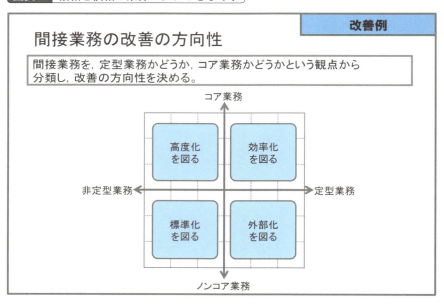

　4象限のマトリクスを使えば，縦軸と横軸にどんな条件を設定しても，分類だけならできます。しかし，4象限のマトリクスに情報を分類したからといって，新たな気づきが得られるような意味のある分類になるとは限りません。4象限のマトリクスを使うときは，縦軸と横軸に同じ（ような）条件を設定しないようにすることが大切なのです。

5-18 軸の言葉を使う（マトリクス）

4象限のマトリクスの内容の説明は、2つの軸の言葉を使って行います。そうしないと、わかりにくいだけでなく、ピントのずれた説明になるからです。

軸の言葉を大事にする

4象限（2×2）のマトリクスとは、縦軸と横軸によって4つの象限に分けられた図表です。4つに分類することで、問題の類型や対応の方向性を整理したり、検討したりするときに使います。それぞれの象限の内容を決めるのが縦軸と横軸の説明で使われている言葉です。4つの象限の内容の説明は、この軸の言葉で行う必要があるのです。このことを違反例で確認してみましょう。

違反例は経理社員の育成の方向性のスライドです（図表1）。このスライドのどこがおかしいでしょうか。

図表1　軸の言葉が説明で使われていない

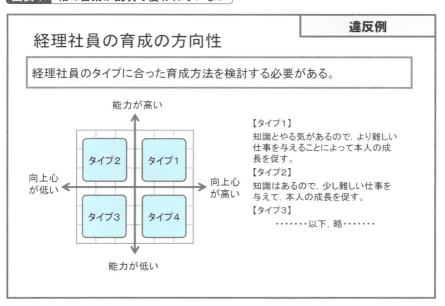

マトリクスの縦軸には「能力が高い，能力が低い」とあり，横軸には「向上心が高い，向上心が低い」あります。この2つの軸のポイントになる言葉は「能力」と「向上心」です。

それでは，4つの象限の内容の説明はどうなっているでしょうか。タイプ1をみると，「知識とやる気があるので，より難しい仕事を与えることによって本人の成長を促す」とあります。この説明には，縦軸で使われている「能力」と，横軸で使われている「向上心」という言葉がありません。

軸の言葉が使われていない

軸の言葉はどこにいったのでしょうか。タイプ1の説明をみると，「知識とやる気がある」とあり，タイプ2の説明では「知識はあるので」とあります。どうやら「能力」は「知識」という言葉に置き換わってしまっているようです。もちろん，知識と能力は別ものです。このような言葉の取り違えが行われると，説明を読んでもピンときません。

軸の言葉を使わないと，もう1つやっかいな問題が起きます。タイプ2の説明をご覧ください。「知識はあるので，少し難しい仕事を与えて，本人の成長を促す」とあります。これだけを読むと，特に違和感はありません。しかし，タイプ2は「向上心が低い」人です。もし，「能力は高いが向上心が低いので，少し難しい仕事を与えて，本人の成長を促す」と書いてあれば，どうでしょうか。さすがに「おかしい」と気がつくはずです。いくら能力があっても向上心がなければ，「少し難しい仕事を与えて」も効果があるとは思えません。

こういう問題は，軸の言葉を使わないことから誘発されます。もともと書き手は，マトリクスを書くこと，そして4つの象限ごとに育成方針を書くことを，別々に考えていたのでしょう。軸の言葉を使わなかったことで，説明の内容がその象限の定義に合っていないことに気がつかなかったのです。

あやしいマトリクスのみつけ方

それでは，どうしたらよいでしょうか。4つの象限の説明をするときは，軸の言葉を使うことです。違反例の場合でいうと，タイプ1は「能力と向上心が高いので，より難しい仕事を与えることによって本人の成長を促す」となりま

す。

　タイプ2の場合は,「一定水準以上の能力はあるが,向上心は低い」となります。このあとの説明は書き手に聞いてみないとわかりませんが,趣旨を勘案すると,「仕事を与えるだけでなく,仕事の楽しさをみつけられるように支援する」といったものになるでしょう（図表2）。

図表2　軸の言葉を説明で使う

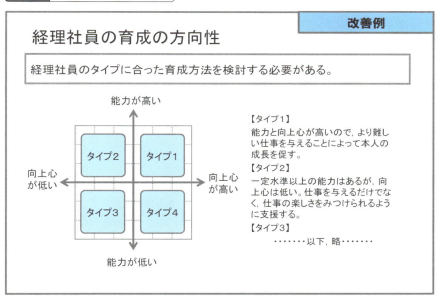

　マトリクスを使うときは,軸の言葉を意識することです。4つに象限を分ける以上,それぞれの象限はこの2つの言葉によって定義づけられるからです。深く考えずにマトリクスと説明を書かれても,読み手は理解できません。マトリクスの内容の説明には,軸の言葉を使うことが大切です。

196 Section 5 スライドの作成③：図解の技術

5-19 マトリクス ムリにマトリクスを使わない

> マトリクスを使っても，効果的でない場合があります。こういうとき
> はたいてい，記載方法か記載の内容自体を見直す必要があるのです。

ムリに使わない

　4象限（2×2）のマトリクスは，ある事柄同士の関係を単純化して示すと
きに使うツールです。縦軸と横軸を交差させた4象限のマトリクスに情報を分
類します。縦軸と横軸には，それぞれ条件を設定してできた4つのボックス
（セル）に記号（○や×など）を入れるのです。

　分析結果をマトリクスに落とす理由は，縦軸と横軸の2つの条件で一定の傾
向や関係の度合いをわかりやすく示せるからです。そうでなければ，わざわざ
マトリクスを使う必要はありません。違反例で確認してみましょう。

図表1　ムリに使わない

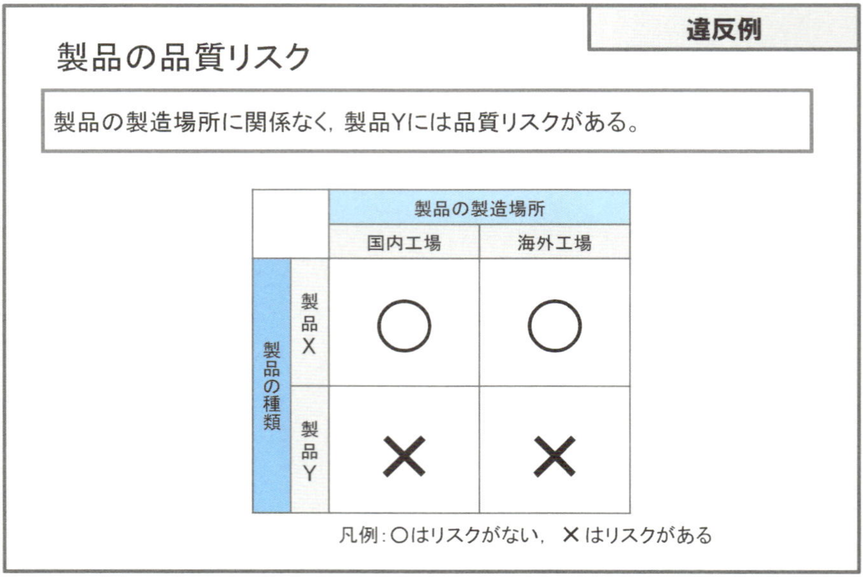

製品の品質リスク　　　　　　　　　　　　　違反例

製品の製造場所に関係なく，製品Yには品質リスクがある。

		製品の製造場所	
		国内工場	海外工場
製品の種類	製品X	○	○
製品の種類	製品Y	×	×

凡例：○はリスクがない，×はリスクがある

違反例のスライドは，製品の製造場所と製品の品質リスクの関係を示したものです（図表1）。違反例のどこがおかしいでしょうか。

マトリクスをみると，製品の製造場所とは関係なく，製品Xに品質リスクがなく，製品Yには品質リスクがあることがわかります。さて，この2つの条件の組み合わせに何らかの傾向があるといえるでしょうか。この内容なら，マトリクスを使うまでもなく，「（製品の製造場所にかかわらず）製品Yには品質リスクがある」と書けば足ります。

違反例のように，縦軸と横軸の2つの条件の間に一定の傾向や関係がみられない場合（セルに記載した「〇」が行（横）か列（縦）のいずれか，またはその両方がすべて一直線に並ぶ場合）は，マトリクスという表現方法は効果的ではありません。

内容自体を見直す

みた目だけを考えると，違反例の場合は「マトリクスを使わずに文章で書く」で終わってしまいがちですが，記載の内容自体を見直すという観点も重要です。違反例のようなスライドをみつけたら，「なぜ4つのボックスに記載した「〇」や「×」が一直線に並ぶのか？」という点について考えるのです。

違反例の場合，縦軸と横軸の条件の設定が粗い可能性があります。例えば，同じ製品Yであっても，さらに細品目（Y-AとY-Bなど）に分けてみると，製品の品質リスクに違いが出てくるかもしれません。

また，縦軸と横軸の条件の組み合わせを変えるのも1つの手です。縦軸の条件（製品の製造場所：国内工場・海外工場）と横軸の条件（製品の種類：製品X・製品Y）のどちらか，または両方を変えることで，より有益な情報が得られる可能性があります。

例えば，製品の製造場所と製造工程の観点から製品Yの品質リスクを考えるとどうなるでしょうか。国内工場では加工工程に，海外工場では組立工程に品質リスクがあるというケースです。この場合，マトリクスの横軸の条件は製品Yの製造工程（加工工程・組立工程）となります。改善例をご覧ください（図表2。ただし，図表内の矢印，点線の図形およびその説明は筆者が解説のために加えたものです）。

図表2　仮説を変える

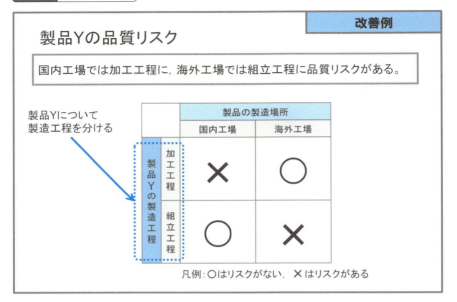

目的を考える

　マトリクスは，表現方法のツールであるとともに，問題の分析と解決策を探るためのツールでもあります。ある事象について2つの観点から分析し，一定の傾向や関係の度合いを分析した結果，有益な情報が得られたから，それをマトリクスでスライドに示します。逆にいうと，有益な情報が得られなかったら，わざわざマトリクスを使う必要はありません。

　マトリクスという表現方法が効果的でない場合は，マトリクス以外で表現するか，それとも縦軸と横軸の条件の設定を見直すべきか，考えることが大切です。

5-20 マトリクスを作ろう

一覧表の代わりに，マトリクスを作ってみましょう。全体像をわかり
やすく示せるだけでなく，記載の抜け漏れも発見できます。

一覧表の欠点

　一覧表を使うと，いろいろな事柄をすっきり整理できます。これはみた目だけではありません。一覧表に書こうとすれば，その表の中にうまく収めるために，文字数の調整が必要です。記載を見直し，内容を考えますから，結果として読みやすくなるのです。

　ところが，すっきり整理できても，やはり文章での説明ですから，弱点はあります。いくつかの視点からその内容を比較して示すのがむずかしいのです。では，どうしたらいいでしょうか。そういうときは，マトリクスを使います。

図表1　一覧表で示す

評価の考え方

5つのレベルに分けて評価する。

レベル	内容
A	難しい仕事でも期待を超える能力を出せる。
B	期待を超える能力を出せる。 または，難しい仕事でも期待どおり能力を出せる。
C	まわりの支援を受けずに，期待どおり能力を出せる。
D	まわりの支援を受けながら，期待どおり能力を出せる。
E	期待する能力を満たさない。

200　Section 5　スライドの作成③：図解の技術

具体例で確認しましょう。

　図表1は，従業員の評価基準です。このスライドによると，従業員の評価はAからEまでの5つのレベルに分かれています。さて，この一覧表をみて，評価の全体像をイメージすることができるでしょうか。

　1つひとつの記載を読めば，内容は理解できます。2つの記載を比較すれば，違いもわかるでしょう。しかし，全体像を比較して示そうとすると，一覧表だけでは難しいのです。

マトリクスで補完する

　では，どうやって一覧表からマトリクスを作ればよいでしょうか。マトリクスを書くときは，比較の視点（ここではキーワードと呼びます）を探すことから始めます。

　もう一度，図表1をご覧ください。一覧表の中で複数回にわたって使われている言葉がキーワードです。それは「能力」「仕事」「まわりの支援」の3つです。それでは，1つひとつみてみましょう。

　まず，「能力」の記載です。一覧表の記載をみると，「期待を超える」「期待どおり」「期待を満たさない」の3つのパターンがあることがわかります。

　「仕事」の記載はどうでしょうか。一覧表をみると，レベルAとBの記載で「難しい仕事」と書かれています。一方で，レベルC〜Eでは「仕事」について記載はありません。たぶん，当然のことだから，書かなかったのでしょう。もし，あえて書くとしたら，「通常の仕事」という記載になると考えられます。

　最後に「まわりの支援」の記載です。レベルCとDの記載をみると，「まわりの支援を受ける」と「まわりの支援を受けない」の2パターンがありますが，その他のレベルでは記載がありません。その他のレベルの評価では，まわりの支援があるかどうかは判断に影響しないのでしょう。

　キーワードが整理できたら，今度はその使い方です。マトリクスは2次元です。キーワードが2つであれば，縦と横にキーワードを配置しますが，3つだと少し工夫が必要になります。

　本ケースであれば，「能力」と「仕事」という2つのキーワードで整理し，その中で「まわりの支援」で整理するとよいでしょう。「まわりの支援」の話

が問題となるのは，通常の仕事のときだからです。図表2をご覧ください。

図表2　マトリクスで補完する

評価の考え方

5つのレベルに分けて評価する。

		通常の仕事		難しい仕事
		まわりの支援を受ける	まわりの支援を受けない	
能力	期待を超える		レベルB	レベルA
	期待どおり	レベルD	レベルC	レベルB
	満たさない 期待を	レベルE	レベルE	

マトリクスでチェックする

　一覧表からマトリクスを作ろうとすると，キーワードを探す必要があります。そのためには，一覧表の内容を比較しなければなりません。この比較によって，一覧表の記載に問題がないか，チェックすることになります。

　もし，一覧表だけを示せば，この比較という行為は読み手が行うことになります。マトリクスは，この読み手の作業を代行するのです。マトリクスの役割を意識し，読み手に全体像をわかりやすく伝えることが大切です。

5-21 3つの条件を設定しない（マトリクス）

マトリクスを書くときは、縦軸と横軸に設定する条件の数はそれぞれ1つです。それ以上の条件を設定すると、きちんと分類できません。

2つの条件にする

4象限（2×2）のマトリクスは、ある事柄同士の関係を単純化して示すときに使うツールです。縦軸と横軸を交差させた4つのボックス（セル）に情報を分類します。縦軸と横軸には、それぞれ分類のための条件を設定します。このとき、**縦軸と横軸に設定できる条件の数は、それぞれ1つずつです**。2つ以上の条件を設定することはできません。このことを違反例で確認してみましょう。

違反例は、間接業務を分類したマトリクスです（図表1）。違反例のどこが

図表1　3つの条件がある

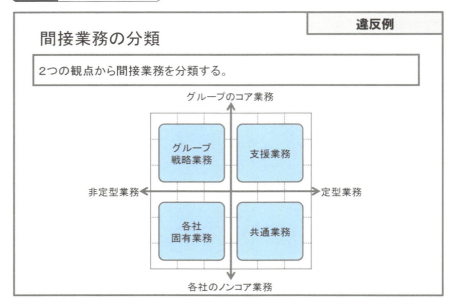

おかしいでしょうか。

３つの条件がある

　メッセージボックスには「２つの観点から間接業務を分類する」とあります。ボディをみると，４象限のマトリクスがあります。縦軸の条件は，グループのコア業務・各社のノンコア業務，横軸の条件は，定型・非定型業務です。これにより，間接業務は，支援業務・グループ戦略業務・各社固有業務・共通業務の４つに分類されています。ちょっとみる限りでは，問題はなさそうです。

　それでは，もう少し具体的なケースで考えてみましょう。例えば，各社で行われているコア業務（例えば，グループ会社の財務部門で行われている財務戦略の設定や会計方針の決定に関する業務など）はこの４つのボックスのどこに分類されるのでしょうか。違反例をみると，縦軸には「グループのコア業務」と「各社のノンコア業務」とあります。この縦軸の条件が，グループと各社のどちらかに分けることを重視するなら，コア業務であっても各社で行われている業務は「各社固有業務」か「共通業務」になるでしょう。逆に，コアとノンコアに分けることを重視するなら，各社で行われているコア業務は「支援業務」か「グループ戦略業務」に分類されます。

　こうしたことが起きるのは，違反例の縦軸には２つの条件（グループ・各社の業務とコア・ノンコア業務）が混在するからです。このため，違反例のマトリクスでは，「各社のコア業務」や「グループのノンコア業務（本業ではない業務）」をきちんと分類できません。

思いがそうさせる

　なぜ，このようなミスを犯したのでしょうか。それは，「こうみせたい」という書き手の思いが先行したことが原因と考えられます。もともと違反例のスライドは，どの業務を削減し，どの業務に集中すべきかを示すために，間接業務を分類したものです。そのうえで，書き手は，（各社のノンコア業務は重要でないと考え）「集中すべきはグループのコア業務である」と主張したいのでしょう。この思いが先行するあまり，（条件をろくに確認せずに）マトリクスを作成してしまったのです。

それでは、どうすればよいでしょうか。違反例の場合、3つの条件（縦軸の「グループ・各社業務」と「コア・ノンコア業務」、横軸の「定型・非定型業務」）があります。例えば、これを「コア・ノンコア業務と定型・非定型業務の観点から間接業務を分類する」[注]ことにしたら、どうなるでしょうか。改善例をご覧ください（図表2）。

（注）　なお、分類することだけが目的とならないように注意が必要です。この点については、次項の「目的を持って分類する」をご確認ください。

図表2　2つの条件にする

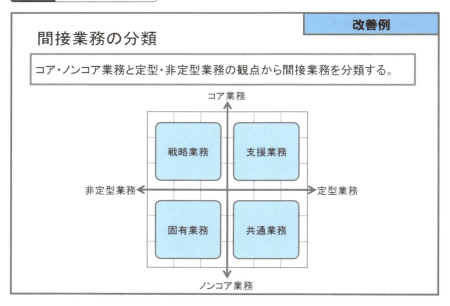

マトリクスを使うのは、書き手に何らかの思いがあるからです。このこと自体、悪いことではありません。問題は、書き手の思いばかりが先行し、3つ以上の条件を設定してしまうことです。これでは、正しい分類はできません。マトリクスを使うときは、縦軸と横軸に条件を1つずつ設定することが大切なのです。

5-22 マトリクス 目的を持って分類する

> マトリクスを使っても，分類する目的がはっきりしていなければ，ただ分けただけです。何も伝わることはありません。

分類だけが目的ではない

　4象限（2×2）のマトリクスは，ある事柄を分類して示すときに使います。縦軸と横軸のそれぞれに情報を分類するための条件を設定すれば，複雑な事柄も単純化して示すことができます。何かを分類する以上，そこには何か伝えたいことがあるはずです。何のメッセージも持たず，マトリクスを使って情報を分類しても意味のある分類にはなりません。

　ところが，マトリクスの中には，何らメッセージを持たず，分類すること自体が目的になってしまっているものがあります。このようなマトリクスは，みた目はよくても中身はからっぽです。**マトリクスを使うなら，使用する目的を考えて，その目的に合わせてマトリクスの中身を考える必要があるのです。**このことを違反例で確認してみましょう。

有益な情報を示していない

　違反例は，間接業務を分類したスライドです（図表1）。違反例のどこがおかしいでしょうか。

　メッセージボックスをみると，「コア・ノンコアと定型・非定型の観点から，間接業務を4つに分類できる」とあります。ボディには，縦軸はコア業務とノンコア業務，横軸には定型業務と非定型業務の軸によって区切られた4つのボックス（セル）があります。そしてこの4つのボックスには，支援業務，戦略業務，固有業務，共通業務と書かれています。これだけを見ると，きちんと分類されているように感じます。

　もう少し，詳しくみてみましょう。さて，違反例に書かれている4つの業務（支援業務，戦略業務，固有業務，共通業務）は何を意味するのでしょうか。2つの軸で4つの象限に分ければ，情報は分類できます。そして違反例のよう

図表1　メッセージがない

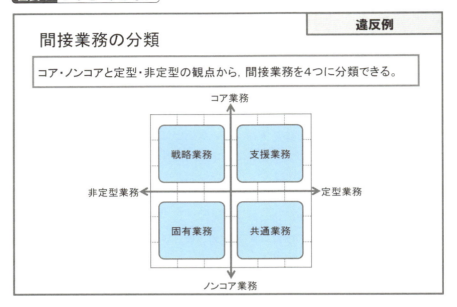

に，支援業務，戦略業務，固有業務，共通業務と書けば，何か意味のある分類が行われているように思いますが，それは錯覚です。4つのボックスに記載された名称がどんなに立派でも，それはただの名称です。マトリクスが有益な情報を示しているとは限りません。マトリクスが意味のある分類かどうかは，マトリクスを作成した目的に照らして考えるほかないのです。

目的を考える

　それでは，違反例のマトリクスの目的は何でしょうか。もともと違反例のマトリクスは，間接業務を分類して，それぞれの業務の特性に応じて改善の方向性を示すことにありました。例えば，分類の条件の1つである「コア業務」は，会社にとって重要な業務を指し，その改善の方向性は，会社に残すことを前提としながら，より品質を高めるというものです。逆に「ノンコア業務」は会社にとって重要性が低いことから，抜本的な改革を進めます。例えば，「定型業務」は誰が行っても同じ業務ですから，外部に委託するといった方法でコストダウ

ンを図ります。ノンコア業務であっても,「非定型業務」の場合はそれがむずかしいので,まず業務の整理から始めて,マニュアルなどを作成し属人的に行われていた業務の標準化を図ります。もし,このように考えることができるならば,マトリクスのそれぞれの象限には,それぞれの特性に留意した改善の方向性を示す言葉を使うとよいでしょう。改善例をご覧ください(図表2)。

図表2 メッセージを持つ

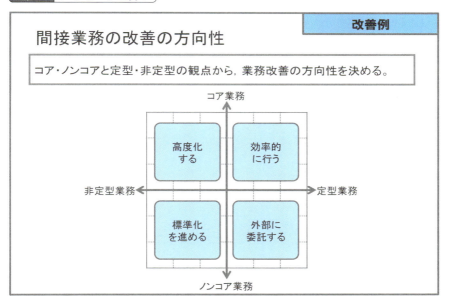

目的を考えずにボディにマトリクスを書いても,それはただ情報を分類しただけに過ぎません。マトリクスを使うのは,情報を分類することによって単純化し,何らかの気づきを与えたり,行動を促したりするためです。マトリクスを使うなら,その前に目的を整理しておくことが大切です。

208　Section 5　スライドの作成③：図解の技術

5-23 マトリクス絞り込み条件

条件を設定して対象を絞り込むというのは効率的な手法です。しかし，誤った条件を設定するとかえって非効率な結果につながります。

絞り込む必要があるのか

　いくつか条件を設定して対象を絞り込むというのは，物事を効率的に進めるときに有効です。対象が明確になれば，そのことだけに集中すればよいからです。一方で，**絞り込みの条件でないものを条件として設定すると，かえって議論は滞ります**。このことを違反例で確認してみましょう。

　違反例は，決算で確認すべき取引のスライドです（図表1）。メッセージボックスには「取引記録がなく，仕訳が起票されていない取引を確認する」とあります。違反例のメッセージによると，絞り込みの条件は2つです。1つは①取

図表1　絞り込む必要があるのか

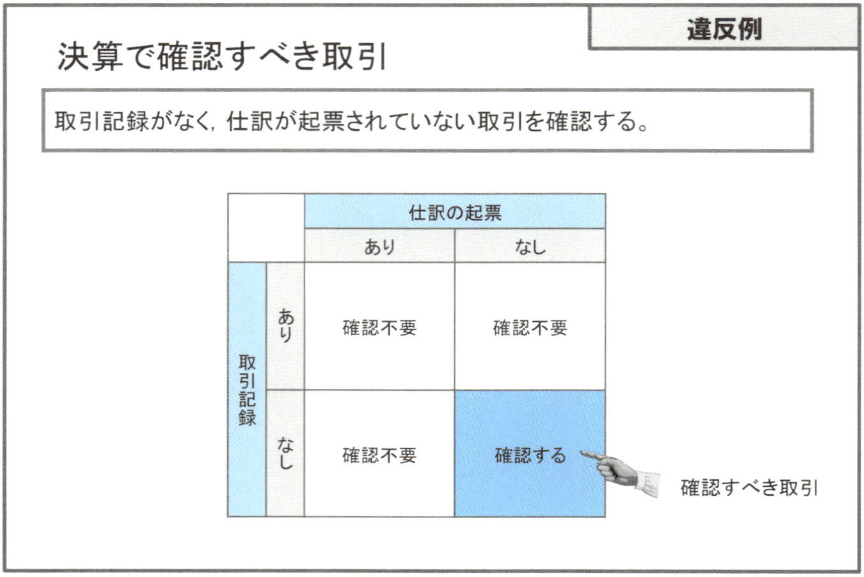

引記録がないもの，もう１つは②仕訳の起票がないものです。違反例のどこが
おかしいでしょうか。

疑問が生じる

　違反例の図表をもう少し詳しくみてみましょう。この図表によると，確認不
要の箇所が３つあります。取引記録があって，仕訳の起票もあれば，確認する
必要はないという点については，理解できます。

　さて，取引記録があるけれども仕訳の起票がないものについて「確認不要」
となっていますが，なぜでしょうか。取引の記録があるのに，仕訳の起票が行
われていないなら，決算に反映されません。「確認すべきでは？」という疑問
がわいてきます。

　同様に，取引記録がないにもかかわらず，仕訳の起票があるものについても，
なぜ確認が不要なのか疑問です。このケースも，決算の妥当性をチェックする
という観点からは当然に確認すべきです。

　違反例の図表をみると，なぜ，このような疑問が生じるのでしょうか。それ
は，メッセージの記載を絞り込みの条件だと捉えてしまったことに原因があり
ます。「取引記録がなく，仕訳が起票されていない取引を確認する」というメッ
セージをそのまま読むと，①取引記録がなく，②仕訳が起票されていない，と
いう２つの条件があると思いがちですが，そうではありません。この２つは条
件ではなく，因果関係を表しているのです。

　こういうケースを想定してみてください。取引先から注文を受けたら，担当
者は注文書に基づいてこの取引を記録し，この記録に基づいて仕訳が起票され
るという場合です。取引記録は仕訳起票の前に行うべき手続きです。もし，担
当者が取引記録を忘れたら，仕訳は起票されません。こういう問題がよく起き
ているのなら，当然，この問題に絞って重点的にチェックする（例えば，注文
書と取引記録を突き合わせる）ことになるでしょう。

因果関係がわかるように書く

　それでは，どうすればよいでしょうか。もし，取引記録の記載モレが原因で
仕訳が起票されていないケースをなくすことが目的であれば，この因果関係が

わかるようにメッセージを書き変えることです。例えば，メッセージを「取引記録の記載モレが原因で，仕訳が起票されない取引を確認する」とするのです。また，ボディの図表も，この因果関係がわかるように変えるのです。改善例をご覧ください（図表2）。

図表2　因果関係を捉える

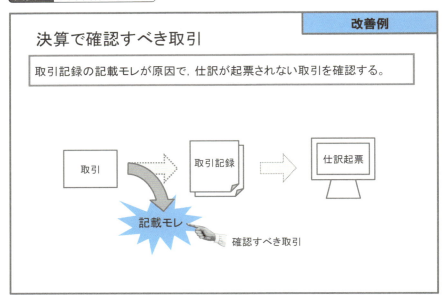

違反例のメッセージが「取引記録の記載がない取引，または仕訳の起票がない取引を確認する」というものであれば，違反例の図表を使うことは可能です（もちろん，確認不要の箇所は1つに修正します）。これは絞り込み条件だからです。

メッセージを表面的に捉えて，「絞り込み条件ならこの図表だ」と機械的に反応するのは危険です。メッセージの中身をしっかり考えて，その内容に合った図表を使うことが大切なのです。

5-24 記載パターンを揃える

マトリクス

項目を並べて書くときは，記載パターンを揃えます。同じパターンで書いてあれば，読み手は内容に集中できるからです。

バラバラであることが際立つ

記載パターンが揃っていると，スライドを読むスピードが上がります。いったん記載パターンを理解すれば，そのあとに続く記載も同じ感覚で読むことができるからです。逆にいえば，記載パターンがバラバラだと，読むのに時間がかかります。記載パターンの違いは目立つものです。読み手はその違いに疑問を持ち，理解に手間取るからです。このことを違反例で確認してみましょう。

違反例のスライドは，「部分消込み」という言葉を説明したものです（図表1）。売掛金の入金があれば，これを記録します（消し込みます）。このとき，入金

図表1　記載パターンが揃っていない

「部分消込み」の定義

違反例

入金予定額より不足する実際の入金額で，債権を部分的に消し込むこと。

		消込みの状況	
		実施	未実施
入金予定額と実際の入金額	一致	消込み	仮受金（未消込み）
	不足	部分消込み	

212　Section 5　スライドの作成③：図解の技術

予定額と実際の入金額が一致していれば問題はありませんが，そうでないと対応が必要です。このスライドは，他のケースとの比較で「部分消込み」という言葉を定義しているのです。この違反例のどこが問題でしょうか。

揃っていない

それでは，詳しくみてみましょう。違反例のスライドタイトルは「『部分消込み』の定義」で，メッセージボックスには「入金予定額より不足する実際の入金額で，債権を部分的に消し込むこと」とあります。

ボディのマトリクスは言葉の定義です。入金予定額と実際の入金額が一致していて，消込みが行われていれば，「消込み」です。実際の入金額が入金予定額より不足しているが債権を部分的に消し込むのが「部分消込み」です。そもそも消し込む対象がわからない場合は「仮受金（未消込み）」となります。

ここで疑問がわいてきます。「部分消込み」という言葉に対応するのは，「未消込み」です。でも違反例では，カッコ書きで書かれており，表記上で対応するのは「仮受金」です。未消込みの場合は，仮受金という勘定科目で処理するという説明なのか，それともこの区分の定義は「仮受金」なのかはっきりしないのです。

もう1つ，疑問があります。「未消込み」の場合に使う勘定科目が「仮受金」だとすると，「部分消込み」の場合はどういう勘定科目を使うのでしょうか。入金予定額と実際の入金額が不一致なのですから，経過的に何らかの勘定科目を使っているはずです。

このように記載パターンが揃っていないだけで，読み手はいろいろな疑問を持つ可能性があるのです。これでは，集中してスライドを読めません。

カッコだって揃える

それでは，どうしたらよいでしょうか。それは，記載パターンを揃えることです。「消込み」や「部分消込み」に対応する言葉が「未消込み」ならば，そう書きます。勘定科目を書くとかえってごちゃごちゃしますから，脚注とします。「未消込みの場合は仮受金，部分消込みの場合は仮払金で処理する」と書いてもよいし，スペースが許せば仕訳を書いてもよいでしょう。改善例をご覧

ください（図表2）。

図表2　記載パターンを揃える

「部分消込み」の定義　　　　　　　　　　　　　**改善例**

入金予定額より不足する実際の入金額で，債権を部分的に消し込むこと。

		消込みの状況	
		実施	未実施
入金予定額と実際の入金額	一致	消込み	未消込み*
	不足	部分消込み*	

＊未消込みの場合は仮受金，部分消込みの場合は仮払金で処理する。

　記載パターンを揃えるのは，書き手の頭の中の整理のためでもあります。記載パターンを揃えようとすれば，「消込み」に対応する言葉は何なのか考えるでしょう。そして，「未消込み」には「仮受金」という勘定科目の説明を入れたけども，「部分消込み」についてはこの説明は必要ないのか，説明が漏れているのではないかという点に気がつくはずです。

　記載パターンが揃っているスライドは，読み手にとって読みやすいスライドであると同時に，書き手がしっかり考え抜いたスライドでもあります。記載パターンを揃えることで，精度の高いスライドになるように考えることが大切なのです。

214　Section 5　スライドの作成③：図解の技術

5-25 マトリクス 条件不足

> マトリクスを使って言葉を定義するときは，縦軸と横軸の切り口から
> その言葉を特定できる必要があります。そうしないと，定義がぼんや
> りします。

定義が大事

　マトリクスを使って言葉を定義すると，視覚的にわかりやすく示すことがで
きます。言葉を縦軸と横軸の切り口（条件）から特定することで，マトリクス
に書かれた他の言葉との意味の違いが明確になるからです。

　ただし，マトリクスを使って言葉を定義するときは１つ注意が必要です。そ
れは**縦軸と横軸の２つの切り口から言葉が特定できる**ということです。定義し
ようとする言葉が，縦軸と横軸に設定した条件だけで特定できないなら，これ
は言葉を定義したことになりません。このことを違反例で確認してみましょう。

図表1　定義自体が正しくない

違反例

「部分消込み」の定義

消し込む対象はわかるが，実際の入金額が入金予定額より不足するもの。

		消し込む対象	
		わかる	わからない
入金予定額と実際の入金額	一致	消込み	未消込み
	不足	部分消込み	

違反例のスライドは,「部分消込み」という言葉を説明したものです（図表１）。違反例のどこが問題でしょうか。

特定されていない

詳しくみてみましょう。違反例のスライドタイトルは「『部分消込み』の定義」で，メッセージボックスには「消し込む対象はわかるが，実際の入金額が入金予定額より不足するもの」とあります。

ボディのマトリクスには言葉の定義が書いてあります。入金予定額と実際の入金額が一致する場合は，債権を消し込めるので「消込み」という区分です。入金予定額よりも実際の入金額が少ないと，その入金額だけを消し込むので「部分消込み」となります。また，消し込む対象がわからない場合には，消し込むことはできません。このときは，「未消込み」という区分になります。

ここで１つ疑問が生まれます。それは消し込む対象が「わかる・わからない」という切り口です。消し込む対象がわかっていて，入金予定額と実際の入金額が一致すれば「消込み」といい切れるでしょうか。例えば，消し込む対象はわかっていても，何らかの手続き上の理由で消込みが遅れるということは考えられます。この場合は，消込み対象がわかっているし，入金額予定額と実際の入金額は一致しているけれども，「未消込み」の状態になるはずです。同じことは，実際の入金額が入金予定額より不足している場合にもいえます。つまり，入金予定額と実際の入金額が「一致・不足」にかかわらず，実際に消込みという行為が行われていなければ，「未消込み」という状況は生じるのです。

違反例の縦軸と横軸の条件を残したまま，この新たな「未消込み」という概念を，違反例の「消込み・部分消込み」のボックスから区分して示すとしたら，もう１つの切り口が必要になります。それは，実際に消込みを行ったかどうか，という切り口です。

むしろ，違反例の場合，消し込む対象が「わかる・わからない」という切り口をわざわざ書かなくても，実際に消込みを行ったかどうかの切り口さえあれば，「未消込み」という言葉をきちんと区分できます。

きちんと定義する

　それでは，どうしたらよいでしょうか。それは，マトクリスの縦軸の切り口を変えることです。具体的にいうと，消し込む対象が「わかる・わからない」という切り口の代わりに，消込みの状況が「実施・未実施」という切り口を設定するのです。

　これによって，言葉の定義も正確になります。「部分消込み」は「消し込む対象はわかるが，実際の入金額が入金予定額より不足するもの」ではなく，「実際の入金額は入金予定額より不足しているが，部分的に消し込むこと」です。改善例をご覧ください（図表2）。

図表2　定義を正しく書く

改善例

「部分消込み」の定義

実際の入金額は入金予定額より不足しているが，部分的に消し込むこと。

		消込みの状況	
		実施	未実施
入金予定額と実際の入金額	一致	消込み	未消込み
	不足	部分消込み	

　縦軸と横軸の切り口がダブっていると，対象をうまく整理できません，マトリクスを使うときは，縦軸と横軸の切り口がダブらないようにすることが大切です。

5-26 マトリクスかフローチャートか

言葉の定義を示す方法の１つにマトリクスがあります。ただし，定義に必要な条件が多いならフローチャートのほうが便利です。

２つの条件

　言葉の定義を視覚的に示すのにマトリクスを使うことがあります。縦軸と横軸から言葉が意味するところをはっきりさせるのです。２つの軸（条件）で定義できる言葉なら，マトリクスを使えばわかりやすく示せます。

　問題は，言葉の定義に３つ以上の条件が必要になるケースです。こういう場合，マトリクスを使うと，複雑なマトリクスになってしまいます。このことを違反例で確認してみましょう。

　違反例のスライドは，「部分消込み」という言葉を説明したものです（図表１）。

図表1 マトリクスを使う

「部分消込み」の定義 　　　　　　　　　　　　　　　　違反例

実際の入金額は入金予定額より不足しているが，部分的に消し込むこと。

		消し込む対象		
		わかる		わからない
		実施	未実施	
入金予定額と実際の入金額	一致	消込み		未消込み
	不足	部分消込み	未消込み*	

＊ 実際の入金額が不足する理由の調査のため，消込みができない。

218　Section 5　スライドの作成③：図解の技術

この違反例のどこが問題でしょうか。

もう１つの条件

　詳しくみてみましょう。違反例のスライドタイトルは「『部分消込み』の定義」
で，メッセージボックスには「実際の入金額は入金予定額より不足しているが，
部分的に消し込むこと」とあります。

　ボディのマトリクスをみてみましょう。消し込む対象がわからない場合は，
入金予定額と実際の入金額が一致するかどうかにかかわらず，消し込むことが
できません。この場合は，「未消込み」という区分になります。

　それでは，消し込む対象がわかる場合はどうでしょうか。違反例をみてみる
と，消し込む対象がわかる場合であっても，実施と未実施で定義が変わってい
ます。実施の場合で，入金予定額と実際の入金額が一致するときは「消込み」で，
実際の入金額が入金予定額よりも不足する場合には「部分消込み」です。この
ことから，たぶん，この「実施・未実施」というのは，実際に消込みを実施し
たかどうかを指すようです。

　未実施の場合で，実際の入金額が入金予定額よりも不足する場合には「未消
込み」です。そして，「未消込み」のボックスにはアスタリスク（＊）がつい
ています。アスタリスクの注記をみると，「実際の入金額が不足する理由の調
査のため，消込みができない」とあります。

　確かに，実際の入金額が入金予定額よりも不足すれば，取引先に確認するで
しょう。実際の入金額が不足する理由はいろいろ考えられます。相手の資金不
足なのか，勘違いなのか，それとも，もしかすると入金予定額が間違っている
のかもしれません。相手に連絡してその理由を確認するまでは，消し込むこと
はできないでしょう。

　この結果，消し込む対象がわかるかどうか，入金予定額と実際の入金額が一
致するかどうかの２つの条件だけでは足らず，違反例のマトリクスの縦軸に，
実際に消込みを「実施・未実施」という条件を加えて，「部分消込み」を定義
したのです。

フローチャートを使う

違反例のマトリクスではダメなのでしょうか。もちろん，3つの条件でもマトリクスを書こうと思えば，できないことはありません。しかし，条件を増やせば増やすほど，軸の構成は複雑になります。実際，違反例の縦軸では，「消込みの状況」という条件項目を書くスペースをとれず（というよりそれを書くと複雑になるので），「実施・未実施」という記載だけが書かれています。

条件が増えれば，その条件の項目の記載は簡素になり，何を意図しているのか，かえってわかりづらくなります。

それでは，どうしたらよいでしょうか。3つ以上の条件の場合の対処として，フローチャートを使うという方法があります。改善例をご覧ください（図表2）。

図表2　フローチャートを使う

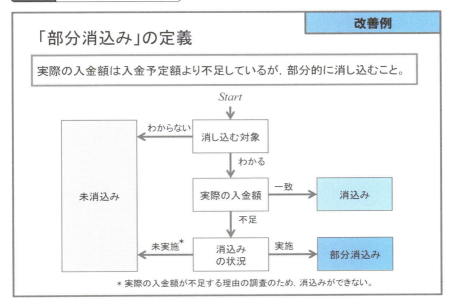

マトリクスで言葉を定義するときは，2つの条件が必要です。条件が3つ以上になる場合は，マトリクスとフローチャートのどちらが効果的か考えることが大切です。

Section 6

スライドの作成④：
言語の技術

6-1 〈に関して〉を疑う

助詞に注目する

〈に関して〉という言葉から，書き手の心理状態がみえることがあります。この性質を逆手にとってスライドをレビューする方法を学びます。

書き手の心理状態をみる

〈に関して〉という言葉があります。これは，対象とその対象に関係することを表す言葉（ひとつの格助詞のように働くので"複合格助詞"といいます）です。例えば，「Aに関して説明する」というと，これはAだけではなく，Aに関連するいろいろなことも説明するというニュアンスになります。もし，Aのことだけを説明したい場合は，「Aに関して説明する」とはいいません。このときは，〈について〉（これも複合格助詞です）を使います。確かに「Aについて説明する」というと，Aにテーマを絞って説明するという印象を受けます。

〈に関して〉と〈について〉の文法的な区分はこのようなものですが，実際，私たちはこれらの言葉の意味をいちいち考えて使ってはいません。感覚的に使い分けています。そして，**この言葉の使い分けには，書き手の心理状態が多分に影響しているのです。**このことを具体的に確認してみましょう。

ケース1のスライドのメッセージは「グループ会社の決算処理の誤りに関して調査する」です（図表1）。これは，グループ会社の決算処理の誤りの事実関係とその発生原因だけでなく，それに関連すること（例えば，関係者に与える影響や今後の見通しなど）を調査するという意味です。このとおりの意味で使われていれば，このメッセージが示す調査の範囲は広いものです。（多少，皮肉ないい方をすれば）何を調査しても，「グループ会社の決算処理の誤り」に関して調査したことになります。一見，"対象が広い"のはよいようにみえますが，一方で，"対象がぼやけている"ともいえるのです。それが嫌ならば，もう少し限定するような表現にする必要があります。

6-1 *助詞に注目する* 〈に関して〉を疑う 223

| 図表1 | わずかな言葉の違いでも対象範囲は変わる |

【ケース1】
　　調査事項

　　グループ会社の決算処理の誤りに関して調査する。

【ケース2】
　　調査事項

　　グループ会社の決算処理の誤りについて調査する。

【ケース3】
　　調査事項

　　グループ会社の決算処理が〇〇億円誤った原因を調査する。

対象を絞って表現する

　対象を絞るには，どうしたらよいでしょうか。ケース2をご覧ください（図表1）。このスライドのメッセージは，「グループ会社の決算処理の誤りについて調査する」です。〈について〉という言葉を使うと，グループ会社の決算処理の誤りそのものを調査するという意味合いになります。〈に関して〉の場合よりも，調査の対象がクリアな印象です。

　さて，ここで不思議なことが起こります。対象がクリアになってくると，逆に明確でないところが明らかになるのです。もう一度，ケース2をご覧ください。「グループ会社の決算処理の誤りについて調査する」とありますが，この"誤りについて調査する"とは，何を調査するのか疑問がわいてきます。もし，調査の目的が原因の把握であれば，「グループ会社が決算処理を誤った原因について調査する」とするとよいでしょう。

　さらに対象を絞る場合は，〈を〉という言葉（これは格助詞といいます）を使います。例えば，「グループ会社の決算処理が〇〇億円誤った原因を調査する」

と書けば，調査の対象がより具体的になります（図表1ケース3）。

なぜ使ったのか考える

このように，〈に関して〉，〈について〉，〈を〉の順番で対象の範囲が絞られます（図表2）。どの言葉を使うかは，対象とする範囲がどの程度特定されているかで変わるのです。

図表2　対象範囲の特定度合いで使い分ける

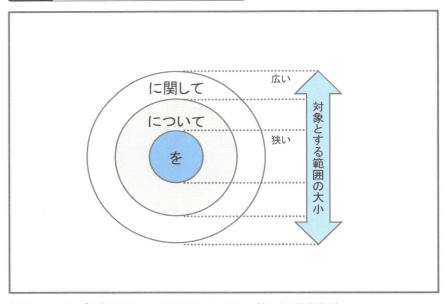

（出所：内山和也「複合格助詞～日本語文法3～」17ページをもとに筆者作成）

逆にいうと，対象が特定されている（特定されるべき）にもかかわらず，〈に関して〉という言葉を使うのは問題です。この場合，書き手の頭の中が整理されていないか，（伝えるべきことを）はっきり書く勇気がないことを疑うべきでしょう。自分の書いたスライドを読み返して，〈に関して〉という言葉をみつけたら，なぜこの言葉を使ったのか，よく考えることが大切です。

6-2 助詞に注目する 〈して〉に注目する

〈して〉という言葉は，使い方によっては2つの意味に解釈できます。
使うなら，どちらの意味かわかるようにする必要があります。

2つの意味がある

　〈して〉という言葉（接続助詞）は，時間の経過を示したり，手段や原因を
示したりするときに使います。前後の文脈から，どちらの意味で使っているの
かわかるときは問題ありませんが，メッセージボックス内の短いフレーズなど
で使う場合，〈して〉の意味がはっきりしないことがあります。このことを違
反例でみてみましょう。

　違反例のスライドは，経理業務の高度化と効率化の関係をまとめたものです
（図表1）。

図表1　2つの意味がある

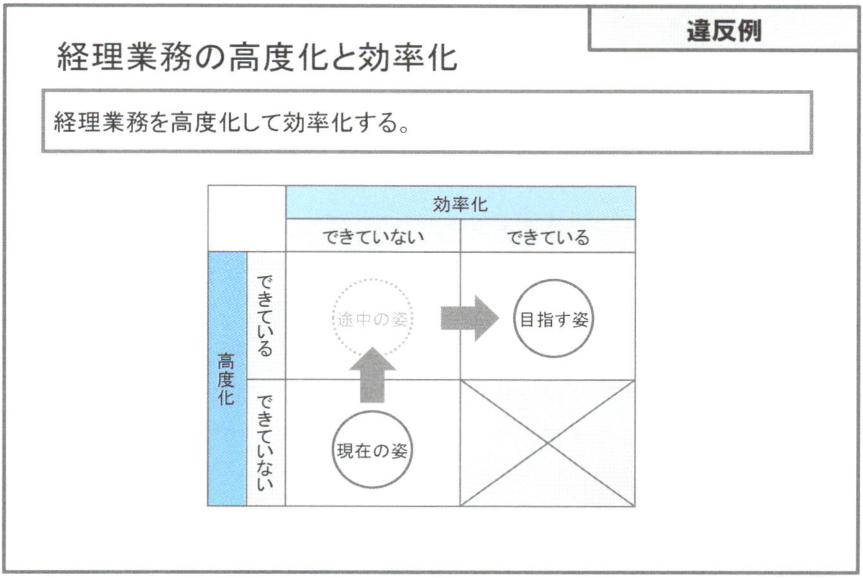

226　Section 6　スライドの作成④：言語の技術

　メッセージボックスをみると，「経理業務を高度化して効率化する」とあります。これだけでは，この〈して〉が「時間の経過」と「手段や原因」のどちらの意味なのかわかりません。

　ボディをみてみましょう。ボディのマトリクスには，その中に「現在の姿」「途中の姿」「目指す姿」の３つがあります。どうやら，違反例の〈して〉は時間の経過を示すようです。まず高度化し，その次に効率化するという経理業務の改善ステップの説明なのでしょう。そうであれば，そうわかるようにスライドタイトルを「経理業務の改善順序」とし，メッセージボックスは「経理業務を高度化してから効率化する」と書くべきです。図表２の改善例１をご覧ください。

もう一方の可能性を考える

　さて，違反例の〈して〉が手段や原因を意味する可能性はないのでしょうか。「経理業務の高度化」とは，ミスなどを減らしたり，より付加価値の高いサービスを提供したりするなど，経理業務の品質を高めることです。一方，「経理業務の効率化」はムダな業務をなくしたり，システムを使って業務時間やコストを削減したりすることを意味します。品質が上がればコストも上がるというのが一般的な発想ですから，高度化が効率化の手段や原因になることは（ふつう）ありません。

　もちろん，高度化が効率化の手段や原因になるという可能性がゼロとはいえません。しかし，ただ「経理業務が高度化する」だけで経理業務が効率化するというのは少々都合がよい話です。このような話をするなら，経理業務の高度化がなぜ効率化につながるのか，納得のいく説明が必要です。

　では，どういった理由が考えられるでしょうか。経理業務の品質を高めようとするなら，担当者のスキルを向上させる必要があります。担当者のスキルが向上すれば，ミスや手戻りが少なくなるかもしれません。これによって生み出した時間を，より高度な業務に充てることができます。経理業務を高度化することで，経理業務を効率化し，さらにまた経理業務の高度化につながるというよいサイクルが生まれるのです。もし，この話が本当なら，経理業務の高度化は効率化の手段や原因になるかもしれません。

6-2　*助詞に注目する*　〈して〉に注目する　227

　違反例の〈して〉がそのような意味なら，スライドタイトルは「経理業務の高度化のメリット」とし，メッセージボックスは「経理業務の高度化で担当者のスキルが向上すれば，ミスや手戻りが少なくなる。この結果，経理業務は効率化する」とすればよいでしょう。図表2の改善例2をご覧ください。

図表2　意味がわかるようにする

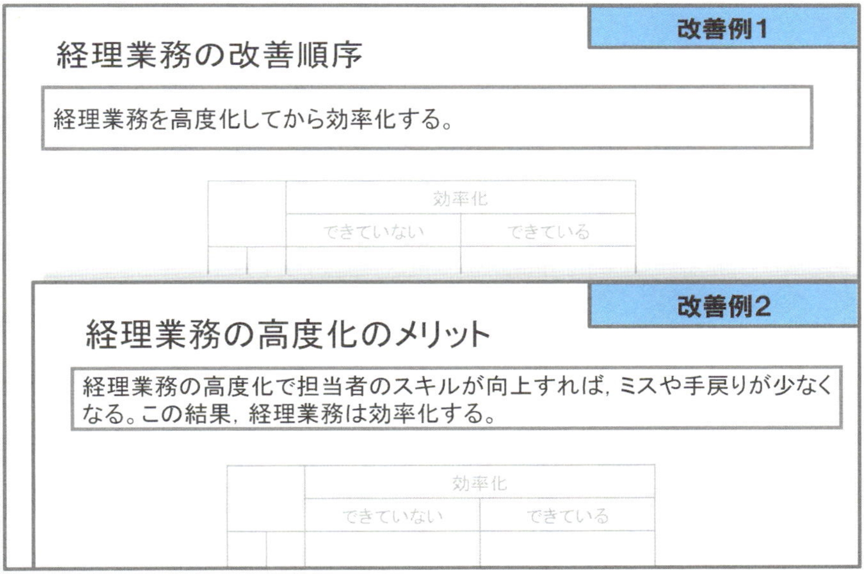

考えるきっかけにする

　〈して〉という言葉には，「時間の経過」と「手段や原因」の2つの意味があることを意識すれば，〈して〉をみつけるたびに，この〈して〉がどちらの意味で使われているか考えるでしょう。これによって，書かれていることが論理的かどうか確認するクセをつけることが大切なのです。

228　Section 6　スライドの作成④：言語の技術

6-3 〈にあたって〉に注目する

助詞に注目する

〈にあたって〉という言葉を使うときは，その対象となる事柄の "時間的な関係" が明確かどうか，確認する必要があります。

言葉の意味

　時間的な関係を意味する言葉（複合辞）の 1 つに，〈にあたって〉があります。「A にあたって B」といえば，これは A という特定の場面で，その時点に B が行われるという意味になります。「合併にあたって100億ドルを出資する」という場合，まさに合併という場面で100億ドルを出資することになります。

　〈にあたって〉という言葉は，もう 1 つ，別の "時間的な関係" を意味することがあります。それは「A という特定の場面に備えて B を準備する」というものです。例えば「インタビューにあたって著者の作品をすべて読んだ」という場合，著者の作品をすべて読んだのはインタビューよりも前の時点です。

　「A にあたって B」は，A と B が同じ時点を指すこともあれば，B が A よりも前の時点を指すこともあります。このため，〈にあたって〉の使い方によっては，A と B の時間的な関係が不明瞭になるケースがあります。このことを違反例で確認してみましょう。

時間的な関係が "曖昧"

　違反例は，情報基盤の整備についてまとめたスライドです（図表 1 ）。この違反例のどこがおかしいのでしょうか。

　メッセージボックスをみると，「システムの導入にあたって情報基盤を整備する必要がある」とあります。この場合，この〈にあたって〉が意味する "時間的な関係" は 2 つ考えられます。1 つは〈にあたって〉が，特定の場面（時点）を示すケースです。このとき，「システムの導入」と「情報基盤を整備する」の時点は同じです。もし，そのことを明確に示したいのなら，〈に際して〉を使ったほうがよいでしょう（図表 2 の改善例 1 ）。

　〈にあたって〉の類似表現に〈とき／場合〉があります。「システムを導入す

図表1　時間的な関係が"曖昧"

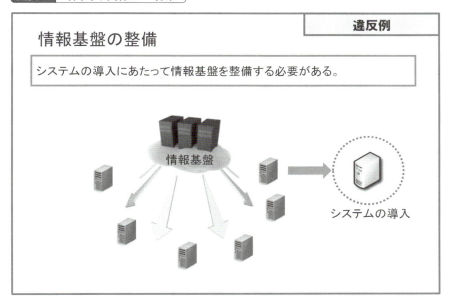

るとき／場合は情報基盤を整備する必要がある」といえば、「システムの導入」と「情報基盤を整備する」時点は同じになります。ただし、システムの導入には情報基盤の整備が"必須である"という2つの関係性を示さないので、ニュアンスが少し変わります。

また、何か特定のシステムについて記載する場合、〈にあたって〉と〈とき／場合〉ではシステムを導入する可能性が変わります。例えば、「新会計システムの導入にあたって情報基盤を整備する必要がある」といえば、このシステムの導入は確実（＝新会計システムを導入するので情報基盤を整備する）ですが、「新会計システムを導入するとき／場合は情報基盤を整備する必要がある」とすると、このシステムの導入は不確実になる（＝新会計システムを導入するなら情報基盤を整備する）ので注意が必要です。

もう1つの時間的な関係

さて、違反例に話を戻しましょう。〈にあたって〉にはもう1つ別の時間的

図表2　時間的な関係を明確にする

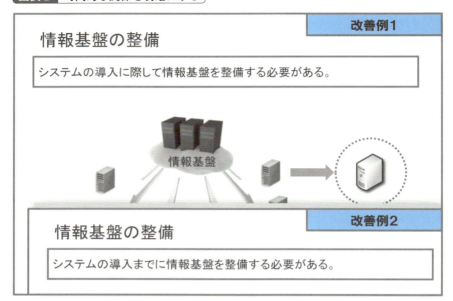

な関係がありました。それは、特定の場面に備えて準備するというものです。この場合、違反例の「システムの導入」と「情報基盤を整備する」時点は同じではなく、「情報基盤を整備する」のは「システムの導入」よりも前です。もし、システムの導入までに情報基盤の整備が必要ならば、そうわかるように書くべきでしょう（図表2の改善例2）。

〈にあたって〉という言葉は、少しフォーマルな表現です。そのためか、ビジネス文書によく登場します。ただし、その使い方によっては"時間的な関係"が不明確になってしまいます。〈にあたって〉をみつけたら、時間的な前後関係が明確かどうか、確認することが大切なのです。

6-4 〈を通じて〉に注目する

助詞に注目する

〈を通じて〉という言葉は，書き手の"逃げ表現"として使われることがありますから，使うときは注意が必要です。

〈を通じて〉の意味

〈を通じて〉という言葉（複合辞）は，手段や経路を意味します。例えば，「書籍を通じて知識を得る」というと，「知識を得る」という目的の手段が「書籍」です。「秘書を通じて連絡します」と書けば，「秘書」がちょうど"経路"に当たります。

そして，この〈を通じて〉という言葉は，書き手の逃げ表現として使われることがあります。メッセージを明確にしたくないとき，〈を通じて〉という言葉が使われることがあるようです。

〈によって〉という言葉との使い分け

〈を通じて〉と似た表現に〈によって〉があります。どちらも目的と手段の関係を示すという点は同じですが，〈によって〉のほうが目的と手段の関係をもう少し直接的に示します。例えば，「選挙を通じて大統領を選ぶ」よりも「選挙によって大領領を選ぶ」としたほうがより自然です。これは，「選挙」が「大統領を選ぶ」という目的の直接的な手段だからです。

そして，書き手が目的と手段の関係を（無意識のうちに）明確にしたくないとき，〈によって〉の代わりに〈を通じて〉が使われるようです。このことを違反例で考えてみましょう。

違反例のスライドは，決算の早期化についての記載です（図表1の違反例）。この違反例のどこがおかしいのでしょうか。

メッセージボックスには「決算プロセスの見直しを通じて決算の早期化を図る」とあります。「決算の早期化」が"目的"であって，その達成手段として「決算プロセスの見直し」があります。しかし，違反例のように〈を通じて〉を使うと，目的と手段の関係が弱く感じます。この"弱さ"は，書き手の考えの甘

232　Section 6　スライドの作成④：言語の技術

図表1　"関係"をぼかす

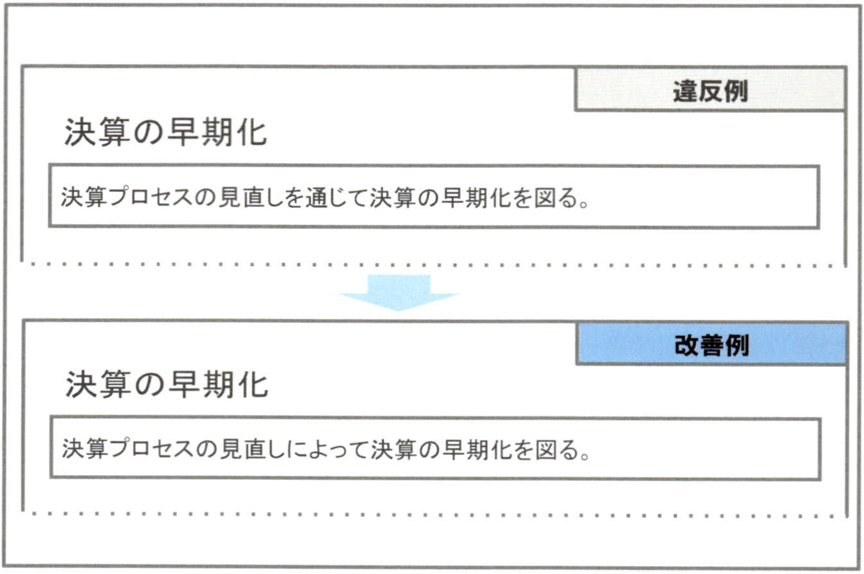

さや自信のなさ，を想像させます。

　スライドを作成するなら，目的と手段の関係についてよく考えることです。決算プロセスの見直しが手段として有効か検証し，「決算プロセスの見直しによって決算の早期化を図る」と自信を持って主張する必要があります（図表1の改善例）。もし自信が持てないのなら，中途半端なメッセージを発信すべきではありません。

責任を明確にする

　今度は，〈を通じて〉が"経路"を意味するケースで考えてみましょう。実は，書き手が責任の所在を（無意識のうちに）明確にしたくないとき，〈を通じて〉が使われるようです。このことを違反例で考えてみましょう。

　違反例のスライドは，決算の早期化についての記載です（図表2の違反例）。この違反例のどこがおかしいのでしょうか。

　メッセージボックスには「決算早期化で生じた問題は管理部を通じて対応す

6-4 *助詞に注目する*　〈を通じて〉に注目する　233

図表2 　"責任"をぼかす

違反例

決算の早期化

決算早期化で生じた問題は管理部を通じて対応する。

改善例

決算の早期化

決算早期化で生じた問題は管理部が対応する。

る」とあります。少なくとも管理部が決算早期化で生じた問題の"窓口"だということはわかります。しかし，この問題について責任を持って対応する部署が「管理部」かどうかはわかりません。管理部かもしれませんし，管理部が中心となって個々の問題に関係する部署に解決するように促す役割を持つ，という可能性もあります。

　もちろん，責任の所在を明確にしたくない，というときもあるでしょう。しかし，そういう"例外的なケース"を除いて，責任の所在は明確にする必要があります。例えば，もし管理部が責任部署ならば，「決算早期化で生じた問題は管理部が対応する」と書くのです（図表2の改善例）。

　〈を通じて〉を逃げ表現として使えば，メッセージを発信したことにはなりません。〈を通じて〉を使うときは，メッセージが明確か，よく考えることが大切です。

234　Section 6　スライドの作成④：言語の技術

6-5 逆接条件の〈が〉
助詞に注目する

> 2つの文を〈が〉でつなぐと，その前後の論理関係のチェックが甘く
> なり，おかしなメッセージを書いてしまう可能性があるのです。

"つなぎ屋" さん

　「花は咲いた<u>が</u>，まだちらほらだ」というと，この〈が〉は〈しかし〉の意味です。また，「私は隠れた<u>が</u>，彼はまだそこにいた」というと，この〈が〉は行為や事態の時間的な順序，同時性を表します。接続助詞の〈が〉には，いろいろな意味があり，〈が〉の前後の論理関係が少しおかしくても，2つの文をつなぐことができます。このため，〈が〉でつながれた文の"言葉のチェック"が甘くなる可能性があるのです。このことを違反例で確認してみましょう。

どういう意味で使ったのか

　違反例のスライドはプロジェクトの進捗状況の報告です（図表1）。違反例のどこがおかしいのでしょうか。

　メッセージボックスには「プロジェクトは予定通りに進捗したが，問題が発生して想定以上の工数を要した」とあります。〈が〉の前の部分だけを読むと，"プロジェクトは予定通りに進捗している"と思われます。一方で，〈が〉の後半をみると，"問題が発生して想定以上の工数を要した"とありますから，うまくいっていないようにも読み取れます。

　なぜ，このようなことが起きるのでしょうか。それは，「予定通り進捗する」という"言葉の意味の捉え方"が原因です。"予定通り進捗する＝期日を守る"だと捉える人（図表2のケース1）は，「想定以上の工数を要したが，期日を守ったのだから，プロジェクトは予定通りに進捗している」と考えるでしょう。この場合，「プロジェクトは予定通り進捗した」と「問題が発生して想定以上の工数を要した」は別々の事象で，違反例の〈が〉はこれらが同時に起きていることを示します。

　ところが，"予定通り進捗する＝期日を守る"だと捉える人ばかりではあり

| 図表1 | どちらの意味か |

進捗報告　　　　　　　　　　　　　　　　　**違反例**

プロジェクトは予定通り進捗したが，問題が発生して想定以上の工数を要した。

現在

		1月		2月		3月		4月
		上旬	下旬	上旬	下旬	上旬	下旬	上旬
1	XXXXXXX							
2	XXXXXXX							
3	XXXXXXX							
4	XXXXXXX							
5	XXXXXXX							

ません。"予定通り進捗する＝期日と工数を守る"と捉える人（図表2のケース2）は，こう考えるでしょう。それは「想定以上の工数が要するのであれば，プロジェクトは予定通り進捗していないではないか」という"疑問"です。

どうすればよいか

　もし，書き手が"予定通り進捗する＝期日を守る"だと捉えているのなら，そのことが明確に伝わるようにする必要があります。"予定通り進捗する＝期日と工数を守る"と捉える人がいる可能性も想定して，〈が〉を使うのです。

　具体的にいうと，〈が〉でつないだ2つの文をひっくり返して，「問題が発生して想定以上の工数を要したが，プロジェクトは予定通り進捗した」とします。こうすると，〈が〉の役割が「逆接」であることが明確になり，この「予定通り進捗した」というのは，"期日を守った"という意味に捉えることができるからです。

　それでは，もし書き手が"予定通り進捗する＝期日と工数を守る"と捉えて

図表2　"予定通り"の意味

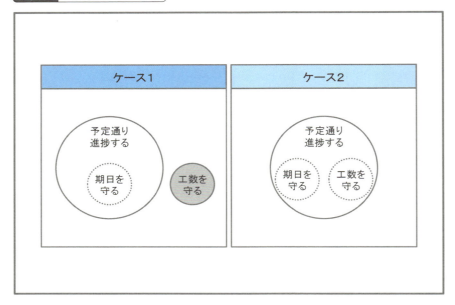

いる場合は，どうでしょうか。違反例の「問題が発生して想定以上の工数を要した」と「プロジェクトは予定通りに進捗した」が同時に起きるのは矛盾をします。

そこで，この2つの事象に"時間的なズレ"があることを示すのです。それは，過去に「問題が発生して想定以上の工数を要した」が，現在は「プロジェクトは予定通りに進捗している」というものです。例えば，「問題が発生して想定以上の工数を要したが，プロジェクトは予定通り進捗している」とするとよいでしょう。

〈が〉という言葉は便利ですが，深く考えずに使っていると，おかしなメッセージも許してしまいます。〈が〉という言葉を使うなら，その前後の論理関係をよく考えることが大切なのです。

6-6 *助詞に注目する* 補足的な説明の〈が〉

〈が〉という言葉を使うときは，どのような意味でその言葉を使ったのか，読み手は同じように解釈するか，を確認する必要があります。

一瞬，迷う

「彼は若いが，経験が豊富である」というと，一瞬迷います。"若い人はふつう経験が不足しているだろう"と考える人は，この〈が〉は〈しかし〉という逆接だと思うでしょう。しかし，若いからといって，経験が不足しているとは限りません。そう考える人は，この〈が〉は「経験が豊富」という主たる情報に対して「若い」という補足だと捉えます。

〈が〉という言葉は，いろいろな文脈を受けることができるため，読み手によって解釈が変わる可能性があります。〈が〉という言葉を使うときは，この〈が〉をどういう意味で使っているのか，また別の解釈をされる可能性はないか，考える必要があるのです。このことを違反例で確認してみましょう。

何が原則なのか？

違反例は，仕入を認識するタイミングのスライドです（図表 1）。どこがおかしいのでしょうか。

違反例の〈が〉が逆接の意味なら，メッセージボックスには仕入の認識タイミングの原則と例外が書かれていることになります。この場合，「国内取引と海外取引（陸上輸送）は着荷日に仕入を認識する」という部分が原則で，「海外取引（海上輸送）は原則として船積日に仕入を認識する」というくだりが例外です。

ただし，紛らわしいのは，この例外のくだりに「原則として」という記載がある点です。これでは，着荷日が原則なのか，船積日が原則なのか，わかりません。ボディの注記（※）をみると，「契約内容によっては異なる日に仕入を認識する場合がある」とありますから，ここでようやく「海外取引の海上輸送に限って考えると，原則は"船積日"だな」ということが理解できます。

238   Section 6   スライドの作成④：言語の技術

図表1 何が原則なのか？

　メッセージボックスを読み，そしてボディの図表をみて，さらに注記まで確認しないと，メッセージの内容が理解できないのは問題です。

態度を決める

　どうしたらよいでしょうか。それは，書き手が態度を決めることです。"仕入を認識するタイミング"について原則と例外の関係を書きたいのか，それとも，海外取引（海上輸送）を補足的情報として書きたいのかで，変わります。

　もし，"仕入を認識するタイミング"の原則と例外について書くなら，メッセージボックスの記載は，「国内取引と海外取引（陸上輸送）は着荷日に仕入を認識するが，海外取引（海上輸送）は主として船積日に仕入を認識する」とします。

　違反例の〈が〉が捕捉的な意味なら，主たる情報が何かわかるように「国内取引と海外取引（陸上輸送）は着荷日に仕入を認識する。なお，海外取引（海上輸送）は原則として船積日に仕入を認識する」とすればよいでしょう。

メッセージを絞る

さて，もし，書き手の本当に書きたいことが“海外取引（海上輸送）の仕入の認識タイミング”だとしたら，どうしたらよいでしょうか。“仕入を認識するタイミング”についてすべて書こうとすると，メッセージがぼやけます。その場合は，思い切って，“海外取引（海上輸送）の仕入”に絞ってスライドを作成するのです。この場合，メッセージは「海外取引（海上輸送）は原則として船積日に仕入を認識するが，契約内容によっては異なる日に仕入を認識する場合がある」となるでしょう（図表２）。

図表２　原則を明らかにする

改善例

海外取引（海上輸送）の仕入

海外取引（海上輸送）は原則として船積日に仕入を認識するが，
契約内容によっては異なる日に仕入を認識する場合がある。

	海外取引（海上輸送）	仕入の認識
1	原則	船積日
2	例外	契約内容に従う

※なお，国内取引と海外取引（陸上輸送）は着荷日に仕入を認識する。

〈が〉という言葉を使うなら，この〈が〉をどういう意味で使ったのか，読み手は異なる解釈する可能性はないか，書き手が伝えたいことは明確に伝わるか，よく考えることが大切です。

240　Section 6　スライドの作成④：言語の技術

6-7 〈とともに〉に注目する
助詞に注目する

> 「AとともにB」という場合，AとBは対等の関係にあります。もし，AとBに何らかの因果関係があるのなら，〈とともに〉を使うことはできません。

"関係"は存在するか

　「AとともにB」といえば，Aの動作・変化に応じてBの動作・変化が起こるとか，AとBが同時に起こる，といった意味になります。〈とともに〉という言葉（複合辞）を使う場合，AとBは対等の関係にあります。例えば「年をとるとともに記憶力が衰える」というと，年齢の上昇と記憶力の低下が"同時に"進行していることを意味します。このとき，年齢の上昇と記憶力の低下の間には，主従関係や因果関係といったものは存在しません。しかし，ゆるやかに変化する2つの事象を並列すると，結果的には連動しているようにみえる，というだけです。

　では，本来はAとBの間に何らかの関係があるのに，〈とともに〉という言葉を使ったらどうなるでしょうか。AとBの関係はあいまいになって，メッセージが伝わりにくくなるのです。このことを違反例で確認してみましょう。

目的と手段の関係

　違反例は決算の早期化についてのスライドです。違反例のどこがおかしいでしょうか。

　図表1の違反例のメッセージボックスには「システムからデータを自動収集するとともに決算早期化を実現する」とあります。〈とともに〉の意味を考えると，「システムからデータを自動収集する」と「決算早期化を実現する」には，何らかの関係はなく，2つの事柄が同時に起きていることを示しています。

　でも，本当にそうでしょうか。もし，書き手が「決算早期化を実現する」という"目的"の実現"手段"として「システムからデータを自動収集する」を考えているのなら，その関係がわかる言葉（で，によって，により）を使って

| 図表1 | 目的と手段の関係がある |

違反例

決算の早期化

システムからデータを自動収集するとともに決算早期化を実現する。

改善例

決算の早期化

システムからデータを自動収集することで，決算早期化を実現する。

明確に主張すべきです。例えば，「システムからデータを自動収集することで，決算早期化を実現する」とします（図表1の改善例）。

因果関係

　もう1つ，違反例をみてみましょう。これは，経理ミスの増加原因についてまとめたスライドです。違反例のどこがおかしいのでしょうか。

　図表2の違反例のメッセージボックスをみると，「伝票の増加とともに経理ミスが増えた」とあります。〈とともに〉の意味を考えると，「伝票の増加」と「経理ミス」が同時に起きているというだけで，2つの事象に"因果関係"があるとまでは指摘していません。

　もし，原因の調査が不十分で，書き手に自信がないとしたら，どうでしょうか。〈とともに〉という言葉は，因果関係をあいまいにする"逃げ表現"になります。きちんと調査を行って，経理ミスの増加原因が伝票の増加（もしくは，担当者の負担の増加）であることを確認してから，スライドを作成すべきです

242   Section 6   スライドの作成④：言語の技術

図表 2　因果関係がある

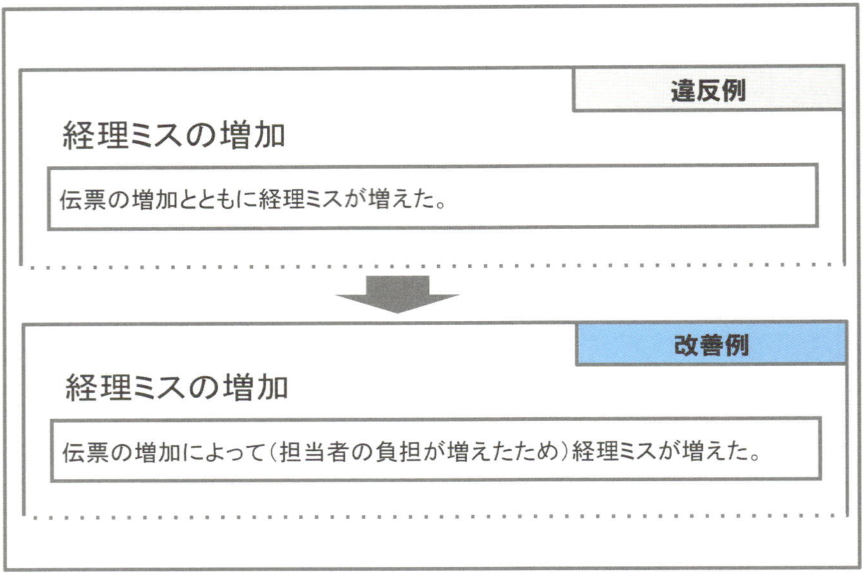

```
                                          違反例
  経理ミスの増加

  伝票の増加とともに経理ミスが増えた。


                          ↓

                                          改善例
  経理ミスの増加

  伝票の増加によって（担当者の負担が増えたため）経理ミスが増えた。
```

（図表 2 の改善例）。

　もちろん，何らかの制約で調査が十分にできないとか，因果関係を示す決定的な事実がみつからない，といったこともあるでしょう。だとしたら，"どういう制約があって調査ができなかったのか"とか，"どのような調査を行って，どういう情報を得ているのか"といった説明をすればよいのです。現段階では，因果関係があるとはいい切れないけれども，可能性が高いのであれば，"伝票の増加が経理ミスの増加の要因と推定する"とすべきです。

　問題は，〈とともに〉という逃げ表現を使って，書き手の意見をぼかす，という姿勢です。〈とともに〉という言葉を使うときは，A と B の間にどのような関係があるのか，それは書き手が伝えたいことなのか，よく確認することが大切です。

6^{-8} 助詞に注目する 〈に伴って〉に注目する

〈に伴って〉という言葉を使うと，因果関係があいまいになることがあります。この言葉を使うならば，メッセージがきちんと伝わるか，確認する必要があります。

メッセージがぼやける

〈に伴って〉という言葉（複合辞）は，「Aに伴ってB」という形で，BがAに随伴して起こることを意味します。因果関係があるかどうかは，その内容によって決まります。例えば，「少子化に伴って，学校の統廃合が行われた」というと，学校の統廃合の原因は"少子化"です。ところが，「少子化に伴って，1人当たりの教育費は増加した」というと，"少子化によって子供1人にかけられる教育費が増加した"と考える人もいれば，そこまでの因果関係はないと考える人もいるでしょう。

「Aに伴ってB」という形の文は，Aが起こると（必然的に）Bが起こるようなAとBの間に因果関係があるケースでも，Aが起こると（偶然に）Bが起こるようなケースでも，使うことができます。このため，使い方によっては，メッセージがぼやける原因になるのです。このことを違反例で確認してみましょう。

因果関係はあるか

違反例は，サーバーの容量についての報告です（図表1）。この違反例のどこがおかしいのでしょうか。

メッセージボックスをみてみましょう。メッセージボックスには「ユーザー数の増加に伴って，サーバーの容量が減少した」とあります。ボディの図表はどうでしょうか。確かに，ユーザー数とサーバー使用量は右肩上がりです。

ここで問題です。ユーザーが増加すると，必然的にサーバーの容量が減少するといえるでしょうか。図表をみる限り，ユーザー数とサーバー使用量はともに増加していますから，ユーザー数の増加はサーバーの容量が減少する原因と

図表1　因果関係があやしい

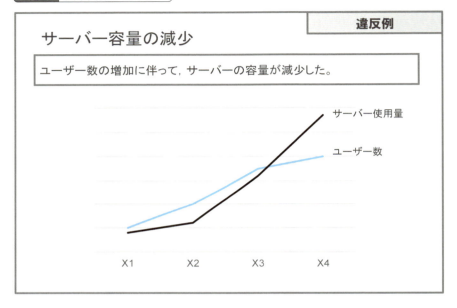

考えることはできます。

　一方で、ユーザーが増加しても、個々のユーザーがそれほどサーバーを利用しなければ、サーバーの容量も大きく減少しません。そう考える人は、違反例のメッセージを読んでも、「ユーザー数の増加」だけが「サーバーの容量の減少」の原因だとは考えないでしょう。

もっと調べる

　どうしてこのようなことが起きたのでしょうか。それは、書き手が「ユーザー数」と「サーバーの使用量」の増加に因果関係を見出したからです。ですが、まだ詳しい調査をしたわけではありません。この結果、ユーザー数の増加がサーバーの容量の減少の原因だといい切れなかったのです。

　もし、ユーザーの増加がサーバーの容量の減少の原因だと考えるなら、もっと調査すべきです。例えば、1人当たりのサーバー使用量を把握して、その推移がどう変化しているかを確認するのです。もし、1人当たりのサーバー使用

量がそれほど変わらず，サーバー使用量が増えるなら，ユーザー数の増加はサーバーの容量の減少の原因という可能性があります。改善例をご覧ください（図表2）。

図表2　因果関係をはっきりさせる

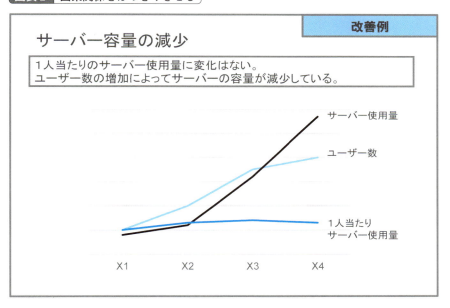

〈に伴って〉という言葉は，新聞や雑誌でよくみかける言葉です。例えば「ネット環境の普及に伴って若者の本離れは進んでいる」というものです。因果関係をはっきりさせられないようなケースでは，こういう表現は適しています。

ですが，因果関係の有無について明確に示す必要があるときは，〈に伴って〉を使うとかえってメッセージがぼやけるのです。〈に伴って〉という言葉を使うなら，その事象に因果関係は存在するのかどうか，因果関係があるならそのことが明確に伝わるか，伝わらないなら適切な言葉に置き換えるべきか，考えることが大切です。

246 Section 6 スライドの作成④：言語の技術

6-9 〈つつ〉に注目する

助詞に注目する

〈つつ〉という言葉にはいろいろな意味があります。それゆえ，書き手が伝えたいことがうまく伝わらないことがあるのです。

いろいろな役割

「働き<u>つつ</u>学校を卒業した」というと，"働きながら"学校に通ったという意味です。この場合，〈つつ〉（接続助詞）は２つの事象が"同時に進行している"ことを示します。

このほかにも，〈つつ〉はいろいろな意味があります。その１つが，互いに無関係な，もしくは相反する２つの動作や作用を結びつけるというものです。例えば，「悪いと知り<u>つつ</u>，改めようとしない」がそれです。また，動作や作用が継続していることを示す場合にも，〈つつ〉が使われます。例えば「船は港に向かい<u>つつ</u>ある」や「病気は回復に向かい<u>つつ</u>ある」というケースです。

このように，〈つつ〉にはいろいろな意味があるため，〈つつ〉という言葉の使い方によっては，その言葉がどのような意味で使われたのか，"わかりづらい"ことがあるのです。このことを違反例で確認してみましょう。

いつ終わるのか

違反例は，システム導入の進捗報告のスライドです（図表１）。この違反例のどこがおかしいでしょうか。

メッセージボックスをみると，「ユーザー教育を行いつつ，システムを稼働する」とあります。さて，この〈つつ〉はどのような意味で使われているでしょうか。

もし，違反例の〈つつ〉が"同時に進行している"という意味なら，メッセージボックスの記載は"ユーザー教育を行いながらシステムを稼働する"ということでしょう。

ただ，これには少し疑問があります。そもそも，何のために「ユーザー教育」を行っているのでしょうか。それは，システムが本番稼働したあとに，ユー

6-9 *助詞に注目する* 〈つつ〉に注目する 247

図表1 いつ終わるのか

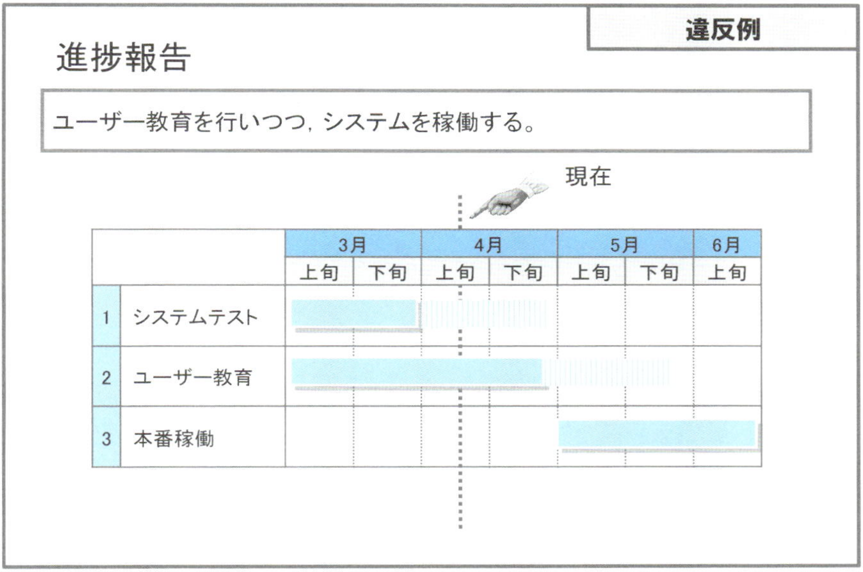

進捗報告 違反例

ユーザー教育を行いつつ，システムを稼働する。

現在

		3月		4月		5月		6月
		上旬	下旬	上旬	下旬	上旬	下旬	上旬
1	システムテスト							
2	ユーザー教育							
3	本番稼働							

ザーがシステムをきちんと使えるようにするためです。そうでないと，システムが稼働しても，システムを使用できない人が出てきてしまうからです。だとすれば，「ユーザー教育」は「本番稼働」の前には終わっている必要があります。

では，もし違反例の〈つつ〉が，"動作や作用が継続している"とか，"互いに無関係な2つの動作を結びつける"という意味だったら，どうでしょうか。この場合，違反例の内容は"現在はユーザー教育が進行中であるが，もうすぐシステムを稼働する"といった意味になります。

この場合，「ユーザー教育」は現在も行われているが，いつ終わるのかまではわかりません。「本番稼働」の前に終わる可能性も残っているので，「ユーザー教育」の目的に反しているとまではいえません。ただ，「ユーザー教育」は「本番稼働」のために行っているものです。互いに無関係ではありませんから，〈つつ〉の使い方として"少し"おかしいでしょう。

態度を明らかにする

　なぜ，このようなことが起きたのでしょうか。それは，書き手が「ユーザー教育」の終了時期をハッキリと書こうとしないからです。もし，「ユーザー教育」が「本番稼働」の前に終わるのであれば，そう書けばよいはずです。それを，"遠まわしに"〈つつ〉という言葉を使って書けば，"明確にしたくない"という心理が働いたと思われても仕方ありません。

　もし，「ユーザー教育」の進捗が遅れているなら，そのことを書くべきです。もし，それによりシステムの本番稼働が遅れる可能性があるなら，問題を早く共有する必要があります。改善例をご覧ください（図表2）。

図表2　はっきり示す

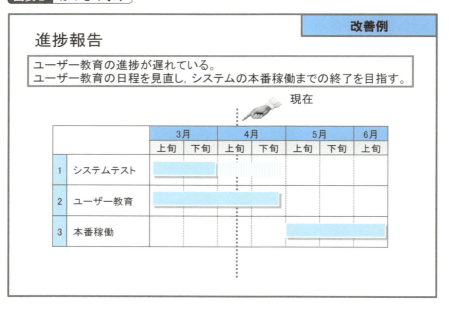

　〈つつ〉という言葉は，その使い方によっては，書き手の"逃げ表現"になります。この言葉を使うなら，書き手の伝えたいことが明確に伝わるかどうか，よく確認することが大切です。

6-10 〈に向けて〉に注目する

助詞に注目する

> 目標を示すなら，それをいつまでに実現するのか，目的を示すなら，それをどうやって実現するのか示さなければ，メッセージとして十分ではありません。

対象を示す

　〈に向けて〉という言葉（複合辞）は，行為の向き，目的地や目指す方向，行為が向けられる対象，将来の目標といったものを示します。例えば，「入口に背を向けて座る」といえば"行為の向き"，「パリに向けて出発する」は"目的地や目指す方向"，「人々に向けて平和を訴える」は"行為が向けられる対象"，「夏の全国大会に向けて練習する」は"将来の目標"となります。

　〈に向けて〉という言葉は，行為が向けられる対象を示しますが，その対象に到達するという意味までは含みません。このため，その行為をいつまでに行うべきか，その行為の結果どうなるのか，といったことが重要となる場合は，この〈に向けて〉という言葉を使うとメッセージがぼやけてしまいます。このことを違反例で確認してみましょう。

期限は明確か

　違反例は，システム導入の進捗報告のスライドです（図表1）。どこがおかしいでしょうか。

　メッセージボックスをみてみましょう。図表1の違反例には，「本番稼働に向けてシステムのテストを完了させる」とあります。確かに，システムのテストは本番稼働のために行っているのだし，システムのテストが完了しなければ，本番稼働はできません。

　そもそも，この進捗報告の目的は何でしょうか。システムのテストが計画どおり進んでいるか，本番稼働までに終わらせるのなら，それを"コミット（約束）"できるか，明らかにすることです。

　「本番稼働に向けてシステムのテストを完了させる」と書けば，テストをい

250　Section 6　スライドの作成④：言語の技術

図表1　期限があいまい

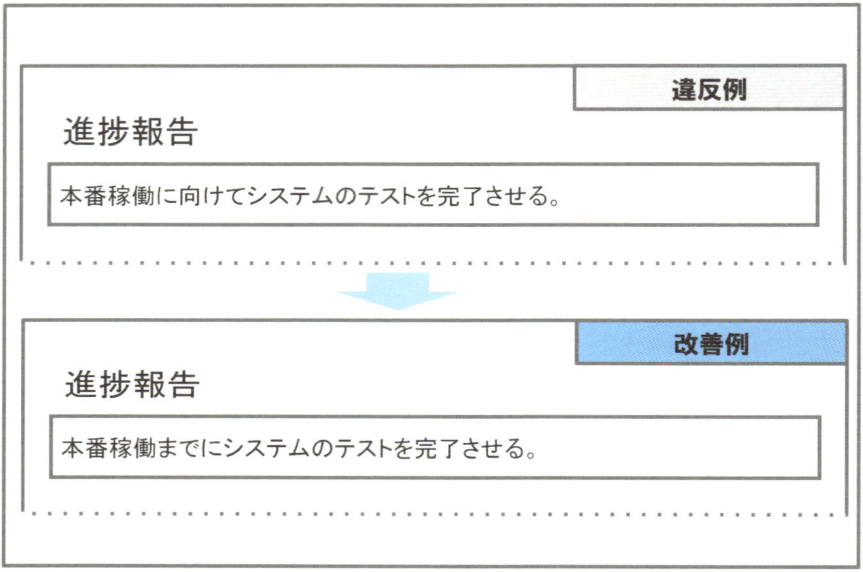

進捗報告　　　　　　　　　　　　　　　　違反例

本番稼働に向けてシステムのテストを完了させる。

進捗報告　　　　　　　　　　　　　　　　改善例

本番稼働までにシステムのテストを完了させる。

つまでに実施するつもりなのか，はっきりしなくなります。〈に向けて〉が示すのは，本番稼働という"目標"であって，"期限"でないからです。

　どうすればよいでしょうか。それは「本番稼働までにシステムのテストを完了させる」というように，期限を明確にすることです。図表1の改善例をご覧ください。

手段は明確か

　もう1つ違反例を見てみましょう。図表2の違反例のメッセージボックスには「企業価値向上に向けたグループマネジメントのあり方を検討する」とあります。違反例のどこがおかしいのでしょうか。

　なぜ，"グループマネジメントのあり方"を検討するのでしょうか。それは，"企業価値向上"という"将来の目標"を実現するためです。

　問題は"グループマネジメント"の位置づけです。グループマネジメントが，企業価値を向上させる手段として"本当に有効なのか"，その点がはっきりし

6-10　*助詞に注目する*　〈に向けて〉に注目する　251

図表2　手段があいまい

違反例

検討すべきこと

企業価値向上に向けたグループマネジメントのあり方を検討する。

改善例

検討すべきこと

企業価値向上のためのグループマネジメントのあり方を検討する。

ないのです。〈に向けた〉という言葉が使われると、"グループマネジメント"は"企業価値向上"にまったく無関係ではないが、有効であるともいい切れない、といった書き手の自信のなさが伝わってくるのです。このような意気込みでは、企業価値の向上につながるような"グループマネジメントのあり方"の検討は期待できないでしょう。

　もし、「グループマネジメント」が「企業価値向上」という目的を達成するために本当に有効だと考えるならば、「企業価値向上のためのグループマネジメントのあり方を検討する」というように、目的と手段の関係がはっきりさせるべきです。図表2の改善例をご覧ください。

　目標を示すなら、その目標をいつまでに達成するのか、目的を示したいのなら、それをどうやって実現するのか、を明らかにする必要があります。この点をごまかすと、"メッセージとして力強さは失われる"ということを意識することが大切です。

252　Section 6　スライドの作成④：言語の技術

6-11 やさしく書く

用語に注目する

> いくら専門用語を使っても，読み手が理解できなければ，意味がありません。むしろ，資料では専門用語はできるだけ使わないほうがよいのです。

専門用語に注意

　専門用語を使わないで済むなら，専門用語はできるだけ使わないほうがよいでしょう。専門用語とは，ある特定の業界，業種，分野で通用する言葉です。文字で書けば長くなる説明も，専門用語だと一言で済むので便利です。

　一方で，問題もあります。専門用語を使えば，誰でも専門家の気分を味わえます。これに満足し，専門用語の定義をよく確認せずに使うと，読み手を混乱させることがあるのです。実際，専門用語がずらっと並ぶと，高度な内容にみえます。しかし，専門用語が使われているからといって，資料のレベルとは関係がありません。

　資料の目的は，その内容を理解してもらい，それを受け入れてもらうことです。高度な内容だと読み手に錯覚させることではありません。資料は，やさしく書く必要があるのです。

意味を理解しているか？

　違反例は，ABC データ統合ツールの提案です（図表1）。メッセージボックスには「異なるシステムに分散したデータを統合するツールである」とあります。さて，違反例のどこが問題でしょうか。

　ボディをみてみましょう。「XO 実行エンジンを活用して異なるシステムに分散したデータを統合するツール」というくだりまでは，メッセージボックスの記載と（ほぼ）同じです。問題は，そのあとの記述です。ビジネス・インテリジェンス（Business Intelligence：BI），データ・ウェアハウス（Data Warehouse），マスターデータ管理（Master Data Management：MDM），サービス指向アーキテクチャ（Service-Oriented Architecture：SOA），クラウドコン

図表1 専門用語が多い

違反例

ABCデータ統合ツール

異なるシステムに分散したデータを統合するツールである。

ABCデータ統合ツールは,

XO実行エンジンを活用して異なるシステムに分散したデータを統合するツールであって, ビジネス・インテリジェンス(Business Intelligence: BI), データ・ウェアハウス(Data Warehouse), マスターデータ管理(Master Data Management: MDM), サービス指向アーキテクチャ(Service-Oriented Architecture: SOA), クラウドコンピューティングにも整合的に対応が可能である。経営情報の収集と分析, マスターデータの整備, アプリケーションの移行と統合の業務を効率的に行うことができる。

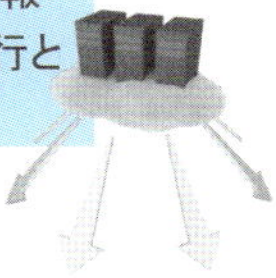

ピューティングなど専門用語が並んでいます。これは少々やっかいです。1つひとつの用語の意味は辞書を調べればわかるかもしれませんが, これだけ並ぶとその気力も削がれます。

　専門用語が羅列されていると, "威圧感"があり, 読み手は「理解できないのは自分のせいだ」と思ってしまいます。それ以上追求することはありません。たとえ, とんちんかんなことが書かれていても, 指摘されることはないのです。(個人的な意見ですが)専門用語が羅列されている場合, たいていは"みせかけ"で, 意味がないことのほうが多いものです。

専門用語を減らす

　どうしたらよいでしょうか。それは, (相手が専門家でもない限り)専門用語をできるだけ使わないことです。それよりも, 今回の提案のポイントである"ABCデータ統合ツール"の機能をわかりやすく説明するほうがよいでしょう。改善例をご覧ください(図表2)。

図表2　専門用語を減らす

　専門用語が羅列されたスライドをみたら，まず記載した内容を疑う必要があります。そもそも，本当に専門用語を使う必要があるのかという点から考えるのです。専門用語の代わりにふつうの言葉で書くことはできないか，専門用語を使う場合でも，羅列する必要があるのか，検討するのです。

　提案において専門性をアピールしたくなるのは，むしろ"自然な行動"なのかもしれません。相手からの信頼を勝ち得たいからです。しかし，"専門用語を使う"ことは専門性の高さを意味しません。専門的な内容でも，誰にでもわかるようにやさしく説明することが，専門性の高さの証明につながるのです。

　資料の目的は，書き手のメッセージを読み手に理解してもらうことことです。専門用語を使っても，読み手が理解できなければ，（本来の目的を果たしていないという意味で）資料のレベルが下がると考えるべきです。専門用語を使わずに資料を書くということを意識することが大切なのです。

6-12 定義に注目する

用語に注目する

> 言葉を定義すると，対象がより明確になります。一方で，必要もない
> のに言葉を定義すると，かえってわかりにくい説明になります。

何でも定義しない

言葉を定義すると，説明の対象を絞り込むことができます。例えば，資料の
最初に「以下，○○という」と書いておけば，その後は定義した言葉を使えば
済みますから，明快です。

一方で，注意も必要です。**言葉を定義すれば，その意味は限定されます**。必
要もないのに言葉を定義すると，わかりにくくなることがあるのです。違反例
で確認してみましょう。

違反例のスライドは，SSC（シェアード・サービス・センター）についての

図表1　不必要な定義にしばられる

違反例

本稿の目的

日本版SSCの問題点と活性化の方法について解説する。

1. 日本版SSCの問題点
- SSCには，コストダウンを目的とするものと付加価値を高めること
  を目的とするものがある。後者を日本版SSCと呼ぶ。
- 日本では子会社からSSCに業務を集約するとき，従業員も引き継
  ぐことが多く，コストダウンが難しいため，日本版SSCを選択する
  ことが多い。
- 日本版SSCがうまく機能すれば，従業員の能力は上がり，付加価
  値も高まる。コスト意識がなければ，日本版SSCは機能しない。

2. 日本版SSCの活性化
- 従業員にコスト意識を持たせるには，提供するサービスについて
  原価計算を行い，結果を透明化することが有効である。

原稿のプロットです（図表1）。違反例のどこがおかしいでしょうか。

　メッセージボックスをみると，「日本版 SSC の問題点と活性化の方法について解説する」とあります。日本版 SSC とはどういう意味でしょうか。ボディをみると，SSC には2つのタイプがあるようです。1つは，コストダウンを目的するもの，もう1つは提供するサービスの付加価値を高めるものです。書き手によると，2つのタイプの SSC のうち付加価値を高める目的を持つ SSC が日本版 SSC です。

　日本では，SSC を設立してグループ会社の業務を集約するとき，業務だけでなく，いままで業務を行っていた従業員も引き継ぐことが多いようです。従業員がグループ会社から SSC に移るだけなら，人件費の総額は変わりません。SSC の導入でコストダウンを図るのは，なかなか難しいのです。

何を定義したのか

　さて，ここで疑問が生まれます。日本版 SSC の定義のあとの記載をみると，「日本版 SSC がうまく機能すれば，従業員の能力は上がり，付加価値も高まる」と続きます。「日本版 SSC がうまく機能すれば」とはどういうことでしょうか。

　いま一度，日本版 SSC を定義した理由を考えてみましょう。それは，SSC の設立目的の違い（コストダウンか，付加価値を高めるか）を示すためです。どちらの目的で設立したのかわかるように，書き手が便宜的に名付けたのです。日本版 SSC かどうかは設立目的の違いだけなので，（当然ですが）日本版 SSC は機能しないことがあります。

　一方で，読み手はどう感じるでしょうか。わざわざ日本版 SSC と定義するぐらいですから，もう一方の SSC との対比か，日本版 SSC の特徴について話が進むと，期待するでしょう。そしてこれは，日本版 SSC はうまく機能していることが前提です。この前提についてのギャップは，読み手が戸惑う原因になります。

不必要な定義をしない

　どうしたらよいでしょうか。それは不必要な定義をしないことです。違反例の場合，「日本版 SSC がうまく機能すれば，従業員の能力は上がり，付加価値

も高まる。コスト意識がなければ，日本版 SSC は機能しない」というのは，日本版 SSC に限られたことではありません。であるならば，日本版 SSC の代わりに“SSC”と書きます。必要ないのに言葉を定義すると，その定義にしばられます。そもそも違反例は，日本版 SSC という言葉を使わなくても，十分説明できるのです。改善例をご覧ください（図表2）。

図表2　不必要な定義をしない

言葉を定義すると，アカデミックな雰囲気が漂います。このことも，言葉を定義したいと思う原因かもしれません。しかし，必要もないのにムリに言葉を定義すべきではありません。言葉を定義するなら，どうしても必要という場合に限って行うことが大切です。

258　Section 6　スライドの作成④：言語の技術

6-13 パターン

用語に注目する

"パターン"という言葉は，本来の意味とは異なる使い方をされることがあります。言葉に違和感があれば，読み手はすぐに理解はできません。

複数の事象が発生しているか

　"パターン"という言葉はすでに日本語として定着している和製英語です。この言葉には，①（特定の事象から認識される）関係や類型，②模範，③模様といった意味があります。ビジネスでは，特に①の意味で使われることが多いようです。例えば，「問題を2つのパターンに分ける」といえば，（少なくとも）2つ以上の問題が過去に発生していて，その性質から2つの"類型"に分けることを意味します。パターンという言葉は，すでに発生した事象の中に一定の関係性や類似性があることを示唆しているのです。逆にいうと，過去に事象がまったく発生していなかったり，あったとしてもたった1つだったりすると，①の意味で"パターン"という言葉を使えません。このことを違反例で確認してみましょう。

類型化されているか

　違反例1は損益予測についての説明です（図表1）。メッセージボックスには「損益予測にあたっては，2つのパターンを想定する」とあります。違反例のどこが問題なのでしょうか。

　"パターン"という言葉の響きから，読み手は，「メッセージが意味するのは"（過去の経験などから）損益予測の<u>やり方</u>には2つのパターンがある"ことかな？」と，一瞬，考えるでしょう。ボディまで読み進めて，「ははーん。これは"円高と円安の2つの<u>状況</u>を想定する"という意味なのか」とようやく気がつくのです。

　読み手のこの考える時間はとてももったいないものです。どうしても和製英語を使うのなら，"パターン"ではなく，"ケース"か"シナリオ"にすべきで

6-13 用語に注目する パターン 259

図表1 ケースのほうがよいパターン

違反例1

損益予測の2つのパターン

損益予測にあたっては，2つのパターンを想定する。

パターン1

円高		
区分	ドル	円ベース
売上	100	9,500
売上原価	70	6,650
利益	30	2,850

現在の為替レートよりも5%円高のパターンを想定する。

パターン2

円安		
区分	ドル	円ベース
売上	120	12,600
売上原価	84	8,820
利益	36	3,780

現在の為替レートよりも5%円安のパターンを想定する。

しょう。

選択可能か

　違反例2は経理サービスの契約についての説明です（図表2）。メッセージボックスには「経理サービスの契約には2つのパターンがあり，選択が可能である」とあります。さて，違反例のどこが問題でしょうか。

　ボディをみると，2つの契約（固定契約，変動契約）について説明があります。この会社には，固定契約と変動契約という2つの契約の方式があって，それは選択可能です。しかし，"パターン"という言葉には，"選択可能"というニュアンスはありません（過去の事象からみつかった一定の関係性や類似性という事実にとどまります）。

　さて，"パターン"という言葉には，模範（モデル）という意味もあります。"a pattern husband"と書けば，模範的な旦那さんという意味です。固定契約と変動契約は模範的な例を示しているわけではないので，やはりパターンという

図表2　タイプのほうがよいパターン

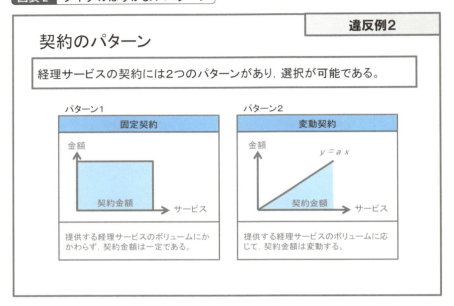

言葉は不適切です。

　それでは，どうしたらよいでしょうか。このスライドで伝えたいことは，この会社には2種類の契約があるという点です。そうであれば，「経理サービスには2種類あり，選択が可能である」と書けば済みます。これではかっこよくないというなら，"タイプ"という言葉を使うとよいでしょう。「経理サービスの契約には2つのタイプがあり，選択が可能である」と書けば，意味は明快です。

　パターンは，日本語としてかなり浸透した言葉です。その割には，本来の言葉の意味とは異なる使われ方がされがちです。もちろん，言葉ですから，時代によってその意味が変化するのはしかたありません。しかし，言葉の意味が定着していないにもかかわらず，その言葉を使うべきではありません。読み手が言葉の意味を理解するのに時間がかからないようにすることが大切なのです。

6-14 用語に注目する 「手段」と「手順」の取り違え

「手段」と「手順」は似ています。そのせいか，スライドを作成していると，「手段」と「手順」のどちらについて書いているのかわからなくなることがあるようです。

「手段」と「手順」の違い

「手順」とは，手をつける順序，物ごとを行う順序です。一方，「手段」は目的を達するための具体的なやり方，手だてです。どちらも，ある目的の達成に関係するという点で同じですが，「手順」はその実現に至るまでのプロセスというニュアンスを含んでいます。

この微妙な意味の違いのせいか，**書き手は自分が「手段」と「手順」のどちらについて書いているのかわからなくなることがあるようです。**この点を違反例で確認してみましょう。

図表1 「手段」の違いを比較する

違反例

システムの導入アプローチ

今回は，まず簡易ツールを使って経営管理で必要な情報を把握する。その後，必要に応じて大規模システムを導入するのがよい。

システムの選択肢と評価 　　　　　　　　　　　推奨案

	システム	コスト	品質	導入期間
1	簡易ツール	安い	低い	短い
2	中規模システム	普通	普通	普通
3	大規模システム	高い	よい	長い

経営管理で必要な情報が何かは，実際に行ってみないとわからない。
大規模システムを導入したあとに必要な情報が変わると手戻りである。

262　Section 6　スライドの作成④：言語の技術

　違反例のスライドはシステムの導入アプローチです（図表１）。違反例のどこがおかしいでしょうか。

実は似ている

　スライドタイトルの「アプローチ」とはどういう意味でしょうか。これは，接近するという意味のほかに，対象への接近のしかた，その方法という意味があります。こう考えると，アプローチという言葉は，「手段」と「手順」のどちらにも解釈できます。したがって，「システムの導入アプローチ」というタイトルだけでは，このスライドが「手段」と「手順」のどちらについて書いているのかわかりません。

　メッセージボックスをみてみましょう。そこには「今回は，まず簡易ツールを使って経営管理で必要な情報を把握する。その後，必要に応じて大規模システムを導入するのがよい」とあります。ここでようやく，このスライドはシステムの導入という「手順」について書いたものだとわかります。

　ボディはどうでしょうか。ボディの図表には，「システムの選択肢と評価」という図表があり，３つのシステム（簡易ツール，中規模システム，大規模システム）を３つの観点（コスト，品質，導入期間）から比較して，簡易ツールを推奨案としています。これはシステムの導入手順ではなくて，どのシステムを使ったらよいかという「手段」について書いた図表です。

　なぜ，このようなことが起きたのでしょうか。少なくとも書き手は，スライドタイトルとメッセージボックスを書いている途中までシステムの導入手順について意識していたと思われます。ところが，ボディの図表を書き始めたところで，「最初に導入するシステムは何にすべきか」という点に関心が移ったのでしょう。３つのシステムの比較を始めたのです。

　「比較」について書くとき，複数の候補を並べていくつかの観点から比較するという記載パターンがあります。典型的な記載パターンですから，作成は簡単です。このことが（「手順」ではなく）「手段」のスライドを作成してしまった誘因の１つとも考えられます。

「手順」の違いを比較する

どうしたらよいでしょうか。もし「手順」についてスライドを書くなら、それを中心に書きます。例えば、2つの導入手順があったとしましょう。1つは、いきなり大規模システムから導入する方法（ここでは便宜的にダイレクト・アプローチと名づけましょう）で、もう1つはいったん簡易ツールを導入してから大規模システムに切り替える方法（同じく、ステップアップ・アプローチと名づけます）です。この2つの「手順」を比較するのです。改善例のスライドをご覧ください（図表2）。

図表2 「手順」の違いを比較する

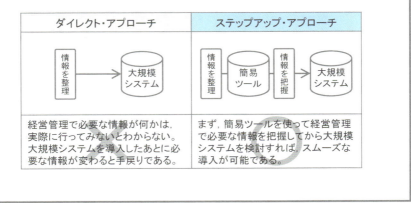

「手順」と「手段」の意味の違いが問題なのではありません。自分が伝えようとしていることがズレているのにそれに気がつかないことが問題なのです。スライドを作成するときは、自分が何について書こうとしているのかを常に意識することが大切です。

264　Section 6　スライドの作成④：言語の技術

6-15 *用語に注目する* レベル感が異なる言葉

> 言葉の定義を視覚的に示すのにマトリクスを使うという方法があります。ただし，レベル感の異なる言葉は一緒に定義できません。

レベル感を合わせる

　言葉の定義を視覚的に示す際にマトリクスを使うことがあります。縦軸と横軸に1つずつ条件を設定し，定義したい言葉をマトリクスの中のボックスに入れるのです。

　マトリクスを使って定義される言葉は，2つの条件で説明できるものに限られます。この場合，マトリクスの中に入る言葉の意味はレベル感が合ったものになります。このことを違反例で確認してみましょう。

図表1　レベル感が異なる

「入金アンマッチ」の定義　　　　　　　　違反例

消し込む対象はわかるが，実際の入金額が入金予定額より不足するもの。

		消し込む対象 (a)	
		わかる	わからない
入金予定額と実際の入金額 (b)	一致	消込み	未消込み
	不足	入金アンマッチ	

レベル感が合っているか

　違反例のスライドは，「入金アンマッチ」という言葉について説明したものです（図表1）。スライドタイトルは「『入金アンマッチ』の定義」で，メッセージボックスには「消し込む対象はわかるが，実際の入金額が入金予定額より不足するもの」とあります。

　ボディのマトリクスをみると，メッセージボックスの記載のとおり，消し込む対象がわかる場合で，入金予定額に比べて実際の入金額が不足するときは，「入金アンマッチ」です。

　入金予定額と実際の入金額が一致する場合は，消込みができるので「消込み」です。消し込む対象がわからない場合は，消し込めませんから「未消込み」になります。

　ここで1つ疑問が生まれます。それは「消込み」と「未消込み」の分け方です。この2つの言葉から連想される(a)の条件は，実際に消込みを行ったかどうかです。ところが，この2つの言葉を区分する(a)の条件をみると，消し込む対象が「わかる・わからない」とあります。これは問題です。

　なぜ，違反例のような区分になってしまったのでしょうか。それは，言葉の持つ意味に対して書き手の注意が不足しているからです。スライドタイトルからもわかるように，もともと書き手は「入金アンマッチ」という言葉を定義したかったのです。「入金アンマッチ」は「消し込む対象の入金予定額はわかるが，実際の入金額は不足している」状態ですから，消し込む対象が「わかる・わからない」という条件をマトリクスの(a)に，入金予定額と実際の入金額が「一致・不足」という条件を(b)に設定しました。

　ところが，その他の言葉について，書き手はあまり頓着しなかったのでしょう。消し込む対象がわからなければ，消し込むことができないといった程度の感覚で「未消込み」と書き，その言葉と対極の関係にある言葉は何かと考えて，もう1つのボックスに「消込み」と書いたのです。

　確かに，「未消込み」は消し込む対象がわからない状態にありますし，「消込み」は消し込む対象がわかる状態になるのでしょう。しかし，その状態にあるからといって，実際に消し込んだかどうかはわかりません。「未消込み」，「消込み」という言葉は，違反例の(a)の条件に照らして不適切な言葉なのです。

言葉を選ぶ

　それでは，どうしたらよいでしょうか。それは，マトリクスの縦軸の条件に合った言葉を入れることです。消し込む対象がわかり，入金予定額と実際の入金額が一致しているのなら「入金マッチ」，そもそも消し込む対象がわからないのなら「不明入金」とします。改善例をご覧ください（図表2）。

図表2　レベル感が合っている

「入金アンマッチ」の定義　　　　　　　　改善例

消し込む対象はわかるが，実際の入金額が入金予定額より不足するもの。

		消し込む対象(a)	
		わかる	わからない
入金予定額と実際の入金額(b)	一致	入金マッチ	不明入金
	不足	入金アンマッチ	

　マトリクスを使って定義される言葉は，2つの条件によって説明できるものですから，言葉のレベル感が合うはずです。マトリクスを使って言葉を定義するときは，言葉のレベル感が合っているかどうか注意を払うことが大切です。

6-16 全体ロードマップ

用語に注目する

ロードマップを書くならば，スライドタイトルやメッセージボックスの記載と整合しているか，ゴールが明確かどうか，確認する必要があります。

ロードマップとは

ロードマップとは，もともとドライバーのために自動車道路の情報を詳しく記した地図（ドライブマップ）のことです。これが転じて，何かの目標に向けてどのようにアプローチをしていくか，その過程を時系列にまとめた計画という意味を表すようになりました。このため，ロードマップという言葉は，スケジュールや工程表とほぼ同じ意味で使われます。ところが，「ロードマップ」というスライドタイトルをつけておきながら，その役割を果たさないものがあります。ただイベントを時系列に並べて書くだけでは，ロードマップとはいえません。このことを違反例で確認してみましょう。

道に迷う

違反例のスライドは新会計ルールの導入に向けた「全体ロードマップ」です（図表1）。違反例のどこがおかしいでしょうか。

スライドタイトルには「全体ロードマップ」とあります。この「全体」とはどういう意味でしょうか。「全体」が何を指しているのかはっきりしません。

メッセージボックスはどうでしょうか。メッセージボックスには「親会社の新会計ルールの導入に向けた全体ロードマップを示す」とあります。ところが，ボディをみると，"親会社"だけでなく"グループ会社"の記載もあります。メッセージボックスの記載の範囲とボディの記載の範囲が一致しません。

もし，スライドタイトルの「全体」という意味が，親会社に対する新会計ルールの導入のために必要な取組み全体（業務の見直しとシステムの改修のこと）を指すならば，そうわかるように，スライドタイトルを書くべきです。

図表1 道に迷う

ゴールから考えてみる

　ロードマップのゴールについて考えてみましょう。違反例のメッセージボックスには「新会計ルールの導入に向けた」という記載があります。この「導入」とは何を指すのでしょうか。新会計ルールを初めて適用するタイミング（時点）を指すのか，新会計ルールを適用した後の運用や定着に係る活動まで含むのか，はっきりしません。

　ロードマップを作成するならば，その活動はいつ終了するのか，活動の"ゴール"を明らかにする必要があります。もし，違反例のゴールが新会計ルールを初めて適用する20X3年度の期首を指すならば，そうわかるように書きます。

　それでは，どうしたらよいでしょうか。例えば，もしこのロードマップが，親会社に対する新会計ルールの導入に関係する20X3年期首までの活動を示すものだとしたら，これに合わせてスライドタイトルを「新会計ルール導入のロードマップ」とします。

これに合わせて、メッセージボックスは「新会計ルールを作成し、親会社の業務の見直しとシステムの改修を行い、20X3年度期首に新会計ルールを導入する」となるでしょう。また、ボディのロードマップの記載の範囲は、親会社の取組みに限って記載します。この取組みのゴールは、20X2年度の終わりであって、20X3年度の「本番運用と定着化」は含みませんから、そのことがわかるように点線の枠と薄いグレーで他の取組みとは違うことを明示します。改善例をご覧ください（図表2）。

図表2　道に迷わない

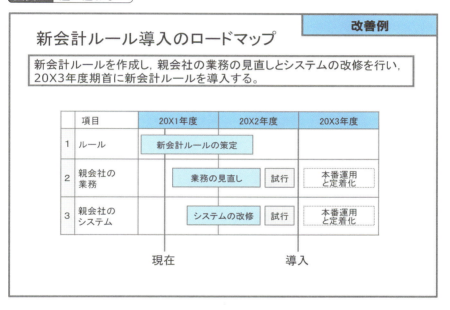

時系列に実施すべき取組み事項を記載しても、ロードマップにはなりません。スライドタイトル、メッセージボックスの記載とロードマップの内容が一致していること、そしてロードマップのゴールが明確であることが、ロードマップを書くときは大切なのです。

270   Section 6　スライドの作成④：言語の技術

6-17 時制を考える
感覚に頼る

> メッセージに書いた事柄に前後関係があるなら，そのことがはっきり
> わかるように書く必要があります。これが曖昧だとメッセージは伝わ
> りません。

前後関係がわからない

　2つの事柄があるとしましょう。一方が，もう一方よりも先に行われたり，
生じたりするなら，そうわかるように書く必要があります。2つの前後関係が
あいまいだと，メッセージを読んでも理解できないからです。そのためには，
「今後」や「将来」など，時間的な前後関係がわかるちょっとした表現を書い
ておくことです。このことを違反例で確認してみましょう。

　違反例のスライドは経理社員の基礎研修のアジェンダです（図表1）。違反
例のどこがおかしいでしょうか。

図表1　前後関係がわからない

違反前

経理社員の基礎研修　アジェンダ

経理社員の実務での行動変容に向け，実務での行動について振り返る。

- ✓ 適切な行動がとられなかったケース
  を書き出す
- ✓ その原因を考える
- ✓ 適切な行動をとるために，実施すべ
  きことを考える
- ✓ 取組み計画を立てる

6-17 *感覚に頼る* 時制を考える　　271

　メッセージは「経理社員の実務での行動変容に向け，実務での行動について振り返る」です。これで意味がわかるでしょうか。

　メッセージには，「実務での行動」というフレーズが2回使われています。1つ目が「経理社員の実務での行動変容に向け」であり，2つ目は「実務での行動について振り返る」というものです。

　ふつう，1つの文に同じフレーズが2回登場すれば，「この2つのフレーズは同じ意味かな？」と考えます。時間的な前後関係が明らかに異なれば，2つは別の意味だとすぐ気がつきますが，そうでなければ，読み手は迷うでしょう。

理解するのに時間がかかる

　違反例のメッセージをもう少し詳しくみてみましょう。まず，メッセージの途中にある「向け」という言葉です。この言葉は，場所や人を指す語につけて，それを目標にするという意味です。「経理社員の実務での行動変容に向け」というのは少々堅苦しい言い回しですが，経理社員がこの研修で何らかの刺激を受けて，その後の実務での行動が変わることを目標にするということでしょう。このことから，この「実務での行動」は，将来のこと（経理社員の基礎研修を受けたあとのこと）を指していると推測できます。

　もう一方の「実務での行動について振り返る」はどうでしょうか。通常，振り返るのは"過去"のことです。"振り返り"は研修で行いますから，「実務での行動」は，経理社員の基礎研修を受ける前のことです。

　これにより，2つのフレーズは時間的に異なる意味だとわかります。しかし，メッセージの内容を理解するのにこれほど時間がかかるのは問題です。

前後関係を明らかにする

　それでは，どうしたらよいでしょうか。もちろん，それは前後関係を明らかにすることです。しかし，違反例のメッセージにそのまま前後関係を示す表現をつけ足すと，「経理社員の今後の実務での行動変容に向け，今までの実務での行動について振り返る」となります。これは少し冗長です。

　こういう場合は，研修の目的に立ち返って考えます。ボディには「適切な行動をとるために，実施すべきことを考える」とありますから，この研修の目的

は，経理社員として「より適切な行動をとれるように」なることです。

言葉の繰り返しを避け，研修目的に従いメッセージを整理すると，「今後，実務でより適切な行動をとれるように，過去の行動を振り返る」となります。

メッセージが変わるなら，ボディの記載も見直します。違反例では，研修で実施することが羅列されていて，メッセージとの関係（特に時間的な前後関係に関すること）がわかりにくくなっています。そこで，メッセージの記載に対応させて書き分けるのです。改善例をご覧ください（図表2）。

図表2　前後関係を明らかにする

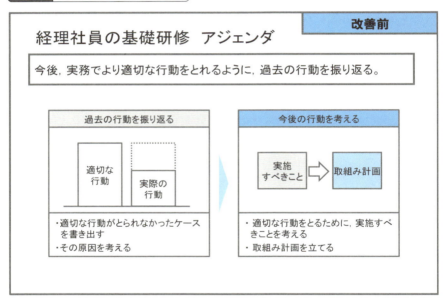

メッセージを書くときは，物ごとの前後関係がはっきりするように書くことが大切なのです。

6-18 感覚に頼る 不完全な定義

> 言葉の定義を視覚的に示すのにマトリクスを使う方法があります。ただし，書き手が言葉の定義をきちんと理解していないと，うまく伝わりません。

定義が大事

　マトリクスを使って言葉を定義すると，わかりやすく示すことができます。縦軸と横軸から言葉の意味を視覚的に整理できるからです。文字よりも，図表のほうが，読み手も気軽に読めるものです。言葉を2つの軸（条件）で説明できる内容であれば，マトリクスは便利な表現方法です。

　マトリクスを使うときは1つ注意が必要です。それは書き手自身が**言葉の定義をしっかり理解しておくということです。定義の理解が曖昧だと，マトリクスを使ってもわかりやすくなることはありません。**このことを違反例で確認し

図表1　定義自体が正しくない

違反例

「部分消込み」の定義

実際の入金額は入金予定額より不足しているが，部分的に消し込むこと。

		消込みの状況	
		実施	未実施
入金予定額と実際の入金額	一致	消込み	未消込み
	不足	部分消込み	✕

274　Section 6　スライドの作成④：言語の技術

てみましょう。
　違反例のスライドは,「部分消込み」という言葉を説明したものです（図表1）。
違反例のどこが問題でしょうか。

特定されていない

　それでは,詳しくみてみましょう。違反例のスライドタイトルは「『部分消
込み』の定義」で,メッセージボックスには「実際の入金額は入金予定額より
不足しているが,部分的に消し込むこと」とあります。

　ボディのマトリクスには言葉の定義があります。入金予定額と実際の入金額
が一致する場合は,債権を消し込めるので「消込み」という区分です。入金予
定額よりも実際の入金額が少ない場合には,その入金額だけを消し込むので
「部分消込み」となります。一方,消し込む対象がわからない場合には,消し
込むことはできません。この場合は「未消込み」という区分になります。

　ここで「未消込み」について1つ疑問が生まれます。消し込む対象がわから
ないのに,どうして"入金予定額と実際の入金額が一致する"とわかるので
しょうか。消し込む対象がわからなければ,"入金予定額と実際の入金額が一
致するかどうか"もわからないはずです。

　なぜ違反例のような区分になったのでしょう。それは,書き手の思い込みが
原因です。書き手は「部分消込み」を,①実際の入金額が入金予定額より不足
していること,②実際に消し込むこと,という2つの条件が必要だと考えてい
ました。このため,消込みの状況が「実施・未実施」という観点をマトリクス
の縦軸に設定し,入金予定額と実際の入金額が「一致・不足」という観点をマ
トリクスの横軸にしました。

　こうやって作ったマトリクスのボックスに言葉を1つひとつ入れていったの
です。実際の入金額は入金予定額よりも不足しているけれども,消込みを実施
するとならば「部分消込み」,入金予定額と実際の入金額が一致していて,消
込みを実施していれば「消込み」と書いたところで,こう思いました。「そも
そも消込みを行っていないのだから,入金予定額に対して実際の入金額が不足
しているかどうかは関係ない」と。このため,違反例のマトリクスの右下の
ボックスにはバツをつけたのです。

確かに，消込みを行っていないなら，入金予定額に対して実際の入金額が不足しているかについて関心が薄くなるのもわかります。しかし，だからといって，「消込みが未実施なら，入金予定額と実際の入金額が一致している」といい切れません。

きちんと定義する

それでは，どうしたらよいでしょうか。それは，消込みが未実施なら，入金予定額と実際の入金額が一致しているか不足しているかにかかわらず「未消込み」とすることです。改善例をご覧ください（図表２）。

図表 2　定義を正しく書く

改善例

「部分消込み」の定義

実際の入金額は入金予定額より不足しているが，部分的に消し込むこと。

<table>
<tr><td colspan="2" rowspan="2"></td><td colspan="2">消込みの状況</td></tr>
<tr><td>実施</td><td>未実施</td></tr>
<tr><td rowspan="2">入金予定額と実際の入金額</td><td>一致</td><td>消込み</td><td rowspan="2">未消込み</td></tr>
<tr><td>不足</td><td>部分消込み</td></tr>
</table>

マトリクスを使って言葉（今回の場合は「部分消込み」）を定義するときは，その言葉だけうまく定義できても伝わりません。マトリクスの４つのボックスに，どのような言葉が入るべきか，しっかり考えることが大切なのです。

276   Section 6   スライドの作成④：言語の技術

6-19 感覚に頼る 先入観

> "先入観"を持ったままスライドを作成すると，本人は明確な内容だと思っていても，そうではないことがあるものです。

"明確さ"が大事

手続書や定義書など解説を目的としたスライドは，内容の"明確さ"が特に大事です。**書かれていることがいろいろな意味に解釈できてしまったら，資料の目的を果たせません。**ところが，書き手に"先入観"があると，本人はそのことに気がつかないようです。違反例で考えてみましょう（図表1）。

違反例は，会計システムの要件定義書です。システムを開発するとき，システムにどういう機能を持たせるか検討した結果を定義書にまとめます。「残高振替機能」というのは，会計システムの1つの機能です。

図表1 　先入観が原因で，内容が"明確でない"ことに気づかない

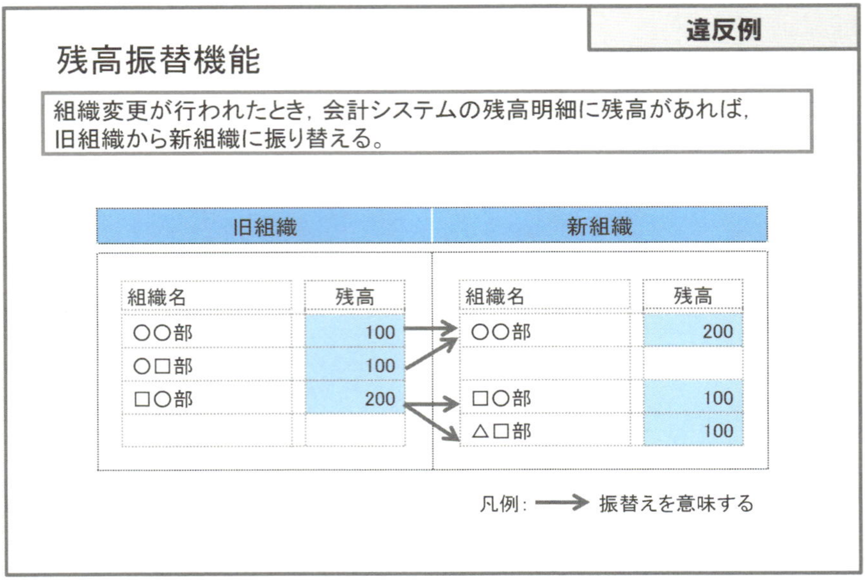

メッセージボックスによると「組織変更が行われたとき，会計システムの残高明細に残高があれば，旧組織から新組織に振り替える」とあります。企業によっては，組織変更が頻繁に行われます。その際，旧組織の会計上の残高を新組織に手作業で移行していたら，手間はかかるし，間違いも生じるでしょう。この残高振替機能を使って旧組織から新組織に残高を自動的に振り替えられたら，便利です。

実はクリアではない

違反例の内容は明確でしょうか。もう一度，メッセージボックスの記載をみてみましょう。残高を振り替えるのは，会計システムの残高明細に残高がある場合です。

「残高がある場合」とはどういう状態を指すのでしょうか。残高があるというと，ふつういくらか金額が残っていることを想像します。それでは，残高がゼロの場合はどうでしょうか。これだけではありません。残高がマイナスのケースだってありえます。その場合，残高振替機能で振り替える対象になるのか疑問が生じます。

このように読み手によって解釈が分かれると，どんな問題が起きるでしょうか。違反例は要件定義書ですから，これを読んでシステムの要件を決める人（システムエンジニア）の解釈が変わります。これに基づいて作成される詳細な定義書やプログラム，開発される残高振替機能が変わってしまう可能性があるのです。

先入観をなくす

なぜ，こんなことが起きるのでしょうか。それは，書き手の"先入観"が原因です。書き手に「残高がある＝プラス」という先入観があるから，残高がない（ゼロ）ケースやマイナスのケースまで頭が回らないのです。

では，どうすればよいでしょうか。残高振替機能の対象"残高がゼロやマイナスのケース"を含むなら，そうわかるようにするのです（図表2）。例えば「組織変更が行われたとき，会計システムの残高明細の旧組織の残高を新組織に振り替える」とします。

また、誤解の余地をなくすために、ボディの数値例もプラス（100）のケースだけでなく、残高がゼロやマイナス（▲200）のケースも書きます。

図表2 先入観をなくして、"明確な"内容にする

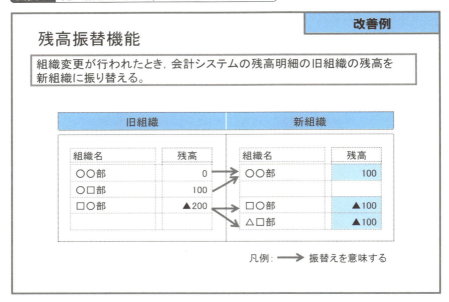

「旧組織の残高がマイナスの場合はともかくとして、ゼロの場合は振り替えなくてもよいのでは」と考える人もいるでしょう。もちろん、そういう考え方も理解できます。ただ、設定しなくても済むのなら条件はなるべく減らしたほうがよいのです。旧組織のすべての残高を新組織に振り替えるなら、振替件数をチェックすれば、旧組織からの振替もれを確認できるというメリットも生まれます。

先入観は、"明確さ"を失わせる原因になります。スライドを作成するときは、"先入観"に注意することが大切です。

6-20 言葉の響きを疑う

感覚に頼る

> "統合" というのは，響きのよい言葉です。解決策にこの言葉が使われると，解決策の中身まで "素晴らしい" ものだと思い込んでしまう可能性があるので注意が必要です。

響きのよい言葉

解決策に響きのよい言葉が使われると，その解決策の中身も素晴らしいものだと思ってしまうことがあります。例えば，「統合」という言葉がそうです。

もちろん，言葉の響きと解決策の中身にはまったく関係がありません。**よい解決策かどうかは，あくまで中身で判断すべきです。**しかし，この当たり前のことが，意外と忘れられるようです。このことを違反例で確認してみましょう。

ごまかされる

図表1は，統合データベースの導入についてまとめたものです。違反例のどこがおかしいでしょうか。

メッセージボックスには「事業部ごとに経営情報を管理しており，会社全体で情報を共有できない。統合データベースを導入して経営情報を一括して管理する必要がある」とあります。

ボディをみてみましょう。現状は，本社スタッフが事業部の情報を入手するとき，それぞれの事業部のシステムに直接アクセスする必要があるようです。これを，統合データベースの導入によって，事業部の情報を会社全体で共有できるようにするという提案でしょう。

統合データベースを導入すれば，本社スタッフはそこからすべての事業部の情報を入手できます。本社スタッフが，新たに「事業部同士の数値を比較したい」と思えば，簡単に数字を集められるでしょう。

ここで確認すべきことが2つあります。1つは，この新たな作業のために，わざわざ統合データベースを導入する必要があるかという点です。ただ "みたい" から， "比較したい" からといった理由でシステムを導入すると，コスト

図表1　見せかけの解決策

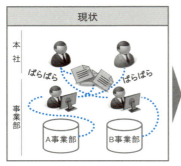
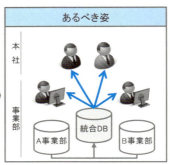

が増えるだけでなく，無駄な作業を作り出すことになります。

　もう1つ確認すべきことは，その作業を実施する能力が本社にあるかという点です。数値を集めるだけなら，（システムを導入すれば）誰にでもできます。問題は，その数値を分析する能力です。事業部で起きている状況を把握して，どうしてこのような数値になったのか分析するには，実際に，その事業部の製品や事業環境をよくわかっていなければなりません。その能力を持ったスタッフは，各事業部にいます。そして，通常，そういった仕事は彼らが行っています。同じ作業をわざわざ本社で行う必要があるでしょうか。各事業部から，分析結果を報告してもらえば済むはずです。

　では，もし事業部ごとの経営情報の分析のしかたがバラバラで，会社全体で情報を共有できないことが問題だったとしたら，どうすればよいでしょうか。この場合は，（システムを導入する代わりに）標準書式を導入して経営情報について各事業部に報告させれば足ります（図表2）。

図表2 効果的な解決策を考える

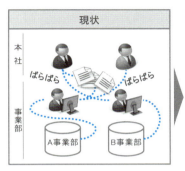

中身を考える

　もちろん，情報を集めることがまったく無駄だというつもりはありません。例えば，事業部が互いに情報を共有しながらビジネスを行うことが必要な場合，これが有効なこともあるでしょう。しかし，工夫次第で，事業部ごとに経営情報を管理していても，会社全体で情報は共有できます。使うかどうかわからない情報を集めるために，お金と時間をかけるのはもったいないことです。

　響きのよい言葉が解決策に使われると，よい解決策だと思うのはしかたないかもしれません。ですが，いったん，よい解決策だと思い込むと，その中身まで疑わなくなるものです。響きのよい言葉を解決策の中にみつけたら，その中身に注意することが大切です。

282   Section 6　スライドの作成④：言語の技術

6-21 感覚に頼る 期待を裏切らない

図表を書くときは，読み手の期待に応える必要があります。読み手の
期待を裏切ると，読み手は図表の内容を理解するために，苦労するか
らです。

読み手の期待

　ボディの図表をみれば，"きっとこういうことが書かれているのだろう"と
読み手は期待するものです。図表の内容が読み手のこの期待に応えているなら，
読み手の理解は進むはずです。一方で，もし図表の内容が期待を裏切るなら，
読み手は戸惑うでしょう。"この図表の目的は何か"，読み手は図表の中身を
しっかり確認しなければなりません。このことを違反例で確認してみましょう。

期待と異なる

　違反例のスライドは，販売実績と販売目標の比較についてまとめたものです
（図表1）。違反例のどこがおかしいのでしょうか。

　ボディの図表をみてみましょう。図表には，製品の種類（製品A～C）ごと
に「販売実績」と「販売目標」が比較されています。さて，これをみた読み手
は，どんなことを期待するでしょうか。

　それは，2つの差異です。「販売実績」と「販売目標」が比較されていたら，
その差異は何か，また差異が発生した理由はどういうものか，知りたいと思う
はずです。

　ところが，図表には「差異」ではなく「販売目標の内容」の説明が書かれて
います。"なぜ，販売目標の内容が必要なのか？"。図表の項目の記載が読み手
の期待と異なれば，読み手はもう一度，図表をみて，この図表はどういう構成
で，図表の中には何が書かれているのか，考えなければなりません。これは，
読み手にとって"負担"です。

　なぜ，このようなことが起きたのでしょうか。それは，書き手が（読み手の
期待を考えず）情報を提供することに意識が向いたからです。「販売実績」と

6-21 *感覚に頼る* 期待を裏切らない 283

図表1 期待はずれ

| | | | | | 違反例 |

販売実績と販売目標の比較

製品の品質問題や他社の攻勢により，販売実績は販売目標を下回る。

	製品の種類	販売実績	販売目標	販売目標の内容
1	製品A	2	5	・ XXXXXXXXXXXXXXXXXXXXX 　 XXXXXXXXXXXX ・ XXXXXXXXXXXXXXXXXXXXX
2	製品B	3	5	・ XXXXXXXXXXXXXXXXXXXXX 　 XXXXXXXXXXXX ・ XXXXXXXXXXXXXXXXXXXXX
3	製品C	6	10	・ XXXXXXXXXXXXXXXXXXXXX 　 XXXXXXXXXXXXXXXXXX ・ XXXXXXXXXXXX

「販売目標」を比較するなら，この「販売目標の内容」（厳しい目標か，目標の前提は何か）の説明が必要だと考えたのでしょう。

"ふつう"を考える

図表を作成するときは，まず"ふつう"の書式を考える必要があります。想像力を発揮して，最初から何か"特別な"情報を盛り込んだ図表を作ろうとする必要はありません。"ふつう"の図表をイメージして，もし，その図表ではスライドの目的を達成できないと判断したときに，はじめて図表の項目を見直せばよいのです。

違反例の場合でいうと，メッセージボックスの「製品の品質問題や他社の攻勢により，販売実績は販売目標の下回る」という記載を活かすなら，ボディの図表には「販売実績」と「販売目標」の「差異」を書き，「差異の内容（または差異の理由）」を加えるべきでしょう（図表2の改善例1）。

もし，スライドで本当に伝えたいことが販売目標の内容なら，どうでしょう

284　Section 6　スライドの作成④：言語の技術

か。この場合，スライドのメッセージは変わります。例えば，スライドタイトルを「販売目標の設定の考え方」にすると，メッセージボックスの記載は「年初に設定した製品の販売目標には，品質問題や他社の攻勢などの影響を想定していない」となるでしょう。これにあわせて，「販売実績」の"列"をカットし，「販売目標」と「販売目標の内容」にします（図表2の改善例2）。

図表2　**期待に応える**

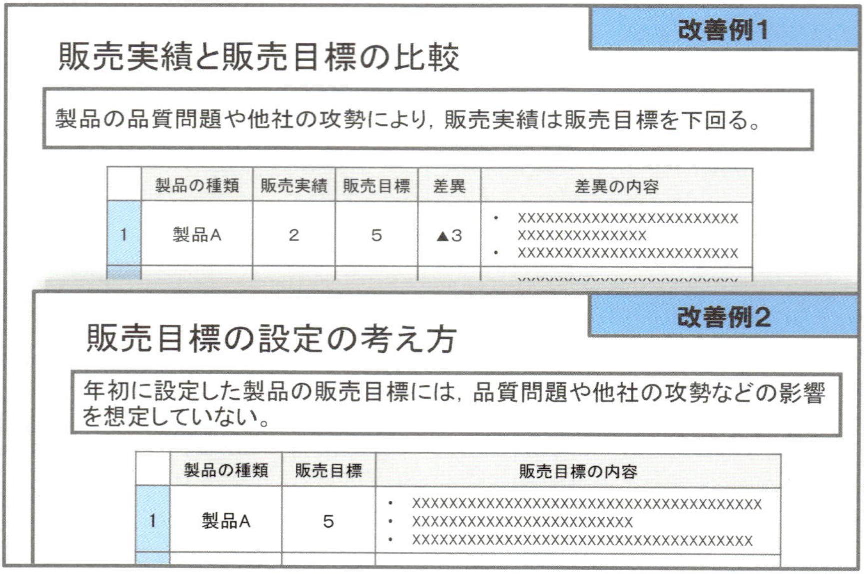

　スライドに図表があれば，読み手は"図表"に注目します。図表の項目が読み手の期待と異なると，読み手によっては図表を理解するのをあきらめるかもしれません。これは，とても"もったいない"ことです。

　図表は，とても目立つ存在です。読み手がスッとスライドの中身に入ってこられるように，常に意識をしておかなければなりません。図表の項目を決めるときは，読み手の期待を意識することが大切なのです。

6-22 *表記ルール* 簡潔な表記ルール

> 図表を書くときは，図表の表記ルールをできるだけシンプルにします。
> 表記ルールが複雑だと，図表をみるのがイヤになるからです。

複雑な表記ルール

1つの図表に詳しく情報を盛り込もうとすると，図表の読み方について説明（以下，表記ルールといいます）も増えます。このような図表はとても読みにくいものです。これを避けるには，**図表に記載する情報を減らす必要があります。**情報が減れば，細かな表記ルールも必要なくなるからです。このことを違反例で確認してみましょう。

違反例のスライドは，財務プロジェクトに必要な工数をまとめたものです（図表1）。違反例のどこがおかしいのでしょうか。

図表1　複雑な表記ルール

違反例

財務プロジェクトに要する工数

財務プロジェクトには，12（8）人月の財務メンバーの工数が必要である。

	内容	1月	2月	3月
1	連結業務の改革	3（2）人		―
2	単体業務の改革	―	3（2）人	3（2）人
3	予算業務の改革	3（2）人	―	
	合計	6（4）人	3（2）人	3（2）人
		12（8）人月		

（脚注）　カッコ書きは兼業者の人数。関与率は50％である。
ブランクの表記は業務自体がないことを意味し，「―」の表記は業務があっても（外部に委託するため）社内の工数は発生しないことを意味する。

286　　Section 6　スライドの作成④：言語の技術

どこが問題か

　違反例のメッセージボックスをみると，「財務プロジェクトには，12（8）人月の財務メンバーの工数が必要である」とあります。これを見て，最初に感じることは「12（8）人月とはどういう意味なのか？」です。カッコの意味がわかりません。メッセージはこれだけですから，ボディを読むことになるでしょう。

　ボディの図表を見ると，財務プロジェクトでは3つの業務改革（連結業務・単体業務・予算業務の改革）を行うようです。図表の中には，内容別・月別に財務プロジェクトに必要な工数が書いてあります。そして，この中にもやはり（意味不明な）カッコ書きがあります。これではわかりませんから，脚注を読むことになります。そして，ようやくカッコの意味が"兼務者の人数"のことだとわかるのです。

　しかし，まだ疑問が残ります。カッコの中の数字が，関与率を乗じた後の人数（実際にプロジェクトに参画する工数。例えば，16人×50％＝8人）か，関与率を乗じる前の人数（プロジェクトに50％の関与率でも1人と数える）か，そしてこれらの人数が内書き（例えば，合計欄の12人の中にカッコ書きの8人は含まれる）か，外書きかわかりません。

　実は，書き手は関与率を乗じる前の人数を外書き（12人の専従者とは別に8人の兼務者がいる）で書いていました。専従者と兼務者を分けて表記するためにカッコを使っていたのです。

情報を減らす

　それでは，他に疑問はないでしょうか。図表には，人数が書かれていないところがあります。それは，ブランクの部分と「－」の記載のところです。脚注によれば，ブランクはその月に業務自体がないことを意味し，「－」は，業務はあるけれども，外部に委託するので（社内で）工数が発生しないことを意味します。

　さて，この2つの違いは重要でしょうか。図表の表記ルールを細かくしても，読み手が理解できなければ，意味がありません。

　このスライドの目的は，財務プロジェクトに必要な工数の概算を示すことで

す。であれば，わざわざ兼務者の人数を業務別・月別に分けたり，ブランクと「－」の記載を使い分けたりする必要はありません。関与率を乗じたあとの工数（例えば，3（2）人であれば，3人＋2人×50％＝4人ですから，4人となります）のみを書き，合計欄に兼務者の工数を内書きすればよいでしょう。改善例をご覧ください（図表2）。

図表2　簡潔な表記ルール

財務プロジェクトに要する工数 ［改善例］

財務プロジェクトには，16人月の財務メンバーの工数が必要である。

	内容	1月	2月	3月
1	連結業務の改革	4人月	—	—
2	単体業務の改革	—	4人月	4人月
3	予算業務の改革	4人月	—	—
	合計		16人月	

（脚注）合計欄の16人月のうち4人月は兼務者の工数である。

　図表に記載する情報を減らすというのは，意外とむずかしいものです。書き手には，たくさんの情報をスライドに盛り込みたいという気持ちがあります。
　伝えたいことをそのまま書けば，表記ルールは増えるでしょう。表記ルールが増えれば，それはそのまま読み手の負担につながります。そうなると，図表を読んでもらえないかもしれません。図表を作成するときは，情報を減らし，表記ルールを簡潔にすることが大切なのです。

288　Section 6　スライドの作成④：言語の技術

6-23 表記ルール　カッコに注意する

> カッコは，言葉や文章の意味を明確にするために使います。ところが使い方によっては，不明確にもなることもあるのです。どう対処すべきか考えてみましょう。

便利なカッコ

　カッコは便利な表現方法です。棚卸資産（たなおろししさん）と書けば，漢字のフリガナになりますし，棚卸資産（Inventory）と書けば，このカッコは外国語の表記になります。カッコの使い方はこれだけではありません。**言葉や文章に付け加えて，その意味を補うためにもカッコが使われます。ところが，"意味を補う"つもりであっても，2つ以上の解釈ができるなら，かえって意味は不明確になります。**違反例で確認してみましょう。

　図表1は，棚卸資産の会計処理のスライドです。ケース1をご覧ください。

図表1　棚卸資産の会計処理の説明

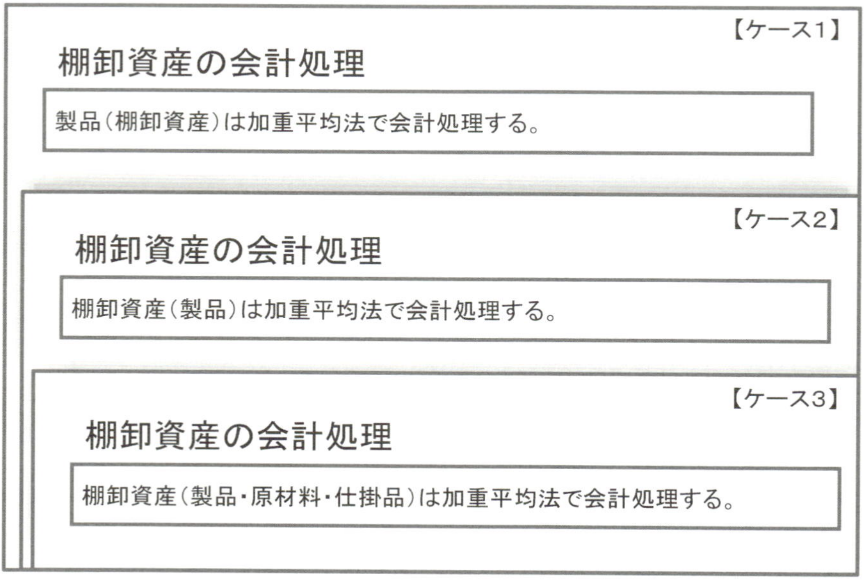

【ケース1】
棚卸資産の会計処理
製品（棚卸資産）は加重平均法で会計処理する。

【ケース2】
棚卸資産の会計処理
棚卸資産（製品）は加重平均法で会計処理する。

【ケース3】
棚卸資産の会計処理
棚卸資産（製品・原材料・仕掛品）は加重平均法で会計処理する。

メッセージボックスには「製品（棚卸資産）は加重平均法で会計処理する」とあります。このカッコの記載はどういう意味でしょうか。

　普通に読めば，"製品は棚卸資産の１つである"という常識的なことが書いてあると思うかもしれません。この場合，「製品（棚卸資産）」は「いわゆる棚卸資産である製品は」という意味です。

軽い気持ちで使わない

　書き手は，きっと軽い気持ちでこのカッコを使ったのでしょう。わざわざカッコを使わなくても「製品は加重平均法で会計処理する」と書けば，意味は伝わります。むしろ，そのほうがわかりやすいのです。逆に，カッコをつけることで意味が不明確になります。それは，もう１つの解釈ができるからです。

　例えば，委託先に有償支給している製品があって，自社の棚卸資産と区別して管理するケースを想定してみましょう。自社の棚卸資産である製品をとりわけ「製品（棚卸資産）」と呼ぶならば，この「製品（棚卸資産）」は「自社の棚卸資産である製品は」という意味です。２つの解釈ができるのは問題です。

限定か，それとも例示か

　別のケースをみてみましょう。ケース２には「棚卸資産（製品）は加重平均法で会計処理する」とあります。製品は棚卸資産の１つだと知っている人は，「棚卸資産（製品）」は「棚卸資産のうち製品は」という意味だと推測するでしょう。本当にこれしか解釈できないでしょうか。

　ケース３をご覧ください。メッセージボックスには「棚卸資産（製品・原材料・仕掛品）は加重平均法で会計処理する」とあります。「棚卸資産（製品・原材料・仕掛品）」は，「製品・原材料・仕掛品などの棚卸資産は」という意味だと考えると思います。この場合，カッコの記載は例示です。この理解に従うと，（ここには記載がありませんが）「半製品」は棚卸資産の１つですから，同様に加重平均法で会計処理されると解釈できます。

　なぜ，ケース２とケース３でカッコの解釈に違いが生じるのでしょうか。それは，カッコの中の記載の数です。カッコの中の記載が少ない（特に１つ）と限定列挙だと思い，多いと例示列挙だと推測するのでしょう。もちろん，これ

290　Section 6　スライドの作成④：言語の技術

は人の感覚によって変わります。なかには「棚卸資産（製品）」のカッコの中を例示だと考える人だっているはずです。

　例示列挙であることを明示するなら，はっきり伝わるように「等（など）」や「他（ほか）」と書くべきです。「棚卸資産（製品・原材料・仕掛品等）は」と書けば，例示列挙であることが明らかです。

　逆に限定列挙なら，「棚卸資産（ただし，製品・原材料・仕掛品に限る）は」と書くか，冗長であってもきちんと「棚卸資産のうち製品・原材料・仕掛品は」と書くべきでしょう。

図表2　棚卸資産の会計処理の解釈

	普通の解釈	こう解釈することもできる
ケース1	<u>いわゆる棚卸資産である製品</u>は加重平均法で会計処理する。	<u>自社の棚卸資産である製品</u>は加重平均法で会計処理する。
ケース2	<u>棚卸資産のうち製品</u>は加重平均法で会計処理する。	<u>製品などの棚卸資産</u>は加重平均法で会計処理する。
ケース3	<u>製品・原材料・仕掛品などの棚卸資産</u>は加重平均法で会計処理する。	<u>棚卸資産のうち製品・原材料・仕掛品</u>は加重平均法で会計処理する。

　カッコをつけることで明確になるというのは，一種の思い込みです。カッコを使うことで不明確になることもあるのです。カッコを使うなら，2つの解釈がされる余地がないかを確認する必要があります。カッコに注意することが大切なのです。

Section 7

スライドの作成⑤：
論理の技術

292　Section 7　スライドの作成⑤：論理の技術

7-1 勇気を持つ

主張の確認

はっきり主張せずに，あたかもそれが前提のように書いてゴマかす，
"いくじなし"のスライドがあります。これでは主張は読み手に伝わ
りません。

前提のように書く

　主張をはっきり書くには勇気がいります。主張がはっきりすれば，賛同して
くれる読み手がいる一方で，「本当にそういえるのか？」と疑問を持つ人も出
てくるでしょう。自分の主張を否定されたくはないものです。そのせいか，
はっきり主張をせずに，あたかも「前提」のようにゴマかすスライドがありま
す。違反例で確認してみましょう。

　違反例のスライドは，重点的に管理すべき債権を1枚にまとめたものです
（図表1）。この違反例のどこが問題でしょうか。

図表1　主張を前提のように書いている

違反例

管理対象とすべき消込み

重点的に管理対象とすべきリスクの高い債権は，
下記のような状況のもと，発生したものであると想定される。

	項目	内容
1	多額の残高	帳簿に残った債権で残高の大きなもの。
2	長期の滞留	帳簿に残った債権で滞留期間が長いもの。
3	入金予定の変更	入金予定日の変更が繰り返されるもの。
4	滞留理由の変更	滞留理由がコロコロ変わるもの。

主張がない

違反例のスライドタイトルは「管理対象とすべき消込み」で，メッセージボックスには「重点的に管理対象とすべきリスクの高い債権は，下記のような状況のもと，発生したものであると想定される」とあります。

まず気になるのが，スライドタイトルです。重点的に管理すべき"債権"について議論しているはずなのに，どうして"消込み"という行為が管理対象なのでしょうか。しかも，メッセージボックスの記載は「重点的に管理対象とすべき」から始まります。そして，「なぜ重点的に管理すべきなのか」という理由について説明がありません。

もう1つ，気になるのが，メッセージの最後の「想定される」という部分です。「重点的に管理対象とすべき」という高圧的な書き方から一転，ずいぶんトーンダウンしています。

この「想定される」対象はどういうものでしょうか。メッセージボックスの記載をみると，「債権が発生したという状況」です。状況が何を指すのかは，はっきりしません。

ボディの図表をみてみましょう。1つ目の項目は「多額の残高」で，「帳簿に残った債権で残高の大きなもの」とあります。これは，債権の発生した"状況"ではなく，"債権"そのものです。そのあとに続く，「長期の滞留」「入金予定の変更」「滞留理由の変更」も同じです。

なぜ，こうなってしまったのでしょうか。このスライドの目的は，重点的に管理すべき債権を1枚にまとめることです。しかし，書き手には主張をはっきり書く勇気がなかったのでしょう。なぜ重点的に管理対象とすべきかについて，その理由を深く考えていなかったのかもしれません。ですから，理由の説明を避け，あたかも「重点的に管理対象とすべきリスクの高い債権」は前提（すでに決まっている）のような書き方をしたのです。書き手の自信のなさは，最後の「下記のような状況のもと，発生したものであると想定される」という部分に表れています。

勇気を持つ

どうしたらよいでしょうか。それは，重点的に管理すべき理由がはっきりわ

294　Section 7　スライドの作成⑤：論理の技術

かるように書くことです。例えば，残高が大きな債権を管理するのは，問題が生じたときに影響が大きいからです。「長期の滞留」「入金予定の変更」「滞留理由の変更」にもそれぞれ理由があるはずです。そのうえで，スライドタイトルを「管理対象とすべき債権」とし，メッセージボックスは「残高，滞留期間，入金予定日の変更，滞留理由から，リスクの高い債権を特定し，重点的に管理する」と書きます。改善例をご覧ください（図表2）。

図表 2　主張をはっきり書く

管理対象とすべき債権　　　　　　　　　　　改善例

残高，滞留期間，入金予定日の変更，滞留理由から，
リスクの高い債権を特定し，重点的に管理する。

	管理対象	管理対象にする理由
1	残高が大きな債権	問題が生じたときの影響が大きい。
2	滞留期間が長い債権	適切に消し込まれていない可能性がある。
3	入金予定日の変更が多い債権	消込みの操作が可能になる。
4	滞留理由が変わらない債権	滞留管理を行っていない可能性がある。

　主張をはっきり書くには勇気が必要です。そして，その勇気は，書き手がどれだけ深く考えたかによってもたらされます。書き手は，この勇気を持てるまで，主張すべきことについて深く考え抜くことが大切なのです。

7 - 2
主張の確認
正確に書く

> 内容がどれだけ優れていても，記載が間違っていると，その資料は信用されません。資料は正確に書く必要があるのです。

致命傷になる

資料は"正確に書く"必要があります。これは「誤字・脱字といったものをなくす」ということだけではありません。**書き手が資料の内容についてよく考え，その内容について正確に書くということです。**どんなによいことが書いてあっても，記載に誤りがあれば，その資料は信用されません。誤った記載は"致命傷"になるのです。このことを違反例で考えてみてみましょう。

正確にニーズを把握する

図表1のスライドは，経理部の改革方針です。

これによると，ABCグループでは，2017〜2019年度をグローバル企業の基盤づくりの期間と位置づけており，この一環として，2020年3月までに経営の役に立つ情報をスピーディーに提供するよう求めています。これを受けて経理部では，経理業務プロセスを見直し，新しい会計システムを導入することで，2020年3月までに月次決算の報告日を現在よりも5日短縮する，という改革方針を立てたようです。

図表2は，この経理部の改革方針に基づいて作成したプロジェクトスケジュール（案）です。これによると，「月次決算の報告日を現在よりも5日短縮するために，2020年3月までに経理業務プロセスを見直し，新しい会計システムを導入する」とあります。さて，このスケジュール案のどこがおかしいのでしょうか。

図表2をみると，プロジェクトスケジュールとして2017年度から2019年度までの取組みが書かれています。これにより，2020年度からは月次決算の報告日を5日短縮するのです。このスライドだけをみる限り，メッセージボックスとボディの記載は一致していますから問題ありません。

296　Section 7　スライドの作成⑤：論理の技術

図表1　経理部の改革方針

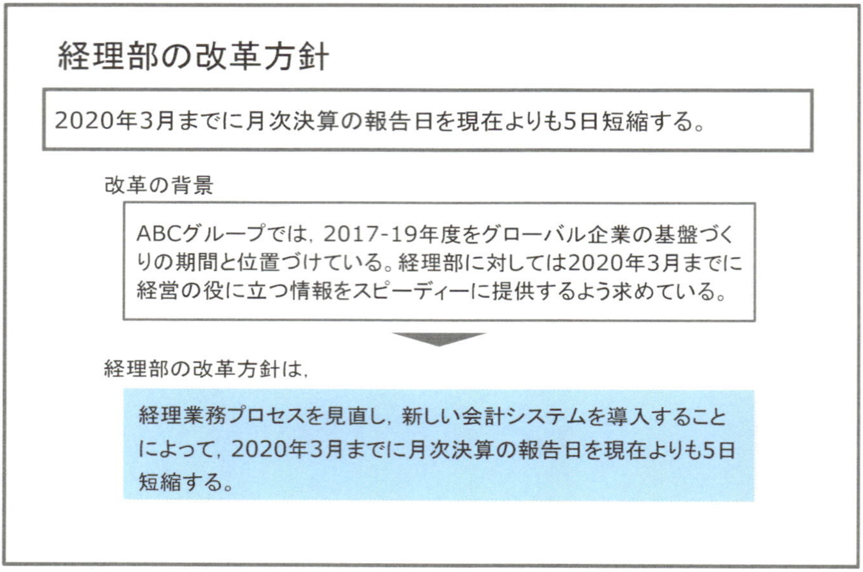

経理部の改革方針

2020年3月までに月次決算の報告日を現在よりも5日短縮する。

改革の背景

ABCグループでは，2017-19年度をグローバル企業の基盤づく
りの期間と位置づけている。経理部に対しては2020年3月までに
経営の役に立つ情報をスピーディーに提供するよう求めている。

経理部の改革方針は，

経理業務プロセスを見直し，新しい会計システムを導入すること
によって，2020年3月までに月次決算の報告日を現在よりも5日
短縮する。

　もう1度，図表1の「経理部の改革方針」をみてみましょう。改革の背景に
よると，2020年3月までに（ABCグループの）経営の役に立つ情報をスピー
ディーに提供することとあります。このため，経理部は2020年3月までに月次
決算の報告日を現在よりも5日短縮するという方針を立てたのです。

わずかな違い＝大きな違い

　図表1と図表2の内容の違いはどこにあるのでしょうか。それは目標の達成
時期です。図表1では，目標の達成時期（経営の役に立つ情報をスピーディー
に提供するタイミング）を2020年3月までとしています。ということは，遅く
とも2020年3月に報告する2月の月次決算は，従来よりも5日早くする必要が
あります。これに対して図表2では，取組みの完了時期が2020年3月末です。
図表2のボディの図表をみると，2020年度以降の箇所に「月次決算の報告日を
5日短縮する」とありますから，2020年4月の月次決算から早くなるようです。
　図表1と図表2で記載しているタイミングのズレはわずか2か月です。しか

図表2　正確な記載ではない

し，この2か月のズレが，"書き手の理解力不足"を示すことになったのです（実際，2020年3月決算（年度決算）は2020年4月決算（月次決算）と比べて質・量ともに負担が変わりますから，この2か月の違いはスケジュールに大きな影響を与えます）。このような重要な点でボタンの掛け違いがあると，その他の提案内容もすべて心配になるでしょう。

　資料に一番求められることは，独創的なアイデアでも斬新な発想でもありません。"正確に書く"ことです。誤った記載が1つでもあれば，すべての努力は吹き飛んでしまいます。資料を作成するときは，"正しく書く"ことが大切なのです。

298　Section 7　スライドの作成⑤：論理の技術

7-3 *主張の確認* 内容が整理されていない

> 一覧表を書き上げても，これに満足してはいけません。記載した内容が整理されているとは限らないからです。

みた目に現れる

　一覧表を使うと，スッキリと整理してみせられます。ただし，一覧表を使ったからといって，中身まで整理できるとは限りません。

　実際のところ，"一覧表"が使われたスライドの中には，いくら読んでも，内容が頭の中にスッと入ってこないものがあります。それはなぜでしょうか。もちろん，その原因は内容が十分に整理されていないためです。このことを違反例で確認してみましょう。

記載がバラバラ

　違反例は，予算編成における問題点についての記載です（図表1）。どこがおかしいのでしょうか。

　ボディをみてみましょう。一覧表には，予算編成の問題点が5つ列挙されています。

　1つ目の項目の「手作業」には「予算資料の作成は手作業である」とあります。さて，これは問題点といえるでしょうか。"手作業である"ため，時間がかかるのなら，そこまで言及すべきです。また1つ目の項目には，なぜ予算資料の作成が手作業で行われているか，その原因が書かれていません。

　2つ目の「予算編成システム」の項目には，「予算編成システムは操作が複雑であるため，あまり使われていない」とあります。これが予算資料の作成が手作業で行われる原因であるなら，1つ目の項目と関連づけて書くべきです。

　3つ目の「予算資料」の「予算資料は文字と数字ばかりである」という記載も問題点ではありません。例えば，この結果，視覚的にわかりにくい予算資料だというならば，その点を指摘すべきです。

　4つ目の「適時性」の項目を見ると，「経営者は予算資料について為替レー

図表1　記載がバラバラ

予算編成における問題点

違反例

> 予算資料の作成には時間がかかり，資料の内容はわかりにくい。
> 経営者の質問に適時に回答できず，予算の妥当性を検討する時間がない。

	項目	内容
1	手作業	・ 予算資料の作成は手作業である
2	予算編成システム	・ 予算編成システムは操作が複雑であるため，あまり使われていない
3	予算資料	・ 予算資料は文字と数字ばかりである
4	適時性	・ 経営者は予算資料について為替レートの影響がどうなるか質問しても適時に答えを入手できない
5	分析ツール	・ 予算資料に基づいて，為替レートの影響を分析するツールがない

トの影響がどうなるか質問しても適時に答えを入手できない」とあります。主語は経営者です。今までの項目では，予算資料を作成する側の観点から書かれていましたが，明らかに主語が異なります。一覧表では，（項目が主語によって分けられている場合を除いて）項目ごとに主語が変わると，わかりにくいものです。

　5つ目の「分析ツール」では「予算資料に基づいて，為替レートの影響を分析するツールがない」とあります。例えば，分析ツールがないと，為替レートの影響について経営者からの質問に適時に回答できないのなら，4つ目と5つ目の項目を関連づける必要があります。

メッセージをヒントに考える

　どうしたらよいでしょうか。5つの項目の中には，相互に関連づけて説明したほうがわかりやすいものが含まれています。メッセージボックスをみると，予算編成における問題点は「予算資料の作成には時間がかかり，資料の内容は

300   Section 7   スライドの作成⑤：論理の技術

わかりにくい。経営者の質問に適時に回答できず，予算の妥当性を検討する時間がない」ですから，これを，①資料の作成に時間がかかる，②資料の内容がわかりにくい，③質問に適時に回答できない，という3つの問題点に分けます（図表2）。

図表2 記載を整える

①資料の作成に時間がかかる原因は，予算編成システムが使いづらく，予算資料の作成をほとんど手作業で行っているためです。②資料の内容がわかりにくいのは，予算資料が文字と数字ばかりで，図表など視覚的に工夫されていないことが原因です。また，③質問に適時に回答できない原因は，為替レートの影響の分析ツールがなく，手作業で分析することになるからです。

一覧表を使えばみた目はすっきりしますが，その内容まで整理されるわけではありません。メッセージは何か，一覧表の内容がメッセージと整合しているかどうか，よく確認することが大切です。

7-4 他もやっているから

目的の確認

> 「他もやっているから」は理由にはなりません。何かを主張するならば，その理由を「他もやっているから」に求めてはいけないのです。

それで理由になるのか

　何かの主張の理由づけが，「他もやっているから」となっている場合があります。迷っている人にとって，「他もやっているから」というのはとてもありがたい言葉です。「他もやっているのなら間違いない」，「仮に間違っていたとしても，自分だけが間違うわけではない」という安心感があるからです。

　しかし，そもそも，「他もやっているから」は，理由になるのでしょうか。他でやっていることが常に正しいとは限りませんし，自分のケースに当てはまるという保証もありません。何か主張するなら，理由を他に求めずに，なぜそれを行う必要があるか，その目的をしっかり考える必要があります。このことを違反例で考えてみましょう。

　違反例は，請求書の確認のスライドです（図表1）。どこがおかしいでしょうか。

　スライドのメッセージを読むと，「他の部門と同様にA部門も管理者が請求書を確認すべきである」とあります。現在，A部門では現場の管理者が請求書を確認していませんが，他の部門では管理者が請求書を確認しているようです。だから，A部門も管理者が請求書を確認すべきだというのがこのスライドの主張です。

　さて，この主張を支える根拠はどのようなものでしょうか。1つは，他の部門では管理者が請求書を確認するという事実，そしてもう1つは「他がやっていることは正しい（から取り入れる）」という価値観（もしくは判断基準）です。

　もし，このような価値観に従って物事を判断するなら，他がやっていることはすべて行う必要があります。これは，おかしなことです。

図表1 他の部門でやっている

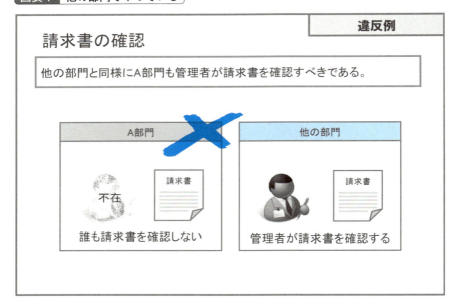

目的をしっかり考える

　何かを主張しようとするなら，その目的を書くことです。目的を書かずに，ただやるべきことだけを並べても，読み手には伝わりません。目的を理解せずに，ただ漫然と請求書の確認をしても，ムダな作業になるでしょう。

　それでは，違反例の請求書を確認する目的とは何でしょうか。管理者が請求書を確認すれば，注文と異なる誤った請求に気がつくでしょう。何らかの不正を発見できるかもしれません。請求書を確認する目的がこのようなものならば，そうはっきり書くべきです。この場合，メッセージは「正確性の担保と不正防止のために管理者が請求書を確認すべきである」となります。

　メッセージが変われば，ボディも見直します。「他の部門がやっているから」というのは理由ではありませんから，ボディの「他の部門」を削除し，代わりに「あるべきA部門の姿」を記載します。改善例をご覧ください（図表2）。

図表2　目的を明確にする

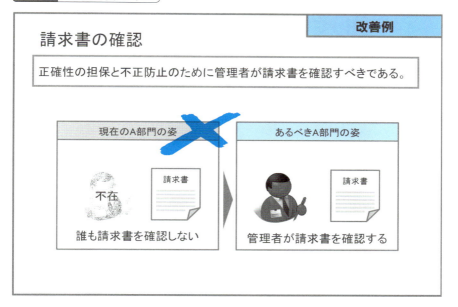

常識で済ませない

　仮に法律や社内のルールで,「管理者が請求書を確認する」と定められている場合はどうでしょう。もちろん,法律や社内のルールが求めているからという理由の書き方は可能です。法令遵守というのは納得感があるからです。しかし,メッセージとしては少し迫力に欠けます。やはり,この場合でもなぜ法律や社内のルールがそれを求めるのか,その背景にある目的を明らかにする必要があります。

　理由を考えずに,他がやっているから,常識だからといって済ませるのは楽ですし,安心でしょう。しかし,これは考えることをやめる理由づけにすぎません。こういうことを繰り返していると,思考力は衰えます。そうならないために,なぜ行うのか,なぜ必要なのかと,深く考えることが大切です。

7-5 そこに論拠はあるのか
目的の確認

> 主張をするなら論拠が必要です。もし、論拠を書かなくても済むのなら、主張の内容を読み手が常識だと受け取ることができるからです。

論拠はどこにいった

　メッセージには論拠が必要です。論拠とは、主張が正しいことを理論的に裏づけるものです。一般的な価値観や判断基準がこれに当たりますが、メッセージによっては、この論拠の記載が省略されることがあります。それは、一般に常識とされる場合です。例えば、「会社法第○条によると……する必要がある」という場合、論拠は「私たちは法令を遵守する必要がある」というものです。"法令遵守"というのは**常識**です。こういったことは、わざわざ"論拠"として書くまでもありません（むしろ、書かれると冗長です）。それでは、このこ

図表1　論拠を書く

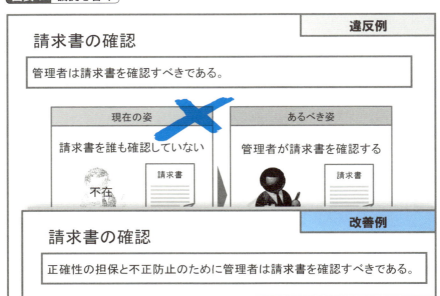

とを違反例で確認してみましょう（図表1）。

違反例のメッセージは「管理者は請求書を確認すべきである」です。この「〇〇すべき」というのが，「主張」に当たります。私たちは，自分の考えや意見をこのような形式で主張します。そして，主張の裏にはこれを支える理由づけがあります（理由づけがない場合は，ただの"スローガン"にすぎません）。「なぜ，そう考えるのか」という部分が理由づけです。

論理の構造を考える

それでは，この主張と理由づけの関係についてもう少し詳しくみてみましょう。図表2をご覧ください。

図表2　主張を支える2つの理由づけ

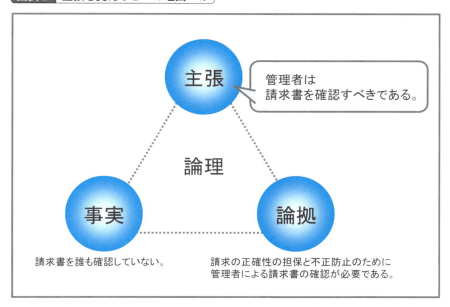

主張を支える2つの理由づけがあります。1つは，事実です。事実とは，主張が正しいことを客観的に裏づけるデータです。実例やその統計，専門家・学者などの意見，（新聞や雑誌などに掲載された）論評や論文などがこれに当た

ります。違反例の場合で考えると，ボディの「請求書を誰も確認していない」というのが事実です。

　では，もう1つの理由づけは何でしょうか。それが"論拠"です。さて，今回の主張である「管理者は請求書を確認すべきである」の論拠は，メッセージボックスにもボディにも書かれていません。ということは，論拠がなくても，「これは確かに常識だ」と感じる主張でなければなりません。

　しかし，どうでしょうか。別に管理者が請求書を確認しなくても，「担当者が確認すればよい」と考える人もいるでしょうし，「わざわざ手間をかけて確認なんかしなくてもいいじゃないか」と思う人もいるかもしれません。「管理者は請求書を確認するものだ」という考え方は，一般的な価値観として共有されてはいないのです。こういう場合は，論拠を書く必要があります。

論拠を書く

　違反例の論拠はどういうものでしょうか。それには，なぜ請求書を確認する必要があるのか，その理由を考える必要があります。請求書を確認しないとどのような問題が起きるでしょうか。取引先が誤った請求をしてきたら，過大に支払が行われるかもしれません。発注者が取引先と内通するといった不正につながる可能性もあります。このためには，取引について実態をよく把握している管理者が請求書を確認するのが一番です。

　どうしたらよいでしょうか。"管理者が請求書を確認すべき"と考える理由を書くのです。例えば，「正確性の担保と不正防止のために管理者は請求書を確認すべきである」と書きます。図表1内の改善例をご覧ください。

　メッセージは明快でも，その論拠が一般的な価値観として共有されていないと，メッセージは伝わりません。これでは，メッセージはただのスローガンです。メッセージを書くときは，その論拠も書く必要があるか，確認することが大切です。

7-6 目的を持って問題をみつける

目的の確認

> どういう目的を持って物事をみるかで，みつかる問題は変わります。
> 問題をみつけるときは，目的を意識することが大事です。

目的によって変わる

　問題とは，"あるべき姿"と"現状"とのギャップです。何かをみて「これは問題だ」とか「これは問題でない」と判断するとき，それは目的から"あるべき姿"を想定し，これとの比較で問題を考えるからです。物事をみる目的によって，みつかる問題は変わります。問題をみつけようとするなら，目的を意識する必要があるのです。このことを違反例で確認してみましょう。

　違反例のスライドは，SSC（シェアード・サービス・センター）の原稿のプロットです（図表1）。このプロットのレビューを依頼された場合，何を問題

図表1　モノサシによってみつかるものが変わる

違反例

日本版SSCの活性化

日本版SSCの問題点と活性化について解説する。

1. 日本版SSCの定義
SSCには，コストダウンを目的とするものと付加価値を高めることを目的とするものがある。後者を日本版SSCと呼ぶ。

2. 日本版SSCの効果
日本版SSCがうまく機能すれば，従業員の能力は高まる。

3. 日本版SSCの問題点
しかし，設立目的の曖昧さから有効に機能しないケースが多い。

4. 日本版SSCの活性化
日本版SSCが有効に機能するように，グループ全体で日本版SSCが最適化するようにしなければうまくいかない。

308 Section 7 スライドの作成⑤：論理の技術

として指摘すればよいでしょうか。

目的もいろいろ

　誤謬をみつけることがレビューの目的の場合を考えてみましょう。違反例の
ボディをみると，記載にわずかな言葉のゆらぎがあります。「日本版 SSC がう
まく機能」という表現と「日本版 SSC が有効に機能」が同じことなら，表現
を揃えたほうがよいでしょう。

　体裁という観点からも問題はみつかります。例えば，SSC は略語ですから，
記載するときはその言葉の意味がわかるように注釈を入れるか，少なくとも正
式名称を書くべきです。原稿のタイトル（日本版 SSC の活性化）と４つ目の
セクションのタイトルが同じというのも問題です。どちらかを変えるほうがよ
いでしょう。

　もう少し踏み込んだ指摘をするにはどうしたらよいでしょうか。それは記載
の論理性をみることです。違反例の最後のパラグラフには「日本版 SSC が有
効に機能するように，グループ全体で日本版 SSC が最適化するようにしなけ
ればうまくいかない」とあります。繰り返し「するように」とありますが，そ
のために何をすべきか，手段の記述がありません。これは論理性を欠きます。

　１つひとつの記載の論理性だけでなく，これらの論理展開という観点から問
題をみつけることも重要です。違反例の場合，２つ目のセクションで「日本版
SSC がうまく機能すれば，従業員の能力は高まる」とありますが，そもそも
日本版 SSC とは何を意味するのでしょうか。その前の定義によると，「付加価
値を高めることを目的とするもの（SSC）」です。わざわざ日本版 SSC という
言葉を定義するなら，もう一方のタイプの SSC との対比か，日本版 SSC の特
徴やメリットについて話が進むと読み手は期待するものです。それは日本版
SSC がうまく機能している（付加価値の高いサービスを提供している）こと
が前提です。ところが，「うまく機能すれば」というケースで話が展開する。
読み手は戸惑います。こうみると，違反例の２つ目のセクション以降がすべて
問題です。

みえないものを探す

「書き手が書きたいことを書いているか」という点をレビューの目的にするなら，スライドをみるだけでは問題はみつかりません。書きたいことが何かを書き手に確認する必要があります。書きたいことがプロットの内容と違うならば，これは問題です。

もし，書き手が書きたいことが「SSCを活性化させるためには，経営者と従業員にコスト意識を持たせる必要がある」だとしたら，どうなるでしょうか。改善例をご覧ください（図表2）。

図表2　主張を見直す

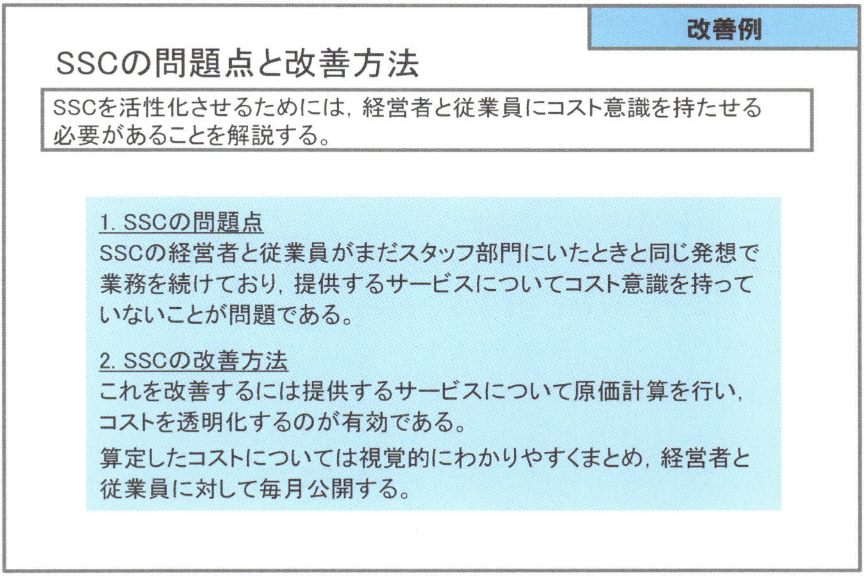

問題に軽重はあるわけではありません。表面的な問題にみえる誤謬にしても，これから出版する原稿であれば重要な問題です。しかし目的を持たなければ，（本当にみつけるべき）問題はうまくみつかりません。問題をみつけようとするなら，どういう目的なのか意識することが大切です。

310　Section 7　スライドの作成⑤：論理の技術

7-7 質問票

事実の確認

ヒアリングで質問票を準備するときは，ヒアリング相手に対する質問だけでなく，質問に関して予備知識や，質問者の意見や感想も整理しておくとよいでしょう。

2つの質問

　いきなり「今の経理部に満足していますか。『はい』か『いいえ』で答えてください」と聞かれたら，ヒアリング相手はきっと困るでしょう。満足かどうかといったことは，二者択一でなかなか答えられるものではありません。仮に『いいえ』と答えても，次に「では，どこが不満ですか？」という質問が待っています。普段から経理部の役割や機能について問題の整理でもしていない限り，こうした質問に簡単に答えられるものではないでしょう。このように，相手が「はい，いいえ」または「AかBか」の二択で答えられるような質問をクローズド・クエスチョンといいます。

　では，逆に「経理部についてどう思いますか？」と質問されたらどうでしょう。このように回答の範囲に制約がない質問をオープン・クエスチョンといいます。実は，この質問にも問題があります。質問の趣旨が曖昧なのです。ヒアリング相手に質問の趣旨を考えさせることになります。この結果，こちらの意図と異なる回答であれば，ヒアリングの目的を達成することはできません。

　それでは，どうしたらよいでしょうか。ヒアリングを行うときは，ヒアリング相手が回答しやすい状況を作ってからオープン・クエスチョンで質問するのがよいでしょう。回答しやすい状況とは，**ヒアリング相手に質問する前に，質問に関する予備知識を説明し，これから質問する内容を示したうえで，その質問について質問者（自分）だったらどう答えるか，自分の意見や感想を先に伝えることです。**これは誘導尋問ではありません。ヒアリング相手の緊張をほぐす（武装を解除する）のです。このことを違反例で確認してみましょう。

質問ばかり書いている

　図表1は，ヒアリングにあたって準備した質問票です。この会社では経理部の役割を見直そうと考えています。この取組みにあたり，経営者のニーズを確認するために質問票を作成しました。図表1のどこがおかしいでしょうか（質問票を事前に作成することが有用かどうかの議論を除きます）。

図表1　経営者のニーズを確認するための質問票（改善前）

経営者のニーズの確認
　違反例

経営者の経理部に対するニーズを確認する。

	項目	内容
1	課題	・経営者が経理部について感じている課題は何か？
2	懸念	・経営者が経理部について懸念することは何か？
3	将来像	・経営者が持つ経理部の将来像のイメージは何か？
4	役割	・経営者が考える経理部の果たすべき役割は何か？
5	期待	・経営者が経理部に対して期待することは何か？

　図表1をみると，「経営者が経理部について感じている課題は何か？」とか「経営者が経理部について懸念することは何か？」というように，すべてオープン・クエスチョンです。いきなりこういう質問をされても，経理部の役割や課題についてヒアリング相手が具体的な問題意識を持っていなければ，うまく答えることはできません。

説明することも書く

　急に質問されれば，誰だって戸惑います。それよりもヒアリング相手の緊張

312 Section 7 スライドの作成⑤：論理の技術

をほぐすのです。例えば，質問の前に，質問に関して予備知識の説明を行い，質問内容を示し，それについて質問者の意見や感想を伝えます。こうすれば，質問について考える時間が十分与えられるでしょう。図表2をご覧ください。

図表2 経営者のニーズを確認するための質問票（改善例）

改善例

経営者の意見の確認

経理部の役割，問題，取組みに関して，経営者の意見を確認する。

	項目	内容
1	役割	・経理部はROE向上や健全性を高める諸施策を積極的に提案してきた。 ・経営者が考える経理部が果たすべき役割を確認する。
2	問題	・経験豊かな経理部員の減少やグループ会社とのコミュニケーションの不足など解決すべき問題が多い。 ・経営者として考える経理部の問題を確認する。
3	取組み	・経理部は今後，グループ会社との人材交流や教育制度の充実に取り組む予定である。 ・経営者として経理部に期待する取組みを確認する。

　一般的には，クローズド・クエスチョンは，相手の考えや事実を明確にしたいときに有効で，オープン・クエスチョンは，相手からより多くの情報を引き出したいときに有効だとされています。しかし，それはヒアリング相手が質問内容について十分な知識と具体的な意見を持っていることが前提です。

　ヒアリングを行うときは，質問に関する予備知識を事前に説明し，これから質問する内容を示し，その質問に対する自分の意見や感想も付け加えたうえで質問することが大切なのです。

7-8 本当の理由

事実の確認

どんなに理由を並べても，考えが浅ければ，ただの"言い訳"と感じるものです。なぜそう主張するか，本当の理由をよく考える必要があるのです。

言い訳がましい

何か主張するなら，そう主張する"理由"も必要です。理由によって主張は説得力を持つからです。ただし，"ただ理由を書けばいい"というものではありません。**いくら理由を並べたところで，考えが浅ければ，"言い訳"だと受けとられるでしょう。**このことを違反例でみてみましょう。

違反例は，新会計基準の早期適用についてのスライドです（図表1）。この違反例のどこがおかしいでしょうか。

メッセージボックスを見ると，新会計基準を早期適用しない理由として「①

図表1　"言い訳"だと受け止める

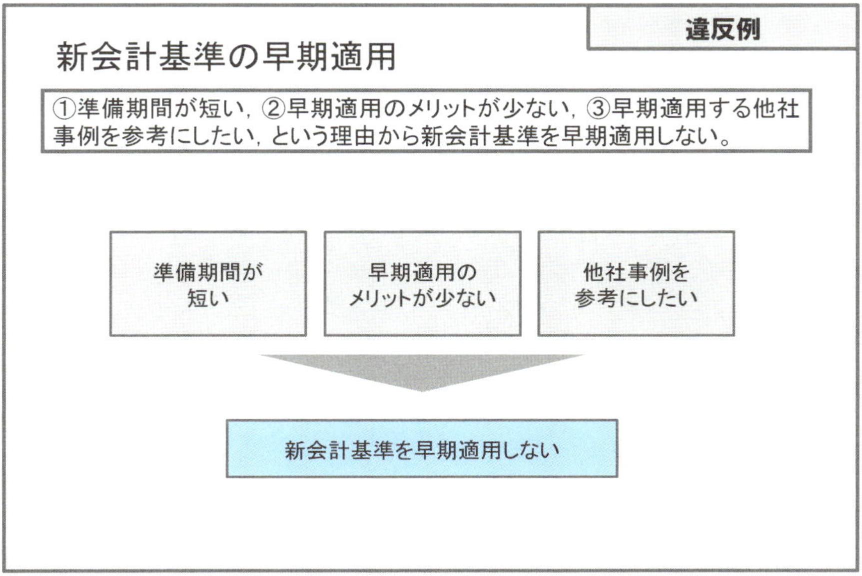

準備期間が短い，②早期適用のメリットが少ない，③早期適用する他社事例を参考にしたい，という理由から新会計基準を早期適用しない」とあります。1つずつ，確認してみましょう。

まず，「準備期間が短い」とはどういう意味でしょうか。新会計基準によっては，強制適用のタイミングよりも前に適用できる（早期適用）ものがあります。早く適用すれば，それだけ準備の期間は短くなります。

2つ目の理由の「早期適用のメリットが少ない」とは，どのようなものでしょうか。それは，新会計基準の導入で，経営情報の高度化を図るとか，新会計基準を早く導入することで，先進企業というイメージをアピールする必要がないことかもしれません。

3つ目の理由に「他社事例を参考にしたい」とあります。新しいものをどんどん取り入れるよりも，新会計基準を早期適用する他社事例を研究することで，自分たちの実務に役立てたいのでしょう。「他社と違う開示をしたくない」という慎重な，むしろ保守的な姿勢を感じさせます。

本当の理由はどれだ？

別の観点から考えてみましょう。もし，準備期間が十分にあったら，新会計基準を早期適用する可能性はあるのでしょうか。

書き手は，2つ目の理由として「早期適用のメリットが少ない」と考えています。であるならば，たとえ準備期間が十分あっても，新会計基準を早期適用することはないでしょう。

同じことは，3つ目の理由からもいえます。早期適用してしまうと，（早期適用する）他社事例を参考にすることはできません。「（準備期間が十分にあろうとなかろうと）そもそも新会計基準を早期適用するつもりがない」というのが本音なら，「準備期間が短い」というのは，新会計基準を早期適用しない「理由」ではありません。ただの"言い訳"です。

本当の理由を考える

もし，本当に「準備期間が十分あれば，新会計基準を早期適用する余地がある」と考えているなら，どうしたらよいでしょうか。その場合は，「早期適用

のメリットが少ない」とか,「早期適用する他社事例を参考にしたい」といった理由は書かないことです。「準備期間が少ない」という点に絞ってスライドを作成するのです。

　例えば,準備期間が短いとありますが,「あと何時間」あれば,対応が可能なのでしょうか。このことは,準備に必要な時間はどれくらいで,現行のスタッフが確保できる時間は何時間なのか,知らないとそう主張できないはずです。理由を絞って書こうとすれば,その点について深く具体的に考える"きっかけ"につながります。改善例をご覧ください（図表2）。

図表2　本当の理由に絞って書く

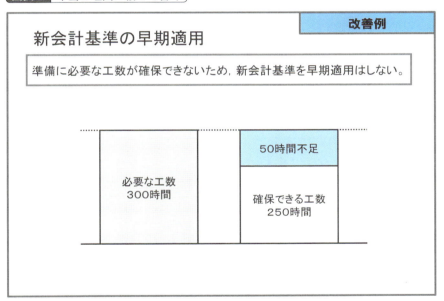

　理由をいくら並べても,これらの理由に一貫性がなければ,"言い訳"という印象を与えます。理由を書くときは,まず"本当の理由"を考えることです。本当の理由を中心に据えて,しっかり書くことが大切なのです。

316   Section 7   スライドの作成⑤：論理の技術

7-9 仮説思考
事実の確認

> 何かに取り組むときは，その取組みによって何が得られるか，あらか
> じめ結論を想定します。こうすることでムダな取組みをなくすのです。

仮説思考とは

　何かに取り組むとき，その取組みによって何が得られるのか，あらかじめ結
論（仮説）を想定しておきます。この思考方法を仮説思考と呼びます。結論も
想定せず，網羅的に調査・分析をしようとすれば，時間がかかるだけでなく，
ムダも多いものです。それより，結論を想定してから，目的に合った取組みを
考えるほうが効率的です。

　ところが，実際，仮説思考を実践するのはむずかしいようです。仮説を考え
るより，さっさと調査をしたほうが早いという心理が働くからかもしれません。

図表1　調査が目的になっている

貸倒引当金の妥当性の調査   違反例

貸倒引当金の妥当性の確認のために，グループ会社にヒアリングを行う。

> 当社の監査人から，当社グループの貸倒引当
> 金の妥当性について指摘を受けている。当期
> 中に何らかの回答をしたい。年末まであと1週
> 間である。
> 貸倒引当金の妥当性について確認するため
> に，いますぐグループ会社100社に対してヒア
> リングを行う必要がある。

7-9 *事実の確認* 仮説思考　317

このことを違反例で確認してみましょう。

　違反例のスライドは，貸倒引当金の妥当性の調査についてまとめたものです（図表1）。この違反例のどこが問題でしょうか。

仮説思考でない

　それでは，詳しくみてみましょう。違反例のスライドタイトルは「貸倒引当金の妥当性の調査」で，メッセージボックスには「貸倒引当金の妥当性の確認のために，グループ会社にヒアリングを行う」とあります。

　ボディをみてみましょう。ボディには調査が必要となる理由として「当社の監査人から，当社グループの貸倒引当金の妥当性について指摘を受けている。当期中に何らかの回答をしたい。年末まであと1週間である。貸倒引当金の妥当性について確認するために，いますぐグループ会社100社に対してヒアリングを行う必要がある」とあります。

　もし，年末までにグループ会社100社にヒアリングをすることが目的なら，すぐに実施したほうがよいかもしれません。

　しかし，それで本当にスライドの目的を達成できるでしょうか。グループ会社に訪問して経理担当者（もしくは営業担当者）に対して「この貸倒引当金は妥当ですか？」と質問したところで，「実は妥当ではありません」という答えが返ってくるでしょうか。貸倒引当金の妥当性を確認するには，時間をかけて実態を把握する必要があるのです。

　そもそも，何をもって貸倒引当金の妥当性を判断するのでしょうか。グループ会社ごとに設定しているルールで判断するならば，100社の貸倒引当金の設定ルールを把握する必要がありますし，そのルール自体が妥当かどうかも考えなければなりません。もしそうなら，ヒアリングのためにどんなに人を集めても，とても1週間では終わらないでしょう。

調査結果を想定する

　それでは，どうしたらよいでしょうか。調査で何が得られるか（または何を得るべきか）をあらかじめ想定しておくことです。年末まであと1週間です。どんな情報を得る必要があるでしょうか。

318　Section 7　スライドの作成⑤：論理の技術

　例えばそれは，グループ会社が債権残高に対してどのように貸倒引当金を設定しているのか，その傾向の把握です。例えば，貸倒引当金を1年内と1年超に分けて，グループ会社ごとに引当率を比較すれば，グループ会社ごとに一定の傾向があるかもしれませんし，もしかしたら引当率が極端に高い（もしくは低い）会社があるかもしれません。次は，そういう会社に絞って調査するといったことも考えられます。改善例は「貸倒引当金の妥当性の調査表」のイメージです（図表2）。

図表2　調査をイメージする

<table>
<tr><th colspan="9">貸倒引当金の妥当性の調査　　　　　　改善例</th></tr>
<tr><td colspan="9">貸倒引当金の設定状況と傾向を確認するためにグループ会社を調査する。</td></tr>
</table>

【貸倒引当金の妥当性の調査表（イメージ）】

	グループ会社名	1年内滞留					1年超滞留		
		債権額	調整	残高	引当金	引当率	債権額	引当金	引当率
1	A社	XXXX	XXXX	XXXX	XXXX	XXXX	XXXX	XXXX	XXXX
2	B社	XXXX	XXXX	XXXX	XXXX	XXXX	XXXX	XXXX	XXXX
3	C社	XXXX	XXXX	XXXX	XXXX	XXXX	XXXX	XXXX	XXXX
4	D社	XXXX	XXXX	XXXX	XXXX	XXXX	XXXX	XXXX	XXXX
5	E社	XXXX	XXXX	XXXX	XXXX	XXXX	XXXX	XXXX	XXXX
6	F社	XXXX	XXXX	XXXX	XXXX	XXXX	XXXX	XXXX	XXXX
7	G社	XXXX	XXXX	XXXX	XXXX	XXXX	XXXX	XXXX	XXXX
8	H社	XXXX	XXXX	XXXX	XXXX	XXXX	XXXX	XXXX	XXXX

　とりあえず調査を行っても，求める情報が得られるとは限りません。むしろ，ムダな時間を費やすという結果に陥る可能性のほうが高いものです。それよりも，仮説思考を働かせ，結果を想像するのです。スライドを作成するときは，その内容が仮説思考に基づいているかどうかチェックすることが大切です。

7−10 具体的に聞いて書く

事実の確認

> 問題の把握や解決策をみつけるためにヒアリングを行うなら，ヒアリング結果をまとめたスライドは，その役割を果たす必要があります。

目的を考える

　問題の把握や解決策の検討のためにヒアリングを行うなら，**ヒアリング結果をまとめたスライドは，問題の発見や解決策をみつける手掛かりになる必要があります。**

　そのためには，ヒアリングで具体的に質問をすることです。具体的に聞けば，ヒアリング相手もそれに答えてくれるでしょう。そのような答えには，問題の発見や解決策をみつけるヒントが詰まっているはずです。このことを違反例で確認してみましょう。

目的を果たしていない

　図表1は，材料費の増加について関係者にヒアリングした結果のスライドです。メッセージボックスの「最近，材料費が増えている。増加の原因についてはいろいろ考えられる」というのは，ヒアリング相手の発言です。どこがおかしいでしょうか。

　このスライドの問題は，ヒアリング相手の「最近，材料費が増えている」という発言をそのまま書き留めている点です。具体的に聞く余地はまだたくさんあります。そもそも「最近」とはいつのことを指すのでしょうか。「増えている」というのは，いつと比べて増えているのでしょうか。前月と比べたのか，それとも前年か，または予算と比べてなのか，これでは比較の基準がわかりません。「増えている」のは金額か，それとも比率か，これによってもイメージはだいぶ違います。材料費の中身も問題です。会社全体の材料費が増えたのか，それとも特定の事業部か，具体的にどの材料費が増加したのかも確認する必要があります。「材料費が増えている」だけでは，わかったようでわからないのです。

　ヒアリング相手の「増加の原因についてはいろいろ考えられる」という発言

図表1　ヒアリング結果のまとめ

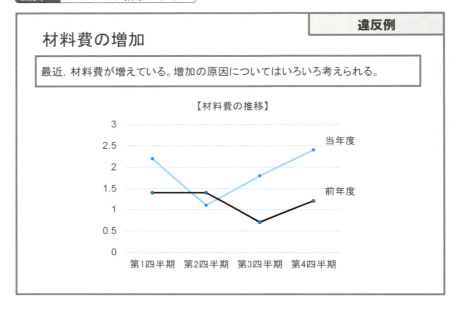

も聞き流してはいけません。（個人的な見解ですが）この「いろいろ」という発言は，信憑性に欠けることが多いのです。具体的に説明できないから，その場を取り繕うために「いろいろ」と言っている可能性があります。ヒアリング相手が「いろいろ考えられる」と発言したら，「具体的にいうと，どのような原因が考えられますか」と聞き返すべきです。「いろいろ」という発言が本当のことなら，すぐに3つぐらい具体的な原因を教えてくれるでしょう。「今はちょっと思い浮かばない」とか「最近は原因が変わってきているから，知っている事例は当てはまらないなぁ」という回答なら，この「いろいろ」という発言は当てになりません。

具体的に聞く

　どうしらたよいでしょうか。ヒアリングを行うときは，具体的に聞くことです。例えば，「材料費が前年同期の2倍，前四半期よりも33％増加している」とか，「この原因は，材料価格の高騰，円安，運送費の増加の3つである」といっ

た具体的な情報をつかむまで粘り強く聞くのです。図表2をご覧ください。

図表2 具体的に聞いて書く

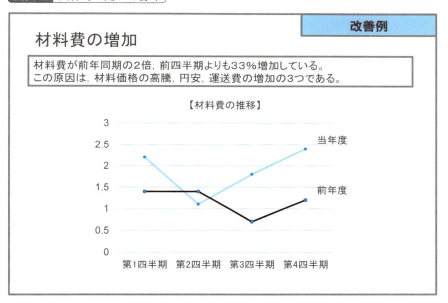

"具体的に聞く"というのは，ただ細かく聞くことではありません。問題発見や解決策をみつけるための手掛かりとするために，何らかの意図を持って聞く行為です。また，ヒアリングで入手した情報が事実かどうか，筋が通っているかどうか確認する行為でもあります。

ヒアリング相手だって勘違いもするでしょう。それを，そのまま書き留めても意味がありません。具体的に聞けば，「私は正確な情報を求めている」というシグナルを相手に送ることになります。ヒアリング結果のスライドが問題発見と解決策をみつける手掛かりになるように，質問することが大切なのです。

322　Section 7　スライドの作成⑤：論理の技術

7-11 漏れをなくす
事実の確認

> ヒアリング結果を確認するときは，ただ文字にまとめて読み上げるの
> ではなく，図表など視覚的に整理して確認するほうが漏れをなくすこ
> とができて効果的です。

相手に確認する

　ヒアリングは，漏れなく行う必要があります。ただ，この"漏れなく"とい
うのは，なかなか難しいものです。そこで，ヒアリングの最後に，ヒアリング
相手から聞いたことをスライド（またはホワイトボード）にまとめて，自分の
理解は正しいか，聞き漏らしたことはないか，確認するのです。

　このとき，ヒアリングで聞いたことをただ読み上げるだけだと，確認漏れが
生じます。ヒアリング結果は，図表など視覚的にまとめて行うほうが効果的で
す。このことを，違反例で確認してみましょう。

相手も気がつかない

　図表1は，作業屑の会計処理のヒアリング結果です。どこがおかしいでしょ
うか。

　メッセージボックスには「作業屑の会計処理についてヒアリングしたところ，
3つのことがわかった」とあります。ボディをみると，作業屑の会計処理につ
いて3つの箇条書きがあります。

　この3つの会計処理について，もう少し詳しくみてみましょう。1つ目の会
計処理は，「作業屑の売却単価が契約であらかじめ決まっているものは，契約
金額で製造原価から貯蔵品に振り替える」というものです。2つ目の会計処理
は，1つ目の会計処理の例外です。（売却単価が契約であらかじめ決まってい
る場合でも）売却金額の重要性が低い場合は，（1つ目の会計処理に従わず）
実際の売却金額で製造原価から控除するとあります。

　3つ目の会計処理は，「作業屑の売却単価が契約であらかじめ決まっていな
いものは，見積金額で製造原価から貯蔵品に振り替える」というものです。

図表1 漏れに気がつかない

違反例

ヒアリング結果

作業屑の会計処理についてヒアリングしたところ, 3つのことがわかった。

【作業屑の会計処理】

- 作業屑の売却単価が契約であらかじめ決まっているものは, 契約金額で製造原価から貯蔵品に振り替える。

- ただし, 売却金額の重要性が低い場合は, 実際の売却金額で製造原価から控除する。

- 作業屑の売却単価が契約であらかじめ決まっていないものは, 見積金額で製造原価から貯蔵品に振り替える。

　ここで疑問が生じます。それは, 3つ目の会計処理に例外はないのかという点です。もっというと, 売却金額の重要性が低い場合はどうなるのか, ということです。こうした疑問は, (違反例の箇条書きを注意深く読まなければ) なかなかみつかりません。

　ヒアリング結果の確認は, (ヒアリングで聞いたことをただ読み上げるよりは) 図表1のように箇条書きで示すほうがよいですが, 文字だけだと, ヒアリング相手が内容の漏れに気がつかない可能性があるのです。

視覚的にまとめる

　では, どうしたらよいでしょうか。それは, マトリクスなどに書いてまとめることです。視覚的に整理して漏れをなくすのです。

　図表2をご覧ください。ここでは, 作業屑の売却単価が契約で決まっているか, 売却金額に重要性が高いかどうかという観点から, 作業屑の会計処理のケースを4つに分けています。こうすると, 聞き漏らしている点がはっきりし

ます。それは,「作業屑の売却単価が契約であらかじめ決まっていない場合で,売却金額の重要性が低いときは,どのように会計処理するのか」という点です。聞き漏らした点をヒアリング相手に質問することができるのです。

図表2 視覚的にまとめる

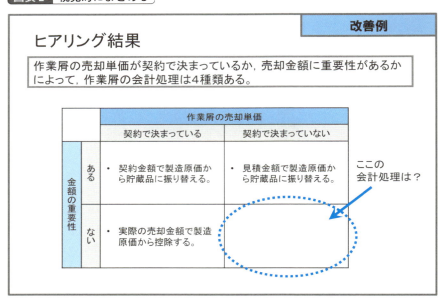

ヒアリングで聞いたことは,スライド(またホワイトボード)に視覚的に示す必要があります。自分の頭の中ではわかっているつもりでも,いざ視覚的にまとめようとすれば,なかなか大変だとわかります。

一方で,ヒアリングで聞いたことを図表に示すことができれば,自分の理解も進むものです。ヒアリング相手に確認する前に,自分の頭の中を整理しておくのです。そのうえで,ヒアリングで聞いたことが正確か,そして,ヒアリング相手に対して説明が漏れているところがないか,相手にチェックしてもらうことが大切なのです。

7-12 事実と意見を分ける

事実の確認

> メッセージを書くときは，事実と意見を分けて書きます。ところが，自分の意見を明確にするというのは，意外と難しいようです。

価値が損なわれる

メッセージを書くときは，事実と意見を分ける必要があります。意見とは，書き手個人として"考えていること"です。

ヒアリング結果をスライドにまとめる，というケースで考えてみましょう。ヒアリングで得られた情報は「事実」です。この事実に書き手の意見が混ざってしまうと，事実としての価値が損なわれます。事実は事実としてありのままに記載し，書き手の意見と分ける必要があります。

ところが，メッセージの中には，これが事実か，それとも書き手の意見なのか，はっきりしないものがあります。違反例で確認してみましょう。

誰の意見か

図表1は，ヒアリングを行った結果をまとめたものです。どこがおかしいでしょうか。

メッセージボックスをみてみましょう。そこには，「経理部にヒアリングしたところ，新しい会計基準の対応などで経理部の業務時間は毎年20％ずつ増加しており，これを削減するのは難しい」とあります。

もう少し詳しくみてみましょう。「経理部にヒアリングしたところ」という記載は事実です。では，「新しい会計基準の対応などで経理部の業務時間は毎年20％ずつ増加しており」というくだりはどうでしょうか。ボディのグラフによると，20X3年から毎年20％のペースで業務時間が増えています。このことから少なくとも「経理部の業務時間は毎年20％ずつ増加しており」という部分は事実と考えられます。

問題は「これを削減するのは難しい」という部分です。これは誰の意見でしょうか。この場合，可能性は2つあります。それは，書き手（ヒアリングを

図表 1　事実と意見が混ざっている

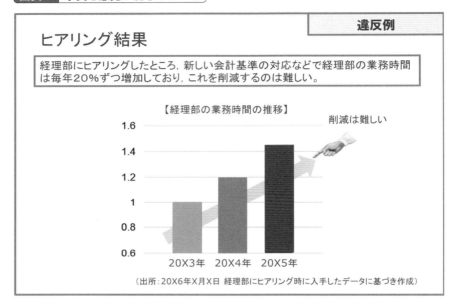

する側）の意見というケースと，ヒアリング相手の意見というケースです。「ヒアリング相手の発言」はヒアリングを通じて得られた情報ですから，ヒアリングの記録の中では事実（広義の事実）として扱われます（図表 2）。

　もし，「これを削減するのは難しい」という部分がヒアリング相手（経理部）の発言なら，どうしたらよいでしょうか。その場合は，「経理部にヒアリングしたところ，『新しい会計基準の対応などで経理部の業務時間は毎年20％ずつ増加しており，これを削減するのは難しい』という発言があった」という具合に，事実（広義の事実）であることがわかるように書く必要があります。

　まだ，問題があります。この場合，図表 1 に書かれたことは事実（広義の事実）だけで，書き手（ヒアリングをする側）の意見がありません。もし，書き手の意見がヒアリング相手と同じなら，なぜ業務時間を削減するのが難しいのか，そう考える理由を書く必要があります。図表 1 の「これを削減するのは難しい」だけでは不十分なのです。

図表2　事実と意見を分ける

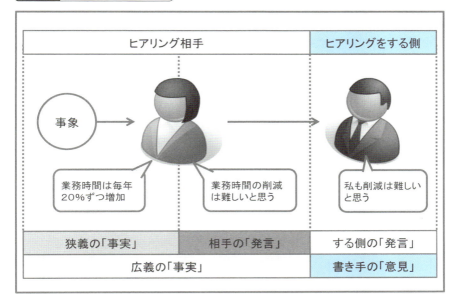

自分の意見を書く

　それではどうしたらよいでしょうか。ヒアリング相手の発言に合理性があるかどうか，自分が納得できるまで考えることです。そのためには，経理部にヒアリングしたときに入手したデータに間違いはないか，経理部の業務時間が毎年20％ずつ増加した原因は本当に新しい会計基準への対応といえるのか，事実関係の確認も必要になるでしょう。

　事実と意見を分けて書く，というのは，ヒアリング結果のスライドだけに限られることではありません。スライドを作成するときは，事実を集め，その事実に基づいて何がいえるのか，考える責任が書き手にはある，という意識を持つことが大切なのです。

7-13 問題の確認 現状を把握する

現状とあるべき姿を比較することで、問題はみつかります。現状を把握せずに、問題をみつけることはできません。ところが、現状の把握を忘れてしまうことが多いのです。

現状から始める

　問題をみつけるには、その前に現状を把握しておく必要があります。問題とは、現状とあるべき姿の差異です。問題は、現状とあるべき姿を比較することによってみつかります。ところが、これが案外難しいようです。

　もともと、私たちは"向上心"が旺盛です。常に、もっとよくしよう、素晴らしいものにしようと考える傾向にあります。このため、あるべき姿を描くことには関心を持っても、現状を把握するということに、無頓着になるのかもしれません。

　現状を知らずに、問題を整理することはできません。現状をきちんと把握するから、問題がみつけられるのです。このことを違反例で確認してみましょう。

現状を把握していない

　図表1は「事業計画の作成シート」です。この「事業計画の作成シート」は、事業部の責任者が、翌期の事業計画の作成にあたって"想定したこと"を記入するための書式です。

　この書式のどこがおかしいでしょうか。

　ボディをみてみましょう。ボディには、①全社の経営方針、②翌期の経営環境、③事業戦略、④事業計画の概要、の4つの項目があります。事業部の責任者は、会社全体の経営方針を理解し、翌期の経営環境を予想し、事業部の戦略（事業戦略）を立てたうえで、事業計画を立案します。

　今回のケースでは、事業計画自体は、損益計算書（P/L）と貸借対照表（B/S）の2つになりますが、これは"数値"が中心です。この数値がどういう想定で設定されたのか、事業計画の内容を第三者にもわかるようにするために、

図表1 現状を把握していない

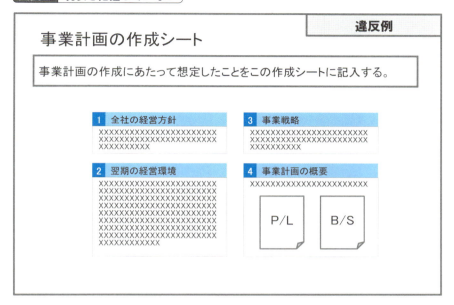

「事業計画の作成シート」の記入を求めています。

さて、違反例のボディをよくみると、ある項目が抜けていることに気がつきます。それは「現状分析」です。このシートには、事業部の現状について記載する箇所がありません。これでは、当期の事業環境はどのようなものか、事業部の実績はどうだったのか、当期の事業計画は達成できそうか、当期の事業計画と実績に乖離があるならばその原因は何か、事業部の責任者が現状をどのように分析しているのか、わかりません。

翌期の計画は、現状と無関係ではありません。当期の反省のうえで、翌期の計画が作成されます。過去を振り返り、問題を把握し、その改善に努めます。問題とは、現状とあるべき姿の差異ですから、問題を把握するには、まず、現状を把握する必要があります。図表2をご覧ください。

問題を把握できない

現状という事実に向き合って整理するのは地味な作業です。それよりも、将

図表2　現状を分析する

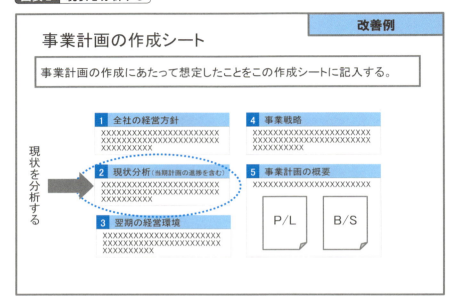

来について考えるほうがずっと楽しいでしょう。あるべき姿のほうに関心が向いてしまうのは、しかたがないことかもしれません。しかし、いくらあるべき姿のことを考えても、現状を把握していなければ、現実離れした事業計画になるおそれがあります。

　問題は、現状とあるべき姿を比較することによってみつかります。逆にいうと、現状を把握しない限り、問題をみつけることはできません。問題を把握せずに、"あるべき姿"を正しく描くことはできないでしょう。

　現状を整理すれば、いま何ができていて何ができていないか、何が必要で何が不要かを考えるようになります。現実に向き合えば、無謀な目標を設定することもなくなるはずです。問題をみつけようとするなら、まず現状を正しく把握することが大切なのです。

7 -14 問題の大きさを示す

問題の確認

問題とは，現状とあるべき姿との差異です。ところが，状況によって
は"現状"の代わりに"成り行きの姿"と"あるべき姿"の差異を比
較したほうがよいこともあるのです。

2つの姿

2つの"将来の姿"があります。1つは，"あるべき姿"。これは，こうあら
ねばならない，こうあるべきであるという将来の姿（Should be）のことです。
もう1つは，"成り行きの姿"。このまま何もせずに放っておいた場合の将来の
姿（Will be）を意味します。

さて，"問題"を考えるとき，どちらの"将来の姿"を想定すればよいでしょ
うか。"問題"とは，現状と"あるべき姿"の差異です。ですから，"問題"を
考えるときは現状と"あるべき姿"を比較します。ただ，問題の大きさを示す
ときには注意が必要です。もし，現状をこのまま放置しておくと，状況がずっ
と悪くなるとしたら，どうでしょう。この場合，「問題」の大きさを示すため
に"あるべき姿"と比較すべきは，"現状"ではなく，それを放置した姿（成
り行きの姿）です。このことを違反例で考えてみましょう。

あるべき将来

図表1は，決算の早期化についてまとめたものです。どこがおかしいでしょ
うか。

メッセージボックスをみてみましょう。「月次決算日を現在の10日から7日
に3日間短縮する必要がある。なお，熟練スタッフの減少，会計基準の複雑化
で，このままでは月次決算日は12日になる」とあります。

月次決算は，現状が10日，あるべき姿が7日であることから，その差異は3
日です。決算の早期化で問題となるのは，この3日のギャップを解消すること
だと，思うかもしれません。でも，少し考えてみてください。経理部門は，熟
練スタッフが減っていくなかで，会計基準はどんどん複雑になっていくという

図表1　問題の大きさを示していない

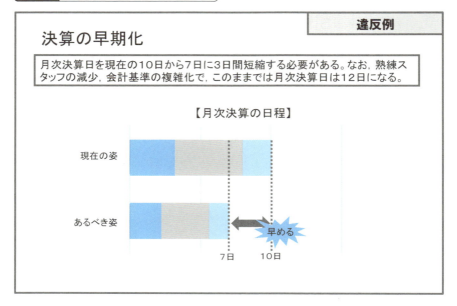

状況にあります。となると、現状の10日を維持することすら今後は難しいはずです。それを、さらに7日に短縮しようとするのなら、問題を単に3日だけと捉えるのは十分ではありません。

　このまま何もしなければ、現状の月次決算の日程（10日）すら維持できなくなる、という場合は、"問題"の捉え方を見直す必要があります。本来の定義によれば、"現状"と"あるべき姿"の差異が「問題」ですが、このケースの場合は、"現状"の代わりに"成り行きの姿"と"あるべき姿"の差異を「問題」として示す必要があるのです。

　具体的にいうと、現状を放っておくと、熟練スタッフの減少と会計基準の複雑化で、月次決算日は12日になります。であるならば、経理部門として取り組むべき課題は、成り行きの姿（12日）とあるべき姿（7日）を解消することでしょう。

　図表2をご覧ください。このときのメッセージは「熟練スタッフの減少、会計基準の複雑化で、このままでは月次決算日は12日になる。決算を早期化する

には，実質的に5日間の短縮努力が必要である」となります。また，ボディには，"現在の姿（10日）"に加えて，"成り行きの姿（12日）"を記載し，"あるべき姿（7日）"を実現するためにどれほどの努力が必要なのかを視覚的にも示す必要があります。

図表2 問題の大きさを示す

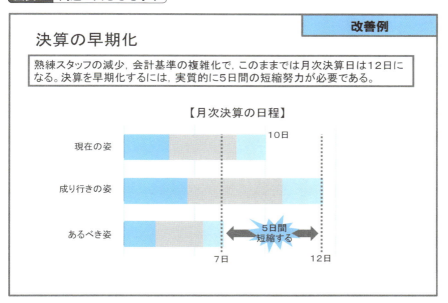

"成り行きの姿"が現状よりも大きく悪化する場合，現状を維持するだけでも，それは立派な改善行為です。そのような状況で，現状よりもさらによくするのであれば，単に現状と"あるべき姿"を比較しても，その問題の大きさは読み手にはわかりません。このまま放っておくとどのような問題が起きるのか，それを維持するだけでもどれだけの苦労が必要なのか，これらが読み手に伝わるように示すことが大切なのです。

334   Section 7   スライドの作成⑤：論理の技術

7-15 問題の構造を考える

問題の確認

> 問題は階層的な構造をとっています。問題を解決するには，問題の構造を捉え，その問題の発生原因を特定する必要があります。

構造的に捉える

　問題とは，現状とあるべき姿の差異です。そして問題には発生原因があります。その原因（という事象）も，現状が望ましい状態（あるべき姿）とは異なるから，問題を生むのです。そして，この問題にもやはり発生原因があります。問題は階層構造をとっているのです。**根本的な問題（真の原因）をみつけられるかどうかは，問題を構造的に捉えることができるかどうかで決まります。**このことを違反例で考えてみましょう。

対症療法

　図表1は，原価資料の間違いの原因とその解決策をまとめたものです。どこがおかしいでしょうか。

　メッセージボックスには「『原価資料』の外貨換算に間違いがあるため，資料の修正が必要である」とあります。確かに，外貨換算レートの適用に間違いがあれば，修正するのは当然です。しかし，この解決策で十分でしょうか。原価資料の間違いは，"氷山の一角"かもしれません。目の前で生じている事態に対処することを"対症療法"といいます。表面的な問題を解決しても，根本的な解決には至っていないため，また同じような間違いが生じる可能性があるのです。

　それでは，「間違いの傾向」を調べてチェックを徹底するというのはどうでしょうか。例えば，月末に換算されたデータに間違いが多かったら，その換算結果について"チェックを徹底する"という解決策です。

　確かに，問題が発生する傾向に着目すれば，外貨換算の間違いを効率的にみつけることができそうです。しかし，これは外貨換算の間違い自体を防ぐ方法ではありません。問題が発生してから対処するという点では，最初の解決策

図表1　原価資料の間違い

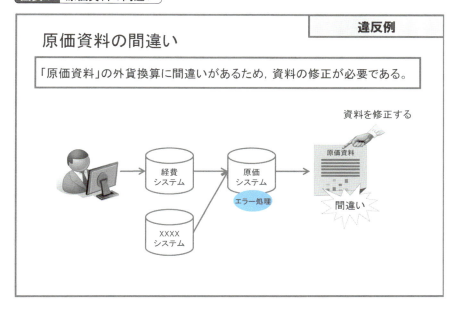

（資料の修正）と変わりないからです。

問題の構造を考える

　そもそも、なぜ外貨換算の間違いが発生したのでしょうか。直接的な原因は、原価システムのエラー処理です。では、どうしてエラー処理が起きたのか。その原因を調べると、経費システムから入力されてくる外貨データについてのみ、誤りが発生していることがわかりました。

　そこで、今度は、この経費システムが外貨データをどう処理するかを調査します。請求書未到着の経費をこのシステムに入力するときは、入力担当者が"請求書未到着のフラグ"を立てることになっています。そして、もし、このフラグを立て忘れたら、その後のプロセスでエラー処理が発生するのです。

　それでは、どうしたらよいでしょうか。1つは、入力担当者にミスをさせないようにすることです。例えば、経費システムの入力画面を改良し、（請求書が到着しておらず）請求書番号を入力できないならば、請求書未到着のフラグ

を立てないと，その先の処理ができないようにするのです。図表2をご覧ください。

図表2　経費システムに問題がある

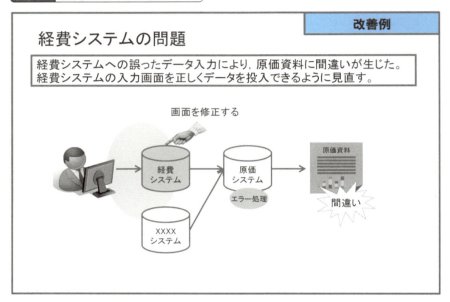

　誤ったデータを修正するというのは，問題を解決したことにはなりません。これは事後的な解決策ですし，対症療法です。これでは，今後も同じような問題が生じる可能性があります。問題の発生傾向に注目すれば，より予防的な解決策となるかもしれません。ただ，それでも問題の根本原因を解決していないため，問題の再発を完全に防げるわけではないのです。

　解決策を考えるときは，なぜ，問題が発生したのか，その原因を階層的に整理する必要があります。そして，問題の根本原因を特定し，これを取り除くことが大切なのです。

7-16 問題の確認 原因も書く

問題を指摘するだけでは，解決策はみつかりません。問題の原因がわからないと，よい解決策を考えることができないからです。

原因を把握しているか

　問題を認識することは大事ですが，それだけでは，よい解決策はみつかりません。問題を解決するには，どうしてその問題が発生したのか，問題の発生原因を把握する必要があります。

　問題を報告する場合も同じです。問題を指摘するだけでは，解決策を検討することはできません。原因が書かれていなければ，よい解決策を考えることができないからです。このことを違反例で確認してみましょう。

原因がわからない

　図表1は，経理部門の問題点についての報告です。違反例のどこがおかしいでしょうか。

　メッセージボックスをみてみましょう。「経理部門は事業部の予算編成の妥当性をチェックする役割を負うが，実際は，事業戦略を理解せずに予算数値の分析を行っている」とあります。もし，経理部門に期待される役割が，"事業戦略を理解したうえで予算編成の妥当性をチェックする"だとしたら，"それ"ができていないことは問題です。

　では，この情報から，どんな解決策が考えられるでしょうか。「事業戦略を理解せずに予算数値の分析を行っている」のならば，これからは「事業戦略を理解してから予算数値の分析をすべきである」と主張したところで，問題の解決にはなりません。事業戦略を理解せずに予算数値の分析を行うのには，理由（原因）があるからです。その理由を解決せずに，（真の）問題解決はできません。

　もちろん，問題の原因は1つとは限りません。問題の原因が複数あるならば，解決策もそれぞれ異なる可能性があります。問題の原因を幅広く捉える必要が

図表1　経理部門の問題点

経理部門の問題点　　　　　　　　　　　　　　　違反例

経理部門は事業部の予算編成の妥当性をチェックする役割を負うが、実際は、事業戦略を理解せずに予算数値の分析を行っている。

経理部門の役割

実際の姿

あるのです。

原因を考える

　違反例の場合，問題の発生原因には，どのようなものがあるでしょうか。それは，例えば，経理部門のスタッフが不足していて事業戦略を理解する余裕がない，予算編成の妥当性チェックに必要な情報を入手する権限がない，事業戦略を理解するだけの専門性が不足している，経理部門は予算の妥当性についてチェックする責任を負っていない，そもそも具体的な事業戦略自体が存在しない，といったものです。

　問題の原因ごとに対応（解決策）は変わってくるはずです。もし，「経理部門のスタッフが不足していて事業戦略を理解する余裕がない」というのが問題の原因だとしたら，「経理部門のスタッフの増加」や「経理部門の業務の削減」といった解決策が考えられるでしょう。「事業戦略を理解する」には，どういう"アクション"が必要になるか，という観点から考えてみるのも，おもしろ

いかもしれません。例えば，日ごろから事業部のメンバーとのコミュニケーションをとるとか，営業戦略会議に参加するといった方法で事業戦略について理解を深めることができるなら，これを行えるように「経理部門の業務の時間配分」を見直したり，「交流の機会が増えるようなしくみ」を整備したりする，という解決策も有効になると考えます。

「事業戦略を理解せずに予算数値の分析を行っている」という問題の裏には，その問題を引き起こした原因があるはずです。その原因を整理できれば，より効果的な解決策を検討することができるでしょう。図表2をご覧ください。

図表2　経理部門の問題点と原因

経理部門の問題と原因　　改善例

経理部門は事業部の予算編成の妥当性をチェックする役割を負うが，実際は，事業戦略を理解せずに予算数値の分析を行っている。この原因は5つである。

	項目	内容
1	人数	通常業務の負担が大きく，スタッフが不足している
2	専門性	事業戦略を理解するための専門性が不足している
3	権限	予算の妥当性チェックに必要な情報を入手する権限がない
4	責任	妥当性チェックの結果について責任を負わない
5	事業戦略	そもそも具体的な事業戦略自体が存在しない

原因 → 問題：数値の分析を行っている／事業戦略を理解せずに予算

問題を報告するだけで，安心してはいけません。問題の原因についても調査し，報告する必要があります。原因によって問題の解決策は変わります。問題の発生原因を幅広く捉えることが大切なのです。

340 Section 7 スライドの作成⑤：論理の技術

7-17 問題の確認
思い込み

> 書き手に"思い込み"があると，問題でもないことを問題だと思ってしまうものです。思い込みは，なくす必要があるのです。

説明義務

　「問題だ」と指摘するならば，なぜ問題なのか，その理由を説明する必要があります。ところが，「本来はこうあるべきだ」といった"思い込み"があると，それ以上，考えようとはしません。その結果，本当は問題でもないことを「問題だ」と思ってしまうことがあるのです。このことを違反例で確認してみましょう。

"思い込み"がある

　図表1は，グループ原価管理の問題点についてまとめたものです。違反例のどこがおかしいでしょうか。

　メッセージボックスには「グループでコストダウンを図るために必要な連結原価を見ることができない」とあります。"連結原価"という聞き慣れない言葉が使われていますが，これだけでは，まだわかりません。

　ボディをみると，連結原価の内容が示されています。この会社（グループ）では，製造子会社がまず製造を行い，親会社がこれを仕入れて加工してから販売しています。製造子会社は親会社に製品を売るときに一定の利益を上乗せします。親会社はこの利益を含めて材料費とみなし，さらに加工を加えます。連結原価は，製造子会社と親会社が1つの組織だと仮定して，材料費と加工費がそれぞれいくらか示したものです。製造子会社と親会社は一体なので，製造子会社が計上した利益は"連結原価"に含まれません。連結原価をみれば，（理論上）グループ全体の製品原価を知ることができる，というわけです。

　さて，あらためて違反例をみてみましょう。どこがおかしいでしょうか。そのヒントは，"思い込み"にあります。きっと，違反例の書き手には「連結原価はコストダウンに役に立つ」という思いがあるのでしょう。では，この"書

図表1 "思い込み"がある

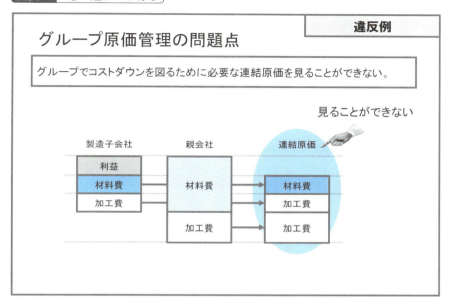

き手の思い"は本当に正しいのでしょうか。なぜ，連結原価はコストダウンに役に立つのか，他の原価情報で代替できないのか，よく整理する必要があります。

そもそも，コストダウンに取り組むことが目的なら，製造コストの内訳を把握すればよいのです。製造コストのどこに削減する余地があるかは，各社の製造コストの内訳をみればわかるはずです。わざわざ連結原価を計算する必要はありません。

惑わされない

では，どうしたらよいでしょうか。この会社（グループ）の場合，コストダウンに必要な情報がとれないことが問題ですから，このメッセージは「コストダウンを図るために必要な製造子会社のコストが把握できない」となるでしょう。図表2をご覧ください。

情報は多いほうがよい，と考える風潮があります。このため，このケースの

図表2 "思い込み"をなくす

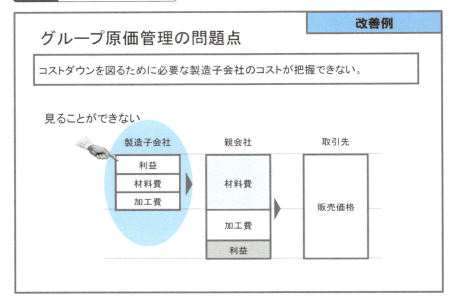

ように連結原価という情報を収集していないだけで，それが問題のように扱われます。必要がないのなら，情報を収集していないことは問題ではありません。むしろ，目的を持たず，ただ情報を収集するほうが問題なのです。

これは，情報を集めるのに追加のコストがかからない場合でも同じです。必要もない情報を集めれば，その情報を管理するためにムダな作業が増えるからです。逆に，本当に必要な情報ならば，たとえ手間がかかっても情報収集をあきらめるべきではありません。

「これはよいものだ」という思い込みは，誤った問題の認識につながります。そして，こうした思い込みは，なかなか気がつかないものです。何かを問題だと思っても，必ずそれを疑う必要があります。なぜそれが問題といえるのか，納得できるまで考えることが大切なのです。

7-18 変化を捉える

問題の確認

何かが変化したら，何に影響を与えるのか，影響の範囲を特定する必要があります。影響は，1つだけとは限りません。変化の影響は幅広く捉える必要があるのです。

影響の範囲を特定する

"変化"は問題をみつける"手掛かり"になります。問題とは，現状（現在の姿）と目標（あるべき姿）の差異（ギャップ）です。例えば，変化によって"現状"が変わるとしたら，どうでしょう。現状と目標との差異も変われば，新たな「問題」が生じることを意味します。

変化の影響は1つとは限りません。**変化の影響が，新たな「問題」を生み，その問題によってまた"新たな変化"が生じるなら，その数だけ新たな「問題」を生まれる可能性があります。変化が直接及ぼす影響だけに注目せず，変化の影響を幅広く捉える必要があるのです。**このことを違反例で確認してみましょう。

変化の影響の捉え方が甘い

図表1は，会計基準の変更の影響をまとめたものです。どこがおかしいでしょうか。

メッセージボックスをみてみましょう。「会計基準の変更に伴い，予算実績管理制度のルールを見直す必要がある」とあります。この会社の予算実績管理制度のルールが古い会計基準に準拠しているならば，会計基準の変更は予算実績管理制度のルールに影響するはずです。

問題は，会計基準の変更の影響をどう捉えるかです。会計基準の変更の影響は，予算実績管理制度のルールだけなのでしょうか。

多くの場合，管理会計を利用した経営管理のしくみは他にもあります。それは，中期経営計画制度，業績評価制度，原価管理制度，投資管理制度といったものです。そして，これらの制度は，独立して存在していません。"情報"と

344　Section 7　スライドの作成⑤：論理の技術

図表1　捉え方が甘い

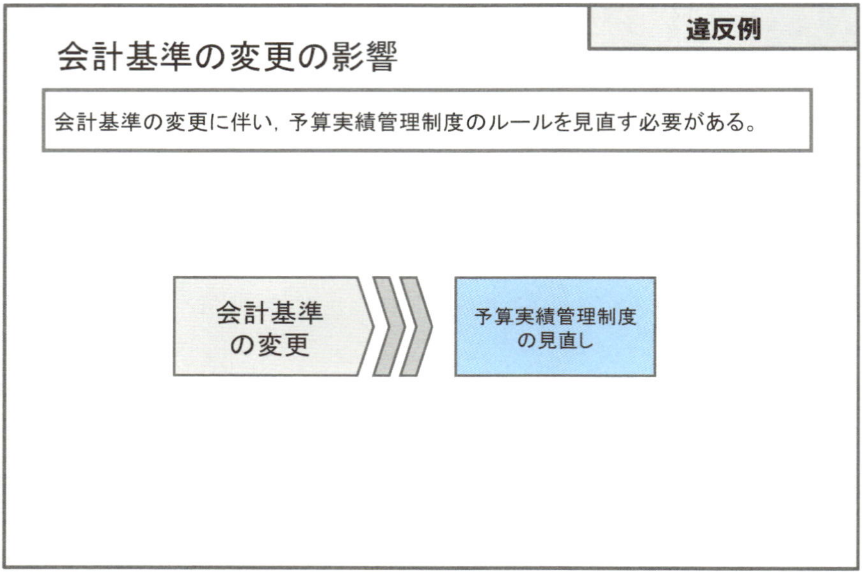

会計基準の変更の影響　　　　　　　　　　　　　　　　違反例

会計基準の変更に伴い，予算実績管理制度のルールを見直す必要がある。

会計基準
の変更　　　→　予算実績管理制度
の見直し

いう点で，相互に密接につながっています。

　例えば，中期経営計画制度を考えてみましょう。この制度では，企業が3年とか5年に一度，中期経営目標を設定し，その目標を実現するために，何に取り組むべきかをまとめます。各年度の取組みは，予算に織り込まれます。予算実績管理制度は，中期経営計画を実現するための具体的な手段（経営管理のしくみ）なのです。それぞれの年度の目標は，中期経営計画を意識したものになるでしょう。また，その達成度は，まずは予算実績管理制度でコントロールし，年度ごとには中期経営計画の中で管理します。こう考えると，会計基準の変更で予算実績管理制度のルールを見直すなら，当然，中期経営計画制度の見直しも視野に入れる必要があるはずです。

関係に注目する

　図表2をご覧ください。会計基準の変更によって，まず，①予算実績管理制度のルールにどのような影響を及ぼすのか，考えます。次に，②予算実績管理

制度と他の経営管理のしくみ(中期経営計画制度,業績評価制度,原価管理制度,投資管理制度)がどういう関係にあるかを考えます。そのうえで,③会計基準の変更が(予算実績管理制度の変化を通じて)他の経営管理のしくみにどう影響するのか,考えるのです。

図表2　影響を幅白く捉える

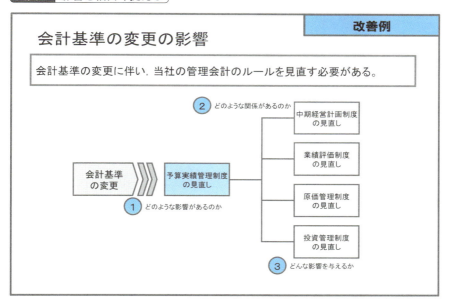

こういったことは,経営環境や経営戦略が変わる場合でもいえます。例えば,経営戦略の変更で主力事業や組織体制が変われば,これは中期経営計画制度や予算実績管理制度に影響します。この結果,業績評価制度の指標の算定方法や評価方法まで影響するのです。

何かが変化したら,その変化が直接影響しているものだけに注目するのは不十分です。影響を幅広く捉え,変化によって新たな問題が生じる可能性を受け入れる姿勢が大切なのです。

7-19 問題と解決策の数

問題の確認

問題と解決策が書いたら，それぞれの数を比べてみましょう。問題と解決策について十分に考え抜いているかどうか判断するヒントが得られることがあるからです。

問題と解決策の関係

　問題と解決策の対応関係がはっきりしないことがあります。解決策は問題の発生原因を取り除くための手段ですから，（当然のことながら）問題と解決策は対応していなければなりません。

　なぜ，問題と解決策の対応関係が不明確なケースがあるのでしょうか。原因の１つに，（問題をよく整理せずに）解決策から考えたことが挙げられます。解決策をまず考えて，そのあとに思いつくまま問題を列挙するというものです。この"過ち"には，１つひとつの問題をきちんと確認すれば，気がつくかもしれません。ただ，手間がかかります。

　そこで，**問題の数と解決策の数を比較するのです。問題と解決策の数が一致しているかどうかをみて，もし不一致だったら，その理由をじっくり考えます。**違反例で確認してみましょう。

解決策ありき

　図表１は，グループ共通の経営情報データベースの導入提案です。違反例のどこがおかしいでしょうか。

　メッセージボックスには，「現在の経営情報の管理には問題がある。これを解決するには，グループ共通の経営情報データベースを導入する必要がある」とあります。ボディをみると，経営情報の管理の問題点として５つの指摘があり，その解決策が"グループ共通の経営情報データベースの導入"です。

　問題と解決策の対応関係をみるときは，（いきなり中身を読まずに）問題と解決策の数を数えましょう。ふつう，１つの問題に対して解決策は１つかそれより多くなるものです（もちろん例外はあります）。ところが図表１では，5

7 -19 *問題の確認* 問題と解決策の数 347

図表1 グループ共通の経営情報データベースの導入提案

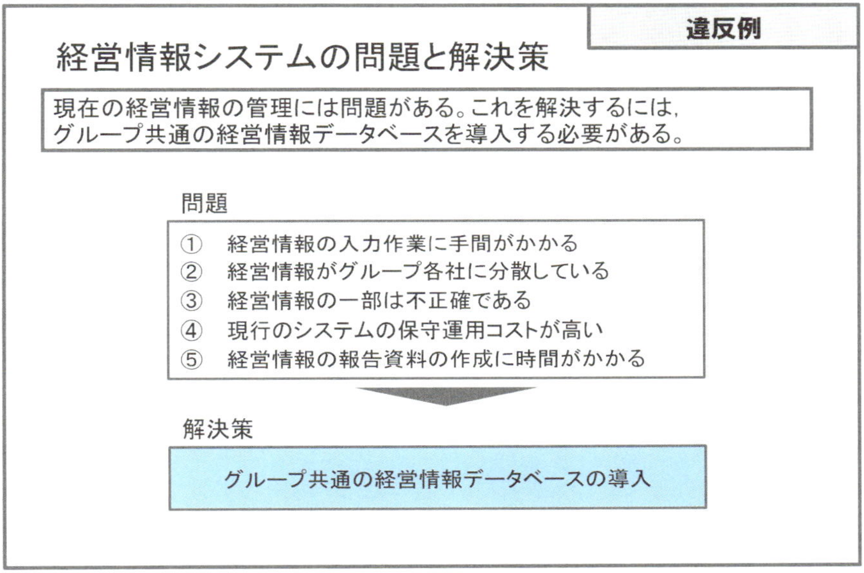

違反例

経営情報システムの問題と解決策

現在の経営情報の管理には問題がある。これを解決するには，グループ共通の経営情報データベースを導入する必要がある。

問題

① 経営情報の入力作業に手間がかかる
② 経営情報がグループ各社に分散している
③ 経営情報の一部は不正確である
④ 現行のシステムの保守運用コストが高い
⑤ 経営情報の報告資料の作成に時間がかかる

解決策

グループ共通の経営情報データベースの導入

つの問題に対して解決策は1つです。

　たった1つの解決策ですべての問題を解決できるというのは，少しウマい話です。こういう場合，むしろ5つの問題がグループ共通の経営情報データベースの導入ありきで，それを正当化する理由づけに「問題」が列挙されているという可能性もあります。

　問題は実際に存在するのか，その解決策で問題の原因を取り除くことができるか，確認する必要があります。「グループ共通の経営情報データベースの導入」以外の方法について考えてみるというのも，よいでしょう。例えば，現行のシステムを改修するという方法はとれないか，そもそも収集する経営情報自体を減らす（見直す）ことはできないか，を考えるのです。

問題と解決策の数の関係

　ここで，問題の数と解決策の数は，どのような関係にあるか，考えてみましょう（図表2）。

348　Section 7　スライドの作成⑤：論理の技術

　先ほどの違反例は，問題がn個で解決策が1つという場合です。では，問題がn個で解決策がm個の場合はどうなるでしょうか。この場合は，問題と解決策の対応関係が一層不明確になります。書き手は，n個の問題をよく整理せずに解決策を列挙したかもしれません。どの問題に対してどの解決策が有効なのか，対応関係を確認する必要があります。

　問題と解決策がともに1つずつか，問題が1つで解決策がm個の場合は，形式的には問題ありません。あとは，これらの解決策が同時に実行可能か，解決策が問題の発生原因を取り除くために本当に有効かどうか，じっくり考えればよいのです。

図表2　問題と解決策の数の関係

		解決策の数	
		1個	m個
問題点の数	1個	形式的には問題ない 問題点との対応関係を詳しく確認する	形式的には問題ない 解決策の組み合わせと 問題点との対応関係を詳しく確認する
	n個	思いついた問題点を羅列したか 解決策がいい加減な可能性を疑う	問題点と解決策の対応 が妥当かどうか確認する

　何か提案したいことがあると，"気持ち"のほうが先走ってしまうものです。しかし，「問題」は提案を受け入れてもらうための手段ではありません。解決策よりも問題の数が多いときは，解決策の内容を疑うことが大切なのです。

7-20 解決策の確認
解決策は具体的か

ある目標を達成するには，その目標を実現するための道筋（解決策）が具体的でなければいけません。解決策が具体的でなければ，その実現は難しいでしょう。

目標と解決策

どんなに立派な目標を立てても，その実現のための具体的な道筋（解決策）を設定しなければ，目標を達成することは難しいでしょう。

問題とは，現状と目標（あるべき姿）との差異であり，解決策はこの問題の発生原因を取り除く手段です。**目標を実現するには，具体的な解決策を設定しなければならないのです。**このことを違反例で考えてみましょう。

解決策が明確でない

図表1は，データベースの利用料の負担に関する対応方針です。違反例のどこがおかしいでしょうか。

違反例について，もう少し背景を説明しましょう。情報システム部門は，ユーザーである各部門が使用するデータベースのライセンス料をベンダーにまとめて支払っています。各部門は，あらかじめ定めたデータベースの使用割合で，データベースの利用料を負担するというルールです。

ここで，問題が発生しました。それは，データベースの利用料の追加負担です。現在，経理部門は "会計システム" の導入を検討しています。もし，会計システムを導入するとなると，データベースの利用料が増える可能性があります。

経理部門としては，利用料の負担割合が増えないようにするために，どうすべきか考えました。違反例は，情報システム部門と交渉するにあたって，経理部門の「（データベースの）利用料の負担に関する対応方針」をまとめたものです。

では，経理部門の解決策とは，どのようなものでしょうか。違反例のボディをみると，「経理部門のデータベースの利用料の負担が増えないように，情報

350　Section 7　スライドの作成⑤：論理の技術

図表 1　利用料の負担に関する対応方針

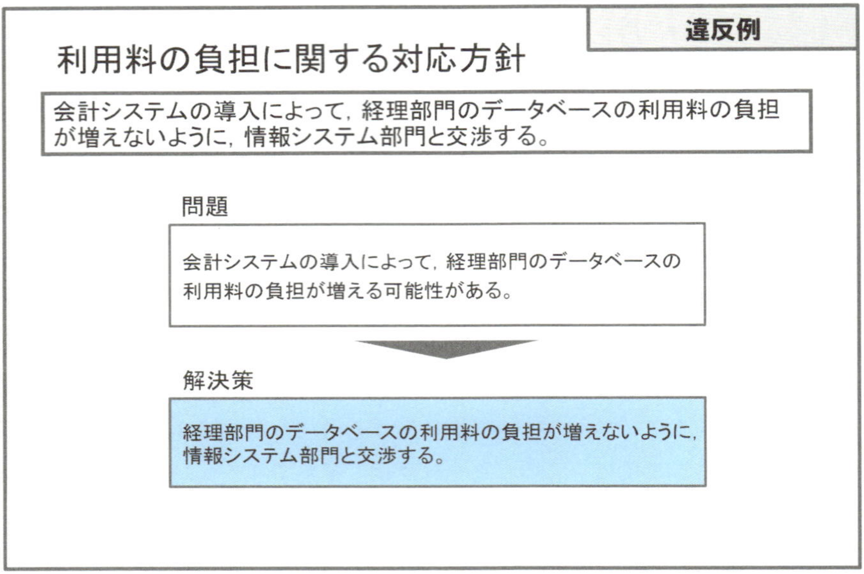

システム部門と交渉する」とあります。

　確かに，経理部門のデータベースの利用料の負担が増えないようにするには，情報システム部門と交渉する必要はあります。ですが，これでは“解決策”とはいえません。交渉するのは，“当たり前”です。考えるべきことは，“自分たちの主張を受け入れてもらうために，どう交渉すべきか”，ということです。

　違反例のケースでいうと，例えば，会計システムの導入によって①データベースに格納する情報量が増えないこと，そして②ベンダーへのライセンス料も変わらないこと，情報システム部門に説明することです。客観的なデータを示し，経理部門のデータベースの利用料の負担割合が変わらないようにするのです。

目標と解決策の関係

　“解決策”を具体的に設定するためには，その前提となる“目標”も具体的でなければいけません。違反例のケースでいうと，「会計システムの導入によっ

て，経理部門のデータベースの利用料の負担が増えないよう」にする，というのが目標ですが，まだ具体性に欠けます。情報システム部門の誰と，いつまでに，どのような合意を得るのか，についても目標として定めるのです。

　目標が具体的でないのに，解決策が具体的だとしたら，その解決策を疑うべきでしょう。目標が具体的でなければ，問題を把握できません。解決策を具体的に立てることもできないはずです。また，そもそも目標が具体的でないなら，どのような解決策を実行したところで，目標が達成できたか評価もできません。目標と解決策の関係は，図表2のようになります。

図表2　目標と解決策の関係

		目標（あるべき姿）	
		具体的でない	具体的である
解決策	具体的でない	夢を語っただけ	実現できない
	具体的である	誤った解決策	目標に向かって取り組める

　もし，解決策を具体的に設定できないなら，その理由を考えることです。目標が具体的でないかもしれないし，問題を把握していないかもしれません。解決策を設定するときは，その内容が具体的かどうかを確認し，常に考える姿勢を持つことが大切です。

352　Section 7　スライドの作成⑤：論理の技術

7-21 普遍的なもの

解決策の確認

解決策には，どんなときでも変わらない"普遍的なもの"と"条件に
よって変わるもの"があります。条件によって変わる解決策なら，そ
の条件と合っているか確認が必要です。

2つの解決策

　解決策には，"普遍的なもの"と"条件によって変わるもの"があります。
組織変更を例に考えてみましょう。会社が，環境の変化に対応したり，何か新
しいことに取り組んだりするとき，組織を変更します（実際には，特別な理由
がなくても，年中行事のように組織変更を行うケースもありますが）。そのとき，
問題となるのが，権限と責任の持たせ方です。これを間違うと，組織は思いも
よらぬ方向に暴走を始めます。

　組織変更で，組織にどう権限を持たせるかは，個々の条件で変わります。し
かし，"権限と責任を一致させる"という点は，どのような場合でも変わりま
せん。このように解決策には，"普遍的なもの"と"条件によって変わるもの"
があります。このことを，違反例で詳しくみてみましょう。

本当に有効か？

　図表1は，会社組織の変更についてまとめたものです。現状は，4つのグ
ループ会社を擁していますが，それぞれ地域的に近い甲と乙，丙と丁の連携が
十分ではありません。そこで，地域本部を設立して，その傘下のグループ会社
の業績に対する責任を負わせることにしました。このスライドのどこが問題で
しょうか。

　メッセージボックスをみてみましょう。「地域ごとのグループ会社の連携を強
めるために，地域本部を設置する」とあります。ボディをみると，地域本部（A，
B）が設置され，その傘下のグループ会社（甲，乙，丙，丁）を束ねています。

　一見すると，地域本部の設置で，地域の会社の連携が強まるように感じます。
ですが，問題は，この地域本部がどのような権限と責任を持つかです。単にコ

図表1　会社組織の変更

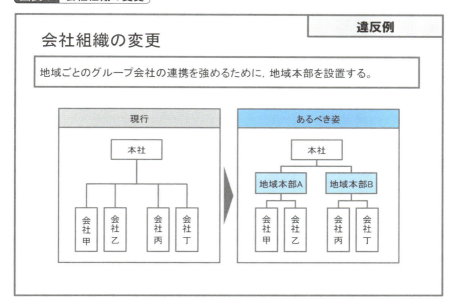

ミュニケーションをとるだけなら，このような（恒久的な）組織は必要ありません。定期的に会合すれば十分でしょう。

「屋上屋を重ねる」という諺があります。これは，屋根の上にさらにもう1つ屋根を重ねるような無駄な行為です。このケースでいうと，組織の上にさらに組織を設置することがそれです。もし，地域本部にその傘下のグループ会社の連携を強める役割を負わせるなら，それに見合う権限を持たせる必要があります。地域本部にグループ会社の経営をするだけの能力がなければ，この組織が機能しないことは明らかでしょう。

権限と責任の関係

組織を設置するときは，権限と責任を一致させる（バランスがとれている）必要があります。責任ばかりで権限がなければ，組織に所属する人々のモチベーションは失われます。それどころか，プレッシャーに耐えきれず，不正の温床になるかもしれません。

権限ばかりで責任を問われないというのも問題です。好き勝手な意見を言うが，責任を一切取らないという態度は危険です。深く考えず，思いつきで指示をされると，とんでもないことになります。組織の責任と権限の"普遍的な"関係は，図表2のようなものです。

図表2　組織の責任と権限の関係

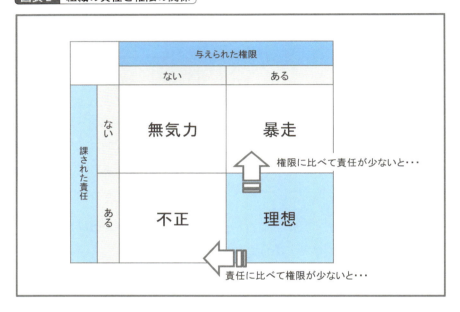

では，どこに，どれだけの大きさの権限を与えればよいでしょうか。これは，"条件によって変わるもの"です。違反例のケースでいうと，"連携を強める役割"が何か，によって決まります。

解決策には，どんなときでも変わらない"普遍的なもの"もあれば，そうでないものもあります。権限と責任は一致したほうがよいですが，組織のどこにどれだけの権限と責任を持たせるかは，条件で変わります。解決策が条件によって変わるなら，解決策がその条件に合っているか確認することが大切なのです。

7-22 根拠にダマされない

解決策の確認

根拠があるからといって，よい解決策とは限りません。根拠を変えると，まったく逆の解決策も"よい"と感じることがあるからです。

聞こえのよさ

解決策の根拠というのは，だいたい"正しい"と感じるものです。根拠は，解決策を正当化するもの（理由づけ）ですから，これは当然かもしれません。ですが，**根拠があるからといって，よい解決策とは限りません。まったく逆の解決策にも根拠はあるからです。**

そもそも，どんな解決策にも，根拠はあるものです。よい解決策は，問題を正しく捉えることによってのみ，みつかるのです。このことを事例で確認してみましょう。

根拠は妥当か

図表1は業績評価指標の見直しについてまとめたものです。どこがおかしいでしょうか。

この会社では多くの事業を営んでおり，それらを多角的に評価するために複数の業績評価指標が必要でしたが，事業を絞り込むのを機に，業績評価指標も減らすことになりました。メッセージボックスによると，「業績評価指標の数が多いと，複雑でわかりにくい。業績評価指標を減らす必要がある」とあります。

現在の業績評価指標は，収益性，キャッシュ・フロー，品質ロス，在庫圧縮の4つです。これに対して，あるべき姿とされている業績評価指標は，株主資本利益率の1つだけ。確かに，業績評価指標の数は少なくなりました。

さて，この業績評価制度の見直しの根拠は何でしょうか。図表1をみる限り，それは「業績評価指標の数が少ない＝わかりやすい」というものです。確かに，業績評価指標がたくさんあると，複雑だと感じるかもしれません。業績評価指標が少なければ，何をすれば評価されるかわかりやすいでしょう。「業績評価

図表1　業績評価指標を減らす

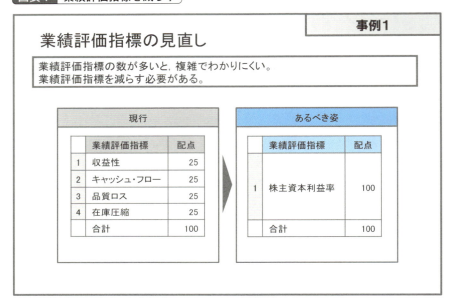

指標を減らす必要がある」という意見になります。

逆の解決策にも根拠はある

　ところが，まったく逆の結論も考えられます。例えば，この同じ会社において，事業を絞り込むのを機に，多角的な観点からその事業を評価したいと考える人がいるとしたら，どういう提案をするでしょうか。図表2をご覧ください。

　図表2には，「業績評価指標の数が少ないと，多角的な観点から評価できない。業績評価指標をもっと増やす必要がある」とあります。このメッセージの根拠は何でしょうか。それは，「業績評価指標の数が多い＝多角的な観点から評価できる」というものです。いくら事業の数を絞り込んだとしても，多角的な観点から業績を評価することは重要です。このように，逆の解決策にも根拠はあります。

　そもそも根拠とはそういうものなのです。「業績評価指標の数が少ない＝わかりやすい」と「業績評価指標の数が多い＝多角的な観点から評価できる」の

7-22 *解決策の確認* **根拠にダマされない** 357

図表2 業績評価指標を増やす

業績評価指標の見直し 事例2

業績評価指標の数が少ないと，多角的な観点から評価できない。
業績評価指標をもっと増やす必要がある。

現行		
	業績評価指標	配点
1	収益性	25
2	キャッシュ・フロー	25
3	品質ロス	25
4	在庫圧縮	25
	合計	100

あるべき姿		
	業績評価指標	配点
1	収益性	20
2	成長性	20
3	キャッシュ・フロー	20
4	品質ロス	20
5	在庫圧縮	10
6	環境経営	10
	合計	100

どちらも正しく感じます。しかし，根拠があるからといって，よい解決策とは限りません。問題の発生原因を取り除くことができるものだけが，よい解決策なのです。

　では，事例の場合，どう考えたらよいでしょうか。"人は評価される方向に動く"ものです。業績評価指標の設定は，組織に所属する人々の向かう方向に大きな影響を与えます。ですから，そのときどきの経営環境や経営戦略に"合った"業績評価指標かどうかで判断する必要があります。単純に，単一的な評価と多角的な評価のどちらが優れているというものではありません。

　解決策には根拠が必要です。だからといって，根拠だけでよい解決策かどうかは判断できません。問題を正しく捉え，その問題を解決できるかどうかを考えることが大切なのです。

358　Section 7　スライドの作成⑤：論理の技術

7-23 常識を疑う

解決策の確認

> 常識的に考えるとこういう解決策になる，と思ったら，まずその"常識"を疑うことです。常識というものが本当にあるのか，考えることから始める必要があります。

本当に常識なのか？

　「常識的に考えると，こういう解決策になる」という場合，その解決策を疑う人は少ないでしょう。いったん，常識だと思い込むと，疑う余地などないと考えてしまうものです。

　いくら常識だからといって，よい解決策とは限りません。むしろ，解決策の根拠が常識とされる場合のほうが危険なのです。**解決策が本当に常識といえるのか，根拠の中身を確認する必要があります。**このことを事例で確認してみましょう。

常識に頼る

　図表1は，経営監査の問題と解決策についてまとめたスライドです。違反例のどこがおかしいでしょうか。

　メッセージボックスには「グループ会社数が増えたため，規模の小さいグループ会社に対する経営監査を省略する」とあります。そしてボディには，経営監査の問題として「買収によりグループ会社数が急激に増えた。すべてのグループ会社を対象にして経営監査を行うと，20XX 年度中に完了できない」とあり，20XX 年度中に経営監査を完了するための解決策として，「規模の小さいグループ会社に対する経営監査を省略する」と提案しています。

　解決策について，もう少し考えてみましょう。この解決策の根拠は，「規模が小さい＝リスクは低い」というものです。常識的に考えると，「規模が小さいグループ会社は，売上も小さく，従業員も少ないだろうから，リスクも低い」と思ったのでしょう。でも，本当にそうでしょうか。規模が小さいからといって，コンプライアンスに反する経営をしていれば，グループ全体の信頼を損な

| 図表1 | 規模が小さい＝リスクが低い |

経営監査の問題と解決策　　　　　　　　　　　　　　**違反例**

グループ会社数が増えたため，
規模の小さいグループ会社に対する経営監査を省略する。

問題

買収によりグループ会社数が急激に増えた。
すべてのグループ会社を対象にして経営監査を行うと，
20XX年度中に完了できない。

解決策

規模の小さいグループ会社に対する経営監査を省略する
ことによって，予定どおり20XX年度中に完了する。

います。規模が小さいだけで，リスクが低いと決めつけるのはおかしいのです。

目的を考える

　そもそも，この経営監査の目的は何でしょうか。それは，グループ会社の経営状況を把握し，グループの経営方針に沿ってきちんと運営されているかどうかを確認することです。ところが図表1をみると，「予定どおり20XX年度中に完了する」とあります。グループ会社に対する本来の経営監査の目的よりも，予定どおり完了することが目的になっています。これでは，（20XX年度中に経営監査を完了するという）問題の解決のために，「規模の小さいグループ会社に対する経営監査を省略する」という方法が（常識的に）正しいと考えてしまうのもしかたありません。

　もちろん，予定どおり経営監査を終わらせることは重要です。しかし，それは，グループ会社の経営状況を把握し，グループの経営方針に沿ってきちんと運営されているかどうかを確認したうえでの話です。目的の優先順位を間違っ

てはいけません。

　では，どうすればよいでしょうか。すべてのグループ会社をきちんと確認できないのなら，対象を絞るのです。例えば事前にリスクを調査するとか，過去の経営監査の結果を参考にして，リスクの高いグループ会社を重点的にみるのです。こうすれば，予定どおり20XX年度中に経営監査を完了することもできます。図表2をご覧ください。

図表2　リスクが低いことを確認する

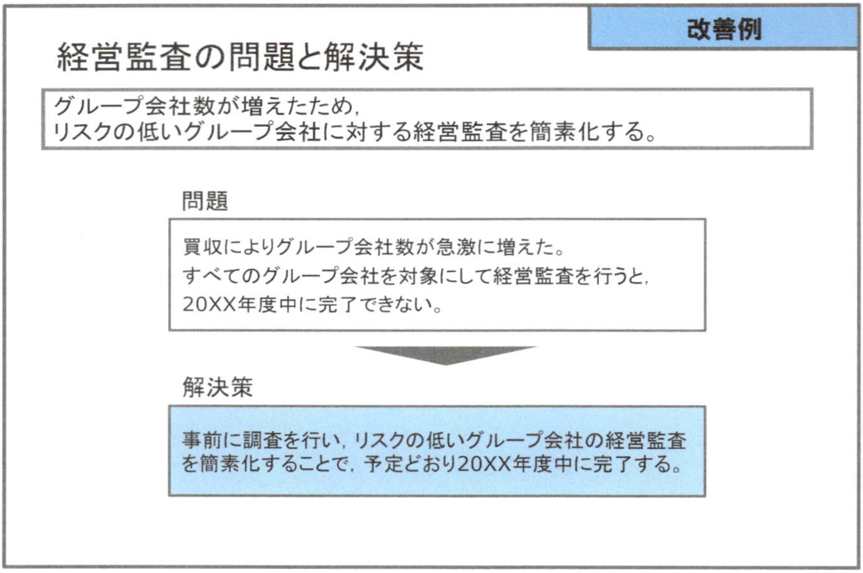

　常識だと思っても，その常識を疑う必要があります。本当は「常識」などではなく，ただ常識だと思い込んでいるにすぎないことがあるからです。"常識的に考える"と"こういう解決策になる"と思った瞬間に，思考は停止してしまいます。「これは常識だ」と簡単に片付けるのではなく，なぜ常識といえるのか，深く考えることが大切です。

7-24 不完全な解決策

解決策の確認

> 部分的には正しい解決策をみて，解決策全体を判断するのはキケンです。部分的には正しい解決策でも，実現性に欠ける解決策は多いものです。

完全に間違いではない

完全ではないが，部分的には正しい解決策があります。そして，その"部分"だけをみて，解決策全体が正しいと誤解することがあるようです。解決策は問題の発生原因を取り除く手段です。**問題の発生原因を完全に取り除くことができなければ，よい解決策とは呼べません。**このことを違反例で考えてみましょう。

本当に改善するのか

図表1は，間接業務の改善の方向性についてまとめたものです。現在，この会社では間接部門の改革を迫られています。図表1をみると，「経営状況が悪化したため，コア業務のうち定型業務については業務改善によって効率化し，ノンコア業務は外部に委託してコストダウンを図る」とあります。さて，違反例のどこがおかしいでしょうか。

ボディには，4象限のマトリクス図があります。間接業務がコア業務かどうか，定型業務かどうかの観点から3つに分けて，それぞれの改革の方向性を示しています。改革の内容は，会社の成長や戦略に直接関係するコア業務には人的資源を集中させて，高度化するというものです。一方で，コア業務であっても定型業務として効率化する余地があれば，それを推進します。ノンコア業務については，本社から切り離して，より安いコストで処理できる外部の業者に委託するのです。

この解決策について，実現可能性の観点からみてみましょう。ノンコア業務の解決策は，外部に委託してコストダウンを図るというものですが，この解決策は，より安いコストで引き受けてくれる外部の業者をみつけることさえでき

図表1　本当に改善するのか疑う

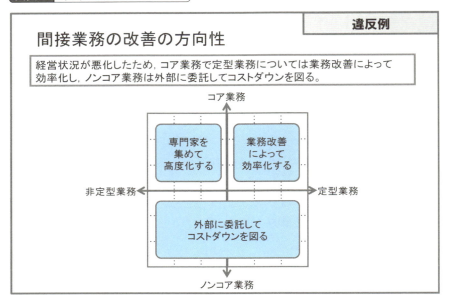

れば，実現可能です（ただし，ノンコア業務に従事していた人員の取扱いをどうするかという別の問題が残ります）。

コア業務のうち定型業務の解決策はどうでしょうか。この解決策は，業務改善によって効率化するというものです。どのような業務も，たいていは効率化の余地はあるものです。マニュアルの整備や無駄な作業の削減でうまく業務を改善できれば，より少ない人数で（または，より短い時間で）業務を行うことができるかもしれません。

問題となるのは，コア業務のうち非定型業務の解決策です。この解決策は「専門家を集めて高度化する」とあります。「専門家を集める」と，なぜ「高度化する」のでしょうか。専門家を集めるだけで，（自動的に，自然に）高度化するというのは現実的ではありません。例えば，コア業務のノウハウを集め，それを蓄積するデータベースを構築するとか，専門家を育成する教育制度やキャリアパスを整備するなど，追加的な取組み（解決策）を提案する必要があります（図表2）。

図表2　実現可能な解決策を考える

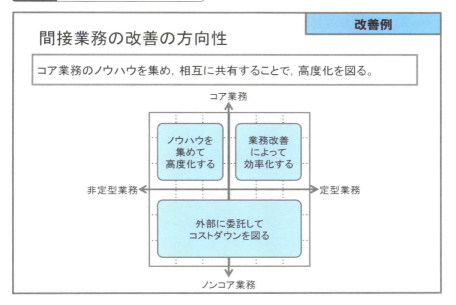

目標水準も考える

　なぜ，このような不完全な解決策が生まれるのでしょうか。もちろん，それは解決策についてよく考えていないからですが，そうなる原因は（解決策によって実現しようとする）目標水準について考えなかったからです。今回の場合でいうと，「高度化」というのが目標です。そして，この高度化がどういう水準か具体的にイメージしようとする人は，意外と少ないのです。目標が不明確ならば，解決策が妥当かどうかわかりません。

　解決策とは問題の発生原因を取り除く手段です。部分的には正しい解決策でも，全体として正しいとは限りません。解決策によって何を解決しようとしているのか，その目標水準を考え，実現可能か確認することが大切なのです。

364　Section 7　スライドの作成⑤：論理の技術

7-25 新たに生じる問題
解決策の確認

> 解決策によって問題を取り除くことができるかどうかだけでなく，その解決策によって新たな問題が生じる可能性はないかも考える必要があります。

複数の解決策

　問題には，いくつか解決策があるものです。しかし，失敗するリスクを考えると，よい解決策と呼べるものはそう多くはありません。そして，よい解決策を選択するのは難しいものです。なぜでしょうか。その1つの理由に，解決策を実施することで"新たに生じる問題"に気がつかない，という可能性があります。**よい解決策を選ぶには，その解決策によって新たに生じる問題を正しく予見する必要があります。**このことを事例で確認してみよう。

予見していない

　図表1は，グループ経営の問題点の指摘と解決の方向性についてまとめたものです。この違反例のどこがおかしいでしょうか。

　メッセージボックスをみると，問題点は「グループ会社の予算の達成状況は平均70％である」，解決策は「より高い目標を設定し，グループ会社の管理を徹底する必要がある」のようです。

　この解決策で，うまくいくでしょうか。親会社がグループ会社に対し高い目標とプレッシャーをかけるだけなら，グループ会社にとってみれば，現実を無視した目標の押し付けだと感じるでしょう。その結果，複数のグループ会社において仕掛品の過大計上など不適切な会計処理が行われるかもしれません。目標だけを通知し，相手の話を聞き入れず，ただ数字ばかりを追いかけるだけでは，"管理"とは呼びません。

　それでは，どうしたらよいでしょうか。グループ会社の話もよく聞き，実情を踏まえた現実的な目標を設定することです。グループ会社の予算の達成状況についてはグループ全体で互いに確認できるようにします。（目標が現実的な

図表1　新たに生じる問題を考えていない

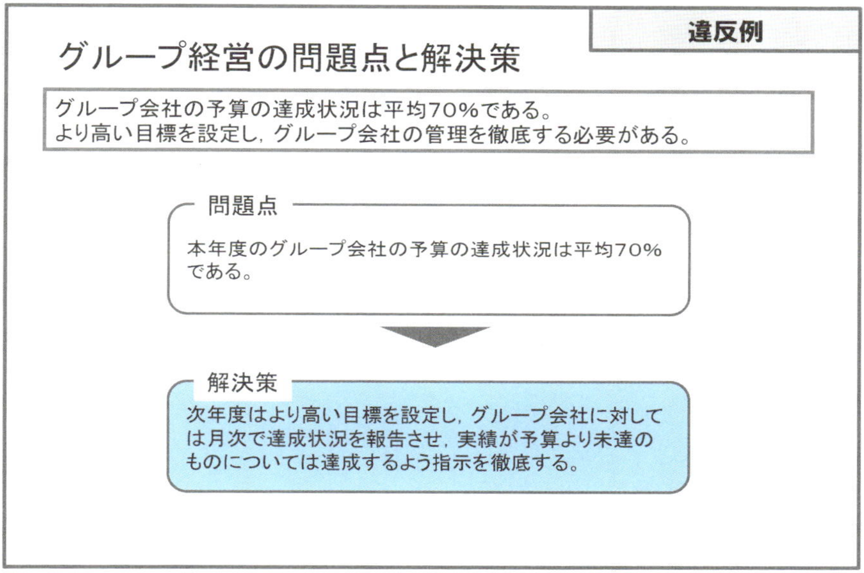

```
                                              違反例
グループ経営の問題点と解決策

 グループ会社の予算の達成状況は平均70％である。
 より高い目標を設定し，グループ会社の管理を徹底する必要がある。


        問題点
       本年度のグループ会社の予算の達成状況は平均70％
       である。


        解決策
       次年度はより高い目標を設定し，グループ会社に対して
       は月次で達成状況を報告させ，実績が予算より未達の
       ものについては達成するよう指示を徹底する。
```

ものであれば）グループ会社は互いに競争意識を燃やして努力するでしょう。「厳しく管理しない」というのも管理の1つです。グループ会社の状況について親会社が問題を共有し，その解決に向けてサポートとフォローを行う姿勢が必要なのです。図表2をご覧ください。

　図表1と図表2を比べると，「グループ会社の予算の達成状況は平均70％である」という現状の認識に違いはありません。しかし，解決策の実行によって，今後新たにどのような問題が生じるのか，それを正しく予見できるかどうかによって選択される解決策は違っています。

事実認識は同じ

　ここに有名な話があります。日米開戦前，海軍は「このままではアブラが切れてジリ貧だ（だから開戦やむなし）」と主張していました。これに対して，海軍出身で首相も務めた米内光政は「ジリ貧を避けようとしてドカ貧にならぬよう」と応じたのです。これは海軍の行動を戒めようとする精いっぱいの抵抗

366   Section 7   スライドの作成⑤：論理の技術

図表2   新たに生じる問題を考える

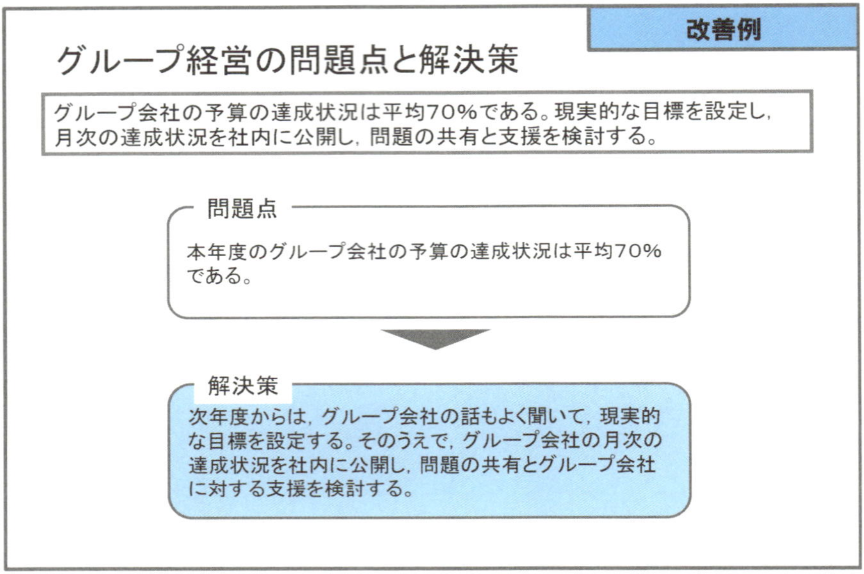

改善例

グループ経営の問題点と解決策

グループ会社の予算の達成状況は平均70%である。現実的な目標を設定し，月次の達成状況を社内に公開し，問題の共有と支援を検討する。

問題点

本年度のグループ会社の予算の達成状況は平均70%である。

解決策

次年度からは，グループ会社の話もよく聞いて，現実的な目標を設定する。そのうえで，グループ会社の月次の達成状況を社内に公開し，問題の共有とグループ会社に対する支援を検討する。

だとされています。

　この頃，日米開戦に慎重派の人々の根拠は「ジリ貧状態にある日本が戦争をすればドカ貧になる」というものです。これに対して開戦派の根拠は「このままではジリ貧からドカ貧になる」です。「日本はジリ貧である」という事実認識は同じですが，その解決策の選択によって新たに生じる問題を正しく予見できないと，問題の解決に失敗するのです。

　よい解決策かどうかは，根拠をみるだけではわかりません。（実は，これが一番難しいのですが）解決策を実行することによって，将来，どんな問題が発生する可能性があるかを適切に予見する必要があります。失敗するリスクをおそれずに解決策を選択することは危険であることを意識することが大切なのです。

7-26 問題の取り違え

解決策の確認

解決策を考える前に，問題自体をきちんと理解しているか確認する必要があります。問題を取り違えていると，（本当の）問題の解決はできないからです。

取り違えの原因

　問題自体を取り違えていたら，いくら考えても（本当の）問題の解決にはつながりません。解決策を考える前に，問題をよく整理しておく必要があるのです。そもそも「問題を取り違えるなんてことが本当に起きるのか？」と思われるかもしれません。ところが，ほんのちょっとしたことで，問題の取り違えは発生します。

　例えば，「公平」という言葉の解釈の違いです。もし，「公平でないから問題である」という指摘があったら，公平にする方法を考えるでしょう。でも，そもそも「公平」というのはどういう意味でしょうか。公平とは何か，どういう状況が公平なのか，その点を考える必要があります。「公平」という言葉の意味を考えずに，「公平でないから問題である」とはいえません。**問題を整理せずに解決策を考えても，（本当の）問題の解決は期待できません**。違反例で考えてみましょう。

本当に問題なのか

　図表1は，グループ会社であるA社とB社の業績評価の改善の方向性についてまとめたものです。これで公平な業績評価はできるでしょうか。

　メッセージボックスをみると，「同一の資産であっても使用状況や環境によって耐用年数は異なる。耐用年数を統一しなければ，公平な業績評価を行うことはできない」とあります。

　ボディをみてみましょう。現状のA社とB社の材料費から労務費までのコストは同じですが，減価償却費はA社が30であるのに対して，B社は20です。説明によると，その原因は，B社がA社の2倍の長さの耐用年数を採用して

368　Section 7　スライドの作成⑤：論理の技術

図表1　耐用年数の統一の必要性

いるからです。耐用年数が2倍の長さになるなら，各年の減価償却費は半分に
なります。この結果，B社はA社に比べてたくさん利益を出せているという
のが問題の指摘です。これに対する解決策は，B社の耐用年数をA社と同じ
にするというものです。

目的まで遡る

　公平な業績評価を行うためには，業績の算定ルールは公平なものでなければ
なりません。しかし，それは耐用年数を一致させることを意味するのでしょう
か。そもそも，なぜ耐用年数が異なるのか考えてみましょう。

　耐用年数は，資産の使用状況や環境によって変わります。資産自体の材質や
構造が同じでも，使用状況・環境や経済事情が異なるならば，その条件も考慮
して設定するほうがより実態に合っています。逆にいうと，同じ条件であれば，
耐用年数は同じになります。単に耐用年数を揃えるのではなく，実態に合った
耐用年数を設定することで公平な業績評価を行うことができるようになるので

す。

　どうしたらよいでしょうか。公平な業績評価を行うのであれば，耐用年数の設定が実態に合っているかどうか，まず確かめるべきです。それは資産を取得したときだけでなく，その後の使用状況や環境が変化するならば，実態に合わせて耐用年数を見直す必要が生じます。図表2をご覧ください。

図表2　耐用年数の変更要否の確認

耐用年数の変更要否の確認　　　　**改善例**

同一の資産であっても使用状況や環境によって耐用年数は異なる。
公平な業績評価のためには，耐用年数の変更要否を確認する必要がある。

現行		
項目	A社	B社
1　売上	100	100
2　材料費	20	20
3　労務費	20	20
4　減価償却費	30	20
5　総利益	30	40

B社はA社の2倍の長さの耐用年数で減価償却を行っている。

公平な業績評価のためには，資産の使用状況や環境の変化を確認し，耐用年数の変更要否を検討する必要がある。

　公平な業績評価を行うには，ルールを「統一」するのが一番よい，とつい考えてしまうものです。でも，何でもかんでも統一すれば，公平になるわけではありません。

　「公平」という言葉は，単純なようで奥が深いものです。どういう状態が公平なのか問題の中身を整理していないと，いくら考えても，（本当の）問題を解決することはできません。解決策を考えるときは，問題となっている点について整理し，問題を取り違えないようにすることが大切なのです。

Section 8

資料の作成

372　Section 8　資料の作成

8-1 *作成のヒント* 資料の作成着手タイミング

資料の作成に着手するタイミングには，いろいろな考え方があります。
どれがよいかは，書き手の心の状態によって決まるのでしょう。

2つの考え方

　資料を作成する以上，書き手には何か伝えたいことがあるはずです。特に伝えたいことがないのに，とりあえず書き留めておくというのなら，それは資料ではなく，メモです。作成された資料には，書き手の伝えたいことがはっきり書かれる必要があります。それでは，**資料の作成に着手するタイミングはいつ**でしょうか。**この点については，意見がいろいろあるようです。**

　スライド作成の教本によると，多くの場合，メッセージをよく考えて，ストーリーを練った後に，スライドの作成に着手することを勧めます。書きたいことを項目として書き出し，メッセージを考え，ストーリーを作る作業に，資料の作成にかかる総時間の7割をかけるイメージです。

　この考え方には一理あります。やみくもにスライドを作っても，メッセージとは関係のないスライドや同じようなスライドを何枚も作ってしまい，結局，ムダになるからです。

　一方で，これと対峙する考え方があります。それは「とりあえず作成してみる」というものです。頭の中でいくらメッセージを考えても，堂々めぐりになって，前に進めないことがあります。それならば，まずスライドを作成して，自分のイメージを視覚的に表してみて，メッセージを具体的に詰めていくほうが効率的だからです。

　こちらの考えにも，「なるほど」と思うところがあります。実際，人間の頭の中は，それほど理路整然と整理されていません。手書きで下書きしてみても，いまひとつイメージをつかむことができません。それよりも，スライドの作成に着手して，自分が考えることを視覚的に示して確認するほうが効率的な場合があります（図表1）。

図表1 2つの考え方

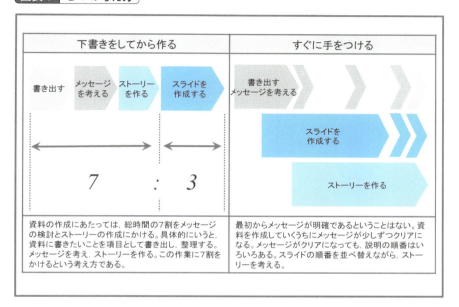

筆者の考え方

それでは,「筆者はどう考えているのか」となりますが,筆者自身がふだんから実践していることは,この中間です。何か新しいテーマについて資料をまとめるとき,まず情報が必要です。いろいろと情報を集めて自分の考えを整理します。情報を集めていくうちに,先人が作成した図表をマネしたくなるという衝動に駆られることがあります。もちろん,出所を明らかにしてスライドの作成に着手してもよいのですが,メッセージが決まる前にこういうマネをすると,経験的にムダになることがわかっています。ここはぐっとガマンして,自分なりの考えがまとまるまで資料の作成には着手しません。

いろいろ情報を集めていくうちに,やれることはやったという安心感が一定レベルに達します。一方で,自分の考えがまとまってきて,これを人に伝えたいという気持ちがこみ上げてきます。人に伝えたい気持ちが,もっと情報を集めたいという気持ちを上回るあたりで,資料の作成に着手します(もっとも,資料を作成しないと締切に間に合わないという切迫感は,資料の作成の着手を

早めます）（図表2）。

図表2　筆者のイメージ

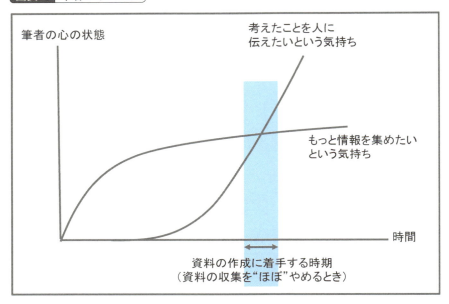

結局…

結局，資料の作成に着手するタイミングはいつがよいのかということになりますが，この点については，どの考え方がベストだということはありません。

下書きをきっちりしないとダメだという考え方を信じて，いつまでたっても資料を作成しないのは問題ですし，メッセージを考えずにとりあえず資料の作成に着手するのもいけません。資料の作成に着手するタイミングは，書き手がいつも心の状態と対話して判断することが大切なのです。

8-2 作成のヒント まずは書き出す

資料を作成するときは，資料で伝えたいことをまず書き出します。その手段は，手書きでも，ワードでもパワーポイントでもかまいません。

伝えたいこと

資料を作成するときは，どんなことを伝えたいのか考えて，これを書き出します。その手段は，**手書きでも，ワードでも，直接パワーポイントに記録してもかまいません。まず，資料で伝えたいことを書き出します。**

具体例で確認してみましょう。図表1は，「グループ原価管理」というテーマで資料を作成する際の書き出しメモです。

書き手は，資料で伝えたいことを11項目書き出したあと，すぐに資料の作成に着手したらよいか，もう少し新しいアイディアが出てくるのを待ったほうが

図表1 資料で伝えたいことを書き出す

資料で伝えたいこと

グループ原価管理について伝えたいことが11項目ある。

① グループ原価管理とは
② グループ原価管理の目的と効果
③ 原価管理情報を収集するうえでの問題
④ グループ横断で対処すべき問題を特定する
⑤ 拠点間のコスト比較における問題
⑥ 最適な生産拠点の判断における問題
⑦ グループ各社の管理の仕組みと結びつける
⑧ 各社の現物管理の仕組み
⑨ 各社の業績管理の仕組み
⑩ グループ原価管理のあるべき姿
⑪ グループ原価管理システムの要件

よいのか迷っています。どうしたらよいでしょうか。

整理する

　図表1の11の項目をみる限り，これらは「グループ原価管理」というテーマで伝えたいことが書いてあるようです。ただし，それぞれの項目をみると，内容がまちまちです。資料の作成に着手する前に整理が必要です。

　①から③の項目をみてください。「グループ原価管理とは」「グループ原価管理の目的と効果」「原価管理情報を収集するうえでの問題」の3つは，グループ原価管理がなぜ必要なのかという記載ですから，1つのグループにまとめることができます。

　同様に，④から⑨の項目は，グループ原価管理を実施するうえでの留意点の記載です。こちらも1つのグループにできそうです。なお，⑤の「拠点間のコスト比較における問題」と⑥の「最適な生産拠点の判断における問題」は④の「グループ横断で対処すべき問題を特定する」の具体例ですから，この項目の下の階層とします。同じことは，⑦～⑨の項目にもいえます。

モレに気がつく

　⑩の「グループ原価管理のあるべき姿」と⑪の「グループ原価管理システムの要件」は「グループ原価管理の実現手順」の記載ですから，これも1つのグループにまとめます。

　ここで，あることに気がつきます。「グループ原価管理の実現手順」の記載なのに，スケジュールの項目がないのです。そこで，「グループ原価管理の導入スケジュール」という項目を12番目に加えます。

　伝えたいことを書き出して，項目が増えてきたら，それを整理します。同じ仲間を1つのグループにしたり，テーマの大きさで階層(注)をつけたりするのです（図表2）。

　（注）　ロジックツリーを使って階層づけをすることを"構造化"と呼びます。

　頭の中にどんどん書きたいことが浮かんできて，それを書き出すのに忙しいときは，整理は必要ありません。アイディアを出し切ったころから，整理を始めるのです。

「書き出す」と「整理する」というのは，繰り返しの作業です。伝えたいことを書き出して，それを整理します。整理すると，また伝えたいことがみつかります。それを書き出すのです。

図表2　構造化する

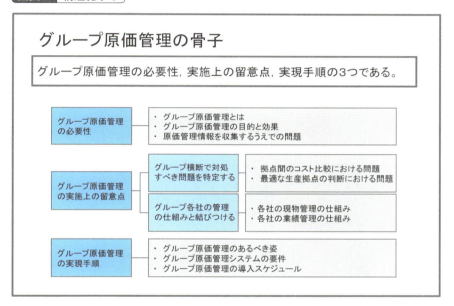

もちろん，伝えたいことがわかっている場合には，「書き出す」という作業は省略できます。実際にスライドを作り，その内容を確認し，スライドの順番を変えて，ストーリーを考えればよいのです。

しかし，そうでなければ，スライドで伝えたいことを「書き出す」というステップを飛ばしてはいけません。伝えたいことがぼんやりしていれば，ムダなスライドを作ることになり，それだけ時間がかかります。資料を作成するときは，伝えたいことをまず"書き出す"ことが大切なのです。

8-3 *作成のヒント* 再利用に備える

過去のスライドを再利用するには，普段から再利用しやすいスライドを作成しておくことです。凝ったスライドを作ると，使い回しにくいからです。

再利用しやすくする

　過去に作成したスライドを再利用できれば，スピーディに資料を作成できます。ここでいう"再利用"とは，過去のスライドをそのまま使うということだけではありません。例えば，スライドの中の一部の図表を転用するというのも再利用の1つです。

　過去のスライドを再利用するには，1つ注意が必要です。それは，普段から再利用しやすいスライドを作成しておくということです。このことを違反例で確認してみましょう。

再利用しづらい

　違反例は会計システムの改修についてまとめた（過去の）スライドです（図表1）。書き手は，このスライドを利用して新しい資料を作ろうと考えています。違反例のスライドのどこが問題でしょうか。

　違反例のスライドタイトルとメッセージボックスの文字はボールド（太字）でフォントはMS P明朝ですが，ボディはMS PゴシックやHGS創英角ゴシックUBが使われており，バラバラです。またボディ全体には水色の長方形の図形（ザブトン）があり，その上に15個の小さな長方形の図形を配置しており，凝ったスライドになっています。

　しかし，これではスライドの再利用が難しいでしょう。スライドに独特の雰囲気があるからです。このスライドをコピーして新しく作成する資料に挿入すると，どうなるでしょうか。その資料のイメージと異なれば，資料全体の統一感が失われます。これでは，過去のスライドの寄せ集めで作った資料だと思われてしまいます。

図表1　凝ったスライド

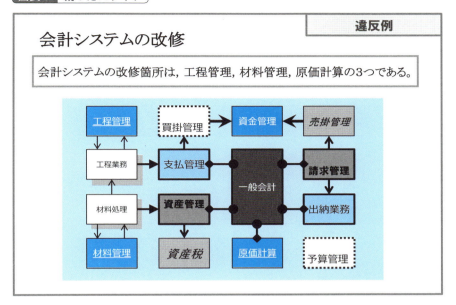

　それでは，どうすればよいでしょうか。それは，普段から基本となるスライドの書き方を決めておくことです。スライドの書き方とは，スライドタイトルやメッセージボックスの位置やサイズ，スライドで使用する文字（色，サイズ，フォント），テキストボックス（色，サイズ，フォント，線の太さとデザイン）などの使い方です。基本となる書き方を決めてスライドを作れば，汎用性が生まれて，将来のスライドの再利用の可能性が広がります。そして，（凝ったスライドにしない分）そのほうが作成時間も短縮できます。

　違反例で考えてみましょう。違反例には，いろいろなフォントや色，図形の枠線が使われています。これらをすべて統一します。そのうえで，もし必要があれば，その箇所だけ凝ればよいのです。改善例をご覧ください（図表2）。

スライドマスター

　過去のスライドの再利用にあたっては，もう1つ注意する点があります。それは「スライドマスター」の設定(注)です。スライドマスターとは，スライド

図表2　スライドの書き方を決めておく

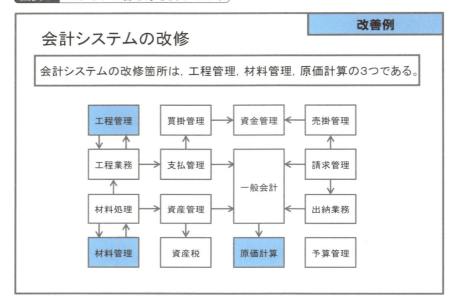

の背景，色，フォント，効果，サイズ，位置などスライドに関するいろいろな基本情報を格納したものです。

（注）　スライドマスターの設定は，パワーポイントの画面から［表示］→［スライドマスター］を選択して行います。

スライドマスターの設定が異なると，スライドを挿入するたびに図形のサイズや文字の色が勝手に変わってしまい，スライドの再利用に手間がかかります。これを避けるには，スライドマスターの設定を同じにしておく必要があるのです。

スライドは作成したらそれで終わりではありません。いつか，スライドを再利用する日に備えておく必要があります。そのために，スライドの書き方とスライドマスターの設定を揃えることが大切なのです。

8-4 使い回さない
作成のヒント

> 過去のスライドを再利用するというのは効率的な作成方法です。しかし，スライドの完成イメージを持っていないと，おかしなスライドになるのです。

再利用に注意

　効率的にスライドを作成するうえで，過去に作成したスライドを再利用するという方法は有効です。過去に似たようなスライドを作成しているなら，それを少し手直しすれば済むからです。

　しかし，いくら効率的に作成できるからといって，過去のスライドに頼ってばかりではいけません。**過去のスライドを使うのがクセになると，（本当は全面的に書き換えなければ使いものにならないにもかかわらず）深く考えもせずに過去のスライドを使ってしまうからです。**これでは，なかなかメッセージは

図表1　再利用でごまかす

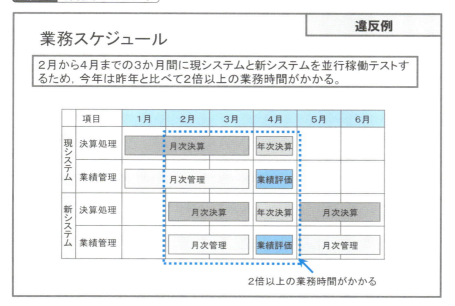

伝わりません。このことを違反例で確認してみましょう。

　違反例のスライドは業務スケジュールです（図表1）。これによると，現システムから新システムに切り替えるにあたり，2月から4月までの3か月間，現システムと新システムを並行稼働させます。並行稼働の目的は，現システムで決算処理と業績管理を行い，新システムの決算処理と業績管理の結果と突き合わせて，問題がないか確かめることにあります。違反例のどこがおかしいでしょうか。

スライドの目的にズレ

　違反例のスライドをみて最初に感じることは，スライドタイトルとメッセージボックスの記載が一致していないという点です。メッセージボックスには「2月から4月までの3か月間に現システムと新システムを並行稼働テストするため，今年は昨年と比べて2倍以上の業務時間がかかる」とありますが，これは業務スケジュール（スライドタイトル）の内容ではありません。

　ボディの記載はどうでしょうか。図表のスケジュールだけをみれば，これは業務スケジュールですからスライドタイトルと一致します。

　実は，違反例のスライドは過去のスライドの再利用なのです。具体的にいうと，「業務スケジュール」というスライドタイトルはそのままにして，メッセージボックスを書き換えています。それから，ボディに書かれていた業務スケジュールをベースに，2月〜4月の業務を赤い点線で囲み，「2倍以上の業務時間がかかる」という記載をつけ足したのです。

　スライドタイトルをみる限り，当初のスライドの目的は「どの時期にどの業務を行うかを業務スケジュールとして示すこと」だったと考えられます。"2倍以上の業務時間がかかる"ことを示すことではありません。

　それではどうしたらよいでしょうか。それは，昨年と今年で業務時間（決算処理と業務処理の合計）を比較して示すことです。業務時間の多さは月によって違うはずです。各月の業務時間がどれくらい増えるのかをグラフを使って視覚的に示します。改善例をご覧ください（図表2）。

図表2　スライドを作り直す

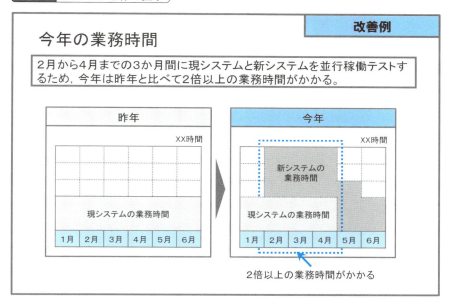

完成イメージを持つ

　スライドを作成するときは，（スライドの作成に着手する前に）スライドの完成イメージを持っておく必要があります。これはスライドを再利用する場合も同じです。スライドの完成イメージをしっかり持ったうえで，そのイメージに近いものを過去のスライドの中から探す必要があるのです。

　実際，スライドの完成イメージを持っていると，迷いが少なくなります。イメージに近いものがなければ，過去のスライドは使わずに新しいスライドを作るという判断もすぐにできます。そもそも，過去のスライドがそのまま使えるというケースは案外少なかったりするのです。過去のスライドの再利用に頼るだけでなく，イメージに近いスライドがなければ，ゼロから新しくスライドを作るという切替えの早さが大切なのです。

384 Section 8 資料の作成

8-5 資料の構成
構成

同じ内容の資料でも，構成次第でわかりやすさは大きく変わります。資料の中で一番伝えたいことを考え，そのことを中心に資料を構成することです。

構成で変わる

　同じスライドであっても，どう並べるかによってわかりやすさは変わります。この点は，資料の構成の場合でも同じです。いくつかのセクションに分かれるならば，それぞれのセクションにどういう名前をつけて，どんな順番で並べるかで，わかりやすさが違ってきます。

　資料の目次をみて「わかりにくい」と感じたら，読み手はその資料を読みたいとは思いません。それでは，どうしたらよいでしょうか。それは，**資料の中で一番伝えたいことを考えて，そのことを中心に資料を構成することです**。こ

図表 1　検討した順番に並べる

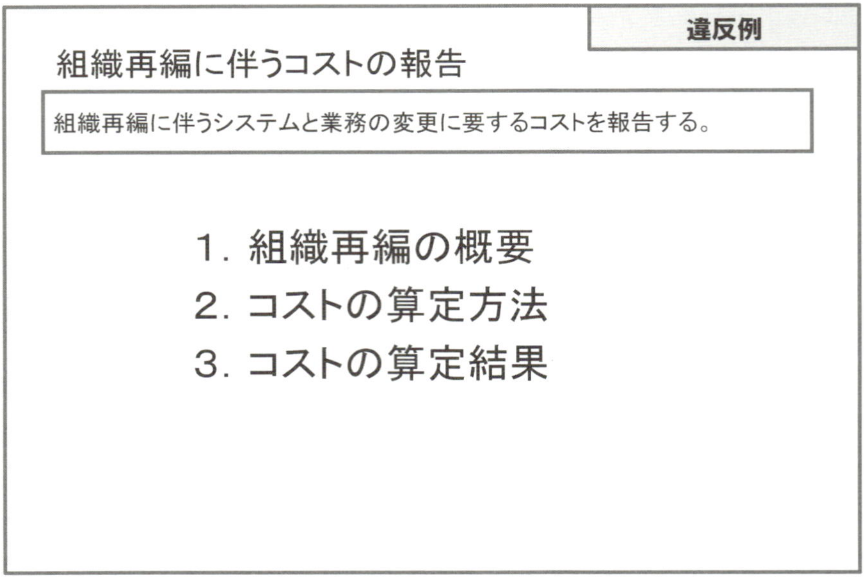

違反例

組織再編に伴うコストの報告

組織再編に伴うシステムと業務の変更に要するコストを報告する。

1. 組織再編の概要
2. コストの算定方法
3. コストの算定結果

のことを違反例で確認してみましょう。

違反例のスライドは「組織変更に伴うコストの報告」の目次です（図表1）。違反例のどこがおかしいでしょうか。

イライラする

違反例のメッセージボックスによると、「組織再編に伴うシステムと業務の変更に要するコストを報告する」とあり、ボディには3つのセクション（組織再編の概要、コストの算定方法、コストの算定結果）が書いてあります。

きっとこれは、今回の資料の作成にあたって書き手が検討した順番でしょう。まず組織再編の概要をつかみ、コストの算定方法を決めたうえでコスト算出を行ったのです。そして、その順番どおりに説明するのが読み手にとって一番わかりやすいと考えました。

考えた順番に並べるのがわかりやすいとは限りません。しかもこの順番に並べると、本当に伝えたいことが最後にくる可能性が高くなります。読み手からすれば、いつまでも結論にたどり着かないのでイライラします。

伝えたいことを考える

どうしたらよいでしょうか。資料でいちばん伝えたいことを考えるのです。この資料で一番伝えたいことは"組織再編に伴うコスト"です。そして、このコストはシステムの変更に要するコストと業務の変更に要するコストに分かれます。であれば、この2つを中心に目次を構成するのです。

それでは、組織再編の概要やコストの算定方法はどう扱えばよいでしょうか。ムリに構成に加えて全体のバランスが悪くなるようであれば、添付資料とします。改善例をご覧ください（図表2）。

今回の組織再編の概要について知らない人にとって、いきなりコストから説明されてもわからないのでは、と感じる人もいるでしょう。もちろん、読み手の立場に立って資料の構成を決めることは重要です。しかしその場合でも、資料の中で一番伝えたいことが資料の最後に書かれているというのはどうでしょうか。限られた時間の中で必要な情報を的確に伝える必要があるビジネスの世界では少し遅すぎます。

図表2　伝えたい順番に並べる

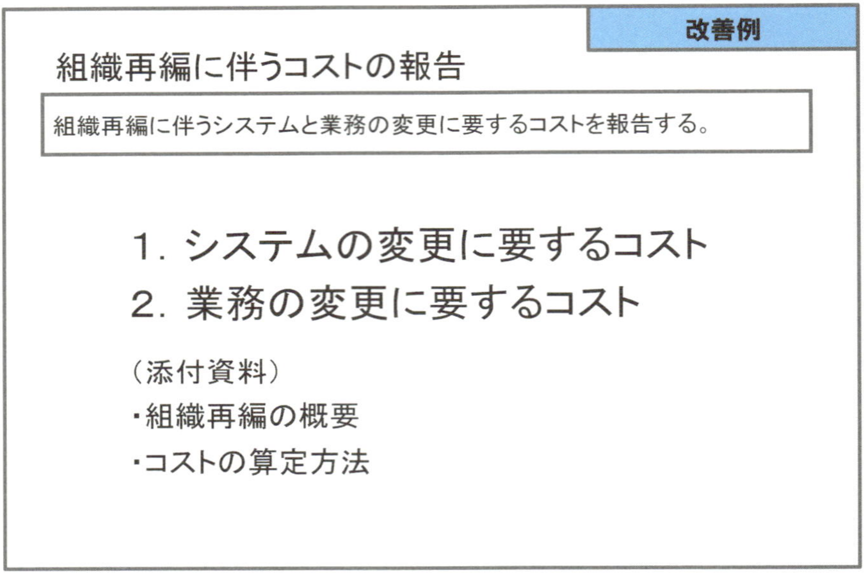

```
                                                    改善例
 組織再編に伴うコストの報告
 組織再編に伴うシステムと業務の変更に要するコストを報告する。


      1. システムの変更に要するコスト
      2. 業務の変更に要するコスト

      （添付資料）
      ・組織再編の概要
      ・コストの算定方法
```

　もし，どうしても全体の概要を伝えたいならば，資料のサマリーを作成すれ
ばよいのです。資料の冒頭に1～2枚で組織再編の概要について説明するので
す。これに加えて，システムと業務の変更に要するコストも記載します。なお，
組織再編に伴うコストについて報告することが目的であれば，コストの算定方
法はサマリーに書く必要はないでしょう。この情報は，内容の信頼性（今回の
場合では，コストの算定結果の確からしさ）を証明するために重要ですが，伝
える優先順位としては低いからです。

　スライドを作成するとき，スライドタイトルとメッセージボックス，そして
ボディの記載は整合させるものです。このことは，資料でも同じです。資料の
タイトルは，一番伝えたいことです。このタイトルの意味がすぐにつかめるよ
うに，資料の構成を決めることが大切です。

8-6 *構成* ミッションは文章で

ミッションについてスライドを作成するときは，文章で書く必要があります。箇条書きで書くと，はっきり伝わらないので注意が必要です。

ミッションの意味

ミッションとは，使命や存在意義のことです。例えば，プロジェクトのミッションというと，このプロジェクトが何のために結成されたのか，プロジェクトが行うべきことは何か，ということを意味します。

プロジェクトの途中で判断に迷ったとき，ミッションに立ち戻って考えます。プロジェクトのミッションが曖昧なままだと，依るべき基準をもたないわけですから，正しい判断ができません。これは道を見失う原因になります。ところがミッションのスライドはきちんと作成されないことが多いようです。このこ

図表1 箇条書きのミッション

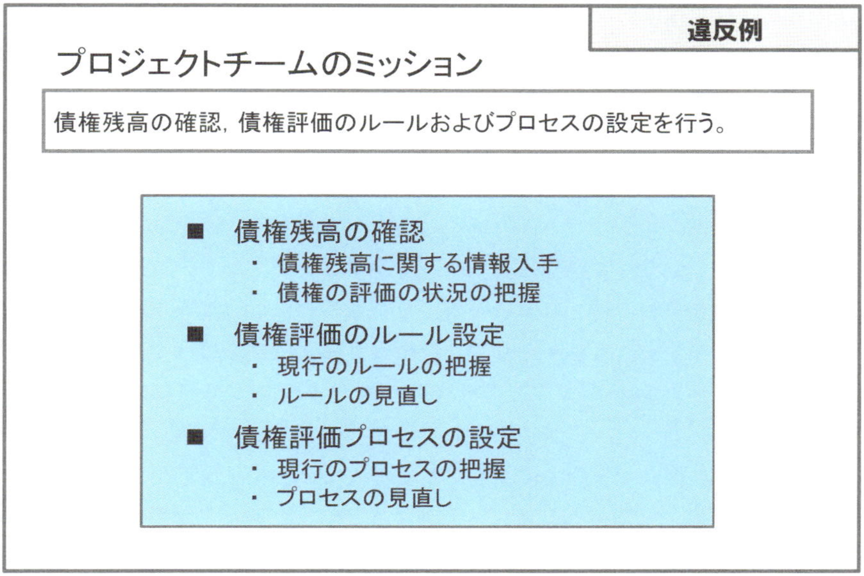

プロジェクトチームのミッション 違反例

債権残高の確認，債権評価のルールおよびプロセスの設定を行う。

■ 債権残高の確認
　・ 債権残高に関する情報入手
　・ 債権の評価の状況の把握

■ 債権評価のルール設定
　・ 現行のルールの把握
　・ ルールの見直し

■ 債権評価プロセスの設定
　・ 現行のプロセスの把握
　・ プロセスの見直し

とを違反例で確認してみましょう。

違反例は，プロジェクトチームのミッションについてまとめたスライドです（図表1）。違反例のどこが問題でしょうか。

実施すべきこと

メッセージボックスをみると，「債権残高の確認，債権評価のルールおよびプロセスの設定を行う」とあります。ボディには，債権残高に関する情報入手や債権の評価の状況の把握など，具体的な手続きが書かれています。違反例は，プロジェクトチームが行うべきことが書いてあるという点では，間違いではありません。しかし，これはミッションといえるでしょうか。

プロジェクトのミッションとは，プロジェクトが"実現すべきこと"です。プロジェクトが"実施すべきこと"ではありません。違反例のボディに記載されている内容は，プロジェクトが実施すべきことが羅列されているだけであって，このプロジェクトによって何を実現しようとするのか書かれていないのです。

なぜ，このようなことが起きたのでしょうか。一般に，プロジェクトのミッションといった抽象的なスライドは，おざなりに作成されがちです。実際，書き手はプロジェクトのミッションが何かをしっかり考えませんでした。その代わりに，プロジェクトスケジュールに記載されていた実施項目をプロジェクトのミッションとして書いたのです。

文章で書く

それではどうしたらよいでしょうか。このプロジェクトが，債権残高の確認，債権評価のルールおよびプロセスの設定を行うことによって実現しようとすることを考えるのです。もし，それが「債権残高の正確性を確保すること」であれば，そのことがわかるように書く必要があります。改善例をご覧ください（図表2）。

なんでも箇条書きで書いて済ませてしまう人がいます。確かに，箇条書きのほうがきちんと文章で書くよりも早く書ける気がしますし，文書よりも伝わりやすいようにみえます。

図表2　文章で書くミッション

改善例

プロジェクトチームのミッション

プロジェクトチームのミッションは債権残高の正確性を確保することにある。

債権残高の確認，債権評価の
ルールおよびプロセスの設定
を行うことにより，債権残高の
正確性を確保することである。

しかし，本当に伝わりやすいのでしょうか。箇条書きで書けば，言葉足らずになることが少なくありません。言葉が足りなければ，伝えたいことがきちんと書かれない可能性があります。

そもそも箇条書きで済ませようとするのは，伝えたいことをしっかり考えていない可能性があるのです。実際，この違反例でも，書き手はプロジェクトのミッションをきちんと考えていませんでした。書き手の頭の中が整理されていない状態で，いくら箇条書きで書いたところで，書き手のメッセージがきちんと伝わるはずがありません。箇条書きのほうが早く書けるということも，正しいとはいい切れないのです。

ミッションを書くときは文章で書く必要があります。文章で書こうとすることで，しっかり考えるという作業を行うためです。よく考えて書くということが大切なのです。

390　Section 8　資料の作成

8-7 *構成*　章立てのバランス

> 章立ては，資料の構成を示すだけが役割ではありません。章立てをみれば，書き手が何を重要だと考えているのかわかるようにする必要があります。

"伝えたいこと" がわかるか

　章立てとは，資料を構成する章や項目の立て方や並べ方のことです。書き手が何を伝えたいのか，章立てをみれば，すぐわかるようにする必要があります。テーマや内容が異なるからといって，重要でない項目について細かく分けて章を設定したり，重要な内容であるにもかかわらず，1つの章しか設定しなかったりすると，みた目のバランスが悪いだけでなく，書かれている内容もわかりづらいものです。**重要でない項目は1つの章にまとめ，章という大きな単位で他の章と重要度においてバランスをとる必要があるのです。**このことを違反例で確認してみましょう。

バランスが悪い

　違反例のスライドは，新しい会計ルールのポイントについてまとめた資料です（図表1）。この資料を使って4回の講義を行う予定です。さて，違反例のどこがおかしいでしょうか。

　メッセージボックスには，「新しい会計ルールのポイントを4回の講義（各90分）で解説する」とあります。確かに，ボディをみると，4つの図形があります。それぞれ第1回から4回まで番号が付されていますので，この1つひとつが90分の講義の内容なのでしょう。

　もう少し詳しくみてみましょう。この講義で使用する資料は，9つの章で構成されています。第1回目の講義では，第1章から第5章まで説明します。その後，第5章の説明は第2回目から第4回目の講義まで続きます。また第4回目の講義では，第5章のほかにも第6章から第9章の説明を行う予定です。このことからザッと見積もると，講義全体の半分以上は第5章の説明に使ってい

8-7　*構成*　章立てのバランス　391

図表1　バランスが悪い

本書の目次　　　　　　　　　　　　　　　　　　　**違反例**

新しい会計ルールのポイントを4回の講義（各90分）で解説する。

第1回
第1章 新しい会計ルールの導入の背景
第2章 新しい会計ルールの導入方針
第3章 新しい会計ルールの導入体制
第4章 新しい会計ルールのスケジュール
第5章 新しい会計ルールのポイント
　(1) 棚卸資産
　(2) 固定資産
　(3) 金融資産

第2回
第5章 新しい会計ルールのポイント
　(4) 借入金
　(5) 社債
　(6) 引当金

第3回
第5章 新しい会計ルールのポイント
　(8) 収益
　(9) 費用
　(10) 税金

第4回
第5章 新しい会計ルールのポイント
　(11) 決算
　(12) 表示と開示
　(13) 管理会計
第6章 新しい決算スケジュール
第7章 新しい決算体制
第8章 新しい決算システム
第9章 新しい決算業務

ます。

　講義時間からみると，資料の大半が第5章に書かれていること，そして第5章が重要であることはわかります。しかし，"章立て"という観点からみると，どうでしょうか。この資料には9つの章がありますから，それぞれの章の"みた目の重要度"は9分の1程度（約1割）です。ところが，（講義の時間配分から考えると）"実際の重要度"は第5章が半分以上を占めていて，"みた目の重要度"と大きく異なるのです。これだと，読み手はバランスの悪い"章立て"だと感じます。

バランスを考える

　それではどうしたらよいでしょうか。"みた目の重要度"が"実際の重要度"になるように，章立てを組み替えるのです。それほど重要でないものは1つの章にまとめ，重要な章については，章を分割するか，章の中に新たに節を設定します。具体的には，違反例の第1章から第4章，そして第6章から第9章を，

392　Section 8　資料の作成

それぞれ1つの章にまとめます。第5章は重要ですので，その中身をさらに4つの節（A～D）に分けます。改善例をご覧ください（図表2）。

図表2　バランスを考える

改善例

本書の目次

新しい会計ルールのポイントを4回の講義（各90分）で解説する。

第1回
第1章 はじめに 第2章 新しい会計ルールのポイント 　A. 資産 　（1）棚卸資産 　（2）固定資産 　（3）金融資産

第3回
第2章 新しい会計ルールのポイント 　C. 損益 　（1）収益 　（2）費用 　（3）税金

第2回
第2章 新しい会計ルールのポイント 　B. 負債 　（1）借入金 　（2）社債 　（3）引当金

第4回
第2章 新しい会計ルールのポイント 　D. その他 　（1）決算 　（2）表示と開示 　（3）管理会計 第3章 その他のポイント

　章立てを決めるときは，記載する内容の“種類”だけで行うべきではありません。記載する内容の“種類”が同じかどうかで，いちいち章を分けると，章の数はどんどん増えます。章の数が増えると，ボリュームが大きくみえます。章立ても複雑なものになります。これらは，読み手にストレスを与えるものです。

　章を分けるかどうかは，“実際の重要度”で考えます。“実際の重要度”が高くないのなら，それらをまとめて1つの章にして，“みた目の重要度”と“実際の重要度”が一致するようにします。章立ては，“飾り”ではありません。章立てをみれば，書き手が重要だと考えることが何か，伝わるようにすることが大切なのです。

8-8 スライド間のつながり

パワーポイントで作成する資料では，スライドとスライドの関係を示す「接続詞」がありません。そのため，読み手によって解釈が変わる可能性があるのです。

接続詞の役割

「今日は天気だ。（　　）読書をしよう」という文章があったら，この（　　）の中にどんな接続詞が入るでしょうか。「だから（順接）」という言葉が入るなら，この書き手は「天気の日に読書をするのは当然だ」と思っている可能性があります。「しかし（逆接）」だとしたら，「天気の日に何か運動でもするのが当然」と思っているかもしれません。「さて（転換）」であれば，「気持ちを切り替えて読書でもするか」というニュアンスでしょう。接続詞は（前の事柄と後の事柄について）書き手の気持ちを示す手段になるのです。

図表1 スライド間のつながりがわからない

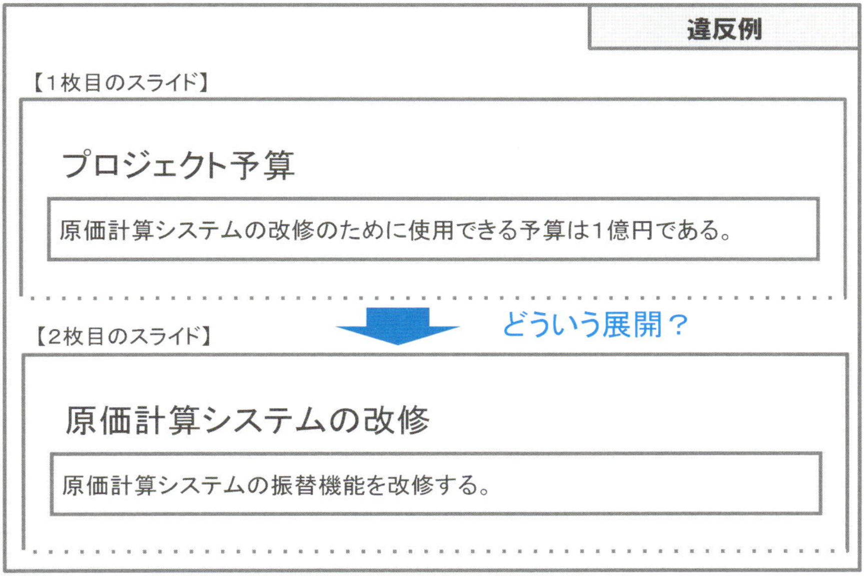

では，接続詞がないとどうでしょうか。「今日は天気だ。読書をしよう」でもおかしくありません。ただし，接続詞がない（書き手の気持ちが書かれていない）以上，この文章の解釈は読み手の感じ方によって変わります。

同じことは，パワーポイントの資料でも起きます。資料を構成する1枚1枚のスライドは（ワンページ・ワンメッセージであるため）それぞれ独立しています。そして，スライドとスライドがどういう関係にあるかを示す「接続詞」がありません。

なんとなくスライドを集めても資料はできあがりますが，それぞれのスライドの関係をきちっと示さなければ，読み手によって解釈が変わる可能性があるのです。このことを違反例で確認してみましょう。

違反例のスライドは，原価計算システムの改修に関する資料の一部です（図表1）。どこが問題でしょうか。

読み手の解釈

1枚目のスライドのメッセージが「原価計算システムの改修のために使用できる予算は1億円である」で，2枚目のスライドは「原価計算システムの振替機能を改修する」です。これだけを読んでも，1枚目と2枚目のスライドの関係はわかりません。

書き手は「予算は限られている。だから振替機能に絞って改修しよう」と思っていても，そう伝わるとは限りません。「せっかく1億円も予算があるのだから，原価計算システムの振替機能を改修してしまおう」と受け取る可能性もあります。読み手によって解釈が分かれないように書く必要があります。改善例をご覧ください（図表2）。

違反例のようなスライドでも，プレゼンテーションで使うなら，説明者が口頭で補うことができます。資料のレビュー現場でも同じです。書き手が「これは○○という意味です」と説明しながらレビューを受ければ，レビューするほうも理解した気持ちになります。書き手も読み手もおかしいと気がつくことはない。これがパワーポイントの資料のこわいところなのです。

図表2　スライド間のつながりを示す

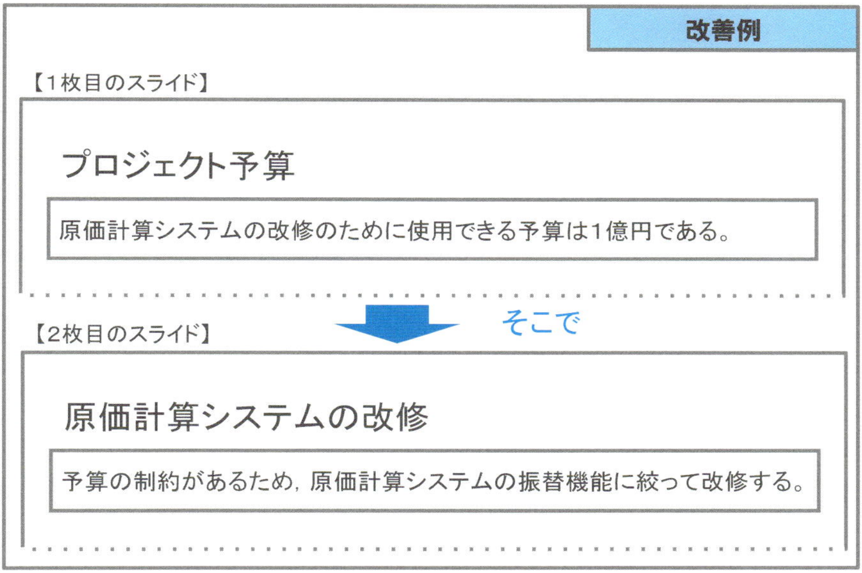

改善例

【1枚目のスライド】

プロジェクト予算

原価計算システムの改修のために使用できる予算は1億円である。

【2枚目のスライド】　　　　　そこで

原価計算システムの改修

予算の制約があるため，原価計算システムの振替機能に絞って改修する。

ワードとパワーポイントの違い

　「ワードは文章を書くため，パワーポイントは視覚的に訴える資料を作るため」というのは，両者の本質的な違いではありません。パワーポイントでも立派な報告文書は書けますし，ワードの文書に図表を挿入すれば，視覚的に訴えるドキュメントができます。

　パワーポイントとワードの違いは"つながり"の程度にあります。ワードの場合，ページが変わっても文章を続けられます。しかしパワーポイントの場合，1枚1枚のスライドが独立していて，しかも接続詞がないので，ただスライドを集めるだけでは，"つながり"がわかりにくいのです。

　パワーポイントで資料を作成するときは，スライドとスライドの"つながり"がはっきりわかるように書くことが大切です。

396   Section 8　資料の作成

8-9 スライド同士の関係を示す

つながり

スライドとスライドの間に接続詞がないパワーポイントの資料では，スライド同士の関係がわかるようにスライドタイトルを工夫する必要があります。

添付の関係

　2枚のスライドがあります。これらスライドはどのような関係にあるでしょうか。何も示されなければ，「添加の関係にある」と読み手は思うものです。添加とは接続詞の1つで，「そして，それから，しかも，そのうえ」といった前の事柄に後の事柄を付け加える関係です。パワーポイントで作成された資料は，ふつうスライドとスライドの関係を示す接続詞というものが書かれません。スライド同士の関係が示されなければ，ページをめくるたびに「そして，どうした？」という具合に話が進んでいく添加の関係を読み手は想像するでしょう。

図表1　つながりがわからない

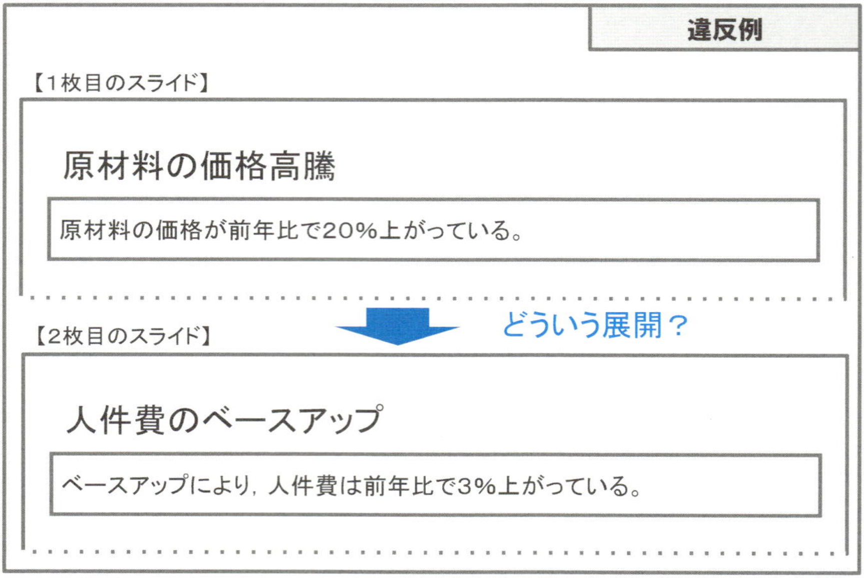

このことを違反例で確認してみましょう。

違反例の2枚のスライドは，製造コストの増加に関する資料の一部です（図表1）。違反例のどこが問題でしょうか。

もう1つの解釈

詳しくみてみましょう。1枚目のスライドタイトルは「原材料の価格高騰」，2枚目のスライドタイトルは「人件費のベースアップ」です。このタイトルだけでは，2枚のスライドの関係はわかりません。

メッセージボックスはどうでしょうか。1枚目のスライドは「原材料の価格が前年比で20％上がっている」，2枚目のスライドは「ベースアップにより，人件費は前年比で3％上がっている」です。2枚のスライドを関係づける手がかりはメッセージボックスの記載にもありません。スライドタイトルにもメッセージボックスにもスライドの関係を示す情報がない場合，読み手は添加の関係にあると思うものです。

では，もし違反例の2枚のスライドが別の関係にあるとしたらどうでしょうか。違反例の製品には，製造コストの増加理由が2つあって，1つが原材料の価格高騰，もう1つが人件費のベースアップというケースです。この場合，2枚のスライドは並列の関係にあります。並列とは接続詞の1つで，「また，ならびに，および，かつ」のように，前の事柄に後の事柄を並べるという関係を指します。

もし，2枚のスライドが並列の関係であるならば，そうわかるように書くのです。例えば，多少冗長なスライドタイトルになりますが，1枚目を「製造コストの増加理由－原材料の価格高騰」，2枚目を「製造コストの増加理由－人件費のベースアップ」とします。「製造コストの増加理由」という言葉で，2つのスライドが同じグループにあることを示すのです。改善例をご覧ください（図表2）。

もちろん，もし違反例が添加の関係だとしたら，違反例のままでも問題ありません。（並列の関係ではなく）添加の関係であることをしっかり明示したいならば，メッセージボックスに添加であることがわかるように「しかも」と入れて，「しかも，ベースアップにより，人件費は前年比で3％上がっている」

398　Section 8　資料の作成

図表2　並列の関係であることを示す

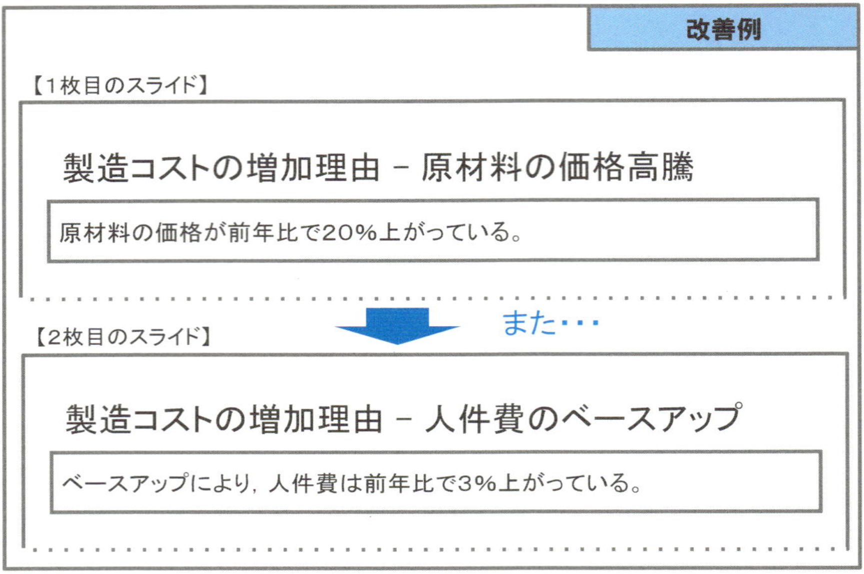

改善例

【1枚目のスライド】

製造コストの増加理由 – 原材料の価格高騰

原材料の価格が前年比で20％上がっている。

また・・・

【2枚目のスライド】

製造コストの増加理由 – 人件費のベースアップ

ベースアップにより，人件費は前年比で3％上がっている。

とするとよいでしょう。

わかるように書く

　スライドが2枚以上あれば，読み手は添加の関係だと思うものです。問題は，この2枚が並列の関係にあるときです。そのことがスライドタイトル（場合によっては，メッセージボックス）を読んでもわからなければ，読み手は勝手に解釈をするでしょう。読み手によって解釈が変われば，書き手の意図が正しく伝わるとは限りません。ここがパワーポイントのスライドのむずかしいところなのです。

　2枚以上のスライドが並列の関係にあるならば，そのことがすぐわかるようにタイトルやメッセージを工夫することが大切です。

8-10 因果関係の順接

つながり

1枚目と2枚目のスライドが順接の関係にあるなら，そうわかるようにスライドタイトルを書きます。これは読み手の負担を減らすために必要なことです。

順接の関係

　スライドが2枚以上あれば，スライドとスライドの間には何らかの関係があるはずです。その1つが「順接」の関係です。順接とは，「だから，それで，そのため，そこで，したがって，ゆえに，それゆえに，すると，それなら，それでは」という接続詞のように，前の事柄が原因となり，後の事柄が結果となることを示すという関係です。スライドをめくったとき，「このページと前のページは因果関係にある」ということがわからないと，読み手は戸惑います。このことを違反例で確認してみましょう。

図表1　スライド間の関係がわからない

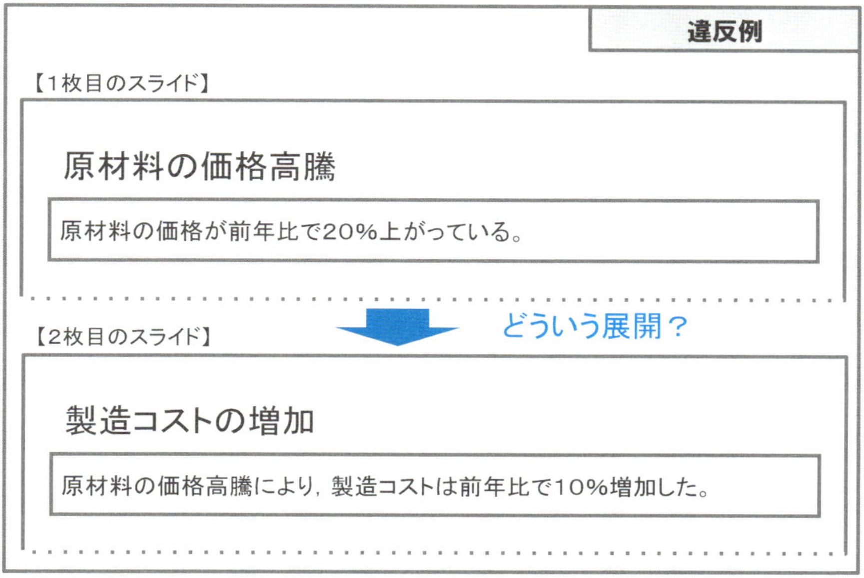

違反例

【1枚目のスライド】

原材料の価格高騰

原材料の価格が前年比で20%上がっている。

【2枚目のスライド】　　　　　　　　どういう展開？

製造コストの増加

原材料の価格高騰により，製造コストは前年比で10%増加した。

400　Section 8　資料の作成

　違反例の２枚のスライドは，原価分析に関する資料の一部です（図表１）。
違反例のどこが問題でしょうか。

時間がかかる

　それでは，詳しくみてみましょう。スライドタイトルを読めば，１枚目が原
材料の価格高騰について，２枚目が製造コストの増加について書いてあること
はわかります。問題は，この２枚のスライドの関係です。２つの事象について
それぞれ説明したスライドかもしれませんし，原材料の価格高騰が製造コスト
に何らか関係している可能性もあります。いずれにしても，タイトルだけでは
２枚のスライドがどういう関係にあるのかわかりません。

　それでは，メッセージボックスをみてみましょう。１枚目のスライドは「原
材料の価格が前年比で20％上がっている」で，２枚目のスライドは「原材料の
価格高騰により，製造コストは前年比で10％増加した」とあります。ここで，
ようやく２枚のスライドの関係がみえてきます。１枚目のスライドは原材料の
価格が上がっているという“事実（原因）”の説明で，２枚目はこの価格高騰
によって製造コストが10％増加したという“結果”の説明です。この２枚は，
“原因と結果”という順接の関係にあります。

　パワーポイントの資料では，スライドとスライドをつなぐ“接続詞”があり
ません。このため，前のページのスライドと次のページのスライドの関係を知
るには，まずスライドタイトルを読んで考える必要があります。もし，タイト
ルに“ヒント”がなければ，メッセージボックスやボディまで読むことになる
でしょう。これは読み手にとって負担です。スライドの内容をすべて理解しな
いと，前のページとの関係がわからないならば，スライドを読んでいる間，読
み手は「このスライドの位置づけは何だろう」という疑問を持つことになるか
らです。

　では，どうしたらよいでしょうか。２枚目のスライドタイトルに「影響」と
いう言葉を加えて，「価格高騰が製造コストに与える影響」とするのです。こ
うすれば，製造コストの増加は原材料の価格高騰によってもたらされたことが，
すぐにわかるはずです。“原因と結果”の関係を示すのです。改善例をご覧く
ださい（図表２）。

図表2 因果関係の順接であることを示す

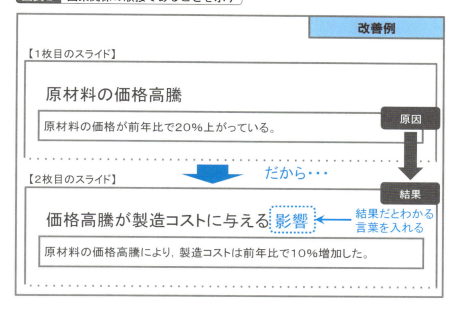

わかるように書く

　ワンページ・ワンメッセージという観点からみれば，違反例の2枚目の「製造コストの増加」というスライドタイトルはおかしいとはいえません。

　しかし，「前のページのスライドとの関係がすぐにわかるか？」という観点でみると，まだ改善の余地があります。"コンマ数秒"の違いでも，タイトルを読んで前のページのスライドとの関係がわかるほうが，読み手にとってはずっと楽なはずです。

　前のページのスライドとの関係をわかりやすく示すことは，読み手の負担を取り除くうえで大切なのです。

402　Section 8　資料の作成

8 -11 例示だと示す
つながり

> 後のページのスライドが前のページの例示ならば，そうわかるように
> スライドタイトルに書きます。読み手によって解釈が変わるのを避け
> るためです。

例示の関係

　スライドが2枚以上あれば，これらのスライドには何らかの関係があるはず
です。その1つが「例示」の関係です。例示とは，「例えば，いわば」という
接続詞のように，前の事柄に対して具体的な事例を示すという関係です。スラ
イドをめくったとき，「このスライドは前のページのスライドの例示に当たる」
とわからないと，読み手は戸惑うものです。このことを違反例で確認してみま
しょう。

　違反例の2枚のスライドは，原価分析に関する資料の一部です（図表1）。

図表1　つながりがわからない

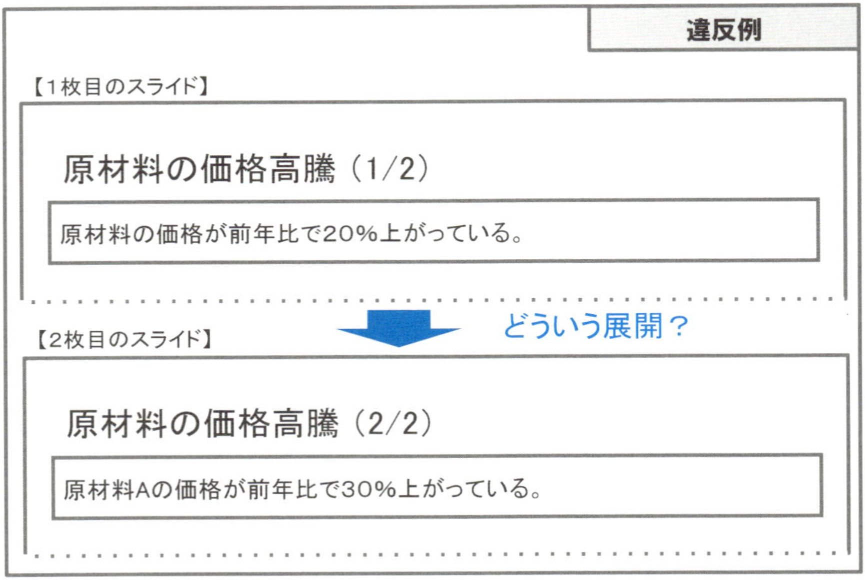

違反例

【1枚目のスライド】

原材料の価格高騰（1/2）

原材料の価格が前年比で20%上がっている。

【2枚目のスライド】　　　どういう展開？

原材料の価格高騰（2/2）

原材料Aの価格が前年比で30%上がっている。

違反例のどこが問題でしょうか。

時間がかかる

　詳しくみてみましょう。1枚目のスライドタイトルは「原材料の価格高騰（1／2）」で、2枚目のスライドは「原材料の価格高騰（2／2）」です。このタイトルだけを読むと、原材料の価格高騰という1つのテーマについて2枚のスライドにわたって書いているようにみえます。原材料の価格高騰について書くことが多く、とても1枚のスライドでは書ききれなかったというケースです。

　別の可能性も考えられます。例えば、原材料の価格高騰の原因について、2つの観点から整理している場合は、この2枚のスライドは並列の関係（接続詞で書くと、また、ならびに、および、かつ）です。いずれにせよ、この2枚のスライドタイトルから得られる情報では、スライドの関係はわかりません。

　メッセージボックスをみてみましょう。1枚目のスライドは「<u>原材料</u>の価格が前年比で20％上がっている」で、2枚目のスライドは「<u>原材料Ａ</u>の価格が前年比で30％上がっている」です。1枚目のスライドでは原材料全体についてですが、2枚目は原材料Ａだけです。そして、原材料全体の価格の上昇率は20％ですが、原材料Ａの価格の上昇率は30％です。

　原材料Ａの価格の上昇率は原材料全体よりもずっと高いとみれば、「なお、原材料Ａは20％を大幅に超えている」という補足の関係（接続詞で書くと、なお、ただし、ただ、もっとも、ちなみに）ですし、2枚目のスライドは原材料の価格高騰を説明するための具体例だと考えれば、「例えば、原材料Ａの価格の推移で説明すると」という例示の関係にあるといえるでしょう。

　このように、スライドとスライドの間に接続詞がないパワーポイントの資料では、読み手によって解釈が分かれることがあります。もし、違反例の2枚目のスライドが例示ならば、そうわかるように書く必要があるのです。

　それでは、どうしたらよいでしょうか。2枚目のスライドタイトルを「<u>（参考）</u>原材料Ａの価格変動」とし、メッセージも「<u>具体例を示すと、</u>原材料Ａの価格が前年比で30％上がっている」することです。そうすれば、2枚目のスライドが原材料の価格高騰の1つの例だとすぐわかるでしょう。改善例をご覧ください（図表2）。

図表2 並列の関係であることを示す

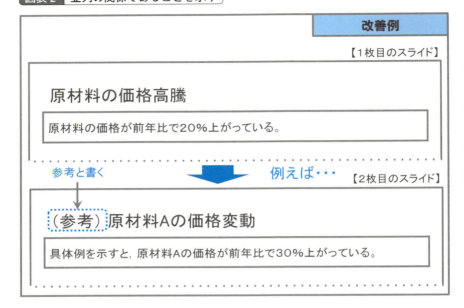

わかるように書く

　スライドとスライドがどのような関係にあるか，スライドタイトルをみてわからなければ，読み手はメッセージボックス，そしてボディの中身を読んでから判断しなければなりません。ページをめくるたびに，このような作業を繰り返していたら，読み手は相当なストレスを感じるでしょう。

　スライドが例示の関係にあるならば，そうわかるようにタイトルやメッセージを書くことです。読み手が，スライドとスライドの関係の理解に時間をかけるのではなく，中身の理解に時間をとれるようにすることが大切です。

8-12 つながり 説明する

後のページのスライドが前のページの説明ならば，そうわかるように
スライドタイトルに書きます。読み手によって解釈が変わるのを避け
るためです。

説明の関係

　スライドが２枚以上あれば，これらのスライドには何らかの関係があるはず
です。その１つが「説明」の関係です。説明とは，「なぜなら，というのは，だっ
て」という接続詞のように，前の事柄に対してその理由を示すという関係です。
スライドをめくったとき，「このスライドは前のページのスライドの理由づけ
に当たる」とわからないと，読み手は戸惑うものです。この時間をできるだけ
少なくする必要があります。このことを違反例で確認してみましょう。

　違反例の２枚のスライドは，原価分析に関する資料の一部です（図表１）。

図表1　つながりがわからない

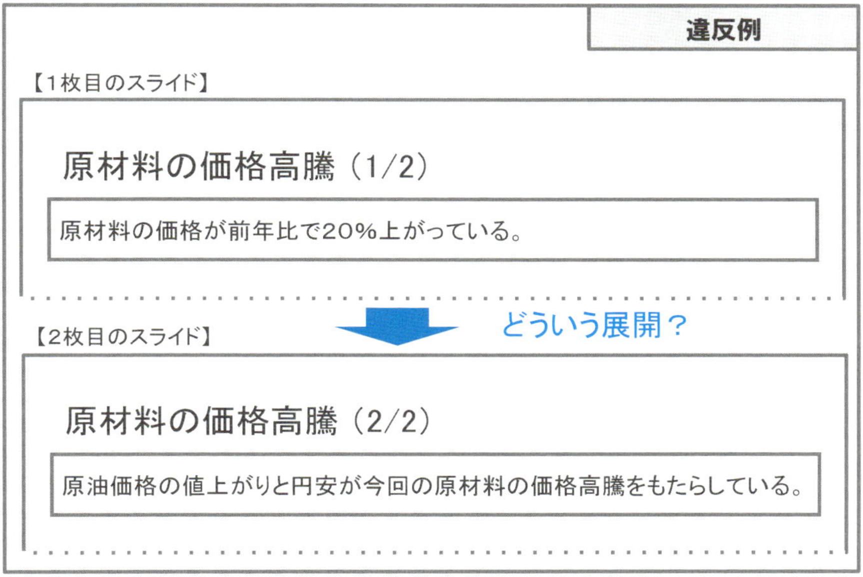

違反例

【1枚目のスライド】

原材料の価格高騰（1/2）

原材料の価格が前年比で20％上がっている。

【2枚目のスライド】　　どういう展開？

原材料の価格高騰（2/2）

原油価格の値上がりと円安が今回の原材料の価格高騰をもたらしている。

違反例のどこが問題でしょうか。

時間がかかる

　それでは，詳しくみてみましょう。1枚目と2枚目はともに「原材料の価格高騰」という同じスライドタイトルです。タイトルの最後に連番（1/2と2/2）が付されていますから，原材料の価格高騰という1つのテーマについて書いたようです。1枚ではまとめきれなかったのか，2枚のスライドにわたって書いているようにみえます。

　もちろん，別の可能性も考えられます。例えば，1枚目のスライドで原材料の価格高騰の概要を説明し，2枚目のスライドで具体的な事例を示しているというケースです。こうみると，この2枚のスライドは並列の関係（接続詞で書くと，例えば，いわば）にある可能性もあります。いずれにしても，この2枚のスライドタイトルから得られる情報では，スライドの関係はわかりません。

　それでは，メッセージボックスをみてみましょう。1枚目のスライドは「原材料の価格が前年比で20％上がっている」で，2枚目のスライドは「原油価格の値上がりと円安が今回の原材料の価格高騰をもたらしている」です。1枚目のスライドでは原材料が前年比で20％も増加しているという事実の説明ですが，2枚目はこの価格高騰が原油価格の値上がりと円安という2つの要因によって引き起こされたという理由を説明しているのです。この2枚は，事実とその理由が書かれていますから，説明の関係にあるのです。

　このように，スライドとスライドの間に接続詞がないパワーポイントの資料では，読み手によって解釈が分かれてしまう可能性があります。違反例の2枚目のスライドが1枚目のスライドの説明に当たるならば，そうわかるように書く必要があるのです。

　それでは，どうしたらよいでしょうか。2枚目のスライドタイトルを「原材料の価格高騰の理由」とすることです。また，メッセージボックスの記載についても，理由であることがより明確にわかるように，「原油価格の値上がりと円安が今回の原材料の価格高騰の理由である」とします。こうすれば，2枚目のスライドが原材料の価格高騰の理由が書いてあるとわかるはずです。改善例をご覧ください（図表2）。

図表2 説明の関係であることを示す

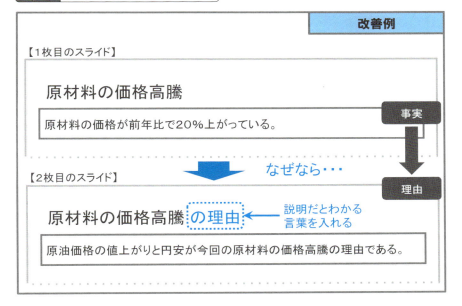

わかるように書く

　スライドとスライドがどのような関係にあるか，スライドタイトルをみてわからなければ，読み手はメッセージボックス，そしてボディの中身を読んでから判断しなければなりません。ページをめくるたびに，このような作業を繰り返していたら，読み手は相当なストレスを感じるでしょう。

　スライドが説明の関係にあるならば，そうわかるようにスライドタイトルとメッセージを書きます。読み手が，スライドとスライドの関係の理解に時間をかけるのではなく，中身の理解に時間をとれるようにすることが大切です。

408　Section 8　資料の作成

8 -13 主張の順接
つながり

後のページのスライドが前のページの順接ならば，そうわかるように
スライドタイトルに書きます。読み手によって解釈が変わるのを避け
るためです。

順接の関係

　2枚以上のスライドがあれば，これらのスライドには何らかの関係があるは
ずです。その1つが「順接」の関係です。順接とは，「だから，それで，その
ため，そこで，したがって，ゆえに，それゆえに，すると，それなら，それで
は」という接続詞のように，前の事柄が理由となり，後の事柄が結論となるこ
とを示すという関係です。スライドをめくったとき，「このスライドは前のペー
ジのスライドの結論に当たる」とわからないと，読み手は戸惑います。このこ
とを違反例で確認してみましょう。

図表1　つながりがわからない

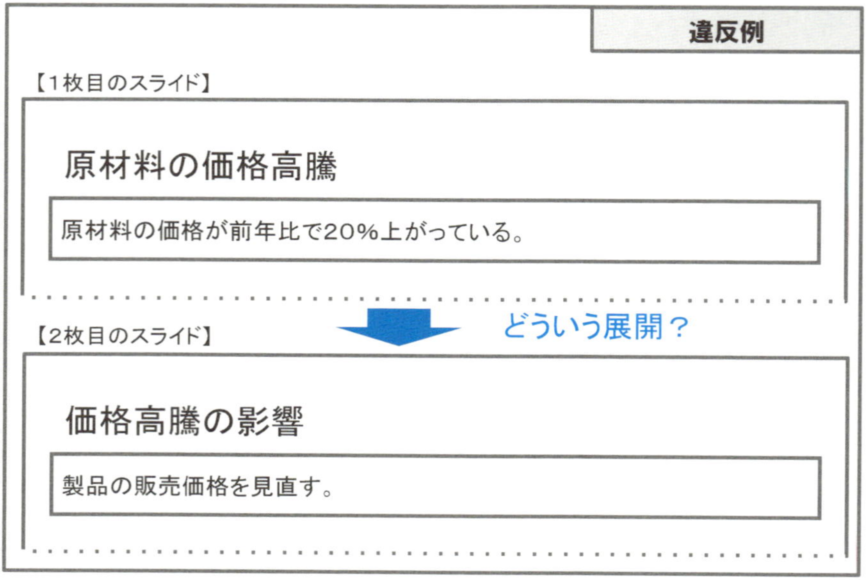

違反例

【1枚目のスライド】

原材料の価格高騰

原材料の価格が前年比で20％上がっている。

どういう展開？

【2枚目のスライド】

価格高騰の影響

製品の販売価格を見直す。

8-13　つながり　主張の順接　409

　違反例の2枚のスライドは，原価分析に関する資料の一部です（図表1）。違反例のどこが問題でしょうか。

時間がかかる

　詳しくみてみましょう。スライドタイトルをみる限り，1枚目のスライドで原材料の価格高騰を説明し，2枚目のスライドでこれがどういう影響を及ぼすのかが書かれていると推測できます。1枚目のスライドが原因で，2枚目のスライドが結果という順接の関係です。

　念のため，メッセージボックスをみてみましょう。1枚目のスライドは「原材料の価格が前年比で20％上がっている」です。さて，2枚目のスライドのメッセージボックスをみて「おや？」と思います。「製品の販売価格を見直す」とはどういうことでしょうか。確かに，製品の販売価格を見直すことになったのは原材料の価格高騰が原因ですが，これは必然的な結果でしょうか。

　製品の販売価格を上げる必要があると考えるのは書き手です。2枚目のスライドは，原材料の価格高騰によって必然的にもたらされる結果ではなく，販売価格の見直しが必要だという書き手の意見です。であるならば，1枚目のスライドは販売価格の見直しの根拠であり，2枚目のスライドは書き手の主張です。

意見を隠す

　なぜ，違反例のようなスライドになったのでしょうか。因果関係のスライドでも，根拠と主張のスライドでも，「だから」という順接の接続詞で結びつきます。しかし両者は，"書き手の勇気"という点で，まったく異なります。

　因果関係というのは，原因と結果という2つの事実を説明するものです。（正しい解釈である限り）この原因と結果の説明において，書き手の勇気は必要ありません。これに対して，書き手が何かを主張する場合は勇気が必要です。「私はこう考える」と書いても，受け入れられるとは限りません。異なる意見もあるでしょう。だからこそ，きちんと根拠を示し，勇気を持って，自分の意見を書くのです。

　違反例の場合，書き手にその勇気はなかったようです。その結果，「製品の販売価格を見直す」という因果関係を模したメッセージになったのです。

それでは、どうしたらよいでしょうか。2枚目のスライドタイトルを「販売価格の見直し」とし、メッセージボックスを「利益確保のためには、製品の販売価格の見直しの検討が必要である」とするのです。こうすることで、2枚目のスライドが書き手の主張であることがすぐわかるはずです。改善例をご覧ください（図表2）。

図表2　順列（主張）の関係であることを示す

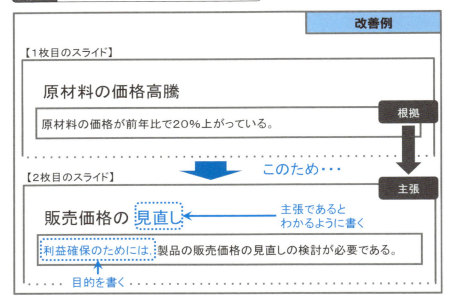

順接という関係は、因果関係でも、根拠と主張の関係でも成立します。だからゆえに、自分の主張をごまかし、因果関係のように書いてしまうことがあるのです。パワーポイントで資料を作成する目的は、書き手の意見を書くためです。自分の意見がきちんと書いてあるか、常に意識しながら作成することが大切です。

8-14 逆接はむずかしい つながり

後のスライドが前のページの逆接なら，そうわかるようにスライドタイトルとメッセージを書きます。読み手によって解釈が変わるのを避けるためです。

逆接の関係

　スライドが2枚以上あれば，これらのスライドには何らかの関係があるはずです。その1つが「逆接」の関係です。逆接とは，「しかし，が，だけど，けれども，ところが，それなのに，かかわらず，ものの，とはいうものの，それでも」という接続詞のように，前の事柄から予想される結果とは逆の結果になることを示すという関係です。スライドをめくったときに，「このスライドは前のページとは逆接の関係にある」と知らなければ，読み手は戸惑うはずです。このことを違反例で確認してみましょう。

図表1 つながりがわからない

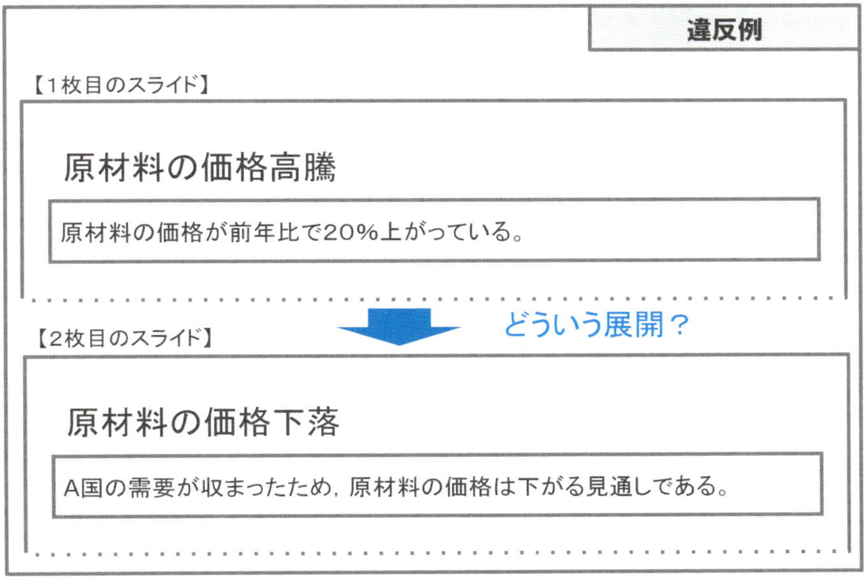

違反例

【1枚目のスライド】

原材料の価格高騰

原材料の価格が前年比で20%上がっている。

どういう展開？

【2枚目のスライド】

原材料の価格下落

A国の需要が収まったため，原材料の価格は下がる見通しである。

412　Section 8　資料の作成

　違反例の２枚のスライドは，原価分析に関する資料の一部です（図表１）。
違反例のどこが問題でしょうか。

混乱していると思われる

　それでは，詳しくみてみましょう。１枚目のスライドタイトルは「原材料の
価格高騰」で，２枚目のタイトルは「原材料の価格下落」です。タイトルをみ
る限り，１枚目と２枚目のスライドの内容はまったく逆のようです。ページを
めくったとき，読み手がまず感じることは，「書き手の頭の中は混乱している
のでは？」ということでしょう。いずれにしても，タイトルだけでは２枚のス
ライドの関係はわかりません。

　それでは，メッセージボックスをみてみましょう。１枚目のスライドは「原
材料の価格が前年比で20％上がっている」で，２枚目のスライドは「Ａ国の
需要が収まったため，原材料の価格は下がる見通しである」とあります。ここ
で，ようやく「はは～ん」と気がつきます。１枚目のスライドは原材料が前年
比で20％も増加しているという事実の説明ですが，２枚目はこれから原材料の
価格高騰が沈静化に向かうという将来の見通しを説明しているのです。この２
枚は，逆接（しかし）の関係にあるのです。

　パワーポイントの資料では，スライドとスライドの間に接続詞がありません。
スライドとスライドがどういう関係にあるかを知るには，次のページのスライ
ドのスライドタイトルやメッセージボックス，場合によってはボディまで読む
必要があります。

　しかも，スライドとスライドの間に接続詞がなく，紙芝居のような構成をと
るパワーポイントの資料では，ページをめくれば，添加（そして），順接（だ
から），説明（なぜなら）という展開を想像できても，逆接（しかし）のよう
に大きな話の転換はなかなか想像できません。読み手が迷う原因はここにあり
ます。

　それでは，どうしたらよいでしょうか。２枚目のスライドタイトルを「価格
高騰は沈静化の見通し」とし，メッセージにも「今後は」という言葉を入れる
のです。こうすれば，１枚目のスライドは現在のことで，２枚目のスライドは
将来のことが書かれているとすぐわかるはずです。改善例をご覧ください（図

表2）。

図表2 逆接の関係であることを示す

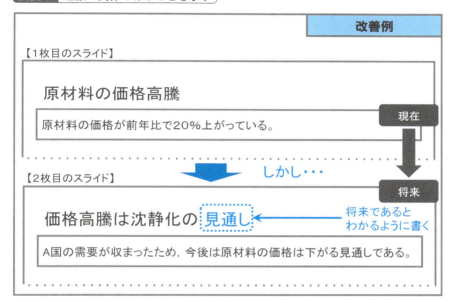

わかるように書く

　逆接の関係が成立しても，論理が一貫するのには理由があります。それは，違反例のように時点の違い（現在と将来）があるからかもしれませんし，地域（日本と海外など）や主張する人（BさんCさんなど）の違いという場合もあるでしょう。

　読み手が「書き手の頭の中は混乱しているのでは？」という疑念を持つと，資料の中身をきちんと読もうとは思わないものです。逆接でも論理が一貫しているということがわかるようにスライドタイトルとメッセージを書いて，読み手がストーリーを理解できるようにすることが大切なのです。

8-15 つながり 戻さない

何かを説明するときは，全体像を示してから細部の説明に移ります。いきなり細部の説明から始めると，その位置づけがわかりづらいからです。

全体像を示す意味

何かを説明するとき，一番説明したい箇所から説明を始める人がいます。興味，関心がそこにあるからだと思いますが，資料のわかりやすさという観点でみると，これは問題です。**何かを説明するときは，まず説明の対象の全体像を明らかにする必要がある**のです。このことを違反例で確認してみましょう。

違反例の2枚のスライドは，経営管理の高度化の提案書の一部です（図表1）。違反例のどこが問題でしょうか。

図表1 **細部から説明する**

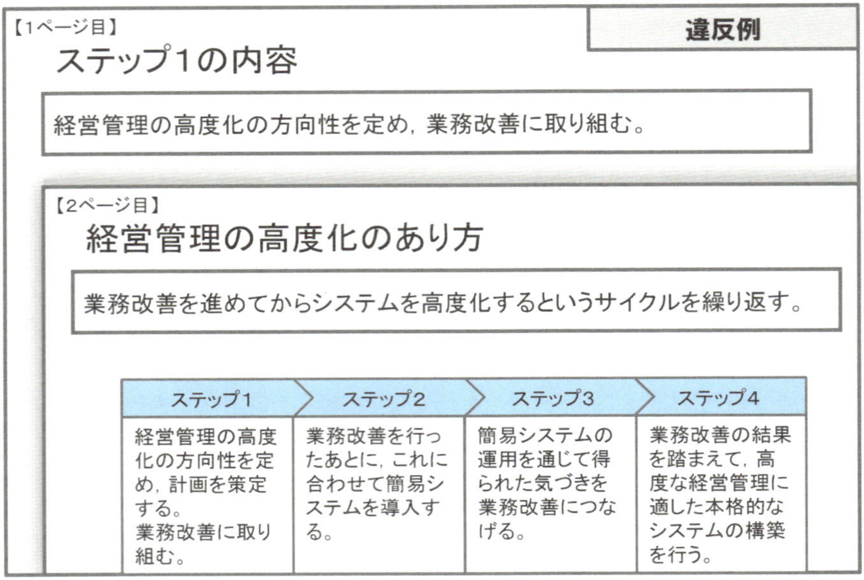

【1ページ目】　　　　　　　　　　　　　　　　　違反例
ステップ1の内容

経営管理の高度化の方向性を定め，業務改善に取り組む。

【2ページ目】
経営管理の高度化のあり方

業務改善を進めてからシステムを高度化するというサイクルを繰り返す。

ステップ1	ステップ2	ステップ3	ステップ4
経営管理の高度化の方向性を定め，計画を策定する。業務改善に取り組む。	業務改善を行ったあとに，これに合わせて簡易システムを導入する。	簡易システムの運用を通じて得られた気づきを業務改善につなげる。	業務改善の結果を踏まえて，高度な経営管理に適した本格的なシステムの構築を行う。

関係がわからない

　それでは，詳しくみてみましょう。1枚目のスライドタイトルは「ステップ1の内容」です。メッセージボックスをみると，「経営管理の高度化の方向性を定め，業務改善に取り組む」とありますから，これは経営管理の高度化という大きな取組みの1つのステップなのでしょう。

　2枚目のスライドをみてみましょう。こちらのスライドタイトルは「経営管理の高度化のあり方」です。メッセージボックスには「業務改善を進めてからシステムを高度化するというサイクルを繰り返す」とあります。

　さて，1枚目と2枚目のスライドはどういう関係にあるのでしょうか。1枚目のスライドには，業務改善に取り組むことは書いてありましたが，システムやサイクルのことについては触れていません。2ページ目のタイトルとメッセージボックスを読んでも，読み手はこの2枚のスライドの関係が理解できないのです。

　2ページ目のスライドのボディをみてみましょう。ボディには，ステップ1から4まで経営管理の高度化のための4つのステップについて説明があります。ステップ1をみると「経営管理の高度化の方向性を定め，計画を策定する。業務改善に取り組む」とあります。これは，1ページ目のメッセージボックスの記載とほぼ整合します。

　実は，2ページ目のスライドには経営管理の高度化の全体像が書かれていて，1ページ目のスライドはそのうちの一部であるステップ1の内容について書いてあるのです。ここまで読まないと，読み手は1ページ目のスライドと2ページ目の関係が理解できないのです。

　どうしてこのようなことが起きたのでしょうか。今回，依頼を受けた提案の範囲は「経営管理の高度化の方向性を決めること」でした。書き手は，これだけでは他の提案に負けると思い，一部，業務改善に取り組むということも提案に盛り込むことを決めました。そして，このことを1ページ目のスライドに書いたのです。

　この内容は依頼された提案の範囲を越えていますから，書き手は経営管理の高度化の全体像も示さなければならないと考え，2ページ目のスライドを作成したのです。このスライドでステップ1とそれ以降のステップで何を行うこと

を示せば、ステップ1の内容の有効性が理解してもらえると考えたのでしょう。

全体像から示す

それではどうしたらよいでしょうか。それは、まず全体像から説明することです。具体的にいうと、違反例の1ページ目と2ページ目を置き換えるのです。改善例をご覧ください（図表2）。

図表2　全体像を示す

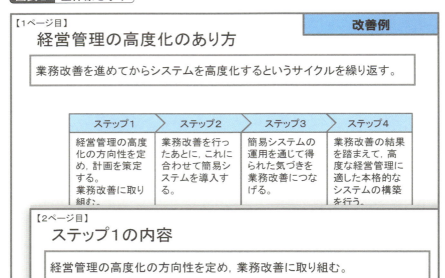

時間をかけて読めば、違反例の順番でも理解はできます。しかし、これでは読み手は2ページ目のボディを読むまで2枚のスライドの関係がわからないというペンディング状態（宙ぶらりんの状態）に置かれることになります。何かを説明するときは、全体像をみせてから細部の説明に入ります。こうすることで読み手をペンディング状態に置かないことが大切です。

8-16 話の流れ 3枚におろす

メッセージが明解だとしても，そのメッセージにボディが追いつかないのなら，スライドを分けて作成する"勇気"も必要です。

メッセージの形

　メッセージとは「○○だから，○○と考える」という形式をとります。「○○と考える」という部分が主張で，「○○だから」が根拠に当たります。根拠はメッセージが正しいこと示すもの（理由づけ）です。

　スライドにもメッセージが1つあります。これをワンページ・ワンメッセージと呼びます。ところが，すべてのスライドのメッセージが，「○○だから，○○と考える」という形式をとるかというと，そうではありません。このことを違反例で確認してみましょう。

詰め込みすぎ

　違反例は，リスク管理のためのデータ分析手法についてまとめたスライドです（図表1）。違反例のどこがおかしいでしょうか。

　スライドタイトルは，「求められるリスク管理イノベーション」です。メッセージボックスをみてみましょう。メッセージボックスには，「従来型の手法ではリスク管理として十分とはいえなくなってきた。データ分析手法によりリスクを網羅的かつ効率的に把握する必要がある」とあります。このメッセージの主張は「従来型の手法ではリスク管理として十分とはいえなくなってきた」です。その根拠として，「データ分析手法によりリスクを網羅的かつ効率的に把握する必要がある」という点を挙げています。このことから，メッセージボックスの記載はメッセージとしての形式をとっています。

　それでは，ボディの記載はどうでしょうか。ボディには従来型の手法が例示されているだけです。きっと書き手は，読み手が違反例のスライドをみれば，"従来型の手法ではリスク管理として十分とはいえないと思うはずだ"と考えたのでしょう。メッセージボックスの記載がメッセージの形式をとっているの

418　Section 8　資料の作成

図表1　詰め込みすぎ

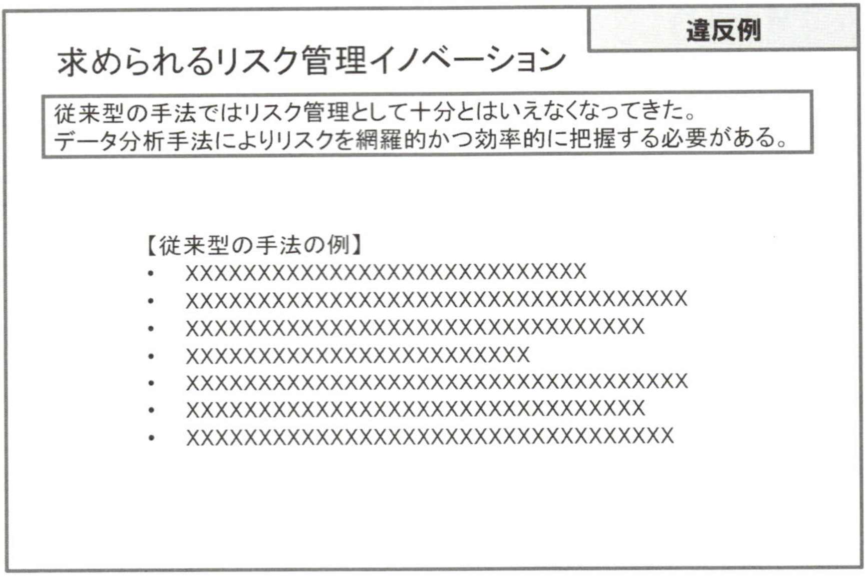

で，書き手はこれに安心して，ボディの記載にはあまり注意を払わなかったの
かもしれません。

分ける

　どうしたらよいでしょうか。違反例のようにメッセージの形式をとっていて
も，1枚のスライドでそのことがうまく表現できない場合は，①用語の説明
（従来型の手法とは），②根拠（従来型の手法の問題点）および③主張（データ
分析手法の必要性）にスライドを分けて作成します。

　また，違反例のスライドタイトルですが，イノベーションとは，新しい技術
や考え方を取り入れて社会的に大きな変化を起こすことです。イノベーション
という言葉を使うと，みた目はとってもカッコいいですが，中身が伴わないと，
読み手を裏切ることになります。このスライドは，リスク管理の手法の見直し
ですから，3枚目のスライドのタイトルは「データ分析の必要性」ぐらいでよ
いでしょう。改善例をご覧ください（図表2）。

8-16 *話の流れ* 3枚におろす 419

図表2 スライドを分ける

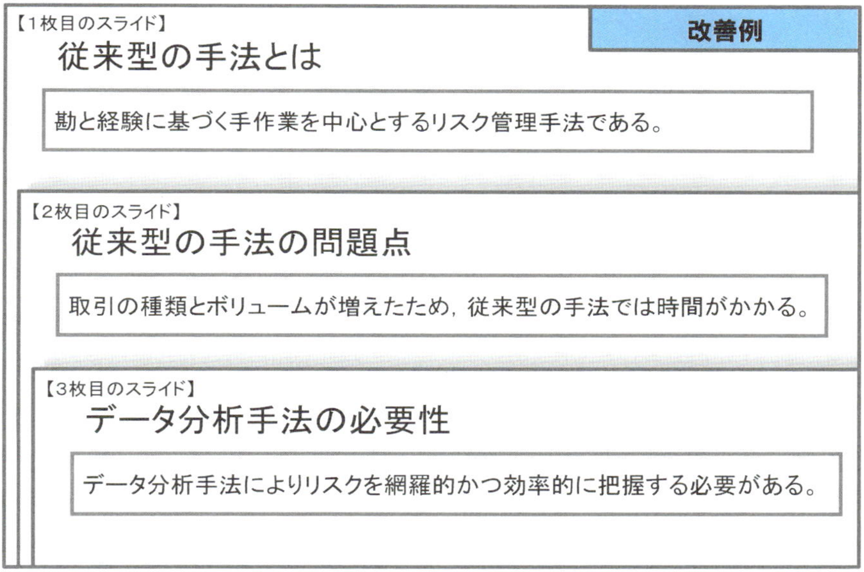

【1枚目のスライド】　　　　　　　　　　　　　　　　改善例

従来型の手法とは

勘と経験に基づく手作業を中心とするリスク管理手法である。

【2枚目のスライド】

従来型の手法の問題点

取引の種類とボリュームが増えたため，従来型の手法では時間がかかる。

【3枚目のスライド】

データ分析手法の必要性

データ分析手法によりリスクを網羅的かつ効率的に把握する必要がある。

　メッセージボックスの記載が，一般的なメッセージの形式をとっているからといって，それだけで満足してはいけません。メッセージの記載に問題がなくても，ボディの内容がそれに対応していなければ，スライドとしては不十分だからです。一般的な形式をとるということは，たくさんの情報が含まれていることを意味します。本当にそれだけの情報を1枚のスライドにまとめることができるのか疑う必要があるのです。ボディの記載があいまいか，足りない場合は，メッセージを3つ（①用語の説明，②根拠，③主張）に分けてみます。分量・スペースの制約でメッセージの内容をボディにぜんぶ表現できないなら，メッセージボックスの記載を分ける "勇気" が大切です。

420　Section 8　資料の作成

8-17 布石を打つ
話の流れ

資料を作成するときは，なぜそう考えるのか，書き手の考えがわかるように，主張を展開する必要があります。

ムリな展開

　資料を読んでいると，「この展開はずいぶんムリがあるな」と感じることがあります。書き手の思いが前面に出ていて，スライドの内容がついてきていないのです。何枚かのスライドで構成される資料では，**書き手が本当に伝えたいことはその中の1～2枚に書かれています**。この1～2枚にたどり着くまでの（他の）スライドは，ある意味で通過点です。しかし，この通過点であるスライドにきちんと布石を打っておかないと（書き手の主張を裏付ける情報を仕込んでおかないと），「なぜそういえるのか」と読み手は疑問を持ちます。これでは説得力がありません。このことを違反例で確認してみましょう。

ムリがある

　違反例は，データ分析ツールの導入の提案に関する2枚のスライドです（図表1）。違反例のどこがおかしいでしょうか。

　1枚目のスライドは「経営監査制度の総点検」というタイトルです。メッセージボックスをみると「当社の経営監査制度が適切に機能しているかどうか点検を行った」とあります。

　ボディをみてみましょう。違反例の1枚のスライドのボディには総点検の項目が例示されています。その中の1つにアンダーラインが引かれ，クリップアートで強調されている項目があります。それは「IT技術を活用したデータ分析を行う余地はないか？」です。これでは，なぜ1つだけアンダーラインが引かれているのかわかりません。

　理由を探るために2枚目のスライドをみてみましょう。このスライドでは，一転，データ分析ツールの導入が必要であることが主張されています。これは，少し急な展開です。1枚目のスライドと2枚目のスライドには直接的なつなが

8 -17 *話の流れ* 布石を打つ 421

図表1 急な展開

【1枚目のスライド】　　　　　　　　　　　　　　　　　　　　**違反例**

経営監査制度の総点検

当社の経営監査制度が適切に機能しているかどうか点検を行った。

【総点検の項目例】
- ✓ 過去に問題がないと今年も問題ないと考えていないか？
- ✓ 経営トップの理解と支援はあるか？
- ✓ 現在往査がおざなりになっていないか？
- ✓ IT技術を活用したデータ分析を行う余地はないか？
- ✓ ‥‥‥‥‥

【2枚目のスライド】
データ分析ツールの導入

データ分析ツールを導入して，経営リスクを早期に把握する必要がある。

りがありません。

　きっと書き手は，1枚目のスライドで「IT技術を活用したデータ分析を行う余地はないか？」という項目にアンダーラインを引いて，これが2枚目のスライドの"布石になる"と考えたのでしょう。現在の経営監査制度において，IT技術を活用したデータ分析を行う余地があれば，データ分析ツールの導入につながると思ったのです。しかし，1枚目のスライドで示したのは点検項目だけで，IT技術を活用したデータ分析を行う余地が本当にあるか読み手にはわかりません。これは読み手にとってフェアではありません。自分の主張に賛同してもらいたいと思うなら，読み手にきちんと情報提供する必要があります。なぜデータ分析ツールを導入する必要があるのか，その理由を"布石として"その前のスライドで打っておく必要があるのです。

一拍置く

　どうすればよいでしょうか。それは，データ分析ツールの導入が必要な理由

を説明したスライドを追加するのです。今回の場合，経営監査制度の総点検では，いろいろな項目について確認しています。その中で特に問題とされたことが，"IT技術を活用したデータ分析を行う余地がある"とわかればよいのです。例えば，「事業のグローバル化で経営リスクを早期に把握することが難しくなっている」といったことが考えられます（図表2）。

図表2　丁寧な展開

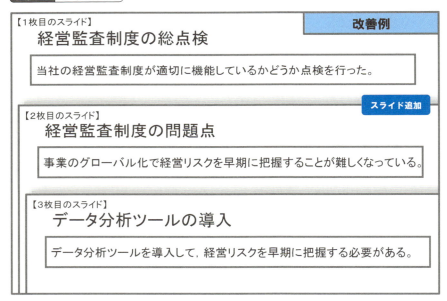

　資料を作成するとき，書き手の思いが前面に出すぎると，伝えたいことに至るまでのスライドの検討がおろそかになります。本当は，通過点であるこれらのスライドが重要なのです。途中のスライドできちんと布石を打って，読み手に「なるほど。あの事実がこの結論に結びつくのか」と納得してもらうのです。資料を作成するときは，この納得感が大切なのです。

8-18 話の流れ やたらと比較しない

比較できるからといって，比較すれば，わかりやすい資料になるとは
限りません。読み手が疲れてしまうからです。

比較の功罪

　"比較"をすれば，違いがわかります。違いがわかれば，理解も進みます。
ところが，1つ注意が必要です。それは，比較のスライドが何枚も続くと，読
み手が疲れるという点です。

　比較するとき，どちらか一方を基準（比較の視点）にして，もう一方（比較
の対象）との違いを示します。ページをめくるたびに，比較の視点が何か，読
み手は確認することになります。これが疲れるのです。**比較できるからといっ
て，比較のスライドを何枚も続けるべきではありません。**このことを違反例で
確認してみましょう。

視点が変わる

　違反例の3枚のスライドは，国際基準（注：架空のものです）の導入で留意
すべきことをまとめたものです（図表1）。違反例のどこがおかしいでしょうか。

　1枚目のスライドは，現在の日本基準と国際基準の違い，2枚目のスライド
は，現在の国際基準と従来の国際基準の違い，3枚目は社内ルール（日本基準
を社内に適用する際にアレンジしたもの）と現在の日本基準が比較されていま
す。

　それでは，1枚目のスライドから詳しくみてみましょう。これは日本基準と
国際基準の違いです。このスライドによると，「日本基準は原則法と容認法を
認めているが，国際基準は原則法のみ認める」とあります。現在の日本基準が
比較の視点で，現在の国際基準が比較の対象です。

　2枚目のスライドはどうでしょうか。メッセージボックスには「現在の国際
基準は原則法だけ認めるが，従来は容認法も認められていた」とあります。こ
れは現在の国際基準を比較の視点として従来の国際基準と比較しています。現

424   Section 8   資料の作成

図表1   疲れる

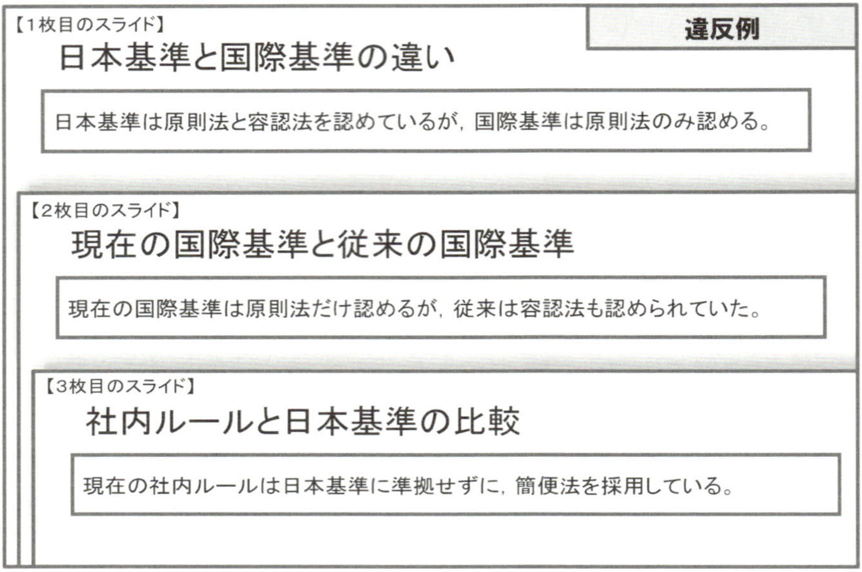

| 違反例 |

【1枚目のスライド】
日本基準と国際基準の違い

日本基準は原則法と容認法を認めているが，国際基準は原則法のみ認める。

【2枚目のスライド】
現在の国際基準と従来の国際基準

現在の国際基準は原則法だけ認めるが，従来は容認法も認められていた。

【3枚目のスライド】
社内ルールと日本基準の比較

現在の社内ルールは日本基準に準拠せずに，簡便法を採用している。

在の国際基準は，1枚目では比較の対象でしたが，2枚目のスライドでは比較の視点になっています。

3枚目のスライドをみてみましょう。これは社内ルールと日本基準の比較です。社内ルールを比較の視点として日本基準と比較しています。1枚目で比較の視点だった日本基準が，こんどは比較の対象になっています。

比較のスライドが続くと，読み手はページをめくるたびに"比較の視点"を確認しなければなりません。しかも，違反例のように比較の視点と比較の対象が入れ替わったりすると，メッセージ性に一貫性がないように感じられてしまいます。

視点を考える

それでは，どうしたらよいでしょうか。それは，スライドの作成目的に立ち戻って考えることです。この3枚のスライドは，国際基準を導入する際に留意すべきことを明らかにすることが目的です。国際基準を導入すると，この会社

8-18 *話の流れ* やたらと比較しない　425

ではどういったアクションが必要になるでしょうか。それは，国際基準に合わせて社内ルールを見直すことです。この一番重要な点に絞って，比較のスライド（社内ルールと国際基準の比較）を作成すればよいのです（その他は補助的な説明として，参考スライドにします）。

　その際，スライドタイトルですが，もちろん「社内ルールと国際基準の比較」でも構いません。ただし，"比較"という言葉は少々説明的な要素が強くなります。もっとメッセージ性を持たせるならば，例えばスライドタイトルを「国際基準の導入上の留意点」とするとよいでしょう（図表2）。

図表2 疲れさせない

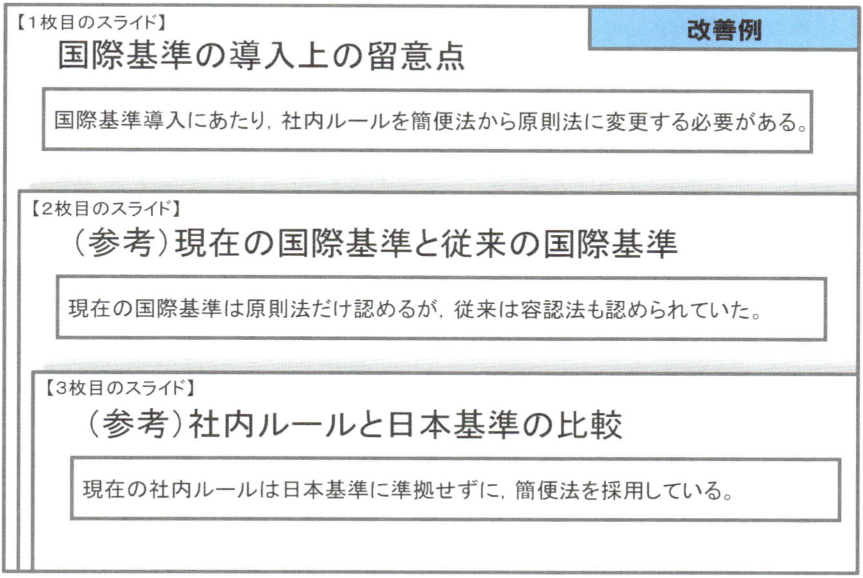

【1枚目のスライド】　　　　　　　　　　　　　　改善例
国際基準の導入上の留意点
国際基準導入にあたり，社内ルールを簡便法から原則法に変更する必要がある。

【2枚目のスライド】
（参考）現在の国際基準と従来の国際基準
現在の国際基準は原則法だけ認めるが，従来は容認法も認められていた。

【3枚目のスライド】
（参考）社内ルールと日本基準の比較
現在の社内ルールは日本基準に準拠せずに，簡便法を採用している。

　2つ以上の対象があれば，比較のスライドは作成できます。だからといって，何でもかんでも比較すべきではありません。比較のスライドが続けば，読み手は疲れます。一番重要な点に絞って比較のスライドを作成することが大切なのです。

426　Section 8　資料の作成

8-19 マップを使う
一体感を出す

> 複数のスライドで構成される資料では，それぞれのスライドが資料全体の中でどのように位置づけられるのか，わかるようにする必要があります。

全体像を示す

　スライドの枚数が多くなると，それぞれのスライドが資料全体の中でどう位置づけられるのか，わからなくなるものです。これは1枚1枚のスライドを丁寧に作ったとしても，解決できる問題ではありません。

　それではどうしたらよいでしょうか。1つの解決方法がマップを使うというものです。**マップとは，資料全体の内容を図表で表したもの，いわば資料の見取り図です。「この資料はどういう構成なのか」をビジュアルで示すことができれば，読み手のストレスを減らすことができます。**それでは，具体的にみてみましょう。

　図表1は資料の冒頭に置かれたスライドです。メッセージボックスによれば，本資料の目的は受注にあたって検討すべき4つの事項の解説です。

　ボディをみてみましょう。4つの事項（利益率，技術開発の可能性，工場の操業度，プロジェクトリスク）があって，真ん中に"案件の魅力"とあります。4つの事項を検討した結果，案件の魅力の程度が決まるといいたいのでしょう。この図表は，資料の内容を示したマップになります。

　それでは，マップのスライドは資料のどこに挿入したらよいでしょうか。それは，目次よりも前です。目次が文字で資料の構成を示すのに対して，マップは資料の構成を視覚的に示します。資料の構成について読み手にイメージを持ってもらうことで，目次の内容を深く理解できるからです。

現在地を示す

　マップには，現在地を示すという役割もあります。スライドの枚数が多くなると，セクションを分けて，それぞれのセクションの最初に中表紙を入れます。

図表1　マップ

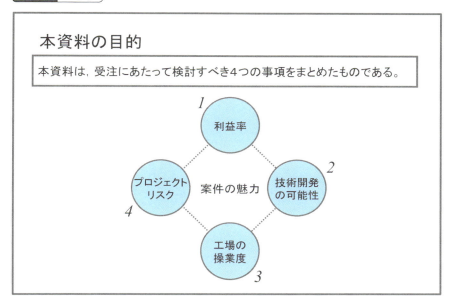

この中表紙にマップを入れておくのです。

　図表2の【ケース1】をご覧ください。これは，先ほどの資料の中表紙です。タイトルをみると「セクション3　工場の操業度」とあります。もちろん，文字を読めば，これが3つ目のセクションであることはわかります。しかし，これにマップを加えることで，「ああ，この資料の冒頭でいっていた検討すべき4つの事項の1つのことだな」とピーンとくるでしょう。

　それでは，スライドの枚数がそれほど多くない（中表紙を使うほどではない）という場合はどうしたらよいでしょうか。1つのやり方として，スライドの右上のスペースにマップを入れるという方法があります（図表2の【ケース2】）。こうすれば，スライドのタイトルにいちいち「セクション3　工場の操業度」と書かなくても，このスライドは4つの検討事項のうち，どれに当たるのか，すぐにわかるはずです。

図表2　現在地を示す

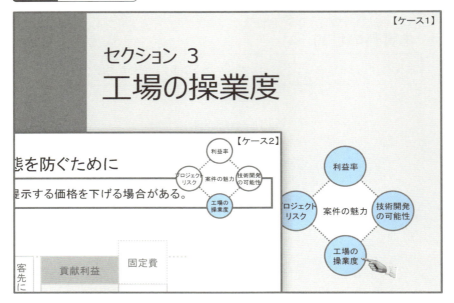

まとめ役

　マップの役割は，資料の内容の見取り図や現在地を示すというものですが，これらはすべてみせ方のお話です。しかし，実は，マップを使うと資料の中身もよくなるのです。

　スライドの枚数が増えると，資料の一体感は失われ，内容は散漫になりがちです。ところが，資料の作成段階からマップを使おうとすれば，マップのコンセプトに合わせてスライドを組むことになります。マップを意識してタイトルを見直し，スライドを並べ替えるという作業を繰り返すでしょう。そうすると，一貫性のある資料になるのです。

　スライドの枚数が多く，資料の構成が複雑なときは，マップを使って，スライドのみかけだけではなく，中身も磨くことが大切なのです。

8-20 一体感を出す コントロールシートを使う

> 3枚以上のスライドが並列の関係にあることを示すには，これらのスライドの関係を構造的に示すのが効果的です。

コントロールシートの役割

3枚以上のスライドが「並列の関係」にあるとき，この関係を読み手に伝えるにはどうしたらよいでしょうか。「すべてのスライドを読めばわかる」というのでは，読み手にとって負担になります。スライドの関係は，少しみるだけでわかる必要があるのです。

では，どうしたらよいでしょうか。1つの方法として「コントロールシート」を使うというやり方があります。コントロールシートは，並列の関係にある複数のスライドの要旨を記載したスライドです。このことを違反例で確認してみ

図表1 並列関係にある3枚のスライド

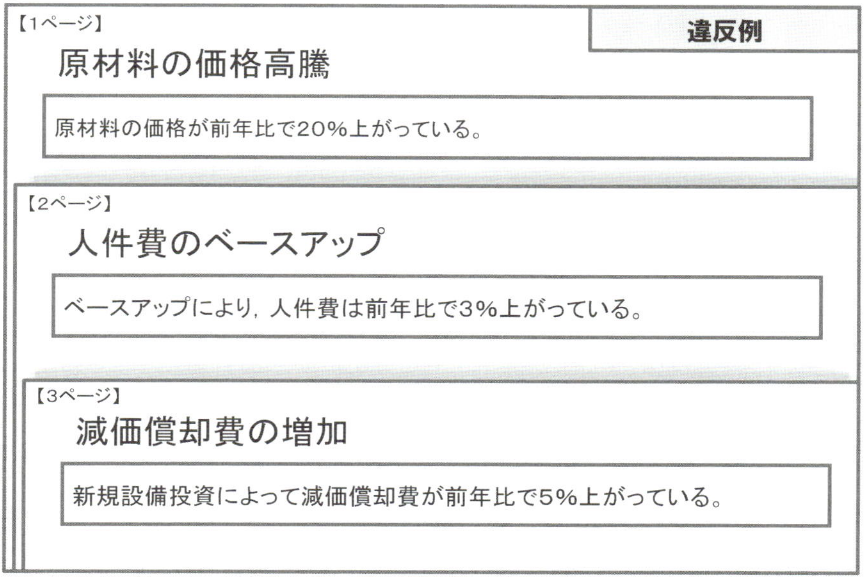

【1ページ】 　違反例

原材料の価格高騰

原材料の価格が前年比で20%上がっている。

【2ページ】

人件費のベースアップ

ベースアップにより，人件費は前年比で3%上がっている。

【3ページ】

減価償却費の増加

新規設備投資によって減価償却費が前年比で5%上がっている。

430　Section 8　資料の作成

ましょう。
　違反例の3枚のスライドは，製造コストの増加理由についてまとめたものです（図表1）。どこが問題でしょうか。

関係がわからない

　詳しくみてみましょう。1枚目のスライドタイトルが「原材料の価格高騰」，2枚目は「人件費のベースアップ」，3枚目は「減価償却費の増加」です。これだけ読むと，「原材料の価格が高騰し，さらに人件費のベースアップや減価償却費が増加する」という添加の関係にあるようです。
　メッセージボックスには何と書いてあるでしょうか。2枚目のスライドは「ベースアップにより，人件費は前年比で3％上がっている」で，3枚目のスライドは「新規設備投資によって減価償却費が前年比で5％上がっている」です。どちらのメッセージを読んでも，1枚目のスライドとの関係を示す記述はありません。
　違反例の3枚のスライドは，スライドタイトルを読んでも，メッセージボックスをみてもスライド同士の関係がわからないのです。
　違反例は，1枚のスライドにつき1つの課題が書かれていますから，それぞれのスライドは独立しています。違反例のように3枚のスライドをただ順番に並べるだけでは，資料としての一体感もありません。

構造で関係を示す

　実は，3枚のスライドは並列の関係にあります。書き手は，製造コストの増加理由として，原材料の価格高騰，人件費のベースアップ，そして減価償却費の増加の3つがあることを説明したかったのです。
　それでは，どうしたらこの3枚が並列の関係にあることを示せるでしょうか。その答えが，コントロールシートを使うことなのです。3枚のスライドは，製造コストの増加という1つのテーマで結びついています。そうならば，「製造コストの増加理由」というスライド（コントロールシート）を最初のページに追加するのです。改善例をご覧ください（図表2）。
　コントロールシートを使うと，スライドに一体感が生まれます。違反例の場

8-20 *一体感を出す* コントロールシートを使う 431

図表2 コントロールシート

【最初のページ】 **改善例**

製造コストの増加理由

①原材料の価格高騰，②人件費のベースアップ，③減価償却費の増加である。

	項目	内容
1	原材料の価格高騰	• 原材料の価格が前年比で20%上がっている
2	人件費のベースアップ	• ベースアップにより，人件費は前年比で3%上がっている
3	減価償却費の増加	• 新規設備投資によって減価償却費が前年比で5%上がっている

合でいうと，コントロールシートを作成することで，バラバラだった3枚のスライドがコントロールシートを頂点にスッとまとまります。これは，コントロールシートがちょうど司令塔のような役割を果たすからです。

コントロールシートは，資料の全体像を把握するうえでも便利なツールです。スライドの枚数が多い資料であっても，コントロールシートがあれば，この単位でスライドのグループができますから，資料の構成がつかみやすくなります。

スライドが増えれば，スライドとスライドの関係はわかりづらくなります。3枚以上のスライドが並列の関係にあるときは，コントロールシートを使って，一体感のある資料にすることが大切です。

8-21 リファレンスをとる
一体感を出す

複数のスライドからなる資料を作成するときは，スライドとスライドとを関連づける必要があります。これを怠ると，とてもわかりにくい資料になるからです。

資料はつながりが大事

　資料を構成するスライドはそれぞれメッセージがあります。そして，資料というものは，前のページのスライドの理解に基づいて，次のページのスライドを理解できるようになっていなければなりません。それぞれのスライドがどんなにわかりやすくても，他のスライドとの関係がわかりにくければ，資料としてもわかりにくいのです。

　どうすればよいでしょうか。1つの解決方法が，スライドとスライドを関連づける（リファレンスをとる）ことです。違反例をみてみましょう。

図表1　リファレンスがとれていない

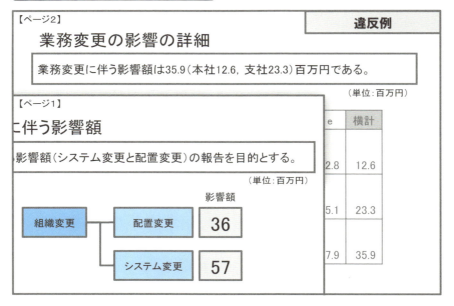

違反例は組織変更の影響についてのスライドです（図表1）。このスライドのどこがおかしいでしょうか。

手前のページ1と奥のページ2を比べてみましょう。一見すると，両者に関係はないように思えます。実は，（書き手の意図としては）ページ1の詳細な内容をページ2に書いているのです。では，どうしてそのことがすぐにわからないのでしょうか。理由は，2つあります。

1つ目の理由は，使われている言葉です。ページ1には「配置変更」とありますが，ページ2には「配置変更」という言葉は見当たらず，代わりに「業務変更」とあります。この2つの言葉が同じことを指していると知らない限り，ページ2が配置変更の詳細だとはわからないはずです。

もう1つは，影響額です。ページ1の金額をみると，36百万円とあります。一方，ページ2は35.9百万円です。かなり近いですが，完全に同じ金額ではありません。これでは，「たぶん，ページ1の36百万円だろう」という推定しかできません。

数字の不一致は，違う疑問を生じます。「36百万円と35.9百万円の数字のどちらかが間違っているかもしれない」という疑問です。これはこれで，少々やっかいな問題です。資料の信頼性を疑い始めると，いくら読んでも中身が頭の中に入ってこないからです。

徹底的に関連づける

それでは，どうしたらよいでしょうか。それは，ページ1とページ2を徹底的に関連づけることです。ページ1で使った言葉と同じ言葉をページ2でも使い，ページ1の金額をページ2でも使うのです。

ページ2の数字は小数点第1位まで記載してあります。これは，ページ2の中では正確な数字です。だから「35.9を36.0とすることはできない」という人もいるでしょう。もちろん，数字に高い正確性を求められるケースであれば，そういうこともあります。しかし，ページ1で概要を示し，ページ2以降でその詳細を説明するような，時間のないマネジメント向けの資料では，"正確さ"よりも"わかりやすさ"を優先するほうがよいのです。違反例の場合でいえば，ページ2は，35.9百万円ではなく，36百万円と書くべきです。改善例をご覧く

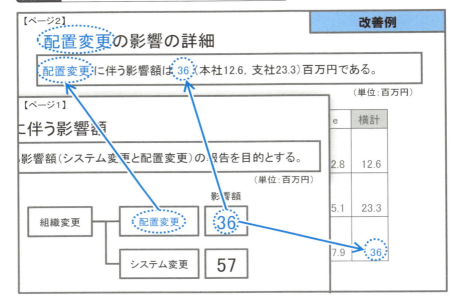

図表2　ページ1とページ2のリファレンスをとる

ださい（図表2）。

態度を決める

　もし、「36だと小数点第1位の記載でないので心配」なら、注釈を入れます。ページ2のどこかに「本スライドの数字は小数点第2位を四捨五入している。ただし、合計の数字は小数点第1位を四捨五入した」と書くのです。

　資料を作成するときは、"正確さ"と"わかりやすさ"のどちらを優先するのか、態度をはっきり決める必要があります。どっちつかずの態度だと、結局、不正確でつながりのわかりにくい資料になってしまうという、意識を持つことが大切です。

8-22 一体感を出す コピー&ペースト

資料の作成は，サマリーを中心に行います。サマリーがしっかりしていれば，整合性と一貫性のある資料になるからです。

サマリーに最初から着手する

資料（複数のスライドで構成されるもの）にはサマリーが必要です。サマリーとは，資料の内容を要約したものです。資料に書くべきことが整理されていないと，サマリーは書けません。このため，サマリーの作成は後回しにされることが多いようです。

実は，**資料の作成は，サマリーから始める必要があります。**誤解のないようにつけ加えると，これは"サマリーの作成に着手する"という意味で，"サマリーを完成させる"ということではありません。サマリーの作成に着手するのは，それがプロット（ストーリーの骨組み）の役割を果たすからです。サマリーを中心に資料を作れば，スライド間の内容のブレを正し，整合性と一貫性のある資料にできるからです。

ブレが生じる

違反例は，ヘッジ取引の簡便的な会計処理に関する資料（一部）です（図表1）。1枚目のスライドが資料のサマリーで，2枚目以降にはその詳しい内容が書かれています。どこがおかしいでしょうか。

違反例の2枚目のスライドには2つの問題点があります。1つは整合性の問題です。「当社では，仕入取引でヘッジ取引を行っている」とありますが，サマリーでは「仕入取引」ではなく「一部の取引」と書いています。仕入取引を"一部"といえるでしょうか。

もう1つの問題は一貫性です。2枚目のスライドには「ヘッジ取引の件数は多く，原則的な会計処理をすることは実務的に難しいと考える」とあります。原則的な会計処理を行うことが難しい理由を"ヘッジ取引の件数の多さ"に求めています。ところが，サマリーでは「これらの取引は，年間○件であり」と

436　Section 8　資料の作成

図表 1　整合性と一貫性がない

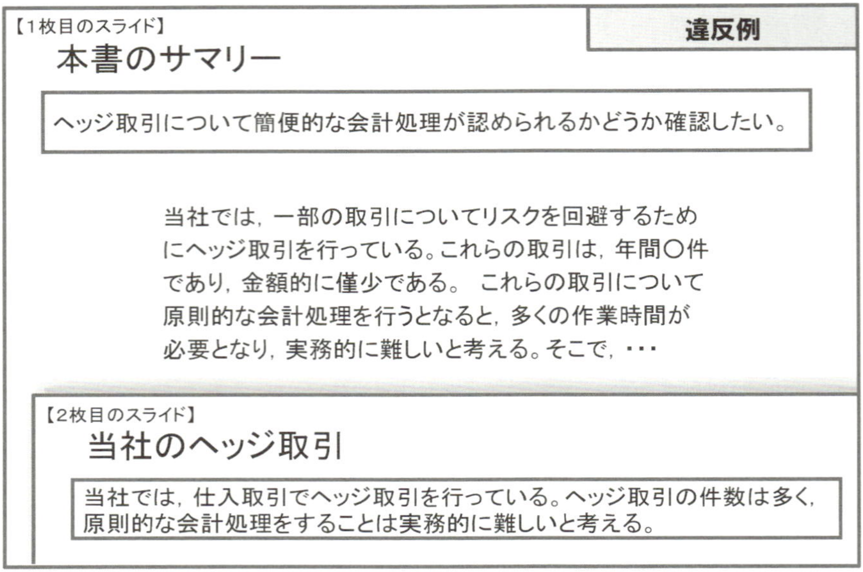

【1枚目のスライド】　　　　　　　　　　　　　　　　　　　　　違反例
本書のサマリー

ヘッジ取引について簡便的な会計処理が認められるかどうか確認したい。

当社では，一部の取引についてリスクを回避するため
にヘッジ取引を行っている。これらの取引は，年間〇件
であり，金額的に僅少である。これらの取引について
原則的な会計処理を行うとなると，多くの作業時間が
必要となり，実務的に難しいと考える。そこで，・・・

【2枚目のスライド】
当社のヘッジ取引

当社では，仕入取引でヘッジ取引を行っている。ヘッジ取引の件数は多く，
原則的な会計処理をすることは実務的に難しいと考える。

あり，件数はそれほど多くありません。むしろ，件数が少ないことを「金額的
に僅少である」理由の１つにしています。件数が多いか少ないかは主観的なも
のです。しかし，この主観的な判断が同じ資料のスライド間でブレていると，
資料全体の説得力が失われるのです。

サマリーを中心に作る

　どうしたらよいでしょうか。２枚目以降のスライドを作成するときは，サマ
リーの記載をコピーして使うのです。改善例をご覧ください（図表２）。

　もちろん，サマリーのほうが間違っているなら，そのままコピーはできませ
ん。サマリーを修正してから，コピーします。実際，２枚目のスライドを作成
していくうちに考えが整理され，サマリーの記載のほうを直すことも少なくあ
りません。

　それでも，資料を作成するときは，サマリーから始めます。最初から完璧な
サマリーでなくてもよいのです。はじめは数行のアイディアからスタートし，

8-22　*一体感を出す*　コピー＆ペースト　　437

図表2　サマリーを使って作成する

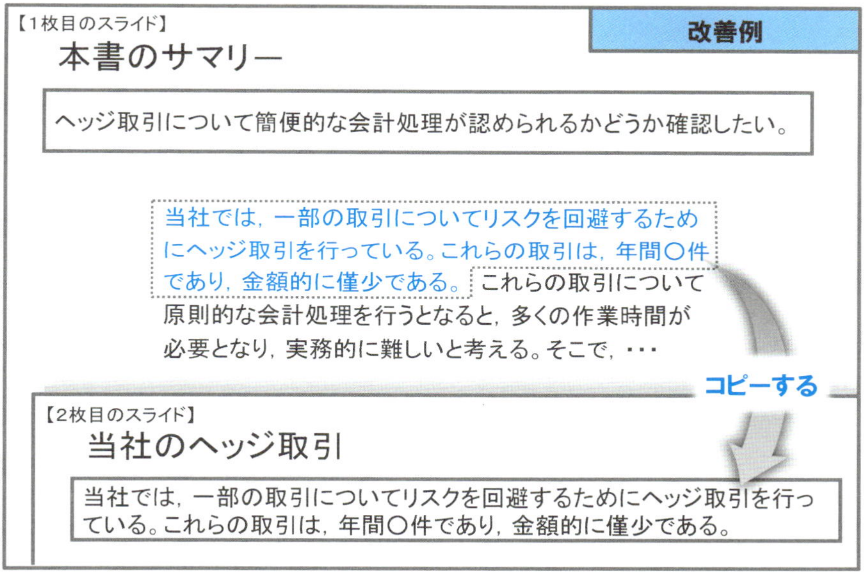

【1枚目のスライド】　　　　　　　　　　　　　　　　　改善例

本書のサマリー

ヘッジ取引について簡便的な会計処理が認められるかどうか確認したい。

当社では，一部の取引についてリスクを回避するためにヘッジ取引を行っている。これらの取引は，年間○件であり，金額的に僅少である。 これらの取引について原則的な会計処理を行うとなると，多くの作業時間が必要となり，実務的に難しいと考える。そこで，…

コピーする

【2枚目のスライド】

当社のヘッジ取引

当社では，一部の取引についてリスクを回避するためにヘッジ取引を行っている。これらの取引は，年間○件であり，金額的に僅少である。

少しずつ肉付けしていきます。サマリーがある程度完成したら，これを2枚目以降のスライドにコピーして使います。こうすれば，サマリーとその後のスライドは自動的に一致します。

　そして，ときどき時間をみつけては，サマリーと他のスライドの内容が合っているか確認します。サマリーで書いていたことが書かれてなかったり，違うことが書いてあったりしたら，サマリーを書き直すか，もう一方のスライドを修正するのです。

　実際，最初からサマリーに着手すると，ほかのスライド作成もスムーズに進みます。それぞれのスライドで書くべきことがわかっていますから，手戻りがありません。資料を作成するときは，最初からサマリーに着手し，サマリーを中心に作成することが大切なのです。

Section 9

資料の報告

440　Section 9　資料の報告

9-1 セルフレビュー 声に出して確認する

> 自分が作った資料に問題がないか，確認する方法の1つに"声に出して説明する"というものがあります。耳で確認することで，"見落とし"をなくすのです。

声に出す

　自分が作った資料に問題はないか，自分自身で確認することを"セルフレビュー"といいます。

　セルフレビューを行うとき，ふつうはスライドを読み返し，"目視"で問題点をみつけようとしますが，"声に出して説明する"という方法も効果的です。声に出すと，自分が何を説明したいのか，またスムーズに説明できるか，がわかります。これを耳で確認することで，目視のレビューでは見落としがちな過ちをなくすのです。このことを違反例で確認してみましょう。

図表1　メッセージの根拠を確認する

違反例

任意適用の企業数

国際基準の任意適用要件の緩和で，今後，任意適用の企業数は増加する。

20XX年X月X日現在

売上〇〇億円以上 25社	売上〇〇億円未満 15社
〇〇〇〇（株） 〇〇〇〇（株） 〇〇〇〇（株） 〇〇〇〇（株） ・・・・・	〇〇〇〇（株） 〇〇〇〇（株） 〇〇〇〇（株） 〇〇〇〇（株） ・・・・・

9-1 セルフレビュー 声に出して確認する 441

説明と異なる箇所

　違反例のスライドは，国際基準（注：架空のものです）を任意適用する企業数についてまとめたものです（図表1）。メッセージボックスには「国際基準の任意適用要件の緩和で，今後，任意適用の企業数は増加する」とあります。ボディを見ると，すでに国際基準の任意適用を発表している企業名と企業数を売上規模の大小で2つに分けています。

　このスライドを声に出して説明してみましょう。例えば，「現在，国際基準の任意適用を発表している企業はぜんぶで40社です。そのうち，今年，任意適用を発表したのが30社です。国際基準の任意適用要件の緩和で，今後も，任意適用する企業は増えることが見込まれます」と説明したら，そのことがスライドのどこに書いてあるか，を確認します。書き手が説明した内容は，メッセージボックスやボディの記載と違っています。そもそもボディの図表には，「今年，任意適用を発表したのが30社」という情報がありません。

　では，どう修正すればよいでしょうか。書き手が伝えたいことが説明のとお

図表2　メッセージの根拠を書く

改善例

任意適用の企業数

国際基準の任意適用要件の緩和で，今年新たに任意適用すると発表した企業が30社と急増。今後も任意適用の企業数は増えると見込まれる。

20XX年X月X日現在

昨年までに， 任意適用を発表した企業 10社	今年新たに， 任意適用を発表した企業 30社
○○○○（株） ○○○○（株） ○○○○（株） ○○○○（株） ‥‥‥	○○○○（株） ○○○○（株） ○○○○（株） ○○○○（株） ‥‥‥

りなら，メッセージボックスの記載を「国際基準の任意適用要件の緩和で，今年新たに任意適用すると発表した企業が30社と急増。今後も任意適用の企業数は増えると見込まれる」とします。ボディの図表も，昨年までに国際基準を任意適用すると発表した企業と今年発表した企業に分けます。こうすれば，今年になって国際基準の任意適用を発表した企業が増えたことが示せます。改善例をご覧ください（図表2）。

無意識の感覚を活かす

　スライドの内容を声に出して説明すると，無意識のうちに，自分（書き手）がいちばん伝えたいことを話すものです。自分が話したことがスライドの内容と違っていれば，スライドを修正する必要があるかもしれません。

　実際に，誰かを相手に説明するというのも有効です（これは，相手にレビューしてもらうのではなく，ただ聞いてもらうだけでも十分効果があります）。すると，自然と，相手にわかるように話そうとするはずです。その際，説明で言葉につまったところ，何度か言い直したところがあれば，自分の頭の中は整理されていない可能性があります。当然，スライドも改善の余地があるはずです。もし，説明の途中で「ちょっとわかりにくいかもしれませんが…」と"言い訳"をしたら，スライドは本当に"わかりにくい"のでしょう。「スライドには書いていませんが，…」と前置きして，ホワイトボードや紙に書いて説明したら，その内容を新たにスライドに追加する必要があります。

　自分が作ったスライドの問題点をみつけるのは難しいものです。自分が作ったものですから，なかなか客観的にみることができません。"声に出して説明する"ことで，自分が伝えたいことは何か，自分の頭の中は整理されているのか，確認することが大切なのです。

9-2 自分に質問する
セルフレビュー

資料の完成度をチェックする方法として、3つの質問があります。この質問にうまく答えられないようであれば、資料の完成度は低い可能性があります。

3つの質問

　完成度の高い資料とは、書き手の頭の中が整理されており、"伝えたいこと"が考え抜かれ、それが資料に反映されているものです。資料の完成度は、「3つの質問」で確認できます。それは、①この資料でいちばん伝えたいことは何か？、②いちばん伝えたいことを資料のどこに書いたか？、③資料の作成目的を達成できるか？、の3つです（図表1）。

　3つの質問にすぐに答えられるなら、資料の完成度は高いといえるでしょう。もし1つでも質問に引っかかるところがあるなら、もう一度、セルフレビュー

図表1　3つの質問

 この資料でいちばん伝えたいことは何か？

 いちばん伝えたいことを資料のどこに書いたか？

 資料の作成目的を達成できるか？

を行い，資料を見直す必要があります。

いちばん伝えたいこと

では，事例を使って，この3つの質問について1つずつ確認してみましょう。図表2は，「業務改革プロジェクトの実施結果」についての報告書です。本書の目的として「プロジェクトで実施したことを報告し，今後の改善につなげる」とあります（図表2【2ページ目】）。

図表2　資料の表紙と目的

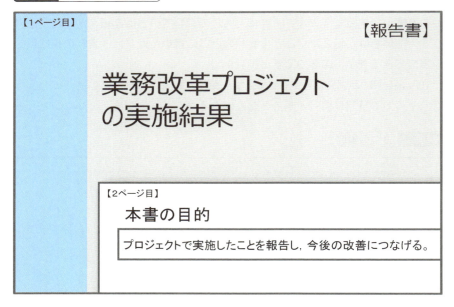

それでは，最初の質問です。この資料でいちばん伝えたいことは何でしょうか。報告書のタイトルが「業務改革プロジェクトの実施結果」ですから，答えは「そのプロジェクトで実施したこと」だと思う方もいるかもしれません。

もう一度，本書の目的を確認してみましょう。メッセージボックスには「今後の改善につなげる」という文字があります。プロジェクトで実施したことをただ報告するだけでは，今後の改善にはなかなかつながらないでしょう。本来，

書き手が伝えたいことは，今後の改善につながるような"気づきや提言"のはずです。

伝えたいことが確認できたら，2つ目の質問です。それは，"いちばん伝えたいことを資料のどこに書いたか？"です。

意外なことですが，この質問にきちんと答えられないケースが多いようです。理由は2つ。1つは，伝えたいことは（質問されたら）答えられるが，資料を作成するときに（あまり意識していなかったため）書き漏らしたというものです。

もう1つが，どこかに書いた（はずだ）が，「ここに書いた」と具体的にいえるレベルまで資料が整理されていないというものです。「このへんに書いてある」とか「全体として書いてある」というのは，質問に対する答えではありません。伝えたいことは，特定の箇所に明確に書く必要があります。例えば，「今後の改善につながるような気づきや提言」について整理した"セクション"や"スライド"を作成するのです。

資料の目的を考える

さて，3つ目の質問です。それは，"資料の作成目的を達成できるか？"です。書き手が伝えたいと考えている箇所を読んで，資料の目的を達成できるかどうかを考えるのです。資料の作成目的を達成できないようであれば，不十分です。

事例で考えると，資料に書かれている内容が，実際にプロジェクトで実施したことや，当初の計画と比べて実績がどうだったか（予定していた期日やリソースを守ることができたか）だけだったら，どうでしょうか。「今後の改善につながるような気づきや提言」について具体的に考えて，それをわかりやすく書く必要があるのです。

3つの質問は，資料のボリュームにかかわらず，有効です。資料のセルフレビューを細かく行うと，ときに「木を見て森を見ず」という事態に陥るものです。これでは，セルフレビューの意味がありません。資料が完成したと思っても，3つの質問を行い，資料の完成度をチェックすることが大切なのです。

446 Section 9 資料の報告

9-3 セルフレビュー スライド番号に注意する

資料を作成するときは，スライド番号を入れます。スライド番号があれば，説明がしやすくなるだけでなく，資料が読みやすくなるからです。

スライド番号を挿入する

　資料を作成するときは，スライド番号が必要です。スライド番号があれば，資料がバラバラになっても，すぐに揃えることができます。それだけではありません。読み手に対して説明するとき，「○○ページをご覧ください」といえば，読み手も，そのスライドをすぐにみつけられるはずです。

　スライド番号の設定は，スライドマスター（表示→スライドマスター→挿入→スライド番号）で行います。なお，（スライドマスターからではなく）スライド番号を設定（この場合は，挿入→スライド番号）すると，スライド上にスライド番号が挿入されます。この場合，スライドを作っている最中に，誤ってスライド番号を消してしまったり，スライド番号の位置やフォントのサイズが変わったりするので，避けたほうがよいでしょう。

スライド番号を隠さない

　せっかくスライド番号を設定しても，図表などでスライド番号が隠れてしまっては意味がありません。図表1をご覧ください。ボディの右側にあるテキストボックスがスライド番号の一部を隠しています。これでは，読み手はスライド番号がいくつなのかわかりません。このスライド番号を知るには，前後のスライドをみる必要があります。ちょっとしたことですが，こういった小さな手間は，読み手のストレスにつながるものです。スライドを作るたびに，そして，完成した資料を見直すときも，すべてのページのスライド番号が読み取れるかどうか，確認する必要があるのです。

　"すべてのページにスライド番号があるか"と書きましたが，もちろん，"例外"もあります。資料の表紙やディバイダー（中表紙）には，スライド番号を

図表1 スライド番号を隠さない

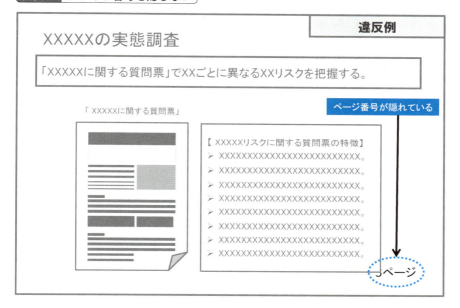

入れないケースのほうが多いようです。

開始番号に気をつける

　スライド番号の最初の番号を"開始番号"といいます。資料の開始番号には，2つのパターンがあります。1つは，資料の表紙を0ページとして，開始番号を決めるというものです。資料の表紙にスライド番号を入れないならば，表紙には"ページ"という概念はないと考えて，資料の表紙の次のスライドから1ページと表示します（なお，この場合であっても，ディバイダーについては，スライド番号を表示するか否かにかかわらず，ディバイダーを"1ページ"としてカウントします）。

　もう1つのパターンは，資料の表紙を1ページとして，開始番号を決めるというものです。この場合，資料の表紙の次のスライドは2ページと表示されます。どちらのパターンを選ぶ場合でも，その設定は，スライドマスター（表示→スライドマスター→挿入→スライド番号）から「開始番号」の入力で行いま

す。

　問題は，一度設定した資料の書式を他の資料に流用する場合です。開始番号が0ページからスタートする場合，その資料に表紙がないとしたら，どうなるでしょう。1枚目のスライドは0ページで，2枚目のスライドは1ページになってしまいます。スライドに0ページと表示されると，読み手は違和感を覚えるものです。

図表2　開始番号を確認する

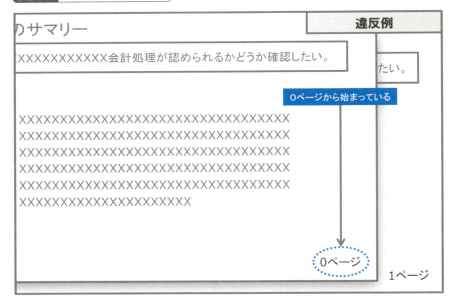

　スライド番号は，資料を読みやすくするために設定するものです。もし，スライド番号が図表などで隠されていたり，最初のスライドが0ページから始まったりしたら，読み手はどう感じるでしょうか。スライド番号をただ設定すればよいというものではありません。スライド番号を設定するなら，読み手に対する配慮を徹底することが大切です。

9-4 *セルフレビュー* 形式的なチェックをする

> 資料が完成しても安心してはいけません。資料を提出する直前まで，記載は正しいか，読み手に親切か，読みやすいか，チェックする必要があります。

3つのチェック方法

　資料を提出する直前まで，資料のチェックを行います。それは，①記載は正しいか，②読み手に親切か，③読みやすいか，の3つです。これは，あくまでも"みた目の確認"です。中身の確認ではありません。

　それでは，具体的にみてみましょう。まず，資料の"記載は正しいか"の確認です（図表1中の①）。資料の内容がどんなによくても，たった1つの間違いで，すべてが台無しになる可能性があります。例えば，資料の表紙の報告日の日付です。これを誤って1年前の日付にしたら，読み手はどう感じるでしょうか。「昨年の資料なのか？」と思う人もいれば，「報告年次の記載を間違うぐらいのレベルの注意しか払っていないのか。ならば，資料の中身もその程度だろう」と思う人もいます。たった1つの間違いで，資料全体の「品質」に対する評価が下がる可能性があるのです。

　資料の"記載は正しいか"の確認には，単に，年次の日付が正しいかとか，誤字・脱字がないかのほかに，例えば，目次の記載と各スライドの表紙の記載が一致しているか，という整合性の確認も含まれます。

　すべての読み手が，資料をしっかり読み，中身を吟味してくれるとは限りません。むしろ，そのようなケースのほうが少ないでしょう。一方で，記載の誤りというものは，（比較的）みつけやすいものです。"たった1つの誤りが，資料全体に対する評価を決定してしまう"，というのはとても"こわい"ことです。資料を提出する前に，間違いをなくし，正確な資料を作る。これは，資料に対する「信頼」を高める手段なのです。

450　Section 9　資料の報告

図表1　チェック項目の例

【① 記載は正しいか】

	項目	内容
1	年次日付は正しいか？	・ 表紙やヘッダー・フッターに記載した日付は正しいか？ ・ コピーライトは最新か？（例：©20XX）
2	誤字・脱字はないか？	・ 表記を間違っていないか？（例：づつ→ずつ，いづれか→いずれか，ずらい→づらい） ・ 言葉の使い分けは適切か？（例：合意/同意，規程/規定，配付/配布，課題/問題，現状/現行，目的/目標，等/他）
3	整合しているか？	・ 目次の記載とスライドタイトルや中表紙（ディバイダー）の記載は一致しているか？ ・ スライドに記載した参照先のページ番号は正しいか？

【② 読み手に親切か】

	項目	内容
1	用語・記号は適切か？	・ 専門用語や社内用語を使った場合，その用語の定義を記載しているか？ ・ 造語かどうか判断に迷うような用語はないか？ ・ 図表に記号や略称を使った場合，凡例でその意味を説明しているか？
2	出所はあるか？	・ 文献等を引用した場合，出所を記載しているか？
3	わかりやすい資料か？	・ 表紙や中表紙のスライドがあるか？ ・ 目次のスライドはあるか？ ・ 資料の作成目的を記載したスライドはあるか？ ・ 資料のサマリーのスライドはあるか？ ・ マップ を使用する必要はないか？

【③ 読みやすいか】

	項目	内容
1	詰め込み過ぎていないか？	・ 文章量，行間の設定，パラグラフの設定は適切か？ ・ 適度に余白を設けているか？
2	表記を揃えているか？	・ すべてのページのスライドタイトルの位置，フォントの種類とサイズを揃えているか？ ・ すべてのページのメッセージボックスのサイズ，位置，線の太さや種類を揃えているか？ ・ 文章の長さ（分量）を揃えているか？（長い文章や短い文章が混在していない）
3	漢字が多すぎないか？	・ 漢字を使う必要があるか？（例：跨ぐ→またぐ，綴じる→とじる） ・ 漢字ばかりを並べていないか？（例：対応内容→対応の内容） ・ 漢字とひらがなの使い分けのバランスはよいか？（例：わかる，分かる）
4	記載を揃えているか？	・ 漢字の記載は一致しているか？（例：順守/遵守，才/歳，個所/箇所） ・ カタカナの記載は一致しているか？（例：メンバ/メンバー，キャッシュ・フロー/キャッシュフロー） ・ 用語は同じか？（例：ひな型/フォーム/書式，1ヶ月/1か月，翌月/次月/来月） ・ 漢字とひらがなの使い方は同じか？（例：など/等，つき/付き） ・ 送り仮名は同じか？（例：行う/行なう，見積り/見積もり，取り扱い/取扱い/取扱） ・ カタカナ表記は一致しているか？（例：半角（ア，イ，ウ）/全角（ア，イ，ウ）） ・ 表記は一致しているか？（例：役職の表記，西暦紀元/元号，会社名称の表記（正称/略称），単位の表記（ドル/$，パーセント/%））

読み手に親切か

　資料に，専門的な "用語" や "記号" が使われることがあります。これらの意味を読み手が知らなかったら，理解の妨げになるでしょう。用語や記号を使うなら，「読み手はこの意味を理解できるだろうか？」という点を考える必要

があります（図表1中の②）。

　また，何かを引用して資料を作成したら，その出所を書きます。これは，（法律的な問題以前に）読み手に対するマナーです。資料に書かれていることが，書き手が考えたことか，それとも誰か他人の考えの流用か，読み手に伝えるのです。そうすれば，“もっと理解を深めたい”と考える読み手は，出所を確認できます。読み手のために，出所は必要なのです。

読みやすいか

　スライドの記載が整理されておらず，文字がびっしり書かれていると，読み手は読みにくいと感じます。テキストボックスの位置やサイズを揃えたり，適度に余白をとったり，漢字とひらがなのバランスを工夫することで，資料はぐっと読みやすくなります。

　文字の記載を揃えるというのも，“読みやすさ”のために必要です。例えば，送り仮名や漢字の記載（遵守，順守など），漢字とひらがなの使い分け，を揃えます。もちろん，これらが揃っていなくても，（一応）資料を読み進められます。しかし，これを揃えておけば，よりスムーズに資料を読むことができるのです（図表1中の③）。

　3つのチェックは，資料のみた目という形式的な確認です。ですから，この確認で，資料の中身までよくなるわけではありません。しかし，みた目が悪ければ，“中身も悪い”というレッテルが貼られる可能性があります。3つのチェックは，資料が適正な評価を受けるうえで大切なことなのです。

452 Section 9 資料の報告

9-5 セルフレビュー 資料の中身をみる

資料をレビューする人は，資料の内容に"いい加減な部分"があってはならない，という強い気持ちを持つ必要があります。

資料の中身が考え抜かれているか

他人が作った資料をレビューするときは，資料の中身が考え抜かれているか，そして資料が整理されているか，という点を確認します。**資料が整理されているかどうかは"みた目"である程度わかりますが，資料の中身が考え抜かれているかどうかは，資料のみた目だけではわかりません。**

だからといって，資料をすべて読もうとすると時間がかかります。レビューイー（レビューを受ける人，書き手）の頭の中が整理されておらず，迷いながら作った資料なら，なおさらです。それでは，どうすれば，「資料の中身が考え抜かれているかどうか」がわかるでしょうか。それは，レビューを開始する前に，レビューイーをよく「観る」ことです。

2つの「みる」

"みる"という言葉には，「見る」と「観る」の2つの意味があります。「見る」というのは，表面的なこと，物事の現象をみるという意味です。これに対して「観る」とは，本質的なこと，相手の心の中を見通すという意味があります（図表1）。

これを資料のレビューに置き換えて考えると，どうなるでしょうか。資料の文字面だけを追いかけて，資料が整理されているか，メッセージが考え抜かれているのか確認するのは「見る」という行為でしょう。これに対して，「観る」という行為は，資料の中に答えを求めません。相手の心の中をみて資料の品質を見極めようとするのが「観る」です。

他人の資料をレビューするとき，この2つの"みる"を使い分けます。図表2をご覧ください。レビューの最初のステップは，レビューイー（書き手）を「観る」です。資料のレビューを依頼されても，いきなり渡された資料を読む

9-5 セルフレビュー 資料の中身をみる　453

図表1 2つの「みる」

	2つのレビュー	
	見る	観る
内容	資料に書かれていること(文章や図表)を読み，問題点をみつけ，改善のアドバイスを行うこと。	相手の態度を観察し，資料の内容を正確に把握しているか，資料の内容に自信があるかを感じ取ること。
技法	・資料が整理されているか(例えば，適度な余白があるか)を確認する。 ・メッセージが考え抜かれているか(例えば，メッセージの理由づけは妥当か)を確認する。	・資料を提出してきたときの相手の姿勢，目の動かし方，表情，しぐさなど，態度を観察する。 ・3つの質問を行い，その反応を観察する。

図表2 レビューのステップ

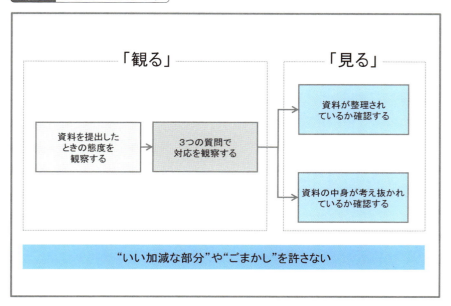

454 Section 9 資料の報告

のではなく，まずレビューイーを観察するのです．相手の姿勢，目の動かし方，表情，しぐさなど，相手の態度を観察し，相手が資料の内容を正確に把握しているか，資料の内容に自信があるか，真剣に伝えようとしているかを感じ取るのです．相手の態度がおかしければ，資料の品質を期待することはできません．

次に，レビューイーに質問を行い，その反応を観察します．例えば，セルフレビューで行う3つの質問（①この資料でいちばん伝えたいことは何ですか？，②いちばん伝えたいことを資料のどこに書きましたか？，③資料の作成目的を達成することはできますか？）を相手にするのです．この3つの質問に的確に答えられるなら，資料の内容は期待できるでしょう．

他人の資料をレビューするときは，「資料の中身が考え抜かれているかどうか」を見極めてから，資料を「見る」のです．

強い気持ちを持つ

レビューイー（書き手）を「観る」ために，レビューアーに求められることは何でしょうか．それは，レビューアーの姿勢です．資料の内容に"いい加減な部分"があってはならない，"ごまかし"を許さない，という強い気持ちです．レビューアーがこういう気持ちを持っていれば，レビューアーの姿勢は自ずと正され，このことはレビューイーにも伝わるはずです．

そもそも，他人の資料（特にドラフト段階）というのはそう簡単には理解できるものではありません．その限られた時間の中で，資料の（本質的な）問題点を指摘し，適切なアドバイスをするには，資料の中身が考え抜かれているかどうかを見分ける必要があります．そのためには，強い気持ちを持ってレビューイーを「観る」ことが大切なのです．

9-6 レビューを受ける

セルフレビュー

相手からのアドバイスを素直に受け入れることができないと，結局，レビューするほうもされるほうも不満足な結果になるので注意が必要です。

レビューを受ける態度

独りよがりの資料にしないようするには，誰かに資料のレビューをお願いすることです。そうすれば，自分が気がつかなかった視点からアドバイスをもらえるかもしれません。問題は，そのときの対応です。

（レビューをお願いしておきながら）相手からのアドバイスを素直に受け入れることができないというのは，"おかしな話"ですが，"よくある話"でもあります。アドバイスは，よりよい資料に変えるチャンスです。では，相手からアドバイスを受けるとき，どう対応したらよいのでしょうか。

自分の態度を振り返る

それには，どういう"返事"をするとマズイのか，知ることです。代表的な3つの返事についてみてみましょう（図表1）。

1つは，相手からアドバイスに対して「はい。わかっています」という返事です。実際に，書き手が"わかっていたどうか"はわかりません。ただ，こういう返事をすれば，「あなたに言われなくてもわかっている」という気持ちが相手に伝わってしまいます。

2つ目は，「それはもう検討していまして…」という返事です。例えば，「この観点からも検討したらどうか？」とか，「この点についても資料を作成すべきではないか？」といったアドバイスに対して，すでに書き手はそのことを検討していたとしましょう。もし書き手が，「"その観点"から検討してもムダであることがわかった」とか，「時間が足りなかったので"その点"について資料を作成しなかった」と考えているなら，つい言い返したくもなるでしょう。しかし，何を言ったところで，指摘されたことが資料に書かれていないなら，

図表1 "返事"と"気持ち"

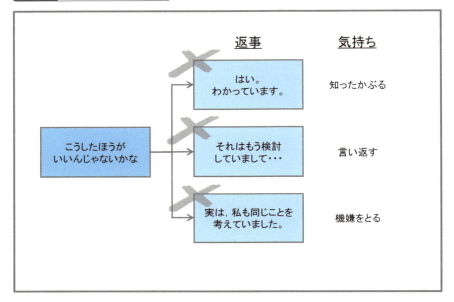

ただの"言い訳"です。

　3つ目は,「私も同じことを考えていました」という返事です。"あなたのアドバイスにはまったく同感である"というように,相手の"機嫌をとる"という気持ちが働いたのかもしれません。しかし,書き手がすでに考えていたかどうかは,相手には関係のないことです。むしろ,相手にとってみれば,「書き手が気づいているのなら,アドバイスをしたことにならないな」と,がっかりするかもしれません。

目指すのは"相互満足"

　相手からのアドバイスに,「はい。わかっています」とか,「それはもう検討していまして…」や「実は私も同じことを考えていました」といった返事をすれば,書き手(レビューを受ける人)はその瞬間,"満足"を得られるかもしれません。しかし,こういう返事をされたほうは,もうアドバイスしたいと思わないでしょう。相手は"不満足"を感じるのです。

もちろん，相手からのアドバイスをすべて「はい。おっしゃるとおりです」と受け入れてしまうのも問題です。相手だって人間です。勘違いをすることもあるでしょう。相手からの質問やアドバイスがおかしいと思ったら，その真意について確認（またはディスカッション）をするのです。

　いずれにせよ，相手からのアドバイスにきちんと対応しないと，よい資料を作成するチャンスを失い，「相互不満足」の状態に陥ります（図表2）。

図表2　目指すのは"相互満足"

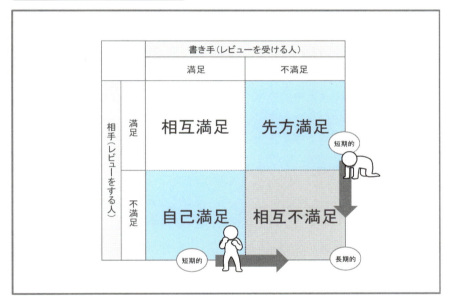

　レビューで目指すのは「相互満足」です。相手は，資料がよくなるようにアドバイスをすることで貢献し，書き手は，そのアドバイスを活かして資料を見直すのです。そのためには，まず，書き手が返事に注意しなければなりません。

　アドバイスを受けるということは，資料にはまだ改善する余地がある可能性があります。相手からの質問やアドバイスは，資料をよりよいものにするチャンスです。アドバイスには"感謝の気持ち"をもって対応することが大切です。

458　Section 9　資料の報告

9-7 報告方法
報告の準備

> どんなに資料がうまく作成できても，資料の報告で失敗しては意味が
> ありません。資料をどう報告するか，という点にも気を配る必要があ
> るのです。

最後の確認

　資料をどう報告するか，これは重要な問題です。資料を使って報告するなら，資料の印刷方法を確認する必要があります。資料を印刷せずに，プロジェクターを使ってスクリーンに投影するなら，プレゼン場所の確認も必要になるでしょう。

　どんなに資料がうまく作成できても，資料の報告で失敗したら，せっかくの努力が半減してしまいます。それでは，資料の印刷方法とプレゼン場所の確認ポイントをみてみましょう。

印刷方法の確認

　出力した資料を使って報告するなら，報告前に資料の印刷方法を確認します。最近は，資料を印刷せずにプロジェクターでスクリーンに投影したり，参加者のパソコン画面で共有したりして報告するケースが増えてきましたが，メモを直接書き込むことができる（出力した）資料に対するニーズもまだあります。

　資料を出力するかどうかは，聞き手にとってどちらが好ましいか，また聞き手に対して何を望むのか，で判断します。例えば，聞き手が自分のペースで資料を読み，（説明の途中でも）気になったところを読み返し，気がついたことを資料に書き込む，というタイプなら資料を印刷する必要があるでしょう。また，聞き手に慎重に判断して欲しい場合も，資料を出力します。スクリーンだけの説明だと，どうしても話し手のペースで聞くことになり，自分自身で考える時間が少なくなってしまう可能性があるからです。

　さて，資料を印刷する場合，確認すべきことがいくつかあります。それは，何部印刷するのか，どうやって綴じるか，カラーか白黒か，片面か両面か，だ

9-7 **報告の準備** **報告方法** 459

図表1 印刷方法の確認

	項目	内容
1	印刷手続きを確認する	・ 資料を紙に印刷するか、それともプロジェクターの投影のみか？ ・ 資料を紙に印刷する場合、何部印刷するか？ ・ 資料をホチキスや製本機綴でとじるか、それともダブルクリップにするか？ ・ カラーと白黒のどちらで資料を出力するか？ ・ 資料の出力は両面印刷と片面印刷のどちらにするか？ ・ 印刷ページレイアウト（1ページ当たり何枚スライドをアップするか）は？
2	印刷物を確認する	・ 印刷された文字は読みやすいか？ ・ 印刷した図表の配色に問題がないか？
3	その他	・ エグゼクティブ・サマリーを準備するか？ ・ 参考資料を何部作成するか？ ・ （取扱注意の関係から）プレゼン後に配付物を回収するか？

けではありません。印刷されたものが、読みやすいかどうか、何を紙で出力し、何をスクリーンに投影するだけで済ませるか、といったことも、聞き手の観点からチェックする必要があるのです（図表1）。

プレゼン場所の確認

報告会を開催するなら、プレゼン場所を下見しておくのもよいでしょう。例えば、本番で、資料をみながら「このピンク色のテキストボックスは…」と説明したときに、もしスクリーンに投影されたテキストボックスがオレンジ色だったら、聞き手は戸惑うでしょう。実際にスクリーンに投影されるスライドの色と紙に出力された資料の色は、微妙に異なることがあります。これは、プロジェクターの配置、部屋の照明や窓の位置によっても影響を受けますし、プロジェクターの調子が悪かったり、スクリーンの代わりに壁やホワイトボードに投影したりすると、この違いは顕著です。

プレゼン場所の下見では、報告会で使用するプロジェクターとスクリーンを

460　Section 9　資料の報告

図表2　プレゼン場所の確認

	項目	内容
1	配置	・ プロジェクターとスクリーンの配置は？ ・ スクリーンの位置によって，聞き手に下座に座ってもらっても問題ないか？
2	スライド	・ プロジェクターで投影したスライドの文字は読みやすいか？ ・ プロジェクターで投影したスライドの色の違いは識別できるか？ ・ （黄色などの薄い色は，識別できない場合がある）
3	電気	・ 報告中は，電気をつけておくか？　それとも消すか？ ・ 消す場合は，最前列だけか。それともすべてか。 ・ 電気を消す場合，配付資料の文字は読めるか？

使って，どうみえるかを実際にチェックします。聞き手が座る場所から，スクリーンがどのようにみえるか確認するのもよいでしょう。

　聞き手からスクーンはみやすいか，スクリーンの文字は読めるか，スライドの色の違いは識別できるか，報告中は電気を消すか（それは前方の電気だけか）などを確認するのです（図表2）。

　報告会で説明するなら，もちろんプレゼンの練習も重要ですが，その他にも準備すべきことがたくさんあります。資料の印刷をどうするか，プレゼン場所はどのようなところかを確認し，準備を進めるのです。資料を作成する目的は，自分のメッセージを相手に伝えることにあります。「資料をわかりやすく報告する」のは，「資料をわかりやすく作る」のと同じぐらい大切なことなのです。

9-8 *報告の準備* 話し手のポジション

> 報告するときは，報告相手と適度な距離をとりつつ，報告相手の視界を遮らず，表情を確認しながら説明できる位置を探すことが重要です。

どこに座るか

　報告会では，**報告相手（聞き手）がどこに座っているかで，報告者（話し手）のポジションを決めます**。報告相手が聞きやすい位置から説明するのです。

　それでは，報告相手（キーパーソン）が1人だと仮定して，話し手はどのポジションを取ればよいか考えてみましょう。

スクリーンに対してテーブルが横型のケース

　図表1をご覧ください。部屋には，長方形の机があります。長い辺の中央に報告相手が座っています。話し手が①〜③のどの位置に座って説明するかで，どんなメリット・デメリットがあるでしょうか。

　まず，話し手が①の位置に座る場合です。この位置ならキーパーソンの表情をみながら，スクリーンに投影したスライドの内容も説明できます。話し手と報告相手は対角の位置関係なので，リラックスして話せます。懸念点としては，長方形の机の短い辺の中央のポジションも，（報告相手のポジションと同じく）"リーダーシップをとりやすい位置"という点です。報告する立場である話し手が，報告相手よりも優位なポジションに座っているいう印象を与えないか，注意が必要です。

　②の位置は話し手と報告相手が同じ方向をみながら，説明できます。このポジションは"協同作業"をするのに適しています。一方で，このポジションは，お互いの物理的な距離が少し近くなります。人には，パーソナルスペース（自分が持っていると考える空間）があり，この空間は，目でみることはできませんが，他人がその空間に入ってくると，あまり心地よくないものです。報告相手がどう感じるか，注意が必要です。

　③の位置は，プレゼンテーションで話し手がよくみかけるポジションです。

図表1　スクリーンに対してテーブルが横型のケース

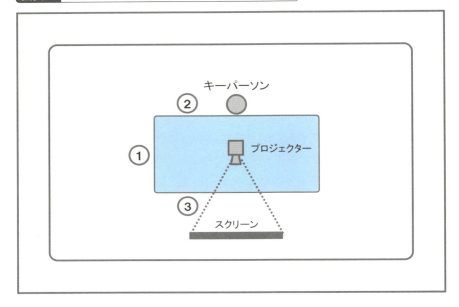

　この位置では，話し手がスクリーンをみながら話すと，報告相手に背を向けることになります。このポジションをとるなら，スクリーンをみずに説明できる必要があります。

スクリーンに対してテーブルが縦型のケース

　図表2をご覧ください。先ほどとは，スクリーンの位置が違います。話し手が④～⑥のどの位置に座って説明するかで，どんなメリットとデメリットがあるでしょうか。

　まず，話し手が④の位置に座る場合です。この位置に話し手が座ると，報告相手の視界を遮る可能性があります。説明のためにスクリーンをみれば，報告相手に背を向けることになり，報告相手に向かって話せば，お互いに近い距離で向かい合って話すことになります。これは，報告相手との人間関係の距離によって変わりますが，あまりリラックスはできないでしょう。

　それでは，⑤の位置はどうでしょう。この位置なら，報告相手の視界を遮る

図表2 スクリーンに対してテーブルが縦型になるケース

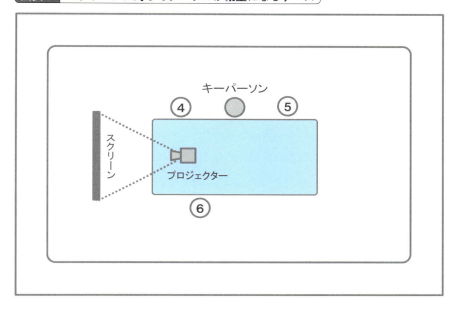

ことはありません。しかし，話し手は報告相手の背後から説明することになります。誰だって，背後をとられるというのは，気持ちのよいものではありません。また，この位置では報告相手の表情を観察できません。

話し手が⑥の位置に座れば，報告相手の視界を遮ることはありません。報告相手の表情を確認しながら，スクリーンで説明できます。また，報告相手と対角の位置ですから，両者にとって心地よい位置でしょう。

報告するときは，報告相手と適度な距離をとりつつ，報告相手の視界を遮らず，表情を確認しながら説明できる位置を探すことです。報告相手がどこに座るかを確認したうえで，話し手は説明するポジションを決めることが大切なのです。

464　Section 9　資料の報告

9-9 報告の準備
聞き手のタイプ

聞き手のコミュニケーションタイプを意識して資料を作成し，説明すれば，メッセージがより効果的に伝わる可能性が高くなります。

3つのタイプ

　人にはそれぞれコミュニケーションタイプというものがあります。その代表的なものが，視覚型，聴覚型，体感型の3つです（図表1）。

図表1　コミュニケーションタイプ

	コミュニケーションタイプ		
	視覚型	聴覚型	体感型
特徴	・ イメージで物事を捉えるタイプ ・ 発想が豊かである	・ 論理的に物事を捉えるタイプ ・ 計画性，一貫性，連続性を大切にする	・ 身体の感覚で物事を捉えるタイプ ・ 行動的で，ユニークな発想をする。映像処理や論理的処理は苦手
よく使う表現	・ ちょっと話が見えない ・ テーマがぼやけている ・ ピントがズレている ・ 焦点が合っていない ・ 全体像が見たい	・ ちょっと聞き取りにくい ・ そういう声は聞こえてこない ・ 聞いたことがない ・ 耳障りが悪い	・ 重要性は感じない ・ 感覚的に難しい ・ 深刻に受け止めるべき ・ 社内に温度差がある ・ 話が堅い

　「視覚型」のタイプの人は，視覚的な情報に反応し，発想が豊かでイメージで物事を捉えることが得意です。図表やグラフなどの視覚情報が多いパワーポイントの資料を好む人には，このタイプが多いといえます。

　もう1つのタイプは「聴覚型」です。「聴覚型」のタイプの人は，耳から入っ

てくる情報に反応し，物事を論理的に捉え，計画性，一貫性，連続性といったことを大切にします。資料を読むよりも，直接相手に会って，話を聞いたほうが理解しやすいという人に多いでしょう。

　これに対して「体感型」のタイプの人は，身体の感覚で物事を捉えようとします。行動的でユニークな発想をしますが，映像処理や論理的処理は苦手なようです。紙に書かれた情報を読むよりも，実際に見て感じたことを議論するのが得意です。

　もちろん，これは代表的な区分であって，すべての人がどれか1つのコミュニケーションタイプに属するというものではありません。視覚情報の処理が得意で，耳から入ってくる情報を論理的に処理するのも得意な人もいるでしょう。この場合，「視覚型」であり「聴覚型」でもあります。このように，2つ以上のコミュニケーションタイプに属するという場合もあれば，どのコミュニケーションタイプにも属さないというケースもあります。

見分け方

　では，どうやってコミュニケーションタイプを見分けたらよいでしょうか。それは，ふだんの会話での表現がヒントになります。「ちょっと話が<u>みえないな</u>」とか「メッセージが少し<u>ぼやけている</u>んじゃないの」や「資料の全体像が<u>みたい</u>んだけど」といった視覚に訴えた発言が多い人は，視覚的な処理を得意とする可能性があります。

　ふだんから「そんな話を<u>聞いた</u>ことがない」とか「ちょっと<u>聞き取りにくい</u>な」や「<u>耳障り</u>がいい話だね」といった発言が多いようであれば，耳から入ってくる情報に反応し，物事を論理的に捉えるタイプの可能性があります。

　「あまり重要だと<u>感じない</u>」とか「社内に<u>温度差</u>があるんだよね」や「深刻に<u>受け止める</u>必要がある」といった発言が多い人は，映像処理や論理的な処理を得意としない体感型のタイプの可能性があります。

3つの対応

　コミュニケーションタイプは，資料づくりや報告の進め方において重要なヒントを与えてくれます（図表2）。例えば，視覚型の人に対して報告するときは，

図表2　3つの対応

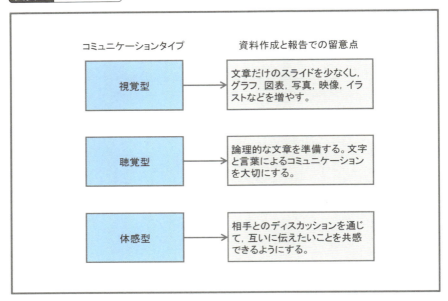

　文字ばかりの資料は効果的ではありません。文字を減らし，図表，写真，映像，イラストなどを増やして，できるだけ視覚的に示すようにします。
　一方，聴覚型の人に対する報告は，論理的な説明はもちろんのこと，資料の内容についても（多少，文字が多くなったとしても）論理的な判断ができるように情報提供を心がけます。
　体感型の人に報告するときは，資料を一方的に説明するのではなく，相手とのディスカッションに時間を多く取るというのもよいでしょう。議論を通じて理解を深めてもらうのです。
　資料の内容や報告のしかたはコミュニケーションタイプだけで決まるわけではありません。ただ，相手のコミュニケーションタイプに合わせて資料を作成し説明すれば，メッセージがより効果的に伝わる可能性があります。この可能性を少しでも高めることが大事なのです。

9-10 報告で実施すべきこと
時間内で説明する

資料の説明は与えられた時間内で行います。資料のボリュームなどで説明時間を決めず、聞き手のことを考え、時間内で説明できるよう準備するのです。

質疑応答の時間とその設定

　資料の説明は、与えられた時間内で行う必要があります。この"与えられた時間"の中には、資料を説明する時間だけでなく、聞き手からの質問に答えるという時間が含まれます。ですから、"与えられた時間"のうち、何割を質疑応答の時間に割り当てるか、決める必要があります（図表1）。

　与えられた時間の何割が"質疑応答の時間"として適当か、という法則があるわけではありません。一方的に説明したほうがよいか、質疑を通じて理解を深めたほうがよいかは、聞き手と報告内容によって変わります。ひととおり説

図表1　質疑応答の時間とその設定

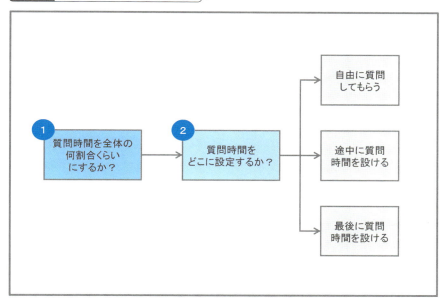

明すれば，質問はないと想定されるなら質疑応答の時間を減らします。もし，聞き手がいろいろ質問するタイプなら，質疑応答の時間を長めにとっておくほうがよいでしょう。

　質疑応答の時間をどこに設定するかも，聞き手と報告内容で変わります。この時間の設定は，いつでも自由に質問してもらうか，報告の途中で質疑応答の時間を設けるか，報告した後にまとめて質問を受け付けるかの3つです。

　いろいろな質問が予想されるなら，最後にまとめて質問を受け付けるという方法は，聞き手にとってストレスですから，いつでも自由に質問できるようにします。一方で，聞き手の人数が多い場合は，話し手の説明を止めてまで質問するのは，勇気がいります。この場合は，報告の途中で，質問を受け付けるとよいでしょう。

説明時間の設定

　与えられた時間のうち，質疑応答の時間が決まれば，残りが説明時間です。よくある誤解ですが，資料のボリュームが多いから説明時間を増やすのではありません。説明時間で資料のボリュームを決めるのです。これは，資料の内容が難しい場合でも同じです。難しいから説明時間を増やすのではなく，説明時間に合わせて説明方法を工夫するのです。説明時間が短いから早口で話すというのもいけません。説明のポイントを絞って説明するのです（図表2）。

　では，資料のボリュームはどれぐらいが適当でしょうか。説明のスピードは人によって異なりますが，スライドの内容によっても変わります。伝えたいことがシンプルで，整理されたスライドなら，スライド1枚につき1分ぐらいでも説明できるでしょう。一方で，伝えたいポイントが多いなら，スライド1枚に3分以上かかるかもしれません。自分の説明のスピードとスライドの内容から，1枚当たりの説明時間を想定し，資料のボリュームを決めます。

　なお，（サマリー資料を作らずに）聞き手に資料一式を渡して，ポイントだけ絞って説明する場合は注意が必要です。聞き手は説明されるスライドの枚数ではなく，渡された資料の分量に対してストレスを感じるからです。

図表2　3つの誤解

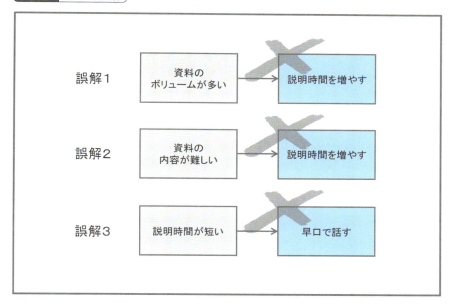

事前の準備

　本番で，"与えられた時間"が必ずもらえるとは限りません。直前になって，予定が変わることはあります。例えば，自分たちの前の報告の審議が長引けば，その分，自分たちの時間は短くなるかもしれません。

　ただし，こういう場合でも，慌てず，時間内で終わらせる必要があります。そのためには，事前の準備が不可欠です。例えば，説明時間を30分と想定するなら，15分，5分，30秒という時間でも説明できるようにしておくのです。"早口"の説明ではありません。説明するポイントを減らしたり，説明の方法を変えるのです。説明は，長すぎず，短すぎず，時間内で行えるように準備しておくことが大切です。

470 Section 9 資料の報告

9-11 報告で実施すべきこと
聞き手を観察する

資料を報告するときは，聞き手を観察しながら，説明を理解しているのか，納得しているのか，聞き手にとって心地よい説明か，を確認する必要があります。

暗記しない

報告内容を"丸暗記"する必要はありません。丸暗記すると，意識がどうしても"思い出すこと"に集中します。こうなると，聞き手が自分の話を聞いてどう感じているのか，聞き手の反応をみることができません。これでは，聞き手に合わせて自分の説明を変えることもできないでしょう。

報告の目的は，聞き手に説明する内容を理解してもらうこと，説得すること，行動を変えてもらうことにあります。自分のメッセージを"伝える"には，聞き手を観察する必要があるのです。では，具体的に何を確認するのでしょうか。

3つの確認

確認すべきことは，①聞き手は説明を理解しているか，②聞き手は説明に納得しているか，③聞き手にとって心地よい説明か，の3つです（図表1）。順番にみてみましょう。

そもそも聞き手が説明を"理解"していなければ，報告の目的は達成できません。説明に対して，首をかしげたり，ぽーっとした態度で聞いていたりしたら，説明を理解していない可能性があります。説明に対して，大きくうなずいているなら理解しているのかもしれませんが，小刻みにうなずく場合は，きちんと話を聞いていない可能性があります。もう一度，繰り返して説明するか，説明方法を変えるか，質疑応答の時間でのディスカッションで理解を深めてもらうか，聞き手をみながら考えます。

聞き手が，説明に"納得"していない場合も，態度にはっきり表れるものです。目を閉じて腕組みをしたり，身体を話し手とは異なる方向に向けたり，大きく首をかしげるような態度をみせるなら，この可能性は高いでしょう。聞き

手の人数が少なければ，直接，本人に意見を聞いてみるのもよいでしょう。

3つ目の確認は，聞き手にとって"心地よい"説明かどうかです。聞き手が，話し手の説明と関係なく自分のペースでどんどん読み進めているなら，もしかすると「もっと話すスピードを上げて欲しい」と思っているかもしれません。逆に，話し手がスライドの説明を終わっても，まだそのページを読み続けているのなら，話し手の説明が早いか，もう少し話の続きを聞きたいと考えている可能性があります。

聞き手が大勢の場合は，全体の動きをみながら，3つの確認を行うとよいでしょう。もし，報告会の中心となる人（キーパーソン）がはっきりしている場合は，このキーパーソンを中心にして考えます。キーパーソンが熱心に読んでいるときは，説明のスピードを落とし，間をしっかりとります。疑問を持っているようなら，説明方法を変えてみます。

図表1　3つの確認

 聞き手は説明を理解しているか？

 聞き手は説明に納得しているか？

 聞き手にとって心地よい説明か？

ディスカッションに備える

　聞き手を観察していると，その後の聞き手とのディスカッションにもスムーズに対応できます（図表2）。説明のどこにうなずき，どこで首をかしげたのか，資料のどの部分を熱心に読み，どこにアンダーラインを引き，どこにクエスチョンマークをつけたのか，といった情報は，聞き手を観察していれば得られるからです。

図表2　聞き手を観察する目的

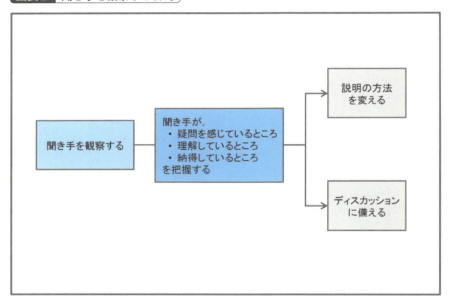

　聞き手を観察するという行為は，聞き手に寄り添って考えるということです。報告内容を丸暗記する代わりに，その内容を深く考えることに時間を使えば，実際に報告するときには聞き手を観察する余裕が生まれるはずです。聞き手を観察できれば，聞き手に合わせて説明の方法を変えられるし，ディスカッションにもうまく対応できるでしょう。聞き手のことを考え，努力することが大切なのです。

9-12

報告で実施すべきこと

わからない ≠ 恥ずかしい

資料の内容が理解できなくても，ほとんどの場合，読み手の責任ではありません。書き手には，読み手がわかるように資料を作る責任があるからです。

わからないのは誰の責任か

資料で扱うテーマがむずかしいわけでもないのに，内容がよくわからないことがあります。いくら読み返しても，資料に書かれていることが頭の中に入ってこないのです。こういう場合，読み手は「"わからない" のは自分の責任だ」と感じるものです。自分の読み方が悪いとか，知識が足りないから，と思うのでしょう。

しかし，ほとんどの場合，これは読み手の責任ではありません。**資料がわかりやすいかどうか決めるのは，"書き手" ではなく "読み手" だからです。読み手は絶対的な審判者であって，書き手には読み手がわかるように資料を作る責任があるのです。**

読み手と書き手の関係

読み手と書き手の関係は，料理人とお客様の関係に似ています。書き手は"料理人"，読み手は "お客様"，資料が "料理" です。料理人はお客様のために，おいしい料理を作ろうとします。お客様はもてなされる立場にあります。出された料理の味のよさが "わからない" からといって，"恥ずかしい" と感じる必要はありません。

これは，資料の場合も同じです。資料は，読み手のために作られます。特に説明会やミーティングで配られる資料は，その出席者（読み手）が理解できるように考えて作られなければなりません。それにもかかわらず，読み手が資料の内容を理解できないのなら，これは書き手の責任です。きっと資料に問題があるのでしょう。そして，その原因は，資料が作成ルールに違反しているか，中身を考え抜いて資料を作成していないことにあるはずです。ですから，読み

図表1　わからないこと≠恥ずかしいこと

手が資料の内容を理解できなくても，"恥ずかしい"と感じる必要はありません（図表1）。

むしろ，「資料の内容が理解できない」ことに"気がつく"のは，すばらしいことです。資料の内容が理解できなければ，書き手に質問できます。それよりも，資料の内容を理解していないのに，「理解したつもり」でいるほうがずっと問題です。

3つのレベル

資料作成力には，3つのレベルがあります（図表2）。最初のレベルは，資料が「おかしいことがわかる」というものです（レベル1）。これは，"資料の内容が理解できない"ことに気がつくレベルです。

もう1つ上のレベルが，資料の「おかしいところがわかる」というものです（レベル2）。例えば，文章のこの部分がおかしいとか，この図表がわかりにくいとか，資料の内容を理解できない理由を具体的に説明できるレベルです。こ

のレベルから，他人の資料をレビューできます。資料のどこがおかしいかを指摘できるからです。

3つ目のレベルは，資料を修正するならば，「どうすればよいかわかる」です。資料をみて，"どこがおかしいか"だけでなく，その部分を"どう修正すればよいか"，アドバイスできるレベルです。このレベルが，私たちが最終的に目指す姿です。

図表2　3つのレベル

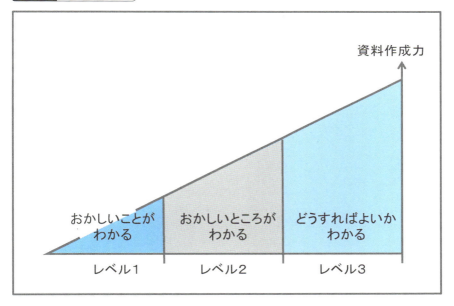

資料を作成するときは，3つのレベルを意識します。もし，自分が作った資料がわかりにくいことに気づく（レベル1）なら，次にその原因は何か，資料の作成ルールに違反しているのか，どこが考えが足りないか，を考えます（レベル2）。そのうえで，どう資料を修正すればよいか考えるのです（レベル3）。

3つのレベルを意識し，改善を続けることが，「資料作成力」の養成には大切なのです。

〈執筆者紹介〉

山本　浩二（やまもと　こうじ）

有限責任 あずさ監査法人　アカウンティング・アドバイザリー・サービス事業部　マネージング・ディレクター

公認会計士。証券アナリスト。SAP ERP 財務会計認定コンサルタント。Oracle E-Business Suite R12 Financials Certified Expert Consultant, Payables/Receivables。

1991年に監査法人朝日新和会計社（現：有限責任 あずさ監査法人）入所。監査業務を経て，コンサルティング業務に従事。決算早期化，シェアードサービス，BPR，経営の見える化，会計システムの導入，原価計算システムの再構築，内部統制制度の構築，IFRS の導入，予算・投資管理制度の刷新，業績評価制度の改革などのプロジェクトを実施。

主な著書に『減損会計マネジメント』（中央経済社，共著），『新収益認識の業務・システム対応』（中央経済社，単著）があるほか，会計コンサルティングに関する寄稿とセミナーを多数実施。

〈編者紹介〉

有限責任 あずさ監査法人

　有限責任 あずさ監査法人は，全国主要都市に約6,000名の人員を擁し，監査や保証業務をはじめ，IFRSアドバイザリー，アカウンティングアドバイザリー，金融関連アドバイザリー，IT関連アドバイザリー，企業成長支援アドバイザリーを提供しています。

　金融，情報・通信・メディア，パブリックセクター，消費財・小売，製造，自動車，エネルギー，ライフサイエンスなど，業界特有のニーズに対応した専門性の高いサービスを提供する体制を有するとともに，4大国際会計事務所のひとつであるKPMGインターナショナルのメンバーファームとして，153ヵ国に拡がるネットワークを通じ，グローバルな視点からクライアントを支援しています。

アカウンティング・アドバイザリー・サービス事業部

　有限責任 あずさ監査法人のアカウンティング・アドバイザリー・サービス事業部は，財務戦略・会計基準のみならず，経営管理高度化・業務改善およびM&A・事業再生領域を中心に，CFOおよび経理財務部門が抱える様々なニーズに対して，One Stopでのソリューションを実現します。さらに，世界各国の主要拠点に配置しているKPMGネットワークとの連携により，グローバルなサポートを提供し，海外拠点へのロールアウトを効率的に支援します。

経理・財務担当者のための
「経営資料」作成の全技術

2019年6月30日　第1版第1刷発行
2019年8月25日　第1版第2刷発行

編　者	あ ず さ 監 査 法 人 アカウンティング・アドバイザリー・サービス事業部
発行者	山　　本　　　　継
発行所	㈱中 央 経 済 社
発売元	㈱中央経済グループ パ ブ リ ッ シ ン グ

〒101-0051　東京都千代田区神田神保町1-31-2
電話　03 (3293) 3371 (編集代表)
　　　03 (3293) 3381 (営業代表)
http://www.chuokeizai.co.jp/
印刷／昭和情報プロセス㈱
製本／誠　製　本　㈱

©2019
Printed in Japan

＊頁の「欠落」や「順序違い」などがありましたらお取り替えいたしますので発売元までご送付ください。(送料小社負担)

ISBN978-4-502-30771-3　C3034

JCOPY〈出版者著作権管理機構委託出版物〉本書を無断で複写複製（コピー）することは，著作権法上の例外を除き，禁じられています。本書をコピーされる場合は事前に出版者著作権管理機構（JCOPY）の許諾を受けてください。
JCOPY〈http://www.jcopy.or.jp　eメール：info@jcopy.or.jp〉

―― ■おすすめします■ ――

学生・ビジネスマンに好評
■最新の会計諸法規を収録■

新版 会計法規集

中央経済社編

会計学の学習・受験や経理実務に役立つことを目的に，
最新の会計諸法規と企業会計基準委員会等が公表した会
計基準を完全収録した法規集です。

《主要内容》

会計諸基準編＝企業会計原則／外貨建取引等会計処理基準／連結CF計算書
等作成基準／研究開発費等会計基準／税効果会計基準／減
損会計基準／自己株式会計基準／１株当たり当期純利益会
計基準／役員賞与会計基準／純資産会計基準／株主資本等
変動計算書会計基準／事業分離等会計基準／ストック・オ
プション会計基準／棚卸資産会計基準／金融商品会計基準
／関連当事者会計基準／四半期会計基準／リース会計基準
／工事契約会計基準／持分法会計基準／セグメント開示会
計基準／資産除去債務会計基準／賃貸等不動産会計基準／
企業結合会計基準／連結財務諸表会計基準／研究開発費等
会計基準の一部改正／変更・誤謬の訂正会計基準／包括利
益会計基準／退職給付会計基準／原価計算基準／監査基準
／連続意見書　他

会 社 法 編＝会社法・施行令・施行規則／会社計算規則

金 商 法 編＝金融商品取引法・施行令／企業内容等開示府令／財務諸表
等規則・ガイドライン／連結財務諸表規則・ガイドライン
／四半期財務諸表等規則・ガイドライン／四半期連結財務
諸表規則・ガイドライン　他

関 連 法 規 編＝税理士法／討議資料・財務会計の概念フレームワーク　他

■ 中央経済社 ■

■最新の監査諸基準・報告書・法令を収録■

監査法規集

中央経済社編

本法規集は，企業会計審議会より公表された監査基準をはじめとする諸基準，日本公認会計士協会より公表された各種監査基準委員会報告書・実務指針等，および関係法令等を体系的に整理して編集したものである。監査論の学習・研究用に，また公認会計士や企業等の監査実務に役立つ1冊。

《主要内容》

企業会計審議会編＝監査基準／不正リスク対応基準／中間監査基準／四半期レビュー基準／品質管理基準／保証業務の枠組みに関する意見書／内部統制基準・実施基準

会計士協会委員会報告編＝会則／倫理規則／監査事務所における品質管理　《**監査基準委員会報告書**》　監査報告書の体系・用語／総括的な目的／監査業務の品質管理／監査調書／監査における不正／監査における法令の検討／監査役等とのコミュニケーション／監査計画／重要な虚偽表示リスク／監査計画・実施の重要性／評価リスクに対する監査手続／虚偽表示の評価／監査証拠／特定項目の監査証拠／確認／分析的手続／監査サンプリング／見積りの監査／後発事象／継続企業／経営者確認書／専門家の利用／意見の形成と監査報告／除外事項付意見　他《**監査・保証実務委員会報告**》継続企業の開示／後発事象／会計方針の変更／内部統制監査／四半期レビュー実務指針／監査報告書の文例

関係法令編＝会社法・同施行規則・同計算規則／金商法・同施行令／監査証明府令・同ガイドライン／内部統制府令・同ガイドライン／公認会計士法・同施行令・同施行規則

法改正解釈指針編＝大会社等監査における単独監査の禁止／非監査証明業務／規制対象範囲／ローテーション／就職制限又は公認会計士・監査法人の業務制限

2018年1月1日現在の基準書・解釈指針を収める
IFRS財団公認日本語版！

IFRS
基準 2018

IFRS財団 編　企業会計基準委員会　監訳
　　　　　　　公益財団法人 財務会計基準機構

中央経済社刊　定価18,360円（分売はしておりません）B5判・4240頁
ISBN978-4-502-27331-5

IFRS適用に必備の書！

●**唯一の公式日本語訳・最新版**　本書はIFRSの基準書全文を収録した**IFRS Standards 2018**の唯一の公式日本語翻訳。2010年3月決算より、国際財務報告基準（IFRS）の任意適用がスタートしたが、わが国におけるIFRS会計実務は、日本語版IFRSに準拠することとなっているので、**IFRS導入に向けた準備・学習には不可欠の一冊である。**

●**使いやすい3分冊**　2018年版から英語版の原書が3分冊となったため、日本語版もPART A・PART B・PART Cの3分冊の刊行となっている。各基準書の本文を**PART A**に、「付属ガイダンス」、「実務記述書」を**PART B**に、「結論の根拠」を、**PART C**に収録している。

●**最新の基準と最新の翻訳**　保険契約（IFRS第17号）等を収録したほか、2018年1月1日までの基準・解釈指針の新設・改訂をすべて織り込む。また、とくに改訂がなかった基準も、より読みやすい日本語訳を目指して訳文を見直した。

IFRSの参照に当たっては、つねに最新の日本語版をご覧ください。

中央経済社
東京・神田神保町1
電話 03-3293-3381
FAX 03-3291-4437
http://www.chuokeizai.co.jp/

▶価格は税込みです。掲載書籍は中央経済社ホームページ http://www.chuokeizai.co.jp/ からもお求めいただけます。